W0229892

Walter Rebell, Psychologisches Grundwissen für Theologen

WALTER REBELL

Psychologisches Grundwissen für Theologen

Ein Handbuch

CHR. KAISER

CIP-Titelaufnahme der Deutschen Bibliothek

Rebell, Walter:
Psychologisches Grundwissen für Theologen : e. Handbuch /
Walter Rebell. – München : Kaiser, 1988
ISBN 3-459-01735-X

1. Auflage 1988
Umschlaggestaltung: Ingeborg Geith, München
Satz und Druck: Druckerei Wagner GmbH, Nördlingen
Bindung: Conzella, Verlagsbuchbinderei, München
Printed in Germany

Zur Erinnerung an meine Frau Elisabeth
*1957 †1987

Inhalt

Einleitung

Von keinem Theologiestudenten kann ein psychologisches Begleitstudium erwartet werden (absolviert er es dennoch, um so besser!); aber spätestens in der beruflichen Praxis (als Pfarrer, Lehrer oder in welcher Position auch immer) stellt der Theologe fest, daß er ohne ein gewisses psychologisches Basiswissen nicht auskommt. Bei seinen vielfältigen Bemühungen um den Menschen ist er darauf angewiesen, grundlegende Gesetzmäßigkeiten menschlichen Erlebens und Verhaltens zu kennen und zu beachten, andernfalls läuft er Gefahr, daß er an seinen Zuhörern vorbeiredet, daß er Probleme – etwa in der Seelsorge – falsch einschätzt, daß er durch sein eigenes Verhalten Begegnungen und Interaktionen mißlingen anstatt gelingen läßt.

In der Regel kann der Theologe nur auf zufällig angeeignetes psychologisches Wissen zurückgreifen, das er sich hier und da angelesen hat. Dieses ist durchsetzt mit psychologischen Alltagsweisheiten (die meist einer wissenschaftlichen Überprüfung nicht standhalten), und hinzu kommen eigene Konstruktionen und Theorien, die zwar oftmals nicht reflektiert werden, aber dennoch für das Handeln des Betreffenden äußerst relevant sind. Mitunter sieht der Theologe selbst, wie defizitär eine aus diesen Komponenten zusammengesetzte Psychologie ist, und bemüht sich um Abhilfe. In der wenigen Zeit, die zur persönlichen Weiterbildung zur Verfügung steht, wird unsystematisch nach dem einen oder anderen Buch gegriffen, und der Zufall entscheidet weiterhin darüber, welche Kenntnisse erworben werden und welche nicht.

Die so beschriebene Situation möchte das vorliegende Buch beseitigen helfen. Hier wird erstmals ein speziell auf theologische Bedürfnisse zugeschnittener Grundkurs in Psychologie angeboten. Mit Hilfe dieses Grundkurses kann der Theologe bei seinen autodidaktischen Bemühungen um mehr Psychologiekenntnisse endlich systematisch zu Werke gehen. Zieht er das vorliegende Buch als Grundlagenlektüre heran, gewinnt er – bei geringem Zeitaufwand – eine realistische Vorstellung davon, was Psychologie ist und wie sie ihm in seiner Berufspraxis dienlich sein kann. Ausgestattet mit diesem Grundwissen, kann sich der Theologe dann gegebenenfalls in jenen psychologischen Bereichen, die er persönlich für wichtig hält, Spezialkenntnisse aneignen; Literaturhinweise, die dafür nötig sind, werden in diesem Buch gegeben.

Die Vorstellungen, die ein Nicht-Psychologe von der Psychologie als Wissenschaft und von den Aufgaben eines Psychologen hat, sind in hohem Maße fragwürdig und korrekturbedürftig. Beispielsweise werden oft »Psychologie« und »Psychoanalyse« in eins gesetzt. Belege dafür finden sich auch in der theologischen Literatur; so ist in dem Buch von G. Strecker/U. Schnelle »Einführung in die neutestamentliche Exegese« (Göttingen, 2. Aufl. 1985) ein Abschnitt überschrieben: »Psychologische Auslegung«, und in großer Selbstverständlichkeit wird dann in den Ausführungen Psychologie lediglich als Tiefenpsychologie und Psychoanalyse verstanden. Eine noch stärkere Verkürzung von Psychologie liegt vor, wenn D. Lührmann (Auslegung des Neuen Testaments, Zürich 1984, 119) sie als »eine auf der Interaktion zwischen Klient und Psychologe aufbauende Wissenschaft« begreift.

Begegnet werden kann solchen Mißverständnissen nur dadurch, daß dem Nicht-Psychologen einmal vorgeführt wird – wenn auch nur in einem gedrängten Überblick –, mit welchen Arbeitsgebieten die Psychologie sich beschäftigt und aus welchen Richtungen sie besteht. Solch einen Überblick leistet der erste Teil des vorliegenden Buches, der also gewissermaßen ein psychologisches Kompendium darstellt. Ein derartiges Kompendium in der Hand des Theologen ist auch deshalb wichtig, weil sich jede Wissenschaft ständig mehr und mehr ausfasert und kaum noch für den Spezialisten, geschweige denn für den Laien, überschaubar bleibt. Üppig ins Kraut schießt zur Zeit vor allem die Psychotherapie. Jedes Jahr entstehen neue Schulen; sie entwickeln sich aus den alten, kombinieren alte und neue Elemente miteinander. Unverzichtbar ist hier ein ungefähres Einordnungsraster, das es ermöglicht, die Orientierung zu behalten, und das dabei hilft, von theologischer Seite aus Bewertungen vornehmen zu können (z. B. bezüglich der impliziten anthropologischen Grundentscheidungen der einzelnen Schulen).

Im zweiten Teil des Buches wird dargestellt, in welcher Weise der Theologe in seiner konkreten Arbeit die Psychologie heranziehen kann. Er wird durch die Lektüre dazu ausgerüstet, seine bisherige Handhabung psychologischer Methoden zu überprüfen und theoretisch zu fundieren, er wird aber u. U. auch auf die eine oder andere ihm bisher unbekannte Möglichkeit der Anwendung stoßen.

Ein Buch wie das hier vorgelegte wird bei manchen Theologen Skepsis erwecken. Soll denn nun die Theologie durch und durch psychologisiert werden? Ist die Warnung der Dialektischen Theologie vor der Psychologie, vor allem eine so markante Stimme wie die E. Brunners, völlig vergessen? – Keineswegs. Aber genauso, wie sich die Theologie schon sehr früh der Philosophie und dann später der Geschichtswissenschaft geöffnet hat, und zwar jeweils mit großem Gewinn, muß sie sich heute den modernen Humanwissenschaften, wie etwa der Psychologie, stellen und sie befragen, ob sie für das Sachanliegen der Theologie etwas austragen. Und diese Frage kann für den Bereich der Psychologie ohne Einschränkung bejaht werden. Freilich: die Auseinandersetzung mit anderen Wissenschaften war für die Theologie schon immer mit Gefahren verbunden, schon immer mußte sie bei der Erweiterung ihres Horizontes auf der Hut sein, nichts von ihrer Substanz preiszugeben. Chancen und Risiken liegen hier dicht beieinander. In allerneuester Zeit arten z. B., wie ein Blick auf den Anzeigenteil der Zeitschrift »Psychologie heute« sofort belegt, gewisse psychotherapeutische Richtungen zu neo-gnostischen, astrologischen, esoterischen Heilslehren aus. Hier wird die Theologie nichts zu übernehmen, sondern entschieden zu protestieren haben. Doch solche partielle Zurückweisung von »Psychologie« schließt eine besonnene Anwendung vieler psychologischer Konzepte keineswegs aus.

Erster Hauptteil: Überblick über die Arbeitsgebiete und Richtungen der Psychologie

1. Psychologie als Wissenschaft

1.1 Definition der Psychologie

Im Gegensatz zu den meisten anderen Wissenschaften ist die Psychologie ein Konglomerat von z. T. völlig verschiedenen Ansätzen. Was alles Psychologie genannt wird, ist erstaunlich: spekulative Bemühungen, die das »Seelenleben« des Menschen ergründen wollen, genauso wie stark formalisierte mathematische Modelle, die ganz kleine Segmente des menschlichen oder tierischen Verhaltens auf ein enorm hohes Abstraktionsniveau heben. Offenbar ist es so, daß der Forschungsgegenstand der Psychologie in völlig verschiedener Weise angegangen werden kann. Es ist daher zu vermuten, daß eine Aufgabenbestimmung der Psychologie, ihre Definition als Wissenschaft, nicht einfach ist. Und in der Tat gibt es zahlreiche einander widersprechende Definitionen von Psychologie; die verschiedenen Lehrmeinungen verstehen unter Psychologie jeweils etwas anderes.

Geht man von der Wortbedeutung aus, dann ist Psychologie die »Lehre von der Seele«. Aber hier fangen die Schwierigkeiten bereits an: obwohl ihrer Bezeichnung nach der »Seele« verpflichtet, ist die moderne Psychologie über weite Strecken eine Wissenschaft ohne Seelenbegriff. Dieser Begriff ist von der philosophischen, theologischen und schöngeistigen Tradition des Abendlandes her so vorbelastet, daß viele heutige Psychologen, die sich einem aufgeklärten naturwissenschaftlichen Erkenntnisideal verschrieben haben, mit ihm nichts mehr anfangen können, ja, ihn oft geradezu ablehnen. Der naturwissenschaftlich orientierte Psychologe ist auf meßbare Phänomene angewiesen, er möchte intersubjektiv überprüfbare Forschungsergebnisse vorweisen können. Solche Forschungsergebnisse vermag die Beschäftigung mit der »Seele« und mit »seelischem Erleben« nicht zu liefern, und deshalb wendet sich der heutige naturwissenschaftlich orientierte Psychologe lieber dem *Verhalten* zu und fragt nicht mehr, wie es früher üblich war (vor allem in der deutschen Psychologie, weniger jedoch in der angelsächsischen) auch nach dem seelischen *Erleben.* – Mit diesem Drang zur naturwissenschaftlichen Exaktheit steht die Psychologie im übrigen nicht alleine da, er ist auch in anderen Wissenschaften festzustellen, so z. B. in der Pädagogik, Soziologie und Philosophie (hier hat die Metaphysik in unserem Jahrhundert stark an Boden verloren, man denke nur an den Wiener Kreis, L. Wittgenstein oder die neuere Sprachphilosophie).

Hätte man früher ohne weiteres die Psychologie als Wissenschaft vom menschlichen *Verhalten* und *Erleben* bezeichnen können, so ist sie dem Verständnis vieler heutiger Psychologen nach nur noch die Wissenschaft vom menschlichen (und auch tierischen) *Verhalten*. In allerneuesten Einführungen in die Psychologie werden bei der Definition der Psychologie jedoch wieder *beide* Gegenstandsbereiche berücksichtigt, so heißt es in einem 1985 erschienenen Grundlagenwerk, Psychologie sei »die Wissenschaft vom Verhalten, dem Erleben und der (rückbezüglichen) Erfahrung aus beiden.« (D. Krech/R. S. Crutchfield u. a., Grundlagen der Psychologie. Bd. 1, Weinheim – Basel 1985, 13.) Dieser Definition wollen wir uns anschließen. Bei ihr ist in Rechnung gestellt, daß es auch dem heutigen Psychologen, wenngleich nicht mehr um »seelisches Erleben«, so doch um mentale und emotionale Prozesse *im Menschen* geht. Allerdings erforscht er solche inneren Prozesse nicht mehr wie früher über den wissenschaftlich zweifelhaften Weg der Introspektion (Eigenbeobachtung), sondern sucht sie anhand von manifestem Verhalten zu überprüfen.

Wichtig also sind innere Prozesse auch heute noch, und sie werden zunehmend wichtiger: So gab es etwa in der Verhaltenstherapie kürzlich eine »kognitive Wende«; bemühte man sich in dieser Therapieform bis vor einiger Zeit, nur das Verhalten selbst zu ändern, so bezieht man nunmehr auch die dem Verhalten zugrundeliegenden kognitiven Steuerungsmechanismen in die Therapie mit ein.

Was die Definition der Psychologie so schwer macht, ist der Umstand, daß sie eine Grenzstellung zwischen den Geisteswissenschaften und den Naturwissenschaften innehat. Im ganzen gesehen hat die naturwissenschaftliche Ausrichtung der Psychologie phänomenologische Zugänge zum Psychischen, die aus dem geisteswissenschaftlichen Erbe stammen, keineswegs völlig verdrängen können. Adäquate Beschäftigung mit dem Psychischen ist immer wieder auch auf unmittelbares Verstehen im Sinne Diltheys angewiesen, und solch unmittelbares Verstehen ist etwa durch die Humanistische Psychologie in unserer Zeit neu zur Geltung gebracht worden. Zu einer reinen Naturwissenschaft ist die Psychologie also noch nicht geworden und wird sie auch wohl nicht werden, in dem Spannungsfeld zwischen Geisteswissenschaften und Naturwissenschaften muß sie auch weiterhin ihren Weg suchen.

Nur am Rande ist zu vermerken, daß nicht nur aktuell erfaßbares Verhalten und Erleben Gegenstand psychologischer Forschung ist, sondern auch jenes Verhalten und Erleben, das sich in objektiven semiotischen Strukturen niedergeschlagen hat; also auch Erzeugnisse aus Bereichen wie z. B. der Kunst, der Literatur und der Religion lassen sich auf psychische Phänomene hin untersuchen.

1.2 Geschichte der Psychologie

Man kann die Geschichte der Psychologie im 19. Jahrhundert beginnen lassen, und zwar mit dem Aufkommen der experimentellen Psychologie, man kann aber auch schon viel früher einsetzen: mit den Vorsokratikern, mit der altindischen Philosophie, mit alten ägyptischen Texten. Von der Warte der experimentellen Psychologie aus stellt sich die Geschichte der Psychologie vor dem 19. Jahrhundert als *Vorgeschichte* dar; so schrieb der deutsche Psychologe H. Ebbinghaus 1908: »Die Psychologie hat eine lange Vergangenheit, doch nur eine kurze Geschichte.« (Abriß der Psychologie, Leipzig 1908, 9.) Wenn man sich die Umwälzung im Umgang mit dem Psychischen im 19. Jahrhundert vergegenwärtigt, muß man dieser Sichtweise zustimmen. Ein Text wie etwa das ägyptische Werk »Gespräch eines Lebensmüden mit seiner Seele«, in dem ein Mann seinen »Ba« angesichts des Elends der Erde von der Notwendigkeit des Freitodes überzeugen will, läßt sich kaum – obwohl es manche Autoren versuchen – in Kontinuität mit der wissenschaftlichen Psychologie bringen. Das gleiche gilt von der Upanischaden-Mystik und von den Spekulationen der Vorsokratiker (zu nennen sind hier vor allem Heraklit und Demokrit) über die Seelensubstanz und über Organe als Zentren von Empfindungen.

Auch Platon und Aristoteles können nur mit großer Mühe für die Geschichte der Psychologie reklamiert werden. Gewiß hat Aristoteles versucht, die geistigen Funktionen des Menschen in ein System zu bringen, aber ob seine Schrift »Über die Seele« als »erstes Lehrbuch der Psychologie« bezeichnet werden kann, ist fraglich; die Fragestellungen bei Aristoteles sind völlig anders als in der heutigen Psychologie, sie zielen auf die Seele als Prinzip des Lebens, als Ursprung des ethischen Handelns, als Sitz der Erkenntnis.

Als Vorläufer heutiger Persönlichkeitspsychologie wird gelegentlich der griechische Arzt Hippokrates (460–370 v. Chr.) angesehen. Er hat die Menschen nach vier Temperamenten eingeteilt, und zwar in Sanguiniker (sorglos, freundlich), Melancholiker (schwermütig), Choleriker (aufbrausend) und Phlegmatiker (langsam, bedächtig). Diese Einteilung ist noch heute fester Bestandteil des psychologischen Alltagswissens; in der Wissenschaft spielt sie keine Rolle mehr, allerdings hat sie sehr stark heuristisch gewirkt, d. h. moderne Persönlichkeitstypologien angeregt.

Genannt wird, wenn es um die Vorgeschichte der Psychologie geht, mitunter auch der Kirchenvater Augustinus (354–430). In seinen »Bekenntnissen«, die als Gebet stilisiert sind, leuchtet er vor Gott schonungslos sein Seelenleben aus, gibt er minuziös die Beweggründe seines Tuns an. Er ist auf diese Weise zum Begründer der Introspektion geworden.

So ließen sich noch viele Namen aufzählen, die mit mehr oder weniger großer Berechtigung in die Geschichte bzw. Vorgeschichte der Psychologie eingeordnet werden könnten, so z. B. Thomas von Aquin, Descartes, Spinoza, Schopenhauer, Nietzsche. Besonders hervorgehoben werden sollen hier nur noch die englischen Sensualisten und Empiristen des 17. und 18. Jahrhunderts (J. Locke, G. Berkeley, D. Hume), weil sie durch ihre dezidierte Abweisung rein denkerisch gewonnener Einsichten empirischen Methoden in der Psychologie den Weg vorbereiten halfen.

Zu einer eigenständigen akademischen Disziplin wurde die Psychologie erst im 19. Jahrhundert; die vorangegangenen Bemühungen um die »Seele« waren im Rahmen der Philosophie betrieben worden. Wichtig für die Entwicklung, die die Psychologie im 19. Jahrhundert nahm, war zunächst der hohe Stellenwert, den J. F. Herbart ihr in seinem pädagogischen System beimaß. Psychologie hat bei Herbart dem Erzieher Anleitungen für sein praktisches Handeln bei der Ausbildung der geistigen Fähigkeiten zu liefern; die Ziele, auf die hin er ausbilden soll, kann der Erzieher der Ethik entnehmen. Von einer naturwissenschaftlichen Auffassung der Psychologie war Herbart freilich noch weit entfernt; für ihn war Psychologie letztlich auf Metaphysik gegründet.

Die entscheidende Wende zur Empirie ist mit den Namen E. H. Weber und G. T. Fechner verknüpft. Was sie betrieben, war »Psychophysik«, d. h. sie bemühten sich um die gesetzmäßige, mathematische Erfassung der Beziehung zwischen physikalischen Reizen und erlebter Intensität. Dabei gelang es Fechner 1860 (im sog. Weber-Fechnerschen Gesetz), diese Beziehung als Logarithmus-Funktion zu beschreiben; demnach ist eine Quadrierung der Reizstärke notwendig, um eine Verdoppelung der subjektiven Empfindung zu erzielen.

Auf der empirischen Linie, die von den Psychophysikern ausgeht, liegt auch der Ansatz von W. Wundt (1832–1920). Wundt war es, der die Psychologie als eigene Wissenschaft institutionalisieren konnte. Er ist deshalb als eigentlicher Begründer der experimentellen Psychologie anzusehen, und das entscheidende Datum ist die Einrichtung seines psychologischen Laboratoriums in Leipzig im Jahre 1879.

Dem Aufschwung, den die Psychologie nun nahm (Leipzig wurde zum »Mekka« der immer zahlreicher werdenden Psychologen, auch amerikanischer), standen allerdings starke Gegenkräfte gegenüber. Bei den staatlichen Behörden, die die Mittel für Forschung und Lehre zu vergeben hatten, mußte eine gewisse Skepsis ausgeräumt und die wissenschaftliche Relevanz des neuen Faches nachgewiesen werden. Gegenüber den Nachbardisziplinen war die Legitimierung noch notwendiger: Naturwissenschaftler stellten Fragen an die Exaktheit der psychologischen Experimente; Philosophen bemängelten die philosophische Bedeutsamkeit der psychologischen Forschung und schauten auf die Psychologen verächtlich als bloße »Handwerker« herab. Immerhin waren es philosophische Lehrstühle, die zunehmend von Psychologen besetzt wurden, und die Philosophie sah sich deshalb in ihrem Besitzstand gefährdet.

Neben der aufkommenden empirischen Psychologie muß auch eine psychologische Strömung notiert werden, die nicht auf das Experiment setzte, ja, die sich ausdrücklich gegen das atomistische Vorgehen der Experimentalpsychologie wandte. Es handelt sich um die am Ende des 19. Jahrhunderts unter W. Dilthey entstandene Geisteswissenschaftliche Psychologie, die das seelische Erleben mit Hilfe der Intuition zu ergründen suchte.

Eine wichtige Zäsur in der Entwicklung der Psychologie als Wissenschaft war der 1. Weltkrieg. Aus ihm ging sie gestärkt hervor, und zwar vor allem deshalb, weil sie ihre Erkenntnisse zur Konstruktion kriegstechnischer Geräte eingesetzt hatte; so hatten sich z. B. die Wahrnehmungspsychologen M. Wertheimer und E. von Hornbostel an der Entwicklung eines Richtungsfinders für Artilleriegeschosse beteiligt. Auch die inzwischen aufgekommene Psychoanalyse profitierte vom Krieg: S. Freud und seine Mitstreiter fanden in den Kriegsneurosen ein wichtiges Arbeitsfeld.

Bei all den genannten Entwicklungen in Deutschland dürfen die Entwicklungen im Ausland nicht übersehen werden. Sowohl auf russischer als auch auf amerikanischer Seite entstand ebenfalls eine naturwissenschaftlich bestimmte Psychologie. Auf russischer Seite ist sie verknüpft mit dem Namen I. P. Pawlow und seiner Erforschung des bedingten Reflexes, einer bestimmten Art des Lernens (1904 Veröffentlichung erster Untersuchungen). Auf amerikanischer Seite entstand am Anfang unseres Jahrhunderts der Behaviorismus, eine radikale Form der reinen Verhaltenserforschung unter völliger Absehung von inneren Prozessen; in Verbindung zu bringen ist der Behaviorismus in seiner Anfangszeit vor allem mit dem Namen J. B. Watson.

Wenden wir uns nun wieder der Geschichte der Psychologie in Deutschland zu. Schon während des 1. Weltkriegs war die Psychologie für die Auslese des technischen Personals eingesetzt worden, etwa um die Eignung zum Flugzeugführer zu überprüfen. Erneut wichtig wurden die eignungsdiagnostischen Einsatzfähigkeiten der Psychologie ab 1930. Die Reichswehr hatte wegen der hohen Arbeitslosigkeit einen großen Andrang von Bewerbern und stellte immer mehr Psychologen ein, um die Befähigung der Bewerber für den Militärdienst festzustellen. Während des Krieges nahm die Bedeutung der psychologischen Eignungsdiagnostik zunächst weiter zu. In der Mitte der Kriegszeit wurde diese jedoch zum größten Teil wieder eingestellt, freilich nicht aus Gründen, die die Psychologie zu verantworten hatte, sondern vor allem deshalb, weil man aufgrund der sich verschlechternden Nachwuchslage bei der Auswahl nicht mehr so wählerisch sein konnte.

Der Stellenwert, den das Fach Psychologie durch die Verwendung im Militärwesen erlangt hatte, zeigt sich am deutlichsten darin, daß 1941 die erste Diplom-Prüfungsordnung für Psychologen in Deutschland erlassen und damit ein geregelter Studiengang eingerichtet wurde.

Es ist im übrigen auch in anderen Ländern, nicht nur in Deutschland, zu beobachten, daß der Einsatz der Psychologie im militärischen Bereich ihre Bedeutung als Wissenschaft steigerte. Zu nennen sind hier vor allem Kanada und die USA. Welche Schwierigkeiten damit für das Berufsethos der Psychologie verbunden sind, liegt auf der Hand. Zur Ehrenrettung der deutschen Psychologie während der nationalsozialistischen Zeit läßt sich allerdings feststellen, daß sie kaum an Propagandaaufgaben beteiligt war und sich offenbar auch nicht in Verbrechen verstrickte. Etwas anderes ist es, daß einige Psychologen, allen voran E. R. Jaensch, anfällig für die nationalsozialistische Ideologie waren. Bei Jaensch ging diese Anfälligkeit so weit, daß er eine Persönlichkeitstypologie entwickelte, in der er verschiedene »Rassetypen« voneinander unterschied und den nationalsozialistischen Antisemitismus »wissenschaftlich« untermauerte.

Der Aufschwung in der nationalsozialistischen Zeit bezüglich der Professionalisierung der Psychologie ist freilich nur eine Seite der Medaille. Die andere besteht darin, daß bereits unmittelbar nach dem Machtwechsel das Fach als Universitätsdisziplin durch die Entlassung (bzw. den mehr oder weniger freiwilligen Amtsverzicht) von Psychologen jüdischer Herkunft auszubluten begann. Der berühmteste Name, der in diesem Zusammenhang genannt werden muß, ist K. Lewin (neben S. Freud der wichtigste Psychologe unseres Jahrhunderts). Viele der Entlassenen bauten sich in den USA eine neue wissenschaftliche Existenz auf. Von dem Aderlaß, der ihr damals beigebracht worden ist, hat sich die deutsche Psychologie nie wieder richtig erholt, und er ist mit ein Grund dafür, daß sich der Schwerpunkt der Psychologie von Deutschland in die USA verlagerte. (Psychologiestudenten merken diesen Sachverhalt daran, daß die meiste Literatur, die sie durcharbeiten müssen, in englisch geschrieben ist.)

Nach dem 2. Weltkrieg wuchs die Attraktivität der Psychologie als Studienfach mächtig an, und zwar weltweit. Die meisten Studenten interessierten sich und interessieren sich für die Klinische Psychologie, also für jenen Teilbereich des Faches, in dem es um psychische Störungen und ihre Therapie geht. Der Studentenboom stellte die universitäre Psychologenausbildung vor beträchtliche Probleme, die zudem dadurch vergrößert wurden, daß innerhalb der Studentenschaft seit den Studentenunruhen Ende der 60er Jahre eine massive Psychologiekritik aufkam. Psychologie dürfe nicht länger, so hieß es, ohne gesellschaftspolitischen Bezug betrieben werden. Sie müsse dazu eingesetzt werden, emanzipatorische Ziele zu erreichen. Welche Möglichkeiten die Psychologie dazu hat, sei an einem Beispiel klargemacht: Deviantes Schülerverhalten wird in der Regel unter der (für selbstverständlich gehaltenen, gar nicht thematisierten) Maßgabe erforscht, wie der Schüler zu resozialisieren ist. Dieser Ansatz aber ist restaurativ, systemstabilisierend. In ein entsprechendes Forschungsvorhaben könnten auch emanzipatorische Fragestellungen einfließen; so ließe sich z. B. die Frage aufwerfen, ob nicht gesellschaftliche Rahmenbedingungen als Kausalfaktoren für jenes deviante Verhalten fungieren.

Programmatisch ausgearbeitet worden ist dieser kritische Ansatz in der Psychologie durch K. Holzkamp. Für Holzkamp ist die Vorstellung einer wertfreien Psychologie eine Illusion. Mit marxistischer Ideologiekritik versucht er, die ökonomischen Interessen der herrschenden Psychologie aufzudecken, und er stellt die Forderung nach gesellschaftlicher Relevanz psychologischer Forschungsprojekte auf.

1.3 Die Teilbereiche der Psychologie

Die Psychologie ist eine viel komplizierter zusammengesetzte Wissenschaft, als es z. B. die Theologie ist. Jeder Theologiestudent weiß, daß seine Wissenschaft aus fünf Teildisziplinen besteht (Altes Testament, Neues Testament, Kirchengeschichte, Systematische Theologie, Praktische Theologie). Diese Ordnung spiegelt sich wider in der Bezeichnung von Lehrstühlen, im Aufbau theologischer Bibliotheken, in Studien- und Prüfungsordnungen. In der Psychologie ist die Situation völlig anders, der Psychologiestudent könnte nicht so leicht angeben, wie seine Wissenschaft aufgebaut ist. Schon ein flüchtiger Blick in die Inhaltsverzeichnisse einer Reihe von Einführungs-Lehrbüchern in die Psychologie zeigt, wie verschieden man offenbar gliedern kann. Zwei Gründe sind es im wesentlichen, die für diese Situation, die nicht nur den Studenten, sondern auch den Fachwissenschaftlern gelegentlich Kopfzerbrechen bereitet, verantwortlich sind: 1. Die Phänomene, die von Psychologen bearbeitet werden, sind viel disparater als in anderen Wissenschaften und zeitigen dementsprechend ein viel bunteres Spektrum von Ansätzen und Zugangsweisen; 2. Die Psychologie hat in ihrer relativ kurzen Geschichte noch keinen so verbindlichen Kanon von Einzeldisziplinen ausbilden können wie andere Wissenschaften.

Am ehesten vermögen in der so beschriebenen Situation die Diplomprüfungsordnungen eine Orientierungshilfe zu leisten. Die Fächergliederung, die in ihnen vorgenommen wird, ist vom theoretischen Gesichtspunkt her anfechtbar, aber man sollte anerkennen, daß sie sich in der Praxis der Universitätsausbildung über lange Jahre hin bewährt hat. Die Prüfungsordnungen der einzelnen psychologischen Institute weisen zwar gewisse Differenzen auf, sind aber gleichwohl in etwa nach derselben Struktur aufgebaut. Als Prüfungsfächer im Vordiplom werden in der Regel genannt: Allgemeine Psychologie (aufgeteilt in Allgemeine Psychologie I und II), Entwicklungspsychologie, Persönlichkeitspsychologie, Sozialpsychologie (nach manchen Prüfungsordnungen erst im Hauptdiplom zu prüfen), Methodenlehre, Physiologie. Im Hauptdiplom werden zumeist folgende Disziplinen geprüft: Pädagogische Psychologie, Klinische Psychologie, Psychologie im Wirtschaftswesen (Arbeits- und Organisationspsychologie); gelegentlich treten auch Psychologische Diagnostik und Psychopathologie als Disziplinen auf.

Die Prüfungsordnungen regeln das Psychologiestudium also dergestalt, daß im ersten Studienabschnitt der Schwerpunkt auf der theoretischen Grundlagenausbildung liegt, im zweiten Studienabschnitt im Anwendungsbereich. In der Allgemeinen Psychologie I beschäftigt man sich mit Wahrnehmung, Gedächtnis, Denken, in der Allgemeinen Psychologie II mit Lernen, Motivation und Emotion. (Diese Einteilung variiert mitunter ein wenig; so kann z. B. Lernen auch zur Allgemeinen Psychologie I gezogen werden.) Zusammen mit der Entwicklungs-, Persönlichkeits- und Sozialpsychologie bildet die Allgemeine Psychologie den Vierer-Kanon der Grundlagenfächer. Zusätzlich zum Studium dieser Grundlagenfächer hat sich der Student im ersten Studienabschnitt mit der allgemeinen Forschungsmethodik und den wissenschaftstheoretischen Grundlagen der Psychologie vertraut zu machen (in der Methodenlehre), und ferner hat er sich mit den physiologischen Grundlagen des Verhaltens (vor allem mit den Vorgängen im Nervensystem und in den Sinnesorganen) zu beschäftigen (in der Physiologie).

Im Hauptstudium findet dann eine stärkere Ausrichtung auf konkrete Berufsfelder statt. Im Fach Pädagogische Psychologie wird die Arbeit des Psychologen im Erziehungs- und Bildungswesen behandelt, in der Klinischen Psychologie wird der angehende Psychologe auf den Umgang mit psychischen Störungen vorbereitet. (Zur klinischen Tätigkeit gehört auch die Diagnose der entsprechenden Störungen, so daß Diagnostik eigentlich sinnvollerweise als Untergebiet der Klinischen Psychologie verstanden werden sollte und nicht als eigenes Fach. Auch Psychopathologie, in der neurotische, aber auch psychotische, in den Bereich der Psychiatrie gehörende, Krankheitsbilder studiert werden, ist im Grunde ein Unterfach der Klinischen Psychologie.) Im Fach Wirtschaftspsychologie schließlich wird der angehende Psychologe auf Tätigkeiten vorbereitet wie Arbeitsplatzgestaltung und Eignungsprüfung des Betriebspersonals.

Dieses den Prüfungsordnungen entnommene Schema sollte man zu Hilfe nehmen, wenn man sich die Systematik der Psychologie verständlich machen will. Es kann freilich nur ein erster Anhalt sein. So fächert sich z. B. die Angewandte Psychologie viel weiter auf, als es die Prüfungsordnungen ausweisen. Neben den drei oben genannten Anwendungsfächern Pädagogische Psychologie, Klinische Psychologie und Wirtschaftspsychologie gibt es auch Verkehrspsychologie, Forensische Psychologie, Umweltpsychologie, Kulturpsychologie, Werbepsychologie, Militärpsychologie, Medienpsychologie, Freizeitpsychologie usw.

Wie wenig stringent in theoretischer Hinsicht das hier vorgelegte Schema trotz all seiner praktischen Brauchbarkeit ist, sei an einem Beispiel demonstriert. Wahrnehmung ist, so haben wir gesagt, ein Untersuchungsgegenstand der Allgemeinen Psychologie. Wahrnehmung spielt aber auch in der Entwicklungspsychologie eine Rolle (Entwicklung der Wahrnehmungsfähigkeit) und in der Sozialpsychologie (z. B.: Beeinflussung der Wahrnehmung durch Vorurteile). Es gibt also bei einzelnen psychischen Phänomenen Zuordnungsschwierigkeiten und Mehrfachzuordnungen.

Verkompliziert wird unser Schema ferner durch folgenden Sachverhalt. In der Psychologie gibt es gegenwärtig drei große, maßgebliche theoretische Richtungen: Kognitivismus, Tiefenpsychologie und Behaviorismus. (Kognitivismus: der Mensch ist im wesentlichen bestimmt durch Einsichten und Erkenntnisse; Tiefenpsychologie: der Mensch ist im wesentlichen bestimmt durch unbewußte Impulse; Behaviorismus: der Mensch ist determiniert durch Umweltgegebenheiten, er ist ein Produkt von Lernprozessen.) Diese Richtungen lassen sich nicht auf derselben Ebene anordnen wie die zuvor genannten Psychologien, sondern geben grundlegende theoretische Ansätze an. So kann etwa Entwicklungspsychologie vom kognitivistischen, tiefenpsychologischen und behavioristischen Standpunkt aus entworfen werden. Oder, um ein Beispiel aus der Angewandten Psychologie zu bringen: forensisch tätige Psychologen (Gerichtsgutachter) können sich jeder der drei genannten Richtungen verpflichtet wissen und werden dann ihre Fälle je verschieden angehen. (Sie können freilich auch Eklektiker sein, d. h. sich je nach Einzelfall mehr auf die eine oder andere Richtung stützen.)

Es gibt heutzutage Bemühungen, das hier vorgetragene Schema der Prüfungsordnungen zur Gliederung der Psychologie zu überwinden. Psychologisch relevante *Phänomene* will man in den Vordergrund der Betrachtung stellen, auf die dann das ganze Bündel psychologischer Perspektiven, das jeweils zur Verfügung steht, appliziert wird. Diese Vorgehensweise hat den Vorteil, psychologische Zugriffe nicht künstlich auseinanderzudividieren, was der Fall ist, wenn man primär das »Schubladensystem« der psychologischen Einzelfächer im Auge hat und ein Phänomen, kaum daß es einigermaßen identifiziert ist, kurzerhand in einer dieser »Schubladen« verschwinden läßt. Das neue Vorgehen verwirrt allerdings wegen seiner Komplexität; zumal der Laie gerät dabei leicht in die Gefahr, überfordert zu werden und am Ende desorientiert dazustehen.

Für die Darstellungsweise im ersten Teil des vorliegenden Buches wird im großen und ganzen das oben vorgetragene Schema zugrunde gelegt. Freilich gibt es eine Reihe von Abweichungen, die damit zusammenhängen, daß hier *Theologen* in die Psychologie eingeführt werden sollen und nicht Psychologiestudenten. So kann z. B. auf eine Darstellung der physiologischen Grundlagen des Verhaltens verzichtet werden, und auch eine Einführung in die Wirtschaftspsychologie ist für unsere Zwecke nicht nötig.

1.4 Methoden der Psychologie

Die wichtigsten Methoden, derer sich die Psychologie bedient, sind Beobachtung, Experiment, Felduntersuchung und Test. Ausgewertet werden die durch diese Methoden erhobenen Ergebnisse und Daten z. T. mit großer mathematischer Exaktheit, wobei vor allem statistische Verfahrensweisen eine Rolle spielen.

Beobachtung in der Psychologie unterscheidet sich deutlich von Beobachtung im Alltagsleben. Sie ist *systematische* Beobachtung, in der ausgefeilte Regeln und Techniken Anwendung finden. Um die Wirkung des Beobachters auf das zu beobachtende Geschehen auszuschließen, kann z. B. eine Einwegscheibe benutzt werden. Besonders in der Erziehungsberatung ist diese Technik wichtig geworden; der Psychologe kann mit ihrer Hilfe ein spielendes Kind beobachten (um dessen Verhaltensauffälligkeiten zu registrieren), ohne selber gesehen zu werden.

Damit der Beobachter sich in der Fülle der Einzelzüge eines zu beobachtenden Geschehens nicht verliert, kann er zu einem vorkonstruierten Fragebogen greifen, d. h. eine *standardisierte* Beobachtung vornehmen. Auf einem solchen Fragebogen können z. B. verschiedene Verhaltensweisen angeführt sein, und der Beobachter kreuzt an, welche davon seine Versuchsperson zeigt. Viel gearbeitet wird auch mit der *Zeitprobentechnik.* Machen wir sie uns an einem Beispiel aus der Tierpsychologie klar: der Beobachter notiert in festen Zeitabständen (etwa jede halbe Minute), welches Verhalten eine Ratte gerade zu diesem Zeitpunkt zeigt (Explorationsverhalten, Nahrungsaufnahme, Putzen usw.).

Nicht mehr zum eigentlichen Repertoire heutiger psychologischer Forschung gehört die *Introspektion* (Eigenbeobachtung). Ihre Blütezeit hatte sie in der Denkpsychologie O. Külpes (1862–1915). Typische Versuchsanordnungen bei Külpe sahen so aus, daß Versuchspersonen Denkaufgaben zu lösen und dann alles zu berichten hatten, was sie beim Lösen dieser Aufgaben erlebt hatten. Problematisch bei der Introspektion ist vor allem der Umstand, daß ihre Ergebnisse nicht intersubjektiv überprüfbar sind. Dennoch hat man vernünftigerweise nicht völlig auf sie verzichtet; immerhin kann sie Hypothesen zeitigen, die sich dann im Experiment überprüfen lassen.

Das *Experiment* ist in der Psychologie die Forschungsmethode par excellence. Von den modernen Naturwissenschaften übernommen, zeigt es am deutlichsten jenen bereits beschriebenen Hang der modernen Psychologie zur naturwissenschaftlichen Exaktheit an. Psycholo-

gie, zumindest wie sie an den Universitäten betrieben wird, ist Experimentalpsychologie. Psychologiestudenten müssen ein Experimentalpraktikum durchlaufen, ihre Diplomarbeit muß eine experimentelle Arbeit sein; reine Literaturarbeiten sind als Diplomarbeiten nicht zugelassen.

Der Ausgangspunkt eines Experiments ist – das klang oben bereits an – eine Hypothese. Wie es zur Aufstellung einer Hypothese kommt, ist methodologisch gesehen gleichgültig. Irgendein Einfall, eine zufällige Beobachtung kann zum Experiment führen. Erst mit diesem selbst beginnt der wissenschaftliche Prozeß. Der zu überprüfenden Hypothese wird die Nullhypothese gegenübergestellt, die jenen in der Hypothese vermuteten Sachverhalt bestreitet. Das Experiment hat zwischen Hypothese und Nullhypothese die Entscheidung zu bringen.

Verdeutlichen wir uns die Struktur des Experiments an einem Beispiel. Überprüft werden soll, ob eine neue Therapieform tatsächlich Wirkungen hervorruft (Hypothese) oder aber sich als völlig wirkungslos entpuppt (Nullhypothese). Die Anwendung der Therapie ist die *unabhängige Variable.* Unabhängige Variable nennt man in einem Experiment jene Größe, deren Kontrolle einzig und allein in der Hand des Versuchsleiters liegt und die er nach Belieben variieren kann. Zur Durchführung des Experiments benötigt der Versuchsleiter zwei Gruppen von Klienten: eine Experimentalgruppe und eine Kontrollgruppe. Die zur Verfügung stehenden Klienten werden nach dem Zufallsprinzip auf beide Gruppen aufgeteilt. Nunmehr läßt der Versuchsleiter die Klienten der Experimentalgruppe mit der neuen Therapie behandeln, während die Kontrollgruppe unbehandelt bleibt. (Um es experimentalpsychologisch zu sagen: der Versuchsleiter variiert die unabhängige Variable; in unserem Beispiel geschieht das nach dem Ganz-oder-garnicht-Prinzip, vielfach jedoch nach einer Reihe von Abstufungen.) Am Schluß des Experiments wird das Befinden der Klienten festgestellt. (Dieses Befinden ist die *abhängige* – nämlich von der unabhängigen Variablen abhängige – Variable.) Die Hypothese ist verifiziert, wenn sich das Befinden der Klienten in der Experimentalgruppe gebessert hat und in der Kontrollgruppe gleichgeblieben ist. – Die Einbeziehung einer Kontrollgruppe in das experimentelle Design diente in unserem Fall natürlich vor allem dazu, einen möglichen Therapieerfolg überhaupt konstatierbar zu machen, aber auch dazu, die Möglichkeit auszuschließen, daß »Heilungen« durch die neue Therapie lediglich Spontanremissionen sind, d. h. spontane psychische Selbstheilungen. Die Hypothese wäre also nicht nur dann falsifiziert, wenn in der Experimentalgruppe keine Besserung der Klientenbefindlichkeit zu verzeichnen wäre, sondern auch dann, wenn sowohl in der Experimentalgruppe *als auch in der Kontrollgruppe* eine Besserung eingetreten wäre.

Ein Experiment ist in gewisser Weise auch die *Felduntersuchung*. Hier werden Daten nicht in einer Laborsituation, sondern in der natürlichen Umgebung erhoben. Gegenüber dem Experiment im psychologischen Labor hat die Felduntersuchung den Vorteil größerer Lebensnähe, erkauft wird dieser Vorteil allerdings mit dem Risiko vieler Störgrößen, die unter den kontrollierten Bedingungen der Laborsituation weitgehend ausgeschaltet werden können.

Eine Felduntersuchung kann z. B. darin bestehen, menschliche Hilfsbereitschaft zu erforschen, genauer: die Variablen, von denen diese abhängt. So könnten in der Öffentlichkeit (auf Straßen, in öffentlichen Gebäuden, in U-Bahnen usw.) menschliche Notsituationen (Unfälle) simuliert und die Verhaltensweisen von Passanten bzw. Mitreisenden registriert werden. Als unabhängige Variable käme u. a. der Ort in Frage, wo es zum Notfall kommt. Hypothese wäre dann vielleicht, daß in einer anonymen Situation, wo Menschen einander nicht kennen (Abfertigungshalle eines Flughafens) weniger schnell Hilfe geleistet wird als an einem Ort, wo sich Menschen treffen, die einander vertraut sind (Fußballplatz eines Dorfes).

Zum Schluß kommen wir noch auf den psychologischen *Test* zu sprechen. Die Ausarbeitung eines Tests ist eine Wissenschaft für sich, aber auch Durchführung und Auswertung sind nicht einfach. Im Gegensatz zu populären »Tests« in Illustrierten ist ein wissenschaftlicher Test an einer Stichprobe geeicht worden, und zwar mit statistischen Verfahrensweisen, die sehr kompliziert sind und keinesfalls von jedem Psychologen, sondern nur vom wirklichen Fachmann, beherrscht werden. Gefordert wird von einem Test, daß er valide, reliabel und objektiv ist. Valide (gültig) ist ein Test dann, wenn er wirklich das mißt, was er zu messen vorgibt. Reliabel (zuverlässig) ist er, wenn Testwiederholungen unter gleichen Bedingungen gleiche Ergebnisse erbringen. Objektiv ist er, wenn Durchführung, Auswertung und Interpretation nicht vom Versuchsleiter abhängig sind.

Die Fülle der vielen hundert verschiedenen psychologischen Tests läßt sich – in grober Weise – so einteilen: in Leistungs- und Persönlichkeitstests. Intelligenztests fallen bei dieser Einteilung unter Leistungstests, könnten aber auch als eigene Gruppe geführt werden.

Ein Leistungstest kann eine ganz eng umrissene Fähigkeit oder Eigenschaft messen wie z. B. die Konzentrations- oder Merkfähigkeit. Er kann aber auch ein ganzes Bündel von Fähigkeiten und Eigenschaften erfassen wie z. B. die Schulreife.

Wenn man Persönlichkeitstests von Leistungstests abgrenzt, muß man sehen, daß natürlich auch ein Leistungstest etwas über die Persönlichkeit aussagt. Selbstverständlich konstituiert etwa die Konzentrations- oder Merkfähigkeit die Persönlichkeit mit, aber Persönlichkeit ist »mehr«, und Persönlichkeitstests wollen »das Ganze« der Persönlichkeit in den Blick bekommen. Entworfen können sie sein als Tests im eben genannten streng statistisch-wissenschaftlichen Sinn (zu nennen wären hier z. B. Fragebogentests) oder auch als »projektive« Verfahren. Ein projektiver Test genügt den statistisch-wissenschaftlichen Anforderungen nur in ungenügender Weise, weil er Sachverhalte erfassen will, die sehr schwer objektivierbar sind.

Einer der herkömmlichen projektiven Tests besteht darin, daß dem Probanden mehrdeutige Bilder vorgelegt werden und er aufgefordert wird, Geschichten zu diesen Bildern zu erzählen (Thematischer Apperzeptions-Test). Der Grundgedanke ist dabei der, daß der Proband in die dargestellten Szenen seine Persönlichkeit hineinprojiziert, also über die von ihm erfundenen Geschichten etwas von sich selber preisgibt, und zwar im Falle des Thematischen Apperzeptions-Tests seine personalen Beziehungen, seine Konfliktverhaltensweisen und sein Kontaktverhalten.

1.5 Die Ausbildung und das Berufsfeld des Psychologen

Psychologie wird als ordentliches Studienfach (mit dem Abschluß des Diploms) in der Bundesrepublik Deutschland z. Z. an 35 Universitätsinstituten gelehrt, darüber hinaus an einer Reihe weiterer Hochschulen und Fachhochschulen im Rahmen des Lehrerstudiums, des Studiums der Sozialpädagogik und ähnlicher Studiengänge. Der Diplomstudiengang gliedert sich auf in eine Grundlagenausbildung und einen stärker anwendungsbezogenen Teil (vgl. dazu oben, 1.3). Die einzelnen Universitätsinstitute haben für den zweiten Studienabschnitt jeweils verschiedene Ausbildungsschwerpunkte anzubieten, so daß der Psychologiestudent nach dem Vordiplom u. U. die Universität wechseln muß, um das Studium seiner persönlichen Neigung gemäß fortsetzen zu können. Als wichtigste Ausbildungsschwerpunkte lassen sich nennen: 1. Klinische Psychologie; 2. Pädagogische Psychologie; 3. Arbeits-, Wirtschafts-, Betriebs- und Organisationspsychologie; 4. Angewandte Sozialpsychologie, Kommunikationspsychologie.

Trotz des Schwerpunktstudiums im zweiten Studienabschnitt wird der angehende Psychologe relativ unvorbereitet in seinen künftigen

Beruf entlassen, und es ist angebracht, nach dem regulären Psychologiestudium noch eine Spezialausbildung außerhalb der Universität zu absolvieren. Insbesondere im Fach Klinische Psychologie ist ohne eine solche Spezialausbildung an berufliche Tätigkeit nicht mehr zu denken. (Diese Zusatzausbildung wird – wohlgemerkt – auch von demjenigen Psychologen verlangt, der Klinische Psychologie im Hauptstudium schwerpunktmäßig studiert hat!) Die Weiterbildungsmöglichkeiten in Klinischer Psychologie sind zahlreich: angeboten werden – von verschiedenen Verbänden und Gesellschaften – klassische Psychoanalyse und weitere tiefenpsychologisch orientierte Psychotherapien, Verhaltenstherapie, Gestalttherapie, Transaktionsanalyse, Psychodrama usw. Die Ausbildung dauert durchweg mehrere Jahre und hat einen Stundenumfang von ca. 800–900 Stunden.

Der Diplom-Psychologe, der sich auf diese Weise psychotherapeutisch weiterqualifiziert hat, stößt nun freilich auf eine unbefriedigende Rechtslage. Von seinem Anspruch und seinem Selbstverständnis her übt er einen Heilberuf aus. Das aber ist ihm nicht ohne weiteres erlaubt: der Heilberuf ist dem bestallten Arzt vorbehalten. Allerdings dürfen nach dem »Gesetz über die berufsmäßige Ausübung der Heilkunde ohne Bestallung als Arzt« von 1939 mit besonderer behördlicher Genehmigung auch Nicht-Ärzte einen Heilberuf ausüben. Erteilt wurde diese Genehmigung bis vor einiger Zeit nur aufgrund einer Heilpraktiker-Prüfung. Der Diplom-Psychologe, der über die Tätigkeit des Diagnostizierens und Beratens hinausging und angab, Leiden zu behandeln, befand sich also in der Illegalität. Er konnte dieser Situation nur entkommen, indem er sich der Heilpraktiker-Prüfung unterzog, was jedoch von den meisten Psychologen abgelehnt wurde. Mit einem Bundesverwaltungsgerichtsurteil von 1983 ist hier inzwischen eine Änderung eingetreten. Der Diplom-Psychologe kann nunmehr eine behördliche Zulassung zum Heilberuf erreichen aufgrund seiner eigenen Ausbildung, also ohne Heilpraktiker werden zu müssen; rechtlich ist er damit allerdings dem Arzt noch immer nicht gleichgestellt, sondern er befindet sich auf einer Stufe mit dem Heilpraktiker. Das bedeutet u. a., daß er seine Honorarforderungen nicht mit der Krankenkasse abrechnen kann. Freilich wurde auch hier inzwischen eine – wenngleich von Psychologen als ungenügend angesehene – Regelung gefunden: viele Krankenkassen sind zur Leistungsabrechnung mit einem Diplom-Psychologen bereit, wenn dieser mit einem Arzt zusammenarbeitet und seine Klienten vom Arzt überwiesen bekommt. (Nur am Rande sei vermerkt, daß die hier angesprochenen Probleme natürlich dann nicht auftreten können, wenn Psychotherapeuten von Hause aus *Ärzte* sind.

Das war früher in der Regel der Fall, man denke nur an Freud, Adler und Jung. Erst in der zweiten Hälfte unseres Jahrhunderts, mit dem Aufkommen des Diplom-Psychologen, entstand dem ärztlichen Psychotherapeuten als Konkurrent an seiner Seite der nicht-ärztliche, nur von der Psychologie herkommende.)

Bleiben wir noch einen Augenblick lang bei der klinischen Tätigkeit des Psychologen. Sie ist z. Z. sein wichtigstes Berufsfeld: über 50% aller Psychologen arbeiten auf diesem Gebiet, vor allem in Kliniken, Heimen und Beratungsstellen, aber auch in privaten Praxen. Dem Bild, das man herkömmlicherweise von einem Psychologen hat, wird der Klinische Psychologe am ehesten gerecht. Ihm fallen – etwa in einem Heim für Behinderte – Aufgaben zu wie Diagnostik, Begutachtung, Mitarbeiterberatung, Einzel- und Gruppentherapie. Der berufliche Markt für Klinische Psychologen ist mittlerweile fast vollständig gesättigt. Bei den Studenten ist allerdings Klinische Psychologie nach wie vor das Lieblingsfach Nr. 1, und so ist es absehbar, daß mehr und mehr von ihnen in der Arbeitslosigkeit enden werden.

Schwierigkeiten, einen Beruf zu finden, haben indessen nicht nur Kliniker, sondern auch Psychologen mit anderen Ausbildungsschwerpunkten. Um hier einmal Zahlen vorzulegen: ca. 18000 angestellten oder freiberuflichen Psychologen (genaue Zahlen gibt es nicht) stand bereits 1986 eine Zahl von 6348 als arbeitslos gemeldeten Psychologen gegenüber; die Zahl der von den Arbeitsämtern angebotenen freien Stellen betrug 74. Wenn man sich überlegt, daß gegenwärtig ca. 20000 Psychologie-Studenten eingeschrieben sind, Psychologie also als Studienfach nach wie vor sehr begehrt wird, kann man sich leicht ausrechnen, daß die Zahl der arbeitslosen Psychologen weiter rasch zunehmen wird.

Werfen wir nun noch einen Blick auf andere Beschäftigungsbereiche, in denen Psychologen zu finden sind. Ein Laie hat von der Tätigkeit eines Juristen, eines Chemikers oder eines Architekten durchaus eine gute Vorstellung; was hingegen ein Psychologe tut, weiß er nicht genau, und das ist in der Sache begründet: dem Psychologen steht prinzipiell (wenn man von der aktuellen Restriktion durch die Marktlage absieht) ein ungewöhnlich weites Berufsfeld offen, wie ja bereits die Aufzählung der verschiedenen Disziplinen in der Angewandten Psychologie deutlich gemacht hat (vgl. oben, 1.3). Hier seien in Ergänzung zu jener Aufzählung einmal konkrete Dienststellen bei Behörden und Verbänden zusammengetragen, in denen Psychologen arbeiten (die Liste ist nicht vollständig; in Klammern beigefügt sind die hauptsächlichen Aufgaben): Arbeitsämter (Psychodiagnostik; Beratung),

Deutsche Bundesbahn (Eignungsdiagnostik; Arbeitsplatzstudien), Bundeswehr (Verwendungsfeststellung bei Wehrpflichtigen; Auslese von Offiziersanwärtern; Unfallursachenforschung), Deutsche Lufthansa (Personalauswahl), Technischer Überwachungsverein (Feststellung der Verkehrstauglichkeit; Gestaltung von Verkehrseinrichtungen wie z. B. Verkehrszeichen), Schulpsychologischer Dienst (Untersuchung von Schülern; Schullaufbahnberatung), Psychologischer Dienst im Strafvollzug (diagnostische Untersuchung und Beratung von Straftätern). Neben diesen Dienststellen ist natürlich auch die freie Wirtschaft als Arbeitgeber von Psychologen zu nennen, denen hier Aufgaben wie Ausbildung von Führungskräften, Eignungsdiagnostik, Erforschung und Beeinflussung von Verbrauchergewohnheiten zufallen.

2. Allgemeine Psychologie

Aus welchen Teilgebieten sich die Allgemeine Psychologie zusammensetzt, ist oben bereits gesagt worden (vgl. 1.3). Nachgeliefert werden soll hier eine *Definition* der Allgemeinen Psychologie: Sie ist diejenige psychologische Disziplin, die sich mit den allgemeingültigen Gesetzmäßigkeiten des Erlebens und Verhaltens beschäftigt, sie hebt also nicht – im Gegensatz zur Persönlichkeitspsychologie – auf zwischenmenschliche Unterschiede ab. Forschungsaufgabe der Allgemeinen Psychologie ist es, die psychischen Grundprozesse zu untersuchen und in ihrem Zusammenwirken zu beschreiben und zu erklären.

2.1 Wahrnehmung

Von den psychischen Grundprozessen ist die Wahrnehmung der elementarste. Mit der Wahrnehmung beginnt psychisches Geschehen, jeder höher organisierte psychische Prozeß nimmt letztlich bei ihr seinen Anfang. Ausgelöst wird eine Wahrnehmung durch physikalische oder chemische Reize, die von dafür spezialisierten Nervenzellen (Sinneszellen oder Rezeptoren) eingefangen werden. (Sinneszellen sind z. B. die Lichtrezeptoren der Netzhaut oder die Schallrezeptoren des Innenohres.) Über afferente Nervenfasern leiten die Rezeptoren ihre Erregung an die Hirnrinde weiter, wo ein bewußtseinsfähiges Wahrnehmungsbild aufgebaut wird. Der ursprüngliche Reiz durchläuft dabei eine Reihe von Bearbeitungsvorgängen, die bereits in der Sinneszelle selbst einsetzen. Wie groß der Unterschied zwischen ursprünglichem Reiz und bewußtseinsfähigem Wahrnehmungsbild ist, möge man sich an der Wahrnehmung eines Musikstücks deutlich machen: Dem ästhetischen Erlebnis, das dieses auslöst, liegen physikalisch gesehen nichts anderes als bloße Schallwellen zugrunde.

Eine landläufige Meinung ist, der Mensch habe »fünf Sinne«; das aber stimmt nicht; er ist für sehr viel mehr als fünf Zustände in seiner Umgebung (und in sich selbst) empfindlich. Er verfügt über:

- Fernsinne (Gesicht, Gehör);
- Hautsinne (Berührung, Wärme, Kälte, Schmerz);

– Chemische Sinne (Geruch, Geschmack);
– Tiefensinne (kinästhetischer Sinn [gibt Auskunft über die Stellung und Bewegung der Muskeln und Gelenke], Gleichgewichtssinn, Sinne der inneren Organe [zeigen Druck, Temperatur und chemische Veränderungen an]).

Die Wahrnehmungstheorie, von der man im alltäglichen Leben ausgeht, ist ein »phänomenaler Absolutismus« oder »naiver Realismus«. Damit ist gemeint, daß der ungeschulte Beobachter der Ansicht ist, seine Wahrnehmung spiegele unmittelbar die Wirklichkeit der Außenwelt wider, und daß er ferner glaubt, verschiedene Menschen hätten von ein und derselben Situation genau denselben Wahrnehmungseindruck. Beide Annahmen sind jedoch grundverkehrt (und können im zwischenmenschlichen Bereich zu einer Reihe von Mißverständnissen führen).

Wahrnehmung ist ein hochkomplizierter Vorgang, bei dem konstruktive kognitive Leistungen eine große Rolle spielen, und keineswegs das bloß passive Ergebnis einer Reizeingabe. Bei der Verarbeitung von Sinneseindrücken zeigt sich schon auf der untersten Stufe (die noch der Wahrnehmung und noch nicht dem Denken zugerechnet wird) die Tendenz, zu selektieren, zu strukturieren und zu konstruieren. Aus der Flut der einströmenden Reize wird lediglich ein Bruchteil weiterverarbeitet. Nur mit denjenigen Informationen beschäftigt sich der Organismus näher, für die er entweder grundsätzlich oder zur Zeit disponiert ist, die für ihn relevant sind; die Verarbeitung jedweder Information würde ihn hoffnungslos überfordern. Neben dieser selektierenden Tätigkeit findet sich strukturierende: Einzeleindrücke werden, wann immer es geht, zu geschlossenen Gestalten zusammengezogen; so nimmt der Mensch z. B. ein Haus oder einen Baum ganzheitlich, als Einheit, wahr, obwohl diese Gebilde aus einer ungeheuren Fülle von Einzelheiten zusammengesetzt sind. Die konstruktive Tätigkeit im frühen Stadium der Informationsverarbeitung beschreiben W. und U. Schönpflug zusammenfassend so: »In der Verarbeitung [von Sinnesinformationen] werden Verzerrungen bei der Aufnahme korrigiert, Informationslücken geschlossen und Ambiguitäten aufgelöst.« (Psychologie, München – Wien – Baltimore 1983, 97.) Auch die sog. optischen Täuschungen decken auf, daß weit unterhalb der Bewußtseinsschwelle organisierende kognitive Kräfte am Werk sind.

Zu nennen sind in diesem Zusammenhang auch die Konstanz-Phänomene; sie zeigen besonders deutlich, daß Wahrnehmung nicht bloß Widerspiegelung einer Reizkonfiguration ist. Angeführt sei zunächst die Größenkonstanz: Ein Mensch erscheint uns gleich groß, ob er 2 m oder 6 m von uns entfernt ist; dabei ist er im ersten Fall dreimal so groß auf unserer Netzhaut abgebildet! Von Farbkonstanz spricht man dann, wenn die Farben bekannter Gegenstände bei wechselnder Beleuchtung gleichbleiben; so ist für uns z. B. ein Stück Kreide auch dann noch weiß, wenn es bei schwacher Beleuchtung objektiv gesehen vielleicht grau ist.

Eine gute Bestätigung für die hier vorgetragene Auffassung von Wahrnehmung liefert die Entwicklungspsychologie. Wenn in der Wahrnehmung tatsächlich aktive kognitive Prozesse eine so große Rolle spielen, sollte man erwarten, daß Kinder bei der »Wahrnehmungsarbeit« mehr Zeit benötigen als Erwachsene, bei denen sich die nötigen Fertigkeiten bereits eingeschliffen haben. In der Tat gibt es Experimente, die diese Vermutung bestätigen. Wahrnehmung hängt also zu einem guten Teil auch mit Lernen zusammen und findet stets in einem kulturellen Kontext statt, was – nebenbei bemerkt – bedeutet, daß in verschiedenen Kulturen die menschlichen Wahrnehmungsstrukturen u. U. verschieden organisiert sind und recht verschiedene Bilder der Außenwelt liefern.

Gehen wir nun zu den individuellen Unterschieden bei der Wahrnehmung über. Wir sagten bereits, daß die Annahme des naiven Beobachters, alle anderen Menschen nähmen eine Situation genau so wahr wie er selbst, ein Irrtum ist. Das lehren bereits Zeugenaussagen vor Gericht. Viele subjektive Einflüsse wirken mit auf die Wahrnehmung ein, und der Betreffende kann sich selber kaum Rechenschaft darüber geben. Was er wahrnimmt, hängt z. B. von seinem Vorwissen ab (ein Förster sieht in einem Wald andere Dinge als ein Spaziergänger), von Affekten, von Vorurteilen. Überhaupt ist Wahrnehmung immer eingebettet in Handlungszusammenhänge und wird damit beeinflußt von einer Vielzahl psychischer Prozesse. Auch überdauernde Persönlichkeitseigenschaften spielen eine Rolle: Funktionstüchtigkeit der Sinne, Geschwindigkeit und Genauigkeit beim Erkennen von Gegenständen u. a.

Die eben angedeutete Kulturabhängigkeit der Wahrnehmung sollte insbesondere vom Theologen beachtet werden. Im Bereich des Glaubens kommt es auf Wahrnehmungsarten an, die in unserer Zivilisation und Kultur nicht gepflegt werden und verkümmern. Es ist keineswegs ein Naturgesetz, daß ein Mitteleuropäer die Wirklichkeit so »verkopft« wahrnimmt, wie es der Fall ist. Er hat bereits als Kind gelernt, sehr differenziert wahrzunehmen und diese Wahrnehmungen auch sprachlich abzusichern und damit zu festigen. Er hat gelernt, die Informationen, die den verschiedenen Sinnesmodalitäten entstammen, sauber auseinanderzuhalten. Er hat gelernt, exakt zwischen Ich und Außenwelt zu unterscheiden. Tiefere Glaubenserlebnisse sind jedoch auf diese Weise kaum zu erreichen. Für die Orientierung in unserer hochtechnisierten Welt ist unsere sachlich bestimmte Wahrnehmung zwar unumgänglich, aber im Bereich des Glaubens müssen »ganzheitliche«, meditative Wahrnehmungsarten eingeübt werden. Auch im Bereich der Psychotherapie wird im übrigen an der Wahrnehmungsfähigkeit des Menschen im genannten Sinne gearbeitet, vgl. z. B. das Buch von J. O. Stevens, Die Kunst der Wahrnehmung. Übungen der Gestalt-Therapie, München, 9. Aufl. 1986.

2.2 Gedächtnis

Wahrnehmung, Gedächtnis, Denken und Lernen sind nach neuerer Lehrmeinung, die den Menschen als »informationsverarbeitendes System« auffaßt, viel enger miteinander verknüpft, als man früher meinte. Schon bei der Wahrnehmung sind, wie wir gesehen haben, kognitive Prozesse am Werk, die sich dann im Denken auf höherer Stufe fortsetzen. Gewisse Wahrnehmungsleistungen und erst recht Denkleistungen werden beeinflußt von vorangegangenem Lernen, und Wahrnehmung, Denken und Lernen sind ihrerseits ohne Gedächtnis nicht vorstellbar. All diese Einzelfunktionen greifen ineinander, und nur aus Gründen der übersichtlichen Darstellung sollen sie separat behandelt werden.

Wenden wir uns nun dem Gedächtnis zu. Mit ihm beschäftigen sich nicht nur Psychologen, sondern auch Physiologen und Biochemiker. Vorrangiges Ziel ist es, zu einer umfassenden Gedächtnistheorie zu gelangen, in der auch die physiologischen und biochemischen Grundlagen der Speicherungsvorgänge geklärt sind. Von einer solchen umfassenden Gedächtnistheorie ist man aber noch weit entfernt, obwohl es bereits einige plausible – miteinander konkurrierende – Erklärungsansätze gibt.

Begonnen hat die Suche nach dem »Engramm«, nach dem, was im Gedächtnis »eingeschrieben« ist, am Anfang unseres Jahrhunderts. Der deutsche Zoologe R. Semon war der Meinung, daß die vom Organismus aufgenommenen Reize spezifische materielle Spuren im Nervensystem hinterlassen. Doch erst dem schwedischen Neurophysiologen H. Hydén gelang es in den sechziger Jahren, so etwas wie »Gedächtnisstoffe« auszumachen. Diese »Gedächtnisstoffe«, in denen der

Organismus seine Informationen speichert, sind seiner Ansicht nach die Ribonukleinsäure (RNS) und Desoxyribonukleinsäure (DNS).

Andere Vorstellungen sehen als Substrat der Gedächtnisleistungen weniger molekulare Strukturveränderungen als vielmehr elektro-neuronale Schwingungskreise an, die das ganze Gehirn durchpulsen und sich vielfältig überlagern. In diesem Zusammenhang ist vor allem die Vorstellung vom Gedächtnis als einem »Hologramm« zu nennen, die auf den Neuropsychologen K. H. Pribram zurückgeht. Hologramm ist ein Begriff aus der Fotografie; er bezeichnet eine besondere Form des Abbildes, bei der jeder Bildpunkt die Information des gesamten abgebildeten Gegenstandes enthält. Ein kleiner Teil der entsprechenden Fotoplatte genügt, um aus ihm das *gesamte Bild* zu reproduzieren. (Bei kleiner werdendem Bruchstück der Fotoplatte wird freilich das Bild immer undeutlicher.)

Pribram meint nun, daß das Gehirn wie ein Hologramm arbeitet. Bei Speicherleistungen ist stets das ganze Gehirn beteiligt, und Informationen sind an allen Punkten der Hirnrinde abrufbar. Die Informationen sind also nicht lokal gebunden (in molekularen Strukturen), sondern ständig im ganzen Gehirn in Bewegung, in Schaltkreisen, an denen unendlich viele Nervenzellen beteiligt sind. Alle diese Schaltkreise sind miteinander vernetzt und durchdringen sich, so daß das ganze Gehirn ein einziges vibrierendes Etwas ist, stets bereit zum blitzschnellen Zusammenfassen und Verrechnen äußerst verschiedener Gedächtnisinhalte.

So faszinierend das Hologramm-Modell des Gedächtnisses sein mag, auf sicheren Füßen steht es noch keineswegs. Der Psychologe muß mit der Schwierigkeit fertigwerden, vorerst ohne eine endgültige physiologische und biochemische Erklärung des Gedächtnisses auszukommen. Das darf ihn jedoch nicht daran hindern (und hindert ihn auch nicht daran), *psychologisch plausible* Gedächtnis-Vorstellungen zu entwerfen, die – unabhängig von der Physiologie und Biochemie – ihre Legitimität allein dadurch erweisen müssen, daß sie die beobachtbaren Lern- und Vergessensphänomene hinreichend erklären.

Das heute am meisten diskutierte und weithin akzeptierte psychologische Gedächtnis-Modell geht von drei Speichern aus, dem sensorischen Gedächtnis, Kurzzeit-Gedächtnis und Langzeit-Gedächtnis. Die Informationen, die über die Sinnesorgane in den Organismus einlaufen, werden zunächst in einem sensorischen Gedächtnis gespeichert (für die extrem kurze Zeit von 250 msec bis 2 sec). Experimentell nachweisen können hat man einen ikonischen Speicher für visuelle Reize und einen Echo-Speicher für akustische Reize; nicht recht gelungen ist bisher der Nachweis eines sensorischen Gedächtnisses auch für taktile Reize.

Aus dem sensorischen Gedächtnis, das eine unbegrenzte Aufnahmekapazität hat, wird nur ein Bruchteil der Informationen an das Kurzzeit-Gedächtnis weitergeleitet; und zwar handelt es sich dabei um diejenigen Informationen, denen wir Aufmerksamkeit widmen oder für die Assoziationsmöglichkeiten bestehen. Die anderen Informationen entfallen dem Organismus wieder, d. h. die elektrischen Schwingungen, in denen sie kodiert sind, klingen ab.

Das Kurzzeit-Gedächtnis hat nur eine begrenzte Speicherkapazität. Es kann nach einer berühmten These »sieben plus/minus zwei« Einheiten (»chunks«) zugleich aufnehmen. Zu beachten ist jedoch, daß diese chunks unterschiedlich lang sein können; so wäre z. B. die Aufnahmefähigkeit des Kurzzeit-Gedächtnisses durch sieben sinnlos aneinandergereihte Buchstaben erschöpft, an die Stelle von sieben Buchstaben können aber auch sieben sinnvolle Worte mit zusammen u. U. über hundert Buchstaben treten! Die enormen Behaltensleistungen sog. »Gedächtniskünstler« beruhen z. T. auf raffinierten Chunking-Methoden, mit denen Informationsmaterial strukturiert und zusammengefaßt wird.

Aus dem Kurzzeit-Gedächtnis gehen die Informationen in das Langzeit-Gedächtnis über, aber nur dann, wenn sie genügend oft wiederholt und dem Langzeit-Gedächtnis regelrecht »eingeprägt« werden; andernfalls verblassen sie oder werden durch neu aufgenommene Informationen verdrängt. Ähnlich wie bei dem sensorischen Gedächtnis und im Gegensatz zum Kurzzeit-Gedächtnis ist die Kapazität des Langzeit-Gedächtnisses unbegrenzt. Viele Psychologen gehen davon aus, daß eine Information, wenn sie einmal im Langzeit-Gedächtnis verankert ist, nicht wieder verlorengehen kann. Gemäß dieser Theorie ist »Vergessen« lediglich die Unfähigkeit, die entsprechende Information im Gedächtnis *ausfindig zu machen*. Um es in einem Bild zu sagen: Es ist so, als ob wir uns in einer riesigen Bibliothek befinden und ein bestimmtes Buch suchen, das auch tatsächlich in der Bibliothek vorhanden ist, uns dabei aber nicht auf einen Katalog stützen können. Für diese Theorie lassen sich als schlagendstes Argument die Hirnstimulierungs-Untersuchungen von W. Penfield anführen. Penfield operierte Epileptiker unter Lokalanästhesie, also unter vollem Bewußtsein. Dabei stimulierte er verschiedene Punkte der freigelegten Gehirnoberfläche und löste damit bei den Patienten detaillierte, bereits »vergessene« Erinnerungen an ihre frühe Kindheit aus.

Die Theorien, weshalb Informationen »vergessen« werden (d. h.

nicht mehr abgerufen werden können), sind zahlreich; zwei von ihnen seien hier angeführt. In der Psychoanalyse wird mit dem Konzept der »Verdrängung« gearbeitet. Damit ist eine Strategie gemeint, mit der man Gedächtnisinhalte in unbewußte Regionen verweist, um eine vorteilhafte Selbsteinschätzung aufrechterhalten zu können. Eine eher kognitiv orientierte Auffassung zum Vergessen früher Kindheitserlebnisse geht davon aus, daß Behaltensleistungen stets eingebettet sind in umfassende Handlungs- und Erlebnismuster. Indem nun ein Kind älter wird, entwickelt es nach und nach neue Weisen der Weltauffassung und damit des Handelns und Erlebens und versteht auch sich selbst zunehmend anders. Die frühen Erlebnisse sind jedoch fest verkoppelt mit jenem frühen Weltbild, mit jenen frühen Handlungs- und Erlebnismustern, und deshalb auf einer späteren Altersstufe nicht mehr erinnerlich.

2.3 Denken

»Denken« ist in der Psychologie die Sammelbezeichnung für eine Fülle kognitiver Akte wie begreifen, urteilen, meinen, schlußfolgern, grübeln, abstrahieren, vorstellen, voraussehen usw. Im Gegensatz zur Wahrnehmung, in der sich der Organismus nur mit dem beschäftigt, was unmittelbar über die Sinnesorgane eingespeist wird, ist beim Denken auch Nichtgegenwärtiges (Vergangenes und Zukünftiges) mit auf dem Plan und wird zusammen mit den neu eintreffenden Informationen in ein umfassendes, ständig neu auszutarierendes Bezugssystem gebracht. Das Ziel ist dabei in der Regel, Handlungen vorzubereiten; freilich kann sich Denken auch gelegentlich in absichtslosem Sinnieren erschöpfen.

Das Hauptforschungsgebiet der Denkpsychologie ist das Problemlösen, und allein um dieses Gebiet soll es im folgenden gehen. Weitere Fragestellungen der Denkpsychologie werden im Verlauf unserer Darstellung in anderen Kontexten thematisiert, nämlich »Intelligenz« (bei der Behandlung der Persönlichkeitspsychologie) und »Entwicklung des Denkens« (bei der Behandlung der Entwicklungspsychologie).

Die Forschungsaufgabe, Denken funktional unter dem Aspekt des Problemlösens zu untersuchen, geht zurück auf die Schule der Gestaltpsychologie. Zu nennen sind hier vor allem die Namen W. Köhler, K. Duncker und M. Wertheimer. Von ihrem theoretischen Ausgangspunkt her verstanden die Gestaltpsychologen die Lösung eines Problems als Prozeß der Strukturerfassung und Umstrukturierung einer bestimmten Situation. Der Prozeß der Lösung eines Problems beginnt nach gestaltpsychologischer Ansicht damit, daß man alle in der Situation gegebenen Dinge daraufhin untersucht, ob und wie sie zur Zielerreichung eingesetzt werden können, d. h. ob sie einen »Funktionalwert« (K. Duncker) haben. Der Funktionalwert eines Gegenstandes liegt zumeist nicht offen zutage; ihn zu entdecken, ist gerade ein Gutteil des schöpferischen Prozesses. Verhältnismäßig einfach ist die Entdeckung des Funktionalwertes eines Gegenstandes im folgenden Beispiel: Ein Wanderer möchte einen Bach überqueren, findet aber keine Brücke vor; am Ufer liegt jedoch ein Baumstamm, und dem Wanderer fällt plötzlich ein, daß ihm dieser Baumstamm als Steg dienen könnte. Schwieriger ist es, den Funktionalwert eines Gegenstandes zu erkennen, wenn dieser Gegenstand fest in andere Strukturen eingebunden ist; dann nämlich fällt die Umstrukturierung schwerer. So ließ sich z. B. in einem Experiment zeigen, daß Versuchspersonen, die einen Schalter in eine elektrische Anlage eingebaut hatten, später nur schwer auf den Gedanken kamen, bei einer anderen Aufgabenstellung eben diesen Schalter als Gewicht zu verwenden. Duncker spricht hier von funktionaler Gebundenheit oder funktionaler Fixierung. Denken neigt dazu, in festen Bahnen zu verlaufen. Einstellung und Gewöhnung verursachen ein blindes Vorgehen bei neuen Aufgaben. Kreativität und Phantasie im Denkvorgang müssen eingeübt werden gegen ein dem Denken innewohnendes Gefälle zur Automatisierung. Der Organismus hat die Tendenz, seine Ziele mit möglichst geringem Aufwand zu erreichen. Er greift, wann immer es geht, auf bekannte, erprobte Lösungs- und Verhaltensmuster zurück. Diese Bemühung, sich stets so gut es geht zu entlasten, ist an sich richtig; nur so kann der Organismus ökonomisch arbeiten. Der Nachteil dieses psychischen Grundkonzepts ist jedoch, daß die Lösung neuer, ungewohnter Aufgaben häufig mit Schwierigkeiten verbunden ist.

2.4 Lernen

Auf dem Gebiet des Lernens ist es den empirisch orientierten Psychologen gelungen, dem aus den Naturwissenschaften übernommenen Postulat der Objektivität sehr nahezukommen. Nirgendwo sonst in der Psychologie wurden so exakte Gesetze aufgestellt wie gerade hier. Gewisse Lerntheorien amerikanischer Forscher sind allerdings so stark formalisiert und auf ein solches Abstraktionsniveau gehoben, daß sie einem Laien kaum mehr verständlich zu machen sind. Insbesondere gilt dies für den Ansatz von C. L. Hull. Sein entscheidendes Buch ist so schwer lesbar, daß es selbst in Fachkreisen selten zitiert wird.

In das Dickicht der Lerntheorien einzudringen, soll denn auch nicht unsere Aufgabe sein. Es soll uns vielmehr darum gehen, nach einigen einleitenden Bemerkungen (in denen u. a. eine Definition von Lernen vorgetragen wird) die gängigen »Arten« oder »Formen« des Lernens darzustellen; wir setzen also eher phänomenologisch an als theoretisch-nomologisch.

»Lernen« ist in der Psychologie ein sehr viel weiter gefaßter Begriff als im Alltagsgebrauch. Im Alltag wird Lernen als Ansammlung von Wissen verstanden, die zumeist systematisch (etwa in der Schule) betrieben wird. Unterstellt ist dabei, daß sich durch Lernen eine Leistungssteigerung ergibt. In der Psychologie hingegen wird jede überdauernde Verhaltensänderung als »gelernt« verstanden, die sich durch Übung oder Beobachtung eingestellt hat; zustande gekommen sein darf diese Verhaltensänderung jedoch nicht durch Reifung, Ermüdung, Drogeneinfluß oder ähnliches. Nach dieser, der sog. »faktischen«, Definition von Lernen findet Lernen in einer Fülle von Alltagssituationen und sozialen Konstellationen statt und nicht nur in relativ eingegrenzten Lebensbereichen. Auch Fehlverhaltensweisen und Neurosen sind gemäß dieser Definition *gelernt worden,* sie unterliegen den Lerngesetzen und können – bei richtiger Anwendung dieser Gesetze – auch wieder *ver*lernt werden. Auf diesem Prinzip beruht übrigens die gesamte Verhaltenstherapie, eine Form der Psychotherapie, die mit relativ einfachen Mitteln die verblüffendsten Erfolge erzielt. (Vgl. zur Verhaltenstherapie unten, 7.3.5.)

Wenn der Psychologie gelegentlich vorgeworfen wird, sie sei die Wissenschaft von der »weißen Ratte« und nicht die Wissenschaft von der Seele des Menschen, hat sie das vor allen Dingen der Lernforschung zu verdanken. Insbesondere dieser Zweig der Psychologie mit seiner wichtigen Bedeutung für viele Praxisfelder (Erziehung, Beratung, Therapie, Werbung usw.) stützt sich stark auf den Tierversuch. Das hat seinen Grund darin, daß viele wichtige Experimente, wenn sie an Menschen durchgeführt würden, gegen ethische Normen verstießen, so z. B. die Untersuchung des Einflusses von Bestrafung auf die Lernleistung. Mit der Albino-Ratte läßt sich eine solche Untersuchung ohne weiteres durchführen, und zwar ohne daß das Tier dabei gequält wird (z. B. können als Strafreize leichte, unterhalb der Schmerzgrenze liegende Stromstöße eingesetzt werden). Problematisch ist freilich – und hier liegt ein viel diskutiertes Dilemma vor –, inwieweit aus Tierexperimenten gewonnene Gesetzmäßigkeiten auf den Menschen übertragbar sind.

Gehen wir nun zu den Arten oder Formen des Lernens über. Sie sollen dargestellt werden gemäß der in einschlägigen Lehrbüchern eingehaltenen Reihenfolge, die mit den einfachen Lernarten beginnt und bei den komplexen Lernarten endigt. Zu nennen ist zunächst, als einfachste Form des Lernens, das auf I. P. Pawlow zurückgehende *klassische Konditionieren.* Die grundlegende Struktur dieser Lernart ist rasch erklärt. Der Organismus verfügt über eine Reihe von (unbedingten) Reflexen, die durch bestimmte (unbedingte) Reize ausgelöst werden. So löst z. B. das Vorzeigen von Futter (unbedingter Reiz) bei einem Hund Speichelfluß aus (unbedingter Reflex). Kombiniert man nun den unbedingten Reiz mit einem neutralen Reiz (löst man also etwa beim Vorzeigen von Futter stets einen Glockenton aus), wird der Hund bald auch auf den ehemals neutralen Reiz (Glockenton) hin Speichel fließen lassen. Der neutrale Reiz ist damit zum bedingten Reiz geworden, und die Reaktion, die er auslöst, heißt bedingter Reflex.

Entsprechend diesem einfachen Grundmuster haben wir viele unserer Verhaltensweisen erworben, vor allem emotionale Reaktionen jedweder Art. Exzessiven Gebrauch vom klassischen Konditionieren macht die Werbung. Sie arbeitet mit Schlüsselreizen (etwa sexuell stimulierenden Szenen), die zu reflexartig erfolgenden Zuwendungsreaktionen führen, und koppelt diese Schlüsselreize mit neutralen Reizen (Markennamen). Den Wirkungen dieser Vorgehensweise kann man sich deshalb kaum entziehen, weil das klassische Konditionieren unterhalb der Bewußtseinsgrenze verläuft, also dem Willen nicht unterworfen ist. Nur am Rande sei vermerkt, daß viele negative Reaktionen bezüglich Kirche und Glauben, mit denen der Pfarrer tagtäglich konfrontiert wird, Ergebnisse eines »Lernprogramms« im Sinne des klassischen Konditionierens sind. Eine ganze Reihe von Menschen macht im Raume der Kirche negative Erfahrungen irgendwelcher Art, und sei es nur die Erfahrung der Langeweile. Um in unserem Schema zu bleiben: Langeweile (als unbedingter Reiz) löst eine reflexartig erfolgende negative Gefühlsreaktion aus. Nach und nach vermag allein der Gedanke an Kirche diese Reaktion auszulösen. Begegnet zu werden braucht deshalb vielen negativen Äußerungen über Kirche und Glauben nicht mit theologisch tiefsinnigen Gesprächen, sondern ganz einfach mit »Gegen-Lernprogrammen«.

Die nächste zu besprechende Lernart ist das *instrumentelle Konditionieren.* Es wird häufig in der Erziehung und auch bei Tierdressuren angewandt und beruht auf folgender Logik: Wenn gewisse (erwünschte) Verhaltensweisen durch Belohnungen (bei Kindern z. B.

durch Süßigkeiten, Spielsachen, Lob) bekräftigt (verstärkt) werden, steigt die Wahrscheinlichkeit, daß sie häufiger gezeigt und schließlich fest in das Verhaltensrepertoire aufgenommen werden. Diese Gesetzmäßigkeit ist zwar immer schon bekannt gewesen, aber erst die Lernpsychologie hat sie experimentell untersucht und in all ihren Einzelaspekten genau ausgeleuchtet. So hat erst die Lernpsychologie z. B. das Phänomen der »paradoxen Verstärkung« aufgedeckt: Lehrer wundern sich oft, weshalb trotz häufigen Tadels manche Schüler ihr Störverhalten nicht einstellen. Der Grund dafür ist, daß die Schüler den Tadel als soziale Zuwendung verstehen und die Aufmerksamkeit genießen, die sie in diesem Augenblick erhalten, daß sie also *verstärkt* werden. Das richtige Lehrerverhalten wäre hier das konsequente Ignorieren der Störmanöver; nur dieses Lehrerverhalten führt zur Löschung (Extinktion) des unerwünschten Schülerverhaltens.

Nur weniger Worte bedarf es, um das *Beobachtungslernen* (Imitationslernen, Lernen am Modell) darzustellen: Viele Verhaltensweisen erwirbt das Individuum dadurch, daß es sie imitiert. Und zwar handelt es sich dabei oftmals um recht komplexe Verhaltensmuster, die sich zudem schlagartig einstellen können.

Mit dem Beobachtungslernen sind die einfachen Lernarten abgehandelt, und wir wenden uns nun den komplexen Lernarten zu. Hier muß als erstes das *verbale Lernen* (Lernen von sprachlichen Assoziationen) angesprochen werden. Gemeint ist das Erlernen sprachlichen Materials, d. h. vor allem das Erlernen der mechanischen Verbindungen zwischen Gegenständen und Worten und zwischen Worten untereinander.

Die in der Hierarchie nun folgende Lernart ist die *Begriffsbildung* (das Lernen von Begriffen). Zunächst sei darauf aufmerksam gemacht, welche Bedeutung Begriffe für unsere Orientierung in der Welt besitzen. Sie sind abstrahierende und selektive Modelle der Wirklichkeit, in denen in komprimierter Form kognitive Erfahrungen gespeichert sind. Dadurch ermöglichen sie uns, in unserem Innern geistige »Planspiele« durchzuführen, also unseren Zugang zur Wirklichkeit kognitiv vorzustrukturieren. Begriffe sind nicht nur einzelne Worte (wie z. B. »mittlerer«, »großzügig«, »Tier«), sondern auch Sinnzusammenhänge, ganze Bedeutungskomplexe. Wie schwierig die Begriffsbildung im einzelnen ist, erkennt man, wenn man z. B. einem dreijährigen Kind die Begriffe »mittlerer« und »großzügig« beibringen will, was in diesem Alter kaum möglich sein dürfte, da die geforderten Abstraktionsleistungen zu hoch sind.

Die höchste und komplexeste Stufe des Lernens ist das *Problemlösen.* An dieser Stelle sieht man, wie fließend die Grenze zwischen Denken und Lernen ist; denn Problemlösen haben wir ja bereits als Forschungsgebiet der Denkpsychologie kennengelernt (vgl. oben, 2.3). In der Denkpsychologie wird Problemlösen als aktueller Denkvollzug untersucht, in der Lernpsychologie wird danach gefragt, zu welchen situationsüberdauernden kognitiven Dispositionen es führt und welche grundsätzlichen Lösungsstrategien zur Auseinandersetzung mit der Wirklichkeit dabei erworben werden.

2.5 Motivation

In der Motivationspsychologie wird die Frage nach dem »Warum« des menschlichen Handelns gestellt, nach Faktoren, die es determinieren. Eine erste, grobe Klassifizierung unterscheidet dabei zwischen primären und sekundären Trieben oder Motiven. Die primären Triebe oder Motive beziehen sich auf biologische oder physiologische Bedürfnisse und sind angeboren, nicht erlernt. Sie werden durch Mangelzustände ausgelöst wie Hunger, Durst, Sexualitätsbedürfnis, Schlafbedürfnis, Bedürfnis nach Atmung u. a. Verstanden werden können die primären Triebe im Rahmen eines homöostatischen Modells: Ihnen fällt die Aufgabe zu, das physiologische Gleichgewicht des Organismus aufrechtzuerhalten.

In der experimentellen Forschung spielen die primären Triebe eine wichtige Rolle, da sie leicht kontrolliert werden können. Das typische Versuchs-Design sieht so aus, daß Versuchstiere (meist sind es Albino-Ratten) depriviert, d. h. in Mangelzustände versetzt werden, etwa bezüglich Nahrung oder Sexualität. Gemessen werden kann dann z. B., welcher primäre Trieb der relativ stärkste ist: Wem wendet sich eine bezüglich Nahrung und Sexualität deprivierte Ratte zuerst zu, wenn ihr zugleich Nahrung und ein Geschlechtspartner angeboten werden? Oder: Welche Stromstärke auf einem zu überquerenden Gitterrost nimmt eine deprivierte Ratte in Kauf, um zu einem Ziel (Nahrung, Geschlechtspartner) zu gelangen? –

Als sekundäre Triebe oder Motive bezeichnet man jene, die im Verlauf der Sozialisation erlernt werden. Als Beispiel sei das Heimweh genannt. Nach lerntheoretischer Ansicht kommt es durch klassisches Konditionieren zustande. Die Befriedigung seiner primären (biologischen) Bedürfnisse erfährt das Kind stets in einem konkreten geographischen Rahmen, und allein dieser Rahmen vermag später jene Reminiszenzen auszulösen, die man als Heimweh bezeichnet. Ersehnt wird also im Heimweh kein geographischer Ort, sondern jene vollständige Bedürfnisbefriedigung im frühen Kindesalter. Interessant ist nun die Beobachtung, daß Heimweh heute seltener als früher auftritt. Bei der heutigen Mobilität (schon Kleinkinder werden auf alle Reisen der Eltern mitgenommen) werden biologische Bedürfnisse und ihre Befriedigung weniger stark als früher mit konstanten Umweltreizen gekoppelt.

Abgehoben worden ist in den vorangegangenen Ausführungen sehr stark auf den behavioristischen Ansatz in der Motivationspsychologie. Man darf darüber aber nicht vergessen, daß auch die Tiefenpsychologie hier einen entscheidenden Beitrag geleistet hat. S. Freuds gesamte Theorie kann unter dem Aspekt betrachtet werden, eine motivationale Erklärung des Verhaltens zu liefern. Die entscheidende energetisierende psychische Antriebskraft ist bei ihm die Libido (Sexualität im sehr weit gefaßten Sinne), und alle psychischen Funktionen wie Wahrnehmung, Denken, Lernen usw. stehen im Dienste ihrer Befriedigung. – Am Beispiel der Motivation läßt sich also gut zeigen, wie die verschiedenen großen theoretischen Richtungen der Psychologie, hier Behaviorismus und Tiefenpsychologie, den gemeinsamen Forschungsgegenstand höchst unterschiedlich angehen. (Vgl. zu den großen theoretischen Richtungen in der Psychologie oben, 1.3.)

Wenn Triebe oder Motive an ihrer Erfüllung gehindert werden und es beim Individuum zu Erlebnissen der Enttäuschung kommt, spricht man von Frustration. Die Reaktionsweisen auf Frustration sind individuell sehr verschieden und gelten als ausgezeichneter Gradmesser für den Reifungsstand der Persönlichkeit. Die reife, belastbare Persönlichkeit ist von einer großen »Frustrationstoleranz« gekennzeichnet; sie fährt in einer frustrierenden Situation nicht gleich »aus der Haut«. Als Faktoren, welche die Frustrationstoleranz maßgeblich mitbestimmen, sieht man Einflüsse der frühkindlichen Entwicklung an. Kinder, denen von ihren Eltern in maßvoller Weise auch Frustrationen zugemutet werden, d. h. denen nicht jeder Wunsch sofort erfüllt wird, haben eher Gelegenheit, jene Verhaltensweisen einzuüben, die für einen konstruktiven Umgang mit Frustrationen unerläßlich sind.

Als unangemessene Reaktionen auf Frustration sind vor allem Aggressivität und Regression (Verhaltensprimitivierung) zu nennen. Nach der berühmten Frustrations-Aggressions-Hypothese von J. Dollard/N. E. Miller wird Frustration häufig mit Aggression beantwortet, wobei das Objekt der Aggression nicht unbedingt der Verursacher der Frustration sein muß, sondern auch irgendeine andere (schwächere) Person sein kann. Unter Regression, mit der ebenfalls auf Frustration reagiert werden kann, versteht man die Rückkehr zu einer Verhaltensstufe, über die man entwicklungsmäßig schon hinaus war. So ist es z. B. häufig zu beobachten, daß ein Kind, das bereits trocken war, nach der Geburt eines weiteren Kindes, die für das ältere Kind einen gewissen Verlust an Zuwendung bedeutet, wieder einzunässen beginnt.

2.6 Emotion

Der Bereich der Emotion wird vom Laien oftmals als psychologisches Forschungsgebiet par excellence angesehen. Dabei wäre es viel besser, sich in Sachen Emotion bei den Dichtern und Schriftstellern und nicht bei den Psychologen umzusehen. Gute Beschreibungen der menschlichen Gefühle finden sich nur in der Literatur. Dabei ist »Beschreibung« schon nicht das richtige Wort, die Subtilität vieler Gefühle läßt sich nämlich sprachlich kaum ausdrücken. Was jedoch den guten Schriftsteller ausmacht, ist, daß er – oft mit wenigen Bemerkungen – bei seinem Leser Gefühle *auslösen* kann und ihn dadurch in seinen Bann zieht.

Der Beitrag, den die Psychologie zur Beschreibung und Erklärung der Gefühle leisten kann, sollte also von vornherein nicht überschätzt werden. In einem Einführungsbuch in die Allgemeine Psychologie wird frank und frei zugegeben: »Wir wissen heute noch recht wenig über Wesen und Funktionen der Gefühle.« (P. R. Wellhöfer, Grundstudium Allgemeine Psychologie, Stuttgart 1981, 203.)

Was der psychologischen Emotionsforschung vor allem Mühe macht, ist die Subjektivität emotionaler Prozesse, die sich einer objektivierenden, quantifizierenden Untersuchung weitgehend entzieht. Ein gewisser Ausweg aus dieser Situation besteht darin, statt der Gefühle selbst ihre physiologischen Begleiterscheinungen zu messen. Solche Begleiterscheinungen kennt jeder aus eigener Anschauung: Bei starken Gefühlen beschleunigen sich Herzschlag und Atmung, unsere Hände werden feucht, wir erröten, bekommen einen Schweißausbruch, verspüren vielleicht sogar Harndrang. Zurückführen lassen sich diese physiologischen Veränderungen auf eine erhöhte Aktivität des Sympathikus-Anteils des autonomen Nervensystems.

Es wurde nun in der Forschung gefragt, ob die verschiedenen Gefühle jeweils verschiedene physiologische Begleiterscheinungen auslösen, und zweitens, ob die Intensität der physiologischen Begleiterscheinungen mit der Intensität der erlebten Gefühle korreliert. Die Forschungsergebnisse dazu sind sehr kompliziert und im letzten wenig aufschlußreich; sie sollen hier nicht referiert werden. Angesprochen werden soll jedoch der sog. »Lügendetektor«, der im Rahmen dieser Forschungen entwickelt worden ist. Er registriert Atemhäufigkeit, Pulsfrequenz und vor allem die psychogalvanische Reaktion; diese besteht darin, daß die Haut bei gefühlsmäßiger Erregung durch die Absonderung von Schweiß zu einem besseren elektrischen Leiter wird. Aufschluß geben soll der Lügendetektor, ob jemand bei einer Vernehmung die Wahrheit sagt; lügt er, gerät er dabei in innere Aufregung und verrät sich über seine physiologischen Daten. Der Nachteil des Geräts ist, daß es nur unspezifisch »Aufregung« messen kann, die ja in der Vernehmungssituation durchaus auch von einem Unschuldigen gezeigt werden könnte. Völlig zu Recht ist deshalb der Einsatz des Lügendetektors in gerichtlichen Ermittlungsverfahren bei uns verboten.

Zum Verhältnis zwischen physiologischen und psychischen Reaktionen bei Gefühlen gibt es in der Forschungsgeschichte der Psychologie die kuriose Theorie von W. James und C. Lange, aufgestellt gegen Ende des 19. Jahrhunderts. Beide Autoren gelangten unabhängig voneinander zu der Ansicht, daß auf bedrohliche oder erregende Reize zunächst körperliche Reaktionen eintreten und daß emotionale Regungen ihrerseits Reaktionen auf die körperlichen Veränderungen sind. Wir beginnen also – gemäß dieser Auffassung – nicht zu zittern, weil wir ängstlich sind, sondern wir zittern im Sinne einer körperlichen Reaktion auf einen entsprechenden Reiz, registrieren dieses Zittern und werden dann ängstlich. Oder, auf den Punkt gebracht: Wir sind traurig, weil wir weinen. – Eine Diskussion dieser Theorie würde zu weit führen. Sie enthält Wahrheitsmomente, läßt sich aber im ganzen gesehen nicht bestätigen. Herausgegriffen aus den vielen Untersuchungen, die die James-Lange-Theorie ausgelöst hat, sei nur das Experiment von R. S. Lazarus zur Beeinflussung physiologischer Reaktionen auf äußere emotionale Reize durch unterschiedliche kognitive Bewertungen. Ein Film über grausame Beschneidungspraktiken bei australischen Eingeborenen löste bei Versuchspersonen je nach begleitendem Kommentar unterschiedliche physiologische Reaktionen aus. Am geringsten waren diese beim emotionslosen Kommentar eines Wissenschaftlers; durch diesen Kommentar wurde bei den Versuchspersonen eine kognitive Einstellung induziert, die übergroße Körperreaktionen nicht zuließ.

Zum Schluß sei noch auf eine Möglichkeit aufmerksam gemacht, Gefühle direkt, ohne Umweg über die Physiologie, zu erfassen. Gemeint ist das von C. E. Osgood entwickelte und von P. R. Hofstätter für deutsche Verhältnisse bearbeitete »semantische Differential«.

Hierbei wird der Proband mit Hilfe einer Reihe von Skalen nach seiner gefühlsmäßigen Einstellung zu Personen oder Objekten befragt, wobei er stets zwischen zwei Extremen (z. B.: ein guter Hochschullehrer ist hart/weich) und einigen Zwischenstufen wählen kann.

3. Entwicklungspsychologie

3.1 Aufgaben der Entwicklungspsychologie

Die Entwicklungspsychologie betrachtet menschliches Erleben und Verhalten unter dem Aspekt der Veränderung. Mit dieser Feststellung ist sie in ihrer Spezifität freilich noch nicht ausreichend definiert, da es auch in anderen psychologischen Teildisziplinen um Veränderungsprozesse geht, z. B. in der Lernpsychologie oder in der Psychotherapie. Das eigentlich Charakteristische der Entwicklungspsychologie ist, daß sie solche psychischen Veränderungsprozesse untersucht, die sich auf die Zeitdimension Lebenslauf beziehen lassen. Zu beachten ist dabei, daß das Lebensalter als solches keineswegs eine psychologische Variable ist, sondern gewissermaßen nur eine Skala, auf der sich Entwicklungsvorgänge inventarisieren lassen. Das jeweils erreichte Lebensalter kann also nicht dazu dienen, einen bestimmten Entwicklungsvorgang zu erklären, das können nur die in der Zeit geschehenen psychischen Vorgänge.

Wie überall in der Psychologie geht es auch in der Entwicklungspsychologie zum einen um das Beschreiben und zum anderen um das Erklären, wobei das Erklären zugleich die Grundlage für intervenierendes Handeln ist: Ein Sachverhalt, der erklärt ist, dessen Gesetzmäßigkeiten aufgedeckt sind, kann auch verändert werden.

Die Aufgabe des Beschreibens läßt sich in der Entwicklungspsychologie in zweifacher Weise wahrnehmen. Zum einen kann nach Lebensperioden gegliedert werden (frühe Kindheit, Kindheit, Jugendalter, Erwachsenenalter, Alter), zum anderen nach Funktionsbereichen (z. B. Entwicklung der Wahrnehmung, des Denkens, der Sprache) und Einstellungen (z. B. moralische Haltung).

Zur Erklärung von Entwicklungsvorgängen gibt es in der Entwicklungspsychologie eine Reihe miteinander konkurrierender »Entwicklungsmodelle«, d. h. umfassender Theorieansätze. Die beiden wichtigsten von ihnen werden weiter unten kurz dargestellt (vgl. 3.1.2).

Es dürfte bereits bei der Aufzählung der Lebensperioden, mit denen sich die Entwicklungspsychologie beschäftigt, deutlich geworden sein, daß es in dieser psychologischen Teildisziplin keineswegs nur um das Kind und den Heranwachsenden geht. Das meint jedoch der Laie häufig, und auch in der Entwicklungspsychologie selbst gab es lange Zeit die Beschränkung auf die Lebensspanne bis zum Eintritt in das Erwachsenenalter. Heute wird jedoch mehr und mehr die gesamte Lebenszeit unter entwicklungspsychologischen Aspekten untersucht, wobei zugegebenermaßen der Schwerpunkt immer noch auf den ersten 20 Jahren liegt (und dort besonders auf der frühen Kindheit).

Forschungsergebnisse aus der Entwicklungspsychologie sind von großer Bedeutung für viele gesellschaftliche Bereiche. Einige Beispiele mögen hier genügen: 1. Entwicklungspsychologische Erkenntnisse zur kognitiven und sozialen Frühentwicklung haben zu einer umfassenden Organisation bzw. Reorganisation der vorschulischen Erziehung geführt; 2. Viele Eltern-Kind-Konflikte können von der Entwicklungspsychologie auf altersspezifische Kausalfaktoren zurückgeführt werden, wodurch eine Hilfe zu ihrer Beseitigung gegeben ist; 3. Für die Gerontologie (Lehre vom alten Menschen), in der die Erkenntnisse mehrerer Wissenschaften (z. B. der Medizin und Soziologie) zusammenfließen, wird der Beitrag der Entwicklungspsychologie zunehmend wichtiger; manche der angeblich »altersbedingten Abbauerscheinungen« lassen sich ohne weiteres auf recht einfach zu ändernde psychologische Variablen attribuieren. (Im übrigen: wenn man von »altersbedingten Abbauerscheinungen« spricht, begeht man jenen oben genannten logischen Fehler, das Lebensalter als psychologische Variable anzusehen.)

3.2 Entwicklungsmodelle

Lange Zeit vorherrschend in der deutschen Entwicklungspsychologie waren die sog. *Phasenlehren* (Stufen-, Stadienlehren). Heute gelten sie als theoretisch überholt, obgleich ihnen gewisse bleibende Verdienste durchaus zuerkannt werden. In den Phasenlehren wird versucht, die Fülle an Entwicklungserscheinungen in einen Ordnungszusammenhang zu bringen, auf Abschnitte aufzuteilen, die einander in gesetzmäßiger Reihenfolge ablösen. Als Erklärung des Entwicklungsvorgangs werden innere Gesetze, Naturgegebenheiten, angesehen. Umwelteinflüsse spielen eine sekundäre Rolle.

Die einflußreichste Phasenlehre ist von O. Kroh entwickelt worden. Sie sei hier kurz referiert: Kroh unterteilt den Entwicklungsgang in drei große Stufen, frühe Kindheit (von der Geburt bis zu 2½ Jahren), eigentliche Kindheit (bis 12 Jahre) und Reifezeit (bis zur Volljährigkeit). Zwischen den großen Stufen finden krisenhafte Übergänge statt, nämlich das 1. und 2. Trotzalter. Die drei großen Stufen sind wiederum in jeweils drei Phasen unterteilt, auf deren Darstellung wir jedoch verzichten wollen.

Das System von Kroh ist, wie jede Phasenlehre, sehr schematisch und gewährt der Variabilität der konkreten Verhaltensweisen nicht genügend Raum. Außerdem – und das ist der entscheidende Kritikpunkt – werden die beobachtbaren Entwicklungserscheinungen nicht in Beziehung zu situativen Faktoren gesetzt. Warum ein 3jähriges Kind trotzig ist, wird damit erklärt, daß es sich im 1. Trotzalter befindet. Der Zirkelschluß, der dabei vorliegt, ist den Phasentheoretikern nicht aufgefallen. Ihren Beobachtungsdaten haben sie entnommen, daß fast alle Kinder um das dritte Lebensjahr herum häufig Trotzverhalten zeigen, und aus dieser Tatsache haben sie flugs ein »Naturgesetz« konstruiert. Es gibt jedoch psychologische Untersuchungen, in denen dem situativen Kontext von Trotzverhalten nachgegangen worden ist. Diese Untersuchungen schlüsseln die Umweltbedingungen nach jenen Variablen auf, unter denen (in einer kritischen Situation) Trotzverhalten auftritt oder nicht. Insbesondere die Psychologin L. Kemmler ist in diesem Zusammenhang zu nennen; sie weist darauf hin, daß Trotzverhalten keineswegs ein notwendiges Durchgangsstadium einer »normalen« Entwicklung ist.

Das hauptsächliche bleibende Verdienst des phasentheoretischen Ansatzes, der vielen Generationen von Lehramtsstudenten als *das* Entwicklungsmodell beigebracht worden ist, liegt darin, daß er den Erwachsenen sehr stark für das Phänomen Kindheit sensibilisiert und ihn darauf achten läßt, welche Bedürfnisse jeweils beim Kind vorliegen und zu welchen Leistungen es imstande ist. Außerdem darf nicht übersehen werden, daß viele Einzelbeobachtungen der Phasentheoretiker durchaus richtig sind, auch wenn der theoretische Rahmen als ganzer nicht mehr zu halten ist.

Das direkte Gegenstück des phasentheoretischen Entwicklungsmodells ist jene Auffassung, die *Entwicklung als soziales Lernen* ansieht und damit als einen kontinuierlichen Prozeß versteht. Dieses Modell setzt sich heute mehr und mehr durch, programmatisch vertreten wird es z. B. durch R. Oerter. Im Gegensatz zu naturbedingten »inneren Entwicklungsgesetzen« werden gemäß dem Modell des sozialen Lernens die meisten entwicklungspsychologischen Veränderungen über Lernprozesse erklärt, wobei – wohlgemerkt – die Notwendigkeit von endogen gesteuerten Reifungsprozessen keineswegs geleugnet wird: viele Lernprozesse benötigen als Basis ein bestimmtes Reifungsniveau des Organismus. Und wo es die Forschungsergebnisse nicht anders zulassen, kann sogar Oerter von einer biologischen Vorprogrammierung menschlicher Entwicklung sprechen, nämlich bezüglich des Spracherwerbs.

Da nun die entwicklungspsychologisch relevanten Lernvorgänge in einem sozialen Kontext stattfinden und unter die Überschrift »Sozialisierung« gebracht werden können, läßt sich das Lernen, dem sich das Individuum während seiner Entwicklung zu unterziehen hat, näherhin als »*soziales* Lernen« bezeichnen. (Das Adjektiv »sozial« kennzeichnet also nicht etwa eine weitere theoretische Lernart [vgl. zu den Lernarten oben, 2.4], sondern gibt eine Rahmenbedingung an, unter der Lernprozesse stattfinden.)

3.3 Vererbung und Umwelt

Wir sind auf das Problem »Vererbung und Umwelt« bereits bei der Diskussion der Entwicklungsmodelle gestoßen (vgl. oben, 3.2): Phasentheoretiker messen bei der Entwicklung des Menschen genetischen Einflüssen das stärkere Gewicht bei, Lerntheoretiker den Umwelteinflüssen. Da nun das Thema »Vererbung und Umwelt« in der Entwicklungspsychologie ein außerordentliches Gewicht hat, wollen wir uns ihm noch einmal gesondert zuwenden.

Kaum ein anderes Problem der Entwicklungspsychologie hat über Jahrzehnte hinweg die Gemüter so sehr erhitzt wie gerade die Frage nach Vererbung und Umwelt. Hier geht es nämlich nicht nur um wissenschaftliche Positionen, sondern zugleich um erhebliche praktische Konsequenzen, ja um die Bestätigung oder Infragestellung gesellschaftspolitischer Optionen. Um es vereinfacht zu sagen: Sollte der Umwelt der größere Einfluß bei der Entwicklung zukommen, scheint damit eine Bildungspolitik bestätigt zu sein, die »gleiche Chancen für alle« durch die generelle Optimierung des Bildungswesens, also der »Umwelteinflüsse«, erreichen möchte. Sollte umgekehrt der Vererbung der größere Einfluß zukommen, scheint eine eher konservative bildungspolitische Einstellung bestätigt zu sein, die stark von »Begabungsunterschieden« ausgeht und das Bildungsangebot an den verschiedenen »Begabungen« ausrichten möchte.

Untersuchungen, die in die Vererbungs-Umwelt-Debatte empirisches Belegmaterial einbringen möchten, sind vor erhebliche methodische Probleme gestellt und führen fast immer zu mehrdeutigen Befunden. Zu nennen ist hier z. B. die Zwillingsforschung. Auf den ersten Blick scheint die Möglichkeit, die sie bietet, bestechend zu sein: Eineiige Zwillinge verfügen über exakt dasselbe Erbgut. Wachsen sie nun in unterschiedlichen sozialen Umwelten auf (bedingt etwa durch den Tod der Eltern), braucht nur nachgeschaut zu werden, ob und inwieweit sie sich in ihren Persönlichkeitsmerkmalen, in ihrer Intelligenz usw. unterscheiden. Weisen sie trotz unterschiedlicher sozialer Umwelten einen annähernd gleichen Intelligenzgrad auf (was häufig festgestellt worden ist), scheint die Annahme bestätigt zu sein, daß zumindest die Intelligenz kaum von Umwelteinflüssen abhängig ist. Was dieses offenbar so aussagekräftige Untersuchungsergebnis jedoch tiefgreifend in Frage stellt, ist die Tatsache, daß die sozialen Umwelten, in denen getrennt aufwachsende eineiige Zwillinge leben, so verschieden in der Regel gar nicht sind. Bei dem Tod der Eltern werden sie zumeist zu Verwandten gegeben, die aus derselben sozialen Schicht stammen, und sind damit Umwelteinflüssen ausgesetzt, die sich kaum voneinander unterscheiden.

Das war nur ein Beispiel. Viele andere Untersuchungen führen zu ähnlich uneindeutigen Ergebnissen. Zumeist wird deshalb heute darauf verzichtet, exakte »Anteile« ausmachen zu wollen, die Vererbung einerseits und Umwelt andererseits auf die Entwicklung ausüben. Überhaupt wird heute davon ausgegangen, daß sich die Einflüsse von Vererbung und Umwelt ohnehin nicht statisch als »Anteile« angeben lassen, sondern daß sich beide Größen in einem ständigen Interaktionsprozeß befinden und die Frage, welche Größe mehr Gewicht hat, letztlich sinnlos ist. Bereits im Mutterleib beginnt dieser Interaktionsprozeß: Die schwangere Frau mit ihren Verhaltensweisen und Stimmungen ist für den Fötus »Umwelt«. Auszugehen ist auf der Seite der Eltern und Pädagogen immer davon, daß sie in den genannten Interaktionsprozeß durch eine Optimierung der Umweltseite entscheidend eingreifen können. Wieviel Erfolg dieser Optimierung im Einzelfall beschieden ist, läßt sich zwar nicht angeben, aber zur Resignation (»Das Kind ist eben dumm«) besteht angesichts der Forschungsergebnisse nicht der geringste Grund.

3.4 Entwicklung einzelner Funktionsbereiche und Einstellungen

3.4.1 Entwicklung des Denkens

Die Erforschung der Entwicklung des menschlichen Denkens ist eng mit dem Namen J. Piaget (1896–1980) verknüpft. Piaget ist zweifelsohne der bedeutendste Entwicklungspsychologe unseres Jahrhunderts.

Zugleich hat er auch als Philosoph Entscheidendes geleistet. Er läßt sich als Systembildner verstehen, der Erkenntnisse aus der Biologie, Soziologie, Psychologie und Philosophie in einer umfassenden Theorie zusammengefügt hat, in seiner »genetischen Epistemologie« (Erkenntnislehre). Mit der Denkentwicklung beim Kind beschäftigte sich Piaget deshalb, weil er überzeugt war, nur so den menschlichen Erkenntnisprozessen als solchen auf die Spur kommen zu können: das menschliche Denken läßt sich nur aus seiner Genese heraus verstehen.

Piaget hat, ausgehend von Beobachtungen an seinen eigenen Kindern, für die Denkentwicklung ein Stufenkonzept aufgestellt. Dieses darf nicht verwechselt werden mit den oben besprochenen Phasentheorien (vgl. 3.2). Zwar sieht auch Piaget, ähnlich wie die Phasentheoretiker, die kognitive Entwicklung in einer nicht umkehrbaren Stufenfolge ablaufen, jedoch ist Entwicklung für ihn ein selbstkonstruktiver Prozeß, der aus der Interaktion von Subjekt und Objekt resultiert, in dem die Umwelt erst praktisch und geistig konstruiert werden muß, um bewältigt werden zu können. Erst indem das kleine Kind z. B. Objektpermanenzen aufbaut (d. h. Gegenstände als weiterexistierend begreift, auch wenn sie aus dem Gesichtsfeld verschwunden sind), Gegenstände durch kausale und zeitliche Relationen miteinander verbindet usw., schafft es sich aus dem bunten Wirrwarr von Sinneseindrükken eine kohärente, verläßliche Welt.

Piaget teilt die Denkentwicklung in fünf wichtige Etappen ein: sensumotorische Intelligenz, vorbegrifflich-symbolisches Denken, anschauliches Denken, konkrete Operationen, formale Operationen.

Während der Etappe der *sensumotorischen Intelligenz* (0–2 Jahre) ist das Denken noch nicht sprachlich gestützt, sondern zeigt sich im konkreten Handeln, besser: es ist mit diesem gleichzusetzen. Piaget nennt sechs Stufen der sensumotorischen Intelligenz, die wir aber hier nicht darstellen wollen.

Entscheidend für die Entstehung des *vorbegrifflich-symbolischen Denkens* (2–4 Jahre), mit dem das eigentliche Denken beginnt, ist das Aufkommen von Vorstellungen. Sie sind aktive Kopien der Außenwelt, innere Nachahmungen. Mit ihrer Hilfe löst sich der Intelligenzakt vom unmittelbar gegebenen Objekt; das Kind ist in der Lage, sich auch dann mit Gegenständen und Ereignissen zu befassen, wenn sie nicht unmittelbar präsent sind.

Das Stadium des *anschaulichen Denkens* (4–7 Jahre) ist durch die Bildung anschaulicher Begriffe gekennzeichnet. Das anschauliche Denken ist serial, eingleisig und nicht umkehrbar. Es versagt, wenn zur Lösung eines Problems mehrere gleichlaufende Tätigkeiten verlangt werden. Wenn man z. B. dem Kind acht braune und zwei weiße Holzperlen vorlegt und fragt, ob mehr Holzperlen oder mehr braune Perlen vorhanden seien, antwortet es: mehr braune Perlen.

Das Stadium der *konkreten Operationen* (7–12 Jahre) läßt man in einer weniger untergliederten Beschreibung des Entwicklungsverlaufs nach Piaget unmittelbar auf die sensumotorische Intelligenz folgen; das vorbegrifflich-symbolische Denken und das anschauliche Denken sind dann Unterstufen der konkreten Operationen. – Kennzeichnend für die konkreten Operationen ist, daß das Denken zunehmend beweglicher und schneller wird, sich jedoch weiterhin auf reale Gegenstände der Außenwelt bezieht. Abstraktionen können also noch nicht geleistet werden.

Im Stadium der *formalen Operationen* (ab 12 Jahre) schließlich kann sich das Denken von den Gegenständen der Außenwelt völlig lösen. Es können formal-logische, mathematische und hypothetisch-deduktive Denkoperationen geleistet werden.

3.4.2 Entwicklung der Sprache

Die Lautäußerungen des Kindes beginnen mit instinktivem, reflektorischem Schreien, dem zunächst noch kein Signalwert zukommt. Schon bald begreift der Säugling jedoch, daß er durch sein Schreien bei seinen Bezugspersonen Reaktionen auslösen kann. Neben das Schreien treten bereits ab dem 2. Monat vokalische Äußerungen wie »a« oder »ä«, die mit dem Konsonanten »h« verbunden werden können (»ähä«, »hä«). Allmählich beginnt das Kind, und zwar als Ausdruck der Zufriedenheit, Lallworte und ganze Lallmonologe zu produzieren (z. B. la la la). Bereits in diesem frühen Alter ist es wichtig, daß mit dem Kind viel geplaudert wird. Es bekommt dann seinerseits mehr Freude am Hervorbringen von Lauten und schult auf diese Weise seine Sprechmotorik.

Der wesentliche Einschnitt für die Entstehung der Sprache liegt zwischen dem 11. und 12. Monat. Das Kind lernt nun, durch sprachliche Äußerungen seine Bedürfnisse anzuzeigen. Ab diesem Zeitpunkt gelingt es auch, dem Kind Doppelsilben beizubringen, die Bedeutung haben (»pa-pa«). Mit diesem Schritt tritt das Kind in die Phase des »Einwortsatzes« ein (12–18 Monate). Bemerkenswert ist, daß das Kind in diesem Alter bereits über relationale semantische Konzepte verfügt und Einzelwörter daher syntaktische Funktionen besitzen: es steht also tatsächlich ein Wort für einen ganzen Satz. Was im einzelnen mit einem bestimmten Wort gemeint ist, hängt dabei vom Motivationszustand des Kindes und von situativen Faktoren ab. So kann »mama« sowohl heißen: »Mutter, gib mir ...« als auch »Mutter, hilf mir« usw. In den später folgenden Zwei- und Dreiwortsätzen werden dann Handlungskonzepte oder »Handlungsspiele«, über die das Kind bereits verfügt, zunehmend versprachlicht: das Kind vermag seine Tätigkeit in Worte zu fassen.

Bis vor einiger Zeit mußte man sich, wenn man etwas über den Spracherwerb des Kindes wissen wollte, entwicklungspsychologischer Arbeiten bedienen, die fast ausschließlich in den zwanziger Jahren entstanden sind. Seit 1985 ist die Situation nun völlig anders. In diesem Jahr erschien die von H. Gipper herausgegebene Studie »Kinder unterwegs zur Sprache«, die einen Meilenstein in der Forschung bedeutet. In dieser Studie ist eine ungeheure Menge an Datenmaterial veröffentlicht worden, das eine Münsteraner Arbeitsgruppe des Instituts für Allgemeine Sprachwissenschaft unter der Leitung von H. Gipper in mehrjähriger Arbeit zusammengetragen hat. Mit Elternhilfe sind über 70 Kinder von der Geburt bis zur Vollendung des dritten Lebensjahres täglich beobachtet worden. Aufgrund dieses umfangreichen Untersuchungsmaterials ist der Sprachlernprozeß gründlich analysiert und beschrieben worden. Man könnte dieser Studie Stoffhuberei und eine zu geringe theoretische Durchdringung des Spracherwerbs vorwerfen, aber das wäre sicherlich ungerechtfertigt. In der Tat bleiben die Münsteraner über weite Strecken bei der Beschreibung des Spracherwerbs hängen und stoßen nicht zu Erklärungen durch, aber angesichts der Stoffülle, in die sie Ordnung bringen mußten, ist das kein Wunder. Aufgrund der Münsteraner Daten zu wirklichen Erklärungen des Spracherwerbs zu gelangen, mag Nachfolge-Arbeiten vorbehalten bleiben.

Es ist an dieser Stelle nicht möglich, auf die vielen Einzelaspekte der Gipper-Studie einzugehen. Nur soviel sei gesagt: Das dreijährige Kind erweist sich als viel kompetenterer Sprachbeherrscher, als man bisher angenommen hatte. Es verfügt schon aktiv über weit mehr als zweitausend Wörter und über 10–15 Satzbaupläne. Das kleine Kind ist bereits in der Lage, über alle Dinge, die ihm wichtig sind, sinnvoll zu reden. (Vgl. dazu auch bereits P.-L. Völzing, Kinder argumentieren. Die Ontogenese argumentativer Fähigkeiten, Paderborn u. a. 1982.)

Ein großer Fehler von Erwachsenen liegt darin, die sprachlichen Möglichkeiten von Kindern zu unterschätzen und im Umgang mit ihnen ein einfach strukturiertes sprachliches Verhalten an den Tag zu legen, das angeblich dem Kind angemessen ist. Kinder können sprachlich kaum überfordert werden. Die besten Anregungen bekommen sie, wenn Erwachsene sehr differenziert und sehr nuanciert mit ihnen reden. Wohlgemerkt, es ist von *kleinen* Kindern die Rede! Mit sechs Jahren ist die Sprachentwicklung bereits zu einem gewissen Abschluß gekommen. Bis dahin muß also die entscheidende Sprachförderung, die zugleich Intelligenzförderung ist (da Intelligenz stark von sprachlicher Leistungsfähigkeit abhängt), stattgefunden haben.

3.4.3 Moralische Entwicklung

Die umfassendste Analyse der moralischen Entwicklung des Menschen stammt von L. Kohlberg. Sie hat viel Beachtung gefunden und eine Reihe von weiteren Forschungsarbeiten angeregt. Kohlberg sieht die Moralentwicklung in sechs Stufen oder Phasen verlaufen, wobei es so ist, daß die höheren Stufen nicht von allen Menschen erreicht werden. Die meisten entwickeln sich nicht über die Stufen 3 und 4 hinaus; Stufe 6 wird von weniger als sechs Prozent der Menschen erreicht. Kriminelle denken vorwiegend auf den ersten drei Stufen.

Kohlbergs Modell der Moralentwicklung ist sehr kompliziert, und es kann in unserem Zusammenhang nicht darum gehen, es in seinen Einzelzügen darzustellen. Wohl soll eine (stark vergröbernde) Kurzbeschreibung gegeben werden (entnommen aus Schönpflug/Schönpflug, Psychologie, a.a.O., 58):

	Maßgebendes Kriterium	Moralische Maxime
Phase 1	Ergebnis der Handlung	Schlecht ist, was schadet
Phase 2	Allseitige Bedürfnisbefriedigung	Gut ist, was in guter Absicht geschieht
Phase 3	Übereinstimmung mit anderen Personen	Gut ist, was (einzelne) andere gut finden
Phase 4	Überindividuelle feste Regeln	Was gut (und schlecht) ist, ist in Vorschriften, Lebensregeln u. a. festgelegt
Phase 5	Überindividuelle, aber relativierbare Vereinbarungen	Gut ist, was den Regeln entspricht; aber man muß auch den Sinn der Regeln einsehen
Phase 6	Allgemein geltende ethische Grundsätze	Gut ist, was überall und jederzeit als gut gelten sollte

Wie ist Kohlberg zu seinem Modell gekommen? Dadurch, daß er Kindern und Erwachsenen moralische Konfliktsituationen vorlegte und die Lösungsvorschläge, die seine Versuchspersonen lieferten, auf das Muster der Argumentation hin untersuchte. Eine dieser Konfliktsituationen sei hier kurz angeführt:

Eine Frau litt an Krebs. Ein Apotheker der Stadt hatte kurz zuvor ein Medikament entdeckt, das diese Frau heilen konnte. Er verlangte für das Medikament jedoch einen ungebührlich hohen Preis, den der Ehemann nicht aufbringen konnte. Daraufhin brach dieser in die Apotheke ein und stahl das Medikament. Hat der Ehemann richtig gehandelt oder nicht? –

Eine typische Antwort auf diese Frage lautet so: »Der Mann hat das getan, was jeder halbwegs anständige Ehemann tun würde – seine Frau retten und seine Schutzfunktion ausüben.« Unschwer ist zu erkennen, daß diese Antwort der Stufe 3 zuzuweisen ist. Jemand, der die Stufe 6 der Moralentwicklung erreicht hat, würde etwa folgendermaßen argumentieren: »Kein Gesetz und keine Verpflichtung und auch nicht die Furcht vor Bestrafung sollten einen Menschen davon abhalten, den zu retten, den er liebt. Deshalb ist es grundsätzlich richtig, sich das Medikament zu nehmen; aber der Ehemann sollte einen angemessenen Preis dafür zahlen und versuchen, alle Betroffenen davon zu überzeugen, daß er nach dem Prinzip der Gerechtigkeit gehandelt hat.«

3.4.4 Religiöse Entwicklung

Die religiöse Entwicklung des Kindes und Jugendlichen wird in der neueren Entwicklungspsychologie kaum angesprochen, während sie früher, etwa in E. Sprangers »Psychologie des Jugendalters« (Leipzig 1925), durchaus ein Thema war. In dem von D. Krech/R. S. Crutchfield u. a. verfaßten Werk »Grundlagen der Psychologie« (Weinheim – Basel 1985) beispielsweise kommen im entwicklungspsychologischen Teilband die Begriffe »Religion« oder »religiös« nicht vor. Auch für die von R. Oerter und L. Montada 1982 herausgegebene »Entwicklungspsychologie« (ein Lehrbuch, das zum Standardwerk geworden ist) gilt, daß – trotz einer Buchdicke von 918 Seiten – der religiöse Bereich nicht thematisiert wird. Das ist um so erstaunlicher, als einer der Herausgeber, Oerter, in seiner eigenen, viel gelesenen »Modernen Entwicklungspsychologie« (Donauwörth, 20. Aufl. 1984) sich sehr wohl mit der »Entwicklung der religiösen Gesinnung« beschäftigt. Diese Darstellung Oerters, an die sich die folgenden Ausführungen anlehnen, ist von einem modernen wissenschaftlichen Standpunkt aus geschrieben (Oerter vertritt das lerntheoretische Entwicklungsmodell; vgl. oben, 3.2) und verrät dennoch viel Gespür für die letztlich nicht wissenschaftlich faßbare Dimension des Glaubens.

Oerter behandelt die religiöse Entwicklung innerhalb eines Kapitels, das überschrieben ist: »Die Entwicklung von Werthaltungen (attitudes).« Er ordnet die religiöse Überzeugung also in die psychologische Kategorie »Werthaltungen« (Haltungen, Einstellungen, Attitüden) ein, und das mit Recht. Attitüden sind aus drei Komponenten zusammengesetzt, einer kognitiven, einer affektiven und einer Handlungskomponente, und diese formale Strukturbestimmung paßt auch auf Glaubensüberzeugungen: Im Glauben gibt es einerseits kognitive Elemente (Wissen, Lehre, Theologie), andererseits affektive (Glaube kann sich in starken Gefühlserlebnissen zeigen), und auch zur Handlung drängt der Glaube (etwa in karitativer Hinsicht).

Bei der Entstehung religiöser Haltungen unterscheidet Oerter nun zwei Bereiche. Der eine Bereich bezieht sich auf jenen Anteil der religiösen Haltung, der von der Umgebung *übernommen* wird. Erworben wird dieser Anteil durch Lernen, beispielsweise durch klassisches und instrumentelles Konditionieren (vgl. zu den Lernarten oben, 2.4). Dieser pragmatischen Sichtweise kann kaum widersprochen werden. Wenn man den oben (vgl. 2.4) dargestellten weitgefaßten psychologischen Lernbegriff zugrunde legt, läuft bei der Erziehung (selbst in Familien, in denen die Eltern religiös desinteressiert sind) auch ein mehr oder weniger ausgeprägtes »religiöses Lernprogramm« mit. Damit ist keineswegs nur die *bewußte* Erziehung zum Glauben gemeint; mindestens genauso stark ins Gewicht fällt eine für beide Seiten, Eltern und Kind, unmerkliche Verhaltensformung, die sich über selbstverständliche Gewohnheiten vollzieht.

Der zweite Bereich in der religiösen Haltung, den Oerter unterscheidet, entstammt nicht dem überkommenen Glaubensgut, sondern der eigenen Reflexion des Kindes. »Je mehr sich nämlich die Person-Umwelt-Bezüge geistig im Kind repräsentieren, und je mehr sich das Ich von der Umwelt abhebt, desto stärker wird sich das Kind seiner zeitlich abgegrenzten Existenz bewußt. Die Tatsache, daß der Mensch Person-Umwelt-Bezüge nicht nur besitzt bzw. lebt, sondern auch über sie reflektieren kann, führt in jedem menschlichen Leben zu Überlegungen über die eigene Existenz.« (Oerter, 289.) Oerter sieht – obwohl er Lerntheoretiker ist – in solchen Überlegungen geradezu eine »Naturnotwendigkeit«! Das Kind stelle diese Überlegungen auch dann an, wenn es ohne religiöse Beeinflussung aufwächst. (Vgl. ebd., 293.)

In der Entwicklung der religiösen Haltung dominiert zunächst der erste genannte Anteil, also die lernmäßige Übernahme von Überzeugungen, obwohl bereits das fünf- oder sechsjährige Kind gelegentlich nach dem Woher und Wohin fragt. Ab zehn oder zwölf Jahren nimmt dann der zweite Anteil, die eigene Beschäftigung des Jugendlichen mit religiösen Problemen und mit Grundfragen seiner Existenz, stark zu. Die Kritik, die in dieser Zeit häufig am überkommenen religiösen Wertsystem geäußert wird, darf nicht als willkürlicher, destruktiver Akt verstanden werden. Sie ist Teil eines Selbstfindungsprozesses. Es muß in Rechnung gestellt werden, in welche Schwierigkeiten der Jugendliche in unserer Kultur zwangsläufig gerät. Das religiöse Wertsystem, das er in seiner Kindheit vermittelt bekommen hat, stimmt nicht mit der Wertordnung der Gesellschaft überein, in die er nun hineinwächst, nicht mit dem gesellschaftlichen »Realismus« und »Liberalismus«. Diese Diskontinuität muß der Jugendliche irgendwie bewältigen. Sie führt, wie viele Untersuchungen zeigen, oftmals dazu, daß religiöse Werte nicht mehr so positiv wie während der Kindheit eingestuft werden. Das traditionelle Glaubensgut wird zwar meist nicht aufgegeben, wohl aber verliert es seinen Absolutheitsanspruch und wird »liberalisiert«. Dieser Prozeß »läuft im großen und ganzen darauf hinaus, daß der überlieferte Glaube als wertvolles Kulturgut zusammen mit anderen überlieferten Kulturgütern in einer das normale Alltagsleben nicht beeinträchtigenden Weise bewahrt wird.« (Oerter, 292 f.)

Nun muß freilich der angesprochene Konflikt, zu dem übrigens persönliche Glaubenszweifel hinzutreten können, keineswegs notwendigerweise zu einem solchen Ergebnis führen. Der Jugendliche kann auch eine eigenständige christliche Identität aufbauen, nämlich dann, wenn er das Glaubensgut seiner Kindheit weiter ausformt und neu akzentuiert. Der Erzieher, der ihn in dieser Situation begleitet, sollte den Konflikt, dem der Jugendliche ausgesetzt ist, in seinen gesellschaftlichen Bedingungen überschauen, nur dann wird er eine moralisierende Haltung vermeiden und dem Jugendlichen beim Aufbau einer reifen Glaubensidentität wirklich helfen können.

Nachdenklich macht eine von Oerter selber durchgeführte Untersuchung, die darauf hindeutet, daß die Beschäftigung des Jugendlichen mit Sinnfragen heutzutage abzunehmen scheint. Der Heranwachsende gibt sich gemäß dieser Untersuchung »in überwiegender Mehrheit – zumindest laut eigenen Äußerungen – mit der Erfüllung eines diesseitigen Lebens durch Erfolg, Arbeit und Erhaltung der eigenen Art zufrieden.« (Oerter, 297.)

3.5 Entwicklung nach Lebensabschnitten

Verzichtet werden kann in der nun folgenden Übersicht, in der es um die Entwicklung in den einzelnen Lebensabschnitten geht, auf die frühe Kindheit; denn der Theologe hat es in seiner beruflichen Praxis mit dem kleinen Kind kaum zu tun. Auch auf die Darstellung der Psychoanalyse wird damit an dieser Stelle verzichtet. Ihr Thema par excellence ist ja die psychische Entwicklung in der allerfrühesten Kindheit. Die Psychoanalyse läßt sich über weite Strecken als Entwicklungspsychologie auffassen, und sie müßte in einem Abschnitt über die frühe Kindheit auf jeden Fall berücksichtigt werden. (Erörtert wird die Psychoanalyse im vorliegenden Buch in den Ausführungen über Klinische Psychologie, vgl. unten, 7.3.1.) Sehr wichtig in unserem Zusammenhang ist dagegen ein Blick auf den Lebensabschnitt »Alter«. Wenn hier mit einigen landläufigen Mißverständnissen aufgeräumt wird, kann der Pfarrer davon für seinen Hausbesuch bei alten Menschen unmittelbar profitieren.

3.5.1 Kindheit

Unter Kindheit wird der Zeitraum vom 4. bis zum 11./12. Lebensjahr verstanden. Die meisten Entwicklungsschritte, zu denen es während dieser Zeit kommt, wurden früher – unter dem Einfluß der Phasenlehren – als reifungsbedingt angesehen. Paradebeispiel dafür ist die sog. Schul»reife«, die neueren Forschungsergebnissen gemäß durchaus lernabhängig ist, weshalb man denn auch heute eher von Schul»fähigkeit« spricht.

In der Entwicklungspsychologie hat auf der ganzen Linie inzwischen ein Paradigmawechsel stattgefunden, eine Bewegung weg von den reifungsorientierten Phasenlehren hin zum Modell des sozialen Lernens (vgl. dazu oben, 3.2). Dieser Paradigmawechsel macht für den Theologen (Religionspädagogen), was den Zeitraum der Kindheit angeht, erhebliches Umdenken erforderlich. Früher ging man davon aus, daß – sozusagen endogen vorprogrammiert – das Kind gewisse festumrissene Stufen der Weltauffassung durchläuft (z. B. Märchenalter, Stufe des magischen Erlebens) und sich während dieser Stufen auch das religiöse Weltbild entsprechend ausformt (z. B. mit magischen Elementen durchsetzt wird). Aus diesen angeblichen Stufenfolgen wurden weitreichende religionspädagogische Konsequenzen gezogen. Heute muß man sagen, daß solche Stufenfolgen nicht haltbar sind. Über die Entwicklung des kindlichen Weltbildes lassen sich kaum gesicherte Angaben machen, und auf jeden Fall ist es umweltabhängiger, als man früher meinte. Von der modernen Entwicklungspsychologie sind also kaum Hilfen zu erwarten, wenn der Religionspädagoge beispielsweise danach fragt, wann und wie er im Unterricht neutestamentliche Wundergeschichten behandeln soll.

Viele Schwierigkeiten, die es zwischen Kindern und Erwachsenen gibt, hängen damit zusammen, daß das Kind in einer eigenen Welt lebt, die von der Welt des Erwachsenen deutlich abgegrenzt ist, und daß die Verständigung zwischen beiden Welten kompliziert ist. In der Entwicklungspsychologie hat man diese Welt des Kindes mitunter »Subkultur des Kindesalters« genannt. Gebildet wird diese »Subkultur« durch Einstellungen und Meinungen, durch Gewohnheiten, bestimmte Sprachmuster und bestimmte Spiele. Interessanterweise ist es so, daß die Kinder diese ihre »Kultur« immer an die jeweils nächste Kindergeneration weitergeben. So werden z. B. gewisse Spiele, aber auch Rituale und Zeremonien stets von Kindern an Kinder weitervermittelt. Dem Erwachsenen, der den Weg zum Kind sucht, kann nur geraten werden, sich voll und ganz auf die »Welt des Kindes« einzulassen; er wird dabei nicht zuletzt auch selber sehr bereichert werden.

3.5.2 Jugendalter

Das Jugendalter ist vor allem dadurch gekennzeichnet, daß es eine Zeit des Übergangs ist. Der Jugendliche hat die relativ stabile Welt des Kindes verlassen, ist aber in die Welt des Erwachsenen noch nicht eingetreten, er befindet sich also – was insbesondere K. Lewin gezeigt hat – zwischen zwei Welten. Von unserer Kultur her bedingt, die dem Jugendlichen bis zum Eintritt in das Erwachsenenalter enorme Lernprozesse abverlangt (man denke nur an die schulische und berufliche Ausbildung), dauert die Übergangsphase, die der Jugendliche zu durchlaufen hat, viele Jahre; in primitiven Kulturen hingegen kann sie auf wenige Wochen beschränkt sein.

Während des Jugendalters findet eine Reihe wichtiger Reifungsprozesse statt. Körpergröße und -breite nehmen rapide zu, die Geschlechtsmerkmale bilden sich aus. Aber trotz solcher Reifungsvorgänge ist gerade das Jugendalter eine Zeit, in der Entwicklung sehr stark von situativen Faktoren abhängig ist. Je nach familiärer Konstellation, je nach Art der übrigen Bezugspersonen usw. kann die Entwicklung sehr unterschiedlich verlaufen; sie ist kaum in eine gesetzmäßige Abfolge zu bringen. Den größten außerfamiliären Einfluß auf den Jugendlichen übt die Gruppe der Gleichaltrigen und Gleichgesinnten

(Peer-group) aus, die der Erwachsenenwelt oft feindlich gegenübersteht.

Das Hauptproblem des Jugendlichen ist das Ringen um seine Identität. Besonders nachdrücklich auf diesen Sachverhalt hingewiesen hat E. H. Erikson in seiner acht Phasen umfassenden psycho-sozialen Entwicklungstheorie, und die moderne Entwicklungspsychologie hat sich hier Erikson vorbehaltlos angeschlossen. (Das gilt, obwohl Erikson im ganzen gesehen von der empirisch orientierten Entwicklungspsychologie eher skeptisch beurteilt wird. Seine Aussagen sind kaum überprüfbar; entwickelt werden sie sehr stark mit Hilfe literarischer Belege.) Der mögliche negative Ausgang des Ringens um Identität ist bei Erikson die »Rollendiffusion«; wenn die Identitätsfindung nicht gelingt, kommt es zu einer gewissermaßen zerstückelten Identität, bei der der Jugendliche »keine Art von Leben wirklich zu fassen kriegt«, wie Erikson es mit A. Miller sagt. Massive Konflikte im Erwachsenenalter sind damit vorprogrammiert.

Hilfe sucht sich der Jugendliche beim Aufbau seiner Identität oft durch Vorbilder, mit denen er sich identifizieren kann. Dieser Sachverhalt ist in der Entwicklungspsychologie häufig untersucht worden, z. T. mit gewaltigem Aufwand (Befragung 32000 Jugendlicher!). Erhoben wird in solchen Untersuchungen, wer im einzelnen als Vorbild fungiert.

3.5.3 Erwachsenenalter und Alter

Erwachsenenalter und Alter sind keine traditionellen Themen der Entwicklungspsychologie; die Entwicklungsprozesse, die während dieser Zeitspannen ablaufen, wurden in der Forschung lange Zeit vernachlässigt. Bezüglich des Alters zeichnet sich nunmehr eine Trendwende ab, aber das Erwachsenenalter ist auch heute noch ein Stiefkind der Forschung.

Einige der Fragen und Probleme, die sich aus entwicklungspsychologischer Perspektive bezüglich des Erwachsenenalters stellen (und die bearbeitet werden müßten), seien im folgenden kurz aufgezählt: Wie entwickelt sich der junge Erwachsene zur Partnerschaft hin? Welchen Einfluß nehmen die Kinder und nimmt ihr Heranwachsen auf die Entwicklung des Erwachsenen? (So ist etwa der Schuleintritt nicht nur für das Kind ein einschneidendes Ereignis, sondern auch für die Eltern.) Welche psychischen Änderungen treten bei der Frau mit der Menopause ein? Welche Einflüsse haben krisenhafte Situationen wie z. B. Tod des Partners? –

Gehen wir nun zum Lebensabschnitt »Alter« über. Die (gesellschaftlich sehr wichtige) Aufgabe des Entwicklungspsychologen in diesem Bereich ist es zur Zeit, mit landläufigen Vorurteilen aufzuräumen. Präzise zusammengefaßt worden sind diese Vorurteile von E. Olbrich: »In den westlichen Ländern existiert ein fest verwurzeltes Stereotyp, das den Menschen im Alter als abgebaut, träge, lustlos, krank, kurz als defizitär hinstellt.« (In: R. Oerter/L. Montada u. a., Entwicklungspsychologie, München – Wien – Baltimore 1982, 354.) D. Krech und R. S. Crutchfield sprechen geradezu von »Mythen« über das Alter und zählen deren vier auf: 1. Das Alter ist eine Zeit zunehmender Depression; 2. Alte Menschen sind weniger intelligent; 3. Alle alten Menschen werden früher oder später senil; 4. Die sexuelle Aktivität schwindet im Alter. (Grundlagen der Psychologie. Bd. 1, Weinheim – Basel 1985, 99 f.)

Alle diese Vorurteile oder »Mythen« sind neueren Forschungsergebnissen gemäß eindeutig falsch. Freilich muß man zugeben, daß frühere Forschungen (vor 1950) die Volksmeinung über das Alter, etwa bezüglich des Intelligenzabbaus, durchaus unterstützt haben. Aber die entsprechenden Untersuchungen waren – aus heutiger Sicht – methodisch fragwürdig angelegt. Um ein ganz einfaches Beispiel zu bringen: Wenn man zu einem bestimmten Zeitpunkt eine Intelligenzmessung an verschieden alten Menschen durchführt (man nennt dieses Vorgehen Querschnittsuntersuchung), wird man in der Tat feststellen, daß ein 20jähriger »intelligenter« ist als ein 80jähriger. Nicht berücksichtigt ist aber bei dieser Untersuchung, daß der heute 80jährige seine Schulbildung Anfang des Jahrhunderts bekommen hat und damit viel weniger geistige Anregungen in seiner Kindheit erfuhr als ein heute 20jähriger. Verglichen werden könnten die Intelligenzleistungen eines 20- und 80jährigen nur dann, wenn sich ihre Intelligenzentwicklung unter annähernd gleichen Rahmenbedingungen vollzogen hätte.

So gab es viele weitere methodische Fehler in der früheren Forschung, Fehler, die in den heutigen Untersuchungs-Designs vermieden werden. Insgesamt gesehen sagt zwar auch die neuere Forschung, daß es bezüglich der kognitiven Leistungen in der Jugend und im Alter Unterschiede gibt, aber sie differenziert hier stärker: Bestimmte geistige Leistungen nehmen unweigerlich ab (z. B. die Fähigkeit rascher Informationsverarbeitung), andere aber offenbar nur wegen mangelnder Übung (»Disuse-Hypothese« in bezug auf die Gedächtnisleistungen). Auch die Aufschlüsselung der Intelligenzleistungen in »flüssige« und »kristallisierte« Intelligenz führt zu einer besseren Einschätzung der kognitiven Leistungsfähigkeit im Alter. Die flüssige Intelligenz, zu der z. B. die o. g. Fähigkeit rascher Informationsverarbeitung gehört, nimmt im Alter ab. Die kristallisierte Intelligenz, die wissensabhängig ist, steigt hingegen: Der älter werdende Mensch sammelt immer mehr Wissen an und baut dabei auch die entsprechenden Strukturen auf, um mit diesem Wissen operieren zu können.

Es wäre viel damit gewonnen, wenn die angeführten »Mythen« über das Alter abgebaut würden. Sie haben nämlich eine festlegende, bindende Kraft. Alte Menschen verhalten sich tatsächlich so, wie es die Mythen sagen, und ihre Bezugspersonen bestätigen sie in diesem Verhalten. Mehr Lebenserfüllung im Alter wird nicht zuletzt erlangt durch eine neue Einstellung zum Alter.

4. Persönlichkeitspsychologie

4.1 Einführung

Von der Persönlichkeitspsychologie erwartet der psychologisch weniger geschulte Leser, daß sie ihm konkrete Hilfen bei der Einschätzung und Beurteilung von Menschen gibt. Gerade auch der Theologe dürfte solche Erwartungen hegen, hat er es doch in seinem beruflichen Alltag ständig mit Menschen zu tun. Leider kann die Persönlichkeitspsychologie nur in sehr beschränkter Weise diesen Erwartungen gerecht werden. Im Verlauf unserer Ausführungen dürfte deutlich werden, mit welchen methodischen Schwierigkeiten der psychologisch-wissenschaftliche Weg zur Persönlichkeit gepflastert ist. Und ferner: Die Ergebnisse, zu denen man auf diesem Wege gelangt, sind zwar wissenschaftlich exakt, aber oft weniger aussagekräftig und weniger »tiefgründig«, als der Laie es sich wünscht.

Nun darf man allerdings beruhigt feststellen, daß man, um ein guter Menschenkenner zu werden, nicht unbedingt auf die wissenschaftlichen Aussagen der Persönlichkeitspsychologie angewiesen ist. Gerade die Kirchengeschichte ist voll von Beispielen für intuitive Menschenkenntnis jenseits jeder psychologischen Schulung, man denke nur an die russischen Starzen, an G. Tersteegen, an die beiden Blumhardts. Intuitive Menschenkenntnis stellt sich dann am ehesten ein, wenn man offen ist für die Belange des anderen, wenn man von sich selber absieht, wenn man *liebt.* Gerade im Raum der neutestamentlichen Gemeinde sollte eine solche Haltung möglich sein, gerade hier sollte es dazu kommen, daß Menschen einander von der Tiefe her begegnen und verstehen.

Kehren wir zurück zur Persönlichkeitspsychologie, aber nicht, ohne vorher noch eine Warnung auszusprechen. Insbesondere das Feld der Persönlichkeit ist ein Tummelplatz der Pseudopsychologie. Nehmen wir als Beispiel die vielen »Tests« zur Persönlichkeit, die sich in Illustrierten finden. Diese »Tests« genügen natürlich in keiner Weise den von der psychologischen Testtheorie aufgestellten Kriterien der Validität, Reliabilität und Objektivität (vgl. oben, 1.4).

Die Persönlichkeitspsychologie wurde früher und wird teilweise auch heute noch als Teilgebiet einer umfassenderen Disziplin angesehen, die man »Differentielle Psychologie« nennt. Die Aufgabe der Differentiellen Psychologie ist es, die Unterschiede herauszuarbeiten, die zwischen den einzelnen Menschen im Verhalten und Erleben bestehen. (Erinnern wir uns: Die Aufgabe der Allgemeinen Psychologie ist es dagegen, die *allgemeingültigen* Gesetze des Verhaltens und Erlebens zu erforschen.) Untersucht werden von der Differentiellen Psychologie interindividuelle Differenzen einerseits im Leistungsbereich (vor allem: Messung der Intelligenz) und zum anderen im Persönlichkeitsbereich. Neuerdings verwischt sich die Unterscheidung zwischen Differentieller Psychologie und Persönlichkeitspsychologie: »Persönlichkeitspsychologie« wird synonym zu »Differentielle Psychologie« gebraucht. Dieser terminologischen Regelung schließen wir uns an, was zur Folge hat, daß wir unter Persönlichkeitspsychologie auch die Leistungen und Fähigkeiten abhandeln, in denen sich die Individuen unterscheiden (wobei wir uns allerdings auf die Intelligenz beschränken).

4.2 Die Beschäftigung mit der Persönlichkeit in der Vergangenheit

Auf einen antiken Ursprung der Persönlichkeitspsychologie, nämlich die Lehre des Hippokrates von den vier Temperamenten, ist bereits hingewiesen worden (vgl. oben, 1.2). Ebenfalls antiken Ursprungs ist die sog. Ausdrucksdiagnostik, die sich schon bei Aristoteles findet (falls das Werk »Physiognomica« wirklich von ihm stammt): Menschliche Gesichtsformen werden mit den Gesichtsformen von Tieren verglichen, und vom Charakter des jeweiligen Tieres wird auf das Wesen des betreffenden Menschen geschlossen (jemand ist demnach ein »dummes Schaf«, ein »schlauer Fuchs« usw.). Geradezu zu einer »Wissenschaft« fortentwickelt wurde die Ausdrucksdiagnostik durch die »Phrenologie«, deren Begründer F. J. Gall (1758–1828) war. Die Phrenologie geht davon aus, daß sich die charakterlichen Eigenschaften eines Menschen in seiner Schädelform ausdrücken. Gewissenhaftigkeit, Ruhmsucht, Nächstenliebe usw. seien nämlich im Gehirn exakt lokalisiert und führten jeweils zu charakteristischen Ausbuchtungen oder Unebenheiten der Schädelkapsel.

Die Phrenologie hatte im 19. Jahrhundert eine große Bedeutung, und zwar nicht nur im Bereich der Wissenschaft, sondern auch in der breiteren Öffentlichkeit. Nur langsam verlor sie an Gunst, und selbst heute noch zeigt sie Nachwirkungen (so spricht man z. B. von einer »hohen Denkerstirn«). Der modernen Kritik hat die Phrenologie nicht standhalten können. Wenn heute das Gehirn in funktionelle Regionen unterteilt wird, dann sieht diese Einteilung sehr viel anders aus, als Gall sich das in seinen Skizzen vorstellte, und der Kopfform als solcher wird zumindest in der wissenschaftlichen Psychologie kein diagnostischer Wert mehr beigemessen.

Wir kommen nunmehr auf die Körperbautypologie des deutschen Psychiaters E. Kretschmer zu sprechen, die er 1921 in seinem Buch »Körperbau und Charakter« veröffentlicht hat. Sie wird in der hier vorgelegten Darstellung bewußt im Abschnitt über die *Geschichte* der Persönlichkeitsforschung behandelt, womit markiert sein soll, daß sie nicht mehr zum Ensemble gegenwärtig wichtiger Theorien zu zählen ist.

Kretschmer unterscheidet drei Körperbautypen, den leptosomen (schlankwüchsigen) Typ, den athletischen Typ und den pyknischen (rundleibigen) Typ. An psychiatrischen Patienten machte Kretschmer die Beobachtung, daß Korrelationen zwischen den Körperbautypen und der Art der jeweiligen psychiatrischen Erkrankung bestehen, und zwar in dem Sinne, daß Leptosome überzufällig häufig an Schizophrenie erkranken, Athletiker an Epilepsie und Pykniker an manisch-depressivem Irresein. Von diesen Befunden ausgehend, nahm Kretschmer nun einen Transfer auf die Normalpsyche vor, auf Nicht-Geisteskranke, wobei er sich von folgender Überlegung leiten ließ: Der Übergang von »normal« zu »geisteskrank« ist nicht qualitativer, sondern gradueller Art. (Mit dieser Meinung steht Kretschmer zwar nicht alleine da, aber es gibt auch die dezidiert vorgetragene Gegenmeinung.) Was sich in der Geisteskrankheit in extrem gesteigerter Weise zeigt, sind nach Kretschmer nichts anderes als die charakterlichen Eigenarten, die also in weniger starker Ausprägung als »normal« anzusprechen sind. Gemäß Kretschmer ist der (psychisch gesunde)

- *Leptosome* »schizothym«, d. h.: ungesellig, still, feinfühlig, empfindlich;
- *Athletiker* »viskös«, d. h.: affektiv schwer beweglich, starr in seinen Beharrungen, stereotyp in seinen Handlungen;
- *Pykniker* »zyklothym«, d. h.: gesellig, gutherzig, gemütlich, heiter, humorvoll, witzig, mitunter aber auch still, weich, schwernehmend.

Es klang bereits an, daß die Körperbautypologie Kretschmers wissenschaftlich überholt ist. Ihre Nachteile liegen auf der Hand: Typologien gehen stets von »reinen Typen« aus, die aber in der Wirklichkeit selten zu finden sind. Kretschmer selbst gibt für seine Typologie den Anteil der reinen Typen mit ca. 10% an. Eine Persönlichkeitstheorie, die aber für nur so wenige Menschen verläßliche Aussagen machen kann, ist von geringem Wert. Außerdem sind die Frauen bei Kretschmer kaum berücksichtigt; sie stehen als atypisch am Rande.

Mit dieser Kritik sollen die Zusammenhänge zwischen Körperbau und Charakter, auf die Kretschmer gestoßen ist, keineswegs völlig geleugnet werden. Aber hüten muß man sich davor, diese *statistisch* zu verstehenden Zusammenhänge in jedem *Einzelfall* bestätigt sehen zu wollen, also Menschen zu schematisch einzuordnen.

4.3 Theorien und Tendenzen heutiger Persönlichkeitsforschung

In der gegenwärtigen Persönlichkeitsforschung lassen sich drei Grundpositionen ausmachen. Es handelt sich dabei um

- Eigenschaftstheorien (trait-Theorien);
- situationistische Theorien;
- interaktionistische Theorien.

In den *Eigenschaftstheorien* wird aus dem beobachtbaren Verhalten von Menschen auf Eigenschaften (traits) geschlossen, die diesem Verhalten zugrunde liegen. Hilft z. B. jemand Kindern über die Straße, erledigt er für alte Menschen Einkäufe usw., nennt man ihn hilfsbereit. Über das theoretische Problem, das in einer solchen Zuschreibung von Eigenschaften steckt, macht sich der Laie meist keine Gedanken. Der Eigenschaftstheoretiker hingegen ist sich dessen bewußt, daß er, wenn er einen Menschen als »hilfsbereit« bezeichnet, eine gedankliche Abstraktion vornimmt, ein hypothetisches Konstrukt aufstellt. Eine Eigenschaft als solche kann man nicht sehen, nicht messen; zu fassen bekommt man immer nur *Verhalten.* Eigenschaften werden deshalb von den meisten Forschern nicht als Entitäten aufgefaßt, ihnen wird keine ontologische Qualität beigemessen. Sie dienen lediglich dazu, die verschiedenen Bündel jeweils konsistenter Verhaltensweisen (z. B.: Kindern über die Straße helfen, für alte Menschen Einkäufe erledigen usw.) zu klassifizieren, wobei zugleich vom konkreten Verhalten abstrahiert wird. (Manche Forscher gehen allerdings sehr wohl davon aus, daß Eigenschaften reale Größen sind, und zwar im Sinne neuropsychischer Strukturen.)

Die Eigenschaftstheoretiker gelangten bei ihrer Bestandsaufnahme von Eigenschaften zu ungeheuer langen Listen, die sich zudem von Autor zu Autor unterschieden. Hilfe versprach man sich in dieser Situation davon, zwischen Oberflächeneigenschaften (surface traits) und Grundeigenschaften (source traits), von denen die Oberflächeneigenschaften abhängig sind, zu unterscheiden. Aber immer noch blieb es in das Belieben des einzelnen Autors gestellt, welche Eigenschaften er als Grundeigenschaften ansah und welche nicht.

Eine gewisse Objektivität brachte erst das mathematisch-statistische Hilfsmittel der Faktorenanalyse. Die Faktorenanalyse hat zum Ziel, mit Hilfe einer Matrix-Algebra eine große Anzahl von Eigenschaften auf einige wenige Grunddimensionen zurückzuführen. Gut erklärt findet sich das faktorenanalytische Vorgehen bei P. G. Zimbardo/ F. L. Ruch: »Nehmen wir an, wir würden vielen Leuten eine große Batterie von Persönlichkeitstests vorgeben, wobei man für jede Person 100 Werte ... erhielte. Wir wollen wissen, in welcher Beziehung diese Werte zueinander stehen. Wenn wir aber all diese Werte ... nur für eine Person korrelieren würden, müßten wir 4950 verschiedene Angaben auswerten. Um einen Sinn in diese Riesenmenge von Daten zu bringen – von denen wahrscheinlich ohnehin viele redundant sind, d. h., dasselbe messen – werden mathematische und statistische Techniken eingesetzt, um die geringste Faktorenzahl zu bestimmen, die der gesamten Korrelationsmatrix adäquat Rechnung tragen kann. Diese Faktoren werden dann entsprechend der allgemeinen Charakteristik benannt, die sie anscheinend repräsentieren, z. B. ›Soziabilität‹ oder ›Impulsivität‹. Auf diese Weise könnte eine Faktorenanalyse von 100 Fragen aus einem Persönlichkeitstest fünf oder sechs Faktoren erbringen, die die meisten Fragen auf verschiedene Weise tatsächlich gemessen haben.« (Lehrbuch der Psychologie, Berlin – Heidelberg – New York, 3. Aufl. 1978, 312.)

Aus eigenschaftstheoretischer Sicht ist »die Persönlichkeit eines Individuums seine einzigartige Struktur von Persönlichkeitszügen (traits)« (J. P. Guilford). Wenn der Eigenschaftstheoretiker die Persönlichkeit eines Menschen zu untersuchen hat, fragt er danach, aus welchen Eigenschaften diese sich konstituiert und in welcher Ausprägung die einzelnen Eigenschaften vorhanden sind; dabei steht ihm eine Reihe von Tests zur Verfügung. Einer dieser Tests soll unten (vgl. 4.4) exemplarisch vorgestellt werden.

Heftig diskutiert wird die Frage, inwieweit Persönlichkeitseigenschaften vererbt und inwieweit sie erworben werden, also sozialisationsbedingt sind. Im Rahmen unserer Behandlung der Entwicklungspsychologie haben wir das Problem »Vererbung versus Umwelt« bereits angesprochen (vgl. oben, 3.3). Nachgetragen werden soll an dieser Stelle die Ansicht H. J. Eysencks, der einer der großen Persönlichkeitsforscher unserer Zeit ist und zu den Eigenschaftstheoretikern gehört. Eysenck mißt beim Zustandekommen der Persönlichkeitsunterschiede die entscheidende Rolle dem Erbgut zu. Er meint, sogar Prozentangaben machen zu können: Der Anteil des Erbguts an der Ausprägung der Persönlichkeit liege bei den Hauptmerkmalen der Persönlichkeit (nach Eysenck Extraversion versus Introversion und Neurotizismus versus Stabilität) bei 70–75%, bei einfachen Charaktermerkmalen (z. B. Soziabilität, Impulsivität) bei 50–60%. Von dieser Warte aus bekämpft Eysenck jene »eifrigen Idealisten«, deren Optimismus, »Kriminelle zu rehabilitieren« und »Neurotiker zu heilen« ein wenig zu groß ist. Daß eine solche Position – abgesehen von ihrer wissenschaftlichen Unhaltbarkeit (vgl. dazu oben, 3.3) – psychologisch und politisch gefährlich ist, liegt auf der Hand. Und völlig zu Recht ist Eysenck immer wieder heftig angegriffen worden.

In den Eigenschaftstheorien wird stillschweigend davon ausgegangen, daß das Verhalten von Situationen unabhängig ist. Diese Annahme wird jedoch von den Kritikern der Eigenschaftstheorien in Zweifel gezogen. Eine berühmte Studie, die in diesem Zusammenhang immer wieder angeführt wird, ist die von H. Hartshorne/M. A. May aus dem Jahre 1928. Hier wurde festgestellt, daß die Ehrlichkeit von Kindern stark von der Situation abhängig ist, in welche die Kinder gebracht werden. Kinder sind also nicht durchgängig ehrlich oder unehrlich, sondern ihr Verhalten ist situationsspezifisch. Zwar ist dem Untersuchungsergebnis von Hartshorne/May auch widersprochen worden, und zwar mit dem Argument, daß die untersuchten Kinder noch zu jung gewesen waren, um einen Charakterzug »Ehrlichkeit« und damit konsistentes moralisches Verhalten aufgebaut haben zu können. Aber natürlich läßt sich auch diese Replik wieder entkräften, und außerdem haben die Kritiker der Eigenschaftstheorien selbstverständlich noch mehr in der Hand als nur die Hartshorne/May-Studie (darauf kann hier allerdings nicht eingegangen werden).

Als Gegenpositionen zu den Eigenschaftstheorien wurden zum einen die situationistischen Theorien und zum anderen die interaktionistischen Theorien entwickelt. Die *situationistischen Theorien*, die von lernpsychologischen Einsichten herkommen, erklären das Verhalten des Menschen von der jeweiligen Situation aus, in der er sich befindet. Situative Reize lösen ein auf sie abgestimmtes Verhalten aus. Ändert sich die Reizkonfiguration, ändert sich das Verhalten; von Konsistenz in der Persönlichkeit kann keine Rede sein. Eine gewisse Stabilität kommt jedoch dadurch zustande, daß sich mit der Zeit ein bestimmtes Ensemble von generalisierten Reiz-Reaktions-Verbindungen bildet und der Organismus damit über ein »Habitsystem«, ein System von Gewohnheiten, verfügt. Dieses Habitsystem ist also die Persönlichkeit.

Zwischen den Extremen »Eigenschaftstheorien« auf der einen Seite und »situationistische Theorien« auf der anderen Seite sind die *interaktionistischen Theorien* angesiedelt. In ihnen wird das Verhalten als Resultat der Interaktion zwischen situativen Gegebenheiten und persongebundenen Dispositionen angesehen. Der interaktionistische Ansatz ist in der Persönlichkeitspsychologie der jüngste und daher in theoretischer Hinsicht noch nicht so ausgestaltet wie die beiden anderen.

4.4 Exemplarische Darstellung eines Persönlichkeitstests: Das FPI

Aus der großen Anzahl an Persönlichkeitstests soll hier exemplarisch das »Freiburger Persönlichkeitsinventar« (FPI) vorgestellt werden. Es ist ein mehrdimensional angelegter Fragebogentest, der zur Diagnostik einer Reihe wichtiger Eigenschaftsbereiche dient. (Der theoretische Hintergrund des FPI sind also die Eigenschaftstheorien.) Der Proband erhält 212 Items (Einzelfragen) vorgelegt, die er selbständig – nach einer gedruckten Anleitung – zu beantworten hat. Diese Anleitung lautet:

»Sie werden auf den folgenden Seiten eine Reihe von Aussagen über bestimmte Verhaltensweisen, Einstellungen und Interessen finden. Sie können jede entweder mit ›stimmt‹ oder mit ›stimmt nicht‹ beantworten. Setzen Sie bitte ein Kreuz (X) in den dafür vorgesehenen Kreis. Es gibt keine richtigen oder falschen Antworten, weil jeder Mensch das Recht zu eigenen Anschauungen hat. Antworten Sie bitte so, wie es für Sie zutrifft.

Beachten Sie bitte folgende Punkte:

1. Überlegen Sie bitte nicht erst, welche Antwort vielleicht den ›besten Eindruck‹ machen könnte, sondern antworten Sie so, wie es für Sie persönlich gilt. Manche Fragen kommen Ihnen vielleicht sehr persönlich vor. Bedenken Sie aber, daß Ihre Antworten unbedingt vertraulich behandelt werden.
2. Denken Sie nicht lange über einen Satz nach, sondern geben Sie die Antwort, die Ihnen unmittelbar in den Sinn kommt. Natürlich können mit diesen kurzen Fragen nicht alle Besonderheiten berücksichtigt werden. Vielleicht passen deshalb einige nicht gut auf Sie. *Kreuzen Sie aber trotzdem immer eine Antwort an,* und zwar die, welche noch am ehesten für Sie zutrifft.«

Die Beantwortung der 212 Items liefert sehr komplexe Muster mit vielen korrelativen Zusammenhängen. Um diese Fülle an Daten auf einfache Strukturen zu reduzieren, wird das Hilfsmittel der Faktorenanalyse herangezogen (vgl. zur Faktorenanalyse oben, 4.3). Dabei ergeben sich neun Dimensionen (Faktoren), die das Inventar in neun voneinander weitgehend unabhängigen Skalen (Itemgruppen) erfaßt. Bei diesen Dimensionen handelt es sich um

- Nervosität (FPI 1)
- Aggressivität (FPI 2)
- Depressivität (FPI 3)
- Erregbarkeit (FPI 4)
- Geselligkeit (FPI 5)
- Gelassenheit (FPI 6)
- Dominanzstreben (FPI 7)
- Gehemmtheit (FPI 8)
- Offenheit (FPI 9).

Der Test erbringt für jeden Probanden individuelle Ausprägungen bei den einzelnen Faktoren. Der Proband kann also mit Hilfe dieses Tests entlang neun wichtiger Eigenschaftsdimensionen quantitativ eingeordnet werden.

Für bestimmte Fragestellungen wurden mit ausschließlich itemanalytischer Methodik (auf dieses Verfahren kann hier nicht eingegangen werden) drei zusätzliche Skalen konstruiert: FPI E (Extraversion – Introversion), FPI N (Emotionale Labilität – Stabilität) und FPI M (Maskulinität – Feminität).

Zu einem wissenschaftlich konstruierten Test gehört, daß die Testautoren Aussagen über den Geltungsbereich des Tests machen. Bezüglich des FPI wird davon ausgegangen, daß die Probanden im Regelfall keine deutlich unterdurchschnittliche Intelligenz aufweisen dürfen. Wichtig ist ferner, daß eine gute Testmotivation vorliegt. Gerade ein Fragebogentest ist anfällig gegen absichtliche Verfälschungen. Solche Verfälschungen sind vor allem dann zu erwarten, wenn vom Testergebnis für den Probanden in beruflicher Hinsicht Entscheidendes abhängt: In diesem Fall wird er auf die Fragen des Tests möglicherweise jene Antworten geben, von denen er meint, daß sie sozial erwünscht sind. Für Prüfungs- und Bewerbungs-Situationen eignet sich das FPI also weniger gut. Am ehesten kann es Anwendung finden in der Beratung, Therapie und Forschung.

Um die Testmotivation nicht zu gefährden, soll der Testleiter – so sagt es die Testanweisung zum FPI – bei seiner Instruktion Ausdrücke wie »Fragebogen« und »Test« tunlichst vermeiden, da sie leicht eine skeptische Haltung schaffen. Überhaupt sollte er bei der Testdurchführung weitgehend passiv bleiben. Die (oben zitierte) Testanleitung ist im übrigen so geschickt formuliert, daß Gereiztheiten von Probanden möglichst von vornherein abgefangen werden. (»Es gibt keine richtigen oder falschen Antworten, weil jeder Mensch das Recht zu eigenen Anschauungen hat.«)

Damit sich der Leser ein konkretes Bild vom FPI machen kann, soll nicht darauf verzichtet werden, einige der Items hier wörtlich wiederzugeben (man beachte, daß auf dem Original-Fragebogen jeweils hinter den Statements »stimmt/stimmt nicht« steht):

- Mir hat es als Kind eigentlich Spaß gemacht, wenn andere von Eltern oder von Lehrern Prügel bezogen
- Ich kann mich in der Regel schnell und sicher entscheiden
- Ich sage nicht immer die Wahrheit
- Ich habe einen empfindlichen Magen (Magendrücken, Völlegefühl, Magenschmerzen)
- Ich hatte schon einmal solchen Zorn auf jemanden, daß ich ihm den Tod wünschte
- Ein Pferd, das nicht gut zieht, soll die Peitsche spüren
- Mein Motto ist: Vertraue Fremden nie!
- Über Vergangenes mache ich mir keine Sorgen mehr
- Ich bin im Grunde eher ein ängstlicher Mensch
- Beim Reisen schaue ich lieber auf die Landschaft, als mich mit den Mitreisenden zu unterhalten.

Zur Auswertung des FPI liegt ein spezieller Auswertungsbogen vor. Der Handanweisung zum Test ist – als Interpretationsbeispiel – ein solcher Auswertungsbogen ausgefüllt beigegeben, und er soll hier abgedruckt werden (s. S. 76). Bestimmte Begriffe des Auswertungsbogens zu erklären (z. B. »Rohwert«, »Standardwert«), würde in unserem Zusammenhang zu weit führen, aber auch ohne solche Erklärungen dürfte der Leser eine gewisse Einsicht in die Untersuchungsergebnisse, die mit dem FPI erzielt werden können, gewinnen. (Bei der erfaßten Probandin handelt es sich um eine Patientin, die zu Beginn und am Ende des Heilverfahrens in einer Fachklinik für Psychosomatische Medizin untersucht wurde.)

4.5 Intelligenz

Intelligenz ist in der Psychologie ein sehr umstrittenes Konzept. Das liegt zum einen daran, daß man Intelligenz schlecht definieren kann, und zum anderen daran, daß Intelligenztestwerte nur gering mit Schul-

Auswertungsbogen **FPI** Gesamtform / Halbform A–B Datum

Skala	Rohwert	Prozent	4	7	12	17	20	17	12	7	4	
		Standardwert	9	8	7	6	5	4	3	2	1	Stanine
FPI 1	16/9	**Nervosität** psychosomatisch gestört	•	•	•	•	•	•	•	•	•	psychosomat. nicht gestört
FPI 2	8/8	**Aggressivität** aggressiv, emotional unreif	•	•	•	•	•	•	•	•	•	nicht aggressiv, beherrscht
FPI 3	27/16	**Depressivität** mißgestimmt, selbstunsicher	•	•	•	•	•	•	•	•	•	zufrieden, selbstsicher
FPI 4	10/12	**Erregbarkeit** reizbar, leicht frustriert	•	•	•	•	•	•	•	•	•	ruhig, stumpf
FPI 5	9/22	**Geselligkeit** gesellig, lebhaft	•	•	•	•	•	•	•	•	•	ungesellig, zurückhaltend
FPI 6	2/1	**Gelassenheit** selbstvertrauend, gutgelaunt	•	•	•	•	•	•	•	•	•	irritierbar, zögernd
FPI 7	8/8	**Dominanzstreben** sich durchsetzend, streng	•	•	•	•	•	•	•	•	•	nachgiebig, gemäßigt
FPI 8	18/12	**Gehemmtheit** gehemmt, gespannt	•	•	•	•	•	•	•	•	•	ungezwungen, kontaktfähig
FPI 9	13/11	**Offenheit** offen, selbstkritisch	•	•	•	•	•	•	•	•	•	verschlossen, unkritisch
FPI E	5/15	**Extraversion** extravertiert	•	•	•	•	•	•	•	•	•	introvertiert
FPI N	23/16	**Emot. Labilität** emotional labil	•	•	•	•	•	•	•	•	•	emotional stabil
FPI M	5/7	**Maskulinität** typisch männliche Selbstschilderung	•	•	•	•	•	•	•	•	•	typisch weibl. Selbstschildg.

54%

Proband Geschlecht weiblich Alter 22 Testleiter/Auswerter

Name/Kenn-Nr. W. B.

Test nach der Aufnahme (gestrichelte Linie)

und Test-Wiederholung nach 30 Tagen (ausgezogene Linie)

und vor allem Berufsleistungen korrelieren, weshalb die testmäßige Erfassung der Intelligenz oft grundsätzlich in Frage gestellt wird. Beiden Problemen wollen wir kurz nachgehen.

Aus der Bredouille, in die man bei dem Versuch einer Definition von Intelligenz unweigerlich gerät, half man sich mitunter dadurch, daß man sagte: Intelligenz ist das, was der Intelligenztest mißt. Aber diese operationale Definition, so elegant sie sein mag, befriedigt letztlich nicht; sie stellt es dem Belieben des jeweiligen Testkonstrukteurs anheim, festzulegen, was Intelligenz ist. Andere Autoren gehen deshalb von der Struktur der Intelligenz selbst aus, sie stellen »Strukturmodelle« der Intelligenz auf. So besteht ein breiter Konsens darüber, daß Intelligenz zum einen aus einem allgemeinen, generellen Faktor (G-Faktor) und zum anderen aus mehreren spezifischen Einzelfaktoren besteht. Berücksichtigt man ferner, daß Intelligenz zur Lebensbewältigung dient, kann man mit D. Wechsler sagen (und diese Definition von Intelligenz ist vielleicht die beste, die es gibt): »Intelligenz ist die zusammengesetzte oder globale Fähigkeit des Individuums, zweckvoll zu handeln, vernünftig zu denken und sich mit seiner Umgebung wirkungsvoll auseinanderzusetzen. Sie ist global, weil sie das Verhalten des Individuums als Ganzes charakterisiert (G-Faktor); sie ist zusammengesetzt, weil sie aus Elementen oder Fähigkeiten besteht, die, wenn auch nicht vollständig unabhängig, doch qualitativ unterscheidbar sind (Gruppenfaktoren).« (Auf Wechsler und seinen Intelligenztest, dem diese Definition von Intelligenz zugrunde liegt, kommen wir weiter unten zu sprechen, vgl. 4.6.)

Gehen wir nun zum zweiten oben aufgeworfenen Problem über. Es hat sich herausgestellt, daß die Korrelation zwischen Intelligenztestwerten und Schulleistungen nicht besonders hoch ist, anders gesagt: Wenn die Intelligenz eines Schulkindes durch einen Intelligenztest festgestellt worden ist, kann man aufgrund dieses Testergebnisses seine Schulleistungen keineswegs mit Sicherheit voraussagen, nicht einmal mit annähernder Sicherheit. Erfolg in der Schule hängt noch von vielen anderen Faktoren ab als nur von der Testintelligenz, so z. B. von der Interessenlage, der Lernmotivation, der außerschulischen Förderung.

Noch geringer als mit Schulleistungen korrelieren Intelligenztestwerte mit Berufsleistungen. Welchen beruflichen Erfolg jemand im Leben haben wird, läßt sich durch seinen Intelligenzquotienten nicht vorhersagen. Den wesentlichen Ausschlag geben testmäßig nicht erfaßbare Faktoren wie etwa Leistungsbereitschaft über lange Zeit hinweg, Einfallsreichtum, Sensibilität für zwischenmenschliche Beziehungen. – Angesichts dieser Befunde muß ernsthaft die Frage gestellt werden, ob herkömmliche Intelligenztests nicht eine recht artifizielle Größe messen, die für das praktische Leben kaum Bedeutung hat.

Vorläufer aller heutigen Intelligenztests ist der in Frankreich entwikkelte Binet-Simon-Test aus dem Jahre 1905. Er diente dazu, schwächer begabte Kinder möglichst frühzeitig erkennen und fördern zu können. Ein Kind galt als »en retard« (retardiert), wenn es ihm nicht gelang, Testaufgaben zu lösen, die die meisten Kinder seiner Altersstufe zu lösen vermochten. Das Maß bei Binet/Simon war qualitativer (nicht quantitativer) Art, d. h. es konnte nur festgestellt werden, *ob* (und nicht: inwieweit) ein Kind über- oder unterdurchschnittlich intelligent ist. Quantifizierbar wurde die Intelligenz erst durch W. Stern (1912), der den Intelligenzquotienten einführte:

$$IQ = \frac{\text{Intelligenzalter}}{\text{Lebensalter}} \times 100$$

(Die Multiplikation mit 100 dient lediglich dazu, handlichere Zahlenwerte zu erreichen.)

Der große Nachteil des so berechneten IQ ist, daß Personen unterschiedlicher Altersstufen nicht miteinander verglichen werden können; denn bei gleichbleibendem Intelligenzvorsprung (z. B. ein Jahr) wird – wie man leicht ausrechnen kann – der IQ mit zunehmendem Alter immer kleiner. D. Wechsler hat deshalb 1939 eine neue Meßweise der Intelligenz eingeführt. Er stellte mit komplizierten mathematisch-statistischen Verfahren eine künstliche, normierte Skala her, auf der sich Personen unterschiedlichen Alters einordnen lassen. Der Mittelwert dieser Skala (und damit der durchschnittliche IQ) ist 100.

4.6 Exemplarische Darstellung eines Intelligenztests: Der HAWIK

Trotz der Vorbehalte, die oben gegen die herkömmliche Messung der Intelligenz durch Intelligenztests vorgetragen worden sind, soll dem Leser die exemplarische Darstellung eines Intelligenztests nicht vorenthalten werden. Intelligenztests haben in der Psychologie eine solch große Bedeutung, daß sie nicht einfach übergangen werden können, und eine gewisse Berechtigung wollen auch wir ihnen nicht absprechen.

Die beiden in Deutschland gebräuchlichsten Intelligenztests sind der IST 70 (Intelligenz-Struktur-Test; Testautor: R. Amthauer) und der HAWIE/HAWIK. Der HAWIE/HAWIK geht auf D. Wechsler zurück und wurde in Hamburg für deutsche Verhältnisse überarbeitet, daher erklärt sich auch sein Name: *H*amburg-*W*echsler-*I*ntelligenztest für *E*rwachsene bzw. *K*inder. Besprochen werden soll hier die Form für Kinder.

Der HAWIK gliedert sich auf in einen Verbal- und einen Handlungsteil. Beide Teile bestehen aus je 5 Untertests, wobei zum Verbalteil noch ein zusätzlicher Untertest (Zahlennachsprechen) hinzukommt, der bei knapp bemessener Untersuchungszeit fortgelassen werden kann. Der Gesamttest baut sich demnach so auf:

Verbalteil	Handlungsteil
1. Allgemeines Wissen	6. Zahlen-Symbol-Test
2. Allgemeines Verständnis	7. Bilderergänzen
3. Rechnerisches Denken	8. Bilderordnen
4. Gemeinsamkeitenfinden	9. Mosaik-Test
5. Wortschatz-Test	10. Figurenlegen
(Zahlennachsprechen)	

Die Resultate, die in jedem der 11 Untertests erzielt werden, ergeben ein Testprofil, das auf Schwerpunkte in der Begabung schließen läßt. Dieses Testprofil darf jedoch nicht überinterpretiert werden, da die Untertest-Ergebnisse – für sich genommen – zu große statistische Fehler aufweisen. Erst die Summe der Wertpunkte des gesamten Tests gleicht zufällige Leistungsschwankungen in einzelnen Untertests aus und genügt den üblichen statistischen Anforderungen.

Der Untertest *Allgemeines Wissen* besteht aus einer Reihe von Fragen, die sich in ihrem Schwierigkeitsgrad ständig steigern. Die leichteste Frage lautet: »Wie viele Ohren hast du?«, die schwierigste: »Was ist Pfandrecht?« Eine Frage aus dem Mittelbereich heißt z. B.: »Warum schwimmt Öl auf Wasser?«

Im Untertest *Allgemeines Verständnis* geht es um Fragen wie die folgenden: »Was sollst du tun, wenn du dich in den Finger geschnitten hast?« (Leichteste Frage.) »Warum werden bei einem Schiffsunglück zuerst Frauen und Kinder gerettet?« (Mittelschwere Frage.) »Warum sollten die meisten Regierungsstellen durch Leute besetzt werden, die vorher eine besondere Prüfung abgelegt haben?« (Schwerste Frage.)

Der Untertest *Rechnerisches Denken* beginnt mit einfachen Zählaufgaben, die sich allmählich zu komplizierten Rechenaufgaben in Dreisatz-Form steigern.

Beim Untertest *Gemeinsamkeitenfinden* legt der Versuchsleiter dem Kind eine Reihe von Begriffspaaren vor und fordert es auf, anzugeben, was Beidem gemeinsam ist. Einige der Begriffspaare lauten (aufgelistet gemäß zunehmender Schwierigkeit): Pflaume – Pfirsich; Pfund – Meter; Anfang – Ende.

Im *Wortschatz-Test* hat der Versuchsleiter zum Kind laut Testanweisung zu sagen: »Ich möchte nun einmal sehen, wie viele Worte du kennst. Höre gut zu und sage mir, was diese Worte bedeuten. Hund – du kennst doch das Wort Hund? Was ist ein Hund?« Weitere Worte, die abgefragt werden, sind z. B.: Knie, Blitzen, Zirkus, Einlegen, Modus.

Beim *Zahlennachsprechen* spricht der Versuchsleiter dem Kind in der Geschwindigkeit von einer Zahl pro Sekunde Zahlenreihen vor, die das Kind nachzusprechen hat. Begonnen wird mit einer Dreier-Kombination (3 – 8 – 6), es folgt eine Vierer-Kombination usw.

Vom *Zahlen-Symbol-Test* liegen zwei Formen vor, für Kinder unter 8 Jahre bzw. über 8 Jahre. Vorgestellt werden soll hier die Form für Kinder über 8 Jahre. Die Kinder erhalten die Aufgabe, unter eine Reihe von unsystematisch aufeinanderfolgenden Ziffern zuvor ausgemachte Symbole zu schreiben, so ist jede 1 zu versehen mit $\underline{\bullet}$, jede 2 mit), jede 3 mit + usw. Es kommt darauf an, in einer begrenzten Zeit (120 sec) möglichst viele Ziffern zu beschriften.

Beim *Bilderergänzen* werden dem Kind Bilder von Gegenständen und Lebewesen gezeigt, bei denen jeweils ein Teil fehlt, so z. B. ein Bein an einem Tisch, eine Augenbraue in einem Gesicht. Das Kind muß auf die fehlenden Teile aufmerksam werden.

Der Untertest *Bilderordnen* sieht für achtjährige und ältere Kinder so aus, daß Bilder, die eine kleine Geschichte erzählen, in falscher Reihenfolge dargeboten werden und vom Kind geordnet werden müssen.

In *Mosaik-Test* sind mit buntbemalten Klötzchen entsprechend einer Vorlage verschiedene Muster nachzulegen.

Im letzten Untertest, *Figurenlegen,* werden dem Kind nacheinander vier zerschnittene Bilder vorgelegt (Junge, Pferd, Gesicht, Auto), die es richtig zusammenzusetzen gilt.

Damit ist die Testdarbietung beendet. Die Durchführung dauert etwa eine Stunde, hinzu kommt für den Versuchsleiter der Aufwand der Auswertung. Eingeordnet wird das getestete Kind auf der oben bereits erwähnten Skala Wechslers. Als normale, durchschnittliche Intelligenz gilt ein Wert zwischen 85 und 115. 68% aller Kinder liegen in diesem Bereich. Jeweils 14% entfallen auf die Bereiche 70–85 (Minderbegabung) und 115–130 (hohe Intelligenz). Bei einem IQ unter 70 spricht man von Schwachsinn, bei einem IQ über 130 von Höchstbegabung.

5. Sozialpsychologie

5.1 Definition der Sozialpsychologie

Die Psychologie, wie wir sie bisher kennengelernt haben, betrachtet das Individuum losgelöst von seinem sozialen Kontext. Wenn wir z. B. danach gefragt haben, welche Formen des Lernens es gibt (vgl. oben, 2.4) oder wie die Sprachentwicklung des Kindes verläuft (vgl. oben, 3.4.2), stand stets das Individuum im Mittelpunkt unseres Interesses. Zwar kann die Wahl ihres Phänomenbereichs oder Abstraktionsniveaus keiner Wissenschaft zum Vorwurf gemacht werden (im Falle der Psychologie ist das Abstraktionsniveau also das einzelne, isolierte Individuum), aber gleichwohl kann auf die Verkürzungen in der Betrachtungsweise hingewiesen werden, die ein bestimmtes Abstraktionsniveau mit sich bringt. Und so weist auch das Abstraktionsniveau der Psychologie seine spezifischen Probleme auf. Bleiben wir bei den angeführten Beispielen »Lernen« und »Sprachentwicklung«: Jeder Lernvorgang hat auch eine interaktionale Seite (Lernen findet stets in einem sozialen Feld statt), die aber von der Lernpsychologie kaum erfaßt wird, und eine Sprachentwicklung des Kindes würde ohne die ständige Einflußnahme der nächsten Bezugspersonen (die ebenfalls als solche nicht thematisiert wird) nicht stattfinden.

Der interaktionale Gesichtspunkt bei der Beschreibung und Erklärung menschlichen Erlebens und Verhaltens, der von der Psychologie als ganzer in der Regel vernachlässigt wird, befindet sich allerdings keineswegs außerhalb jeglichen psychologischen Forschens, sondern ist delegiert an eine psychologische Teildisziplin: an die Sozialpsychologie. Sozialpsychologie ist die »Wissenschaft von den Interaktionen zwischen Individuen« (W. Herkner). Oder mit J. W. McDavid/H. Harari ein wenig ausführlicher formuliert: »Sozialpsychologie ist die wissenschaftliche Beschäftigung mit dem Erleben und Verhalten von Individuen, bezogen auf andere Individuen, Gruppen und die Kultur.« Dieser Definition von Sozialpsychologie wollen wir uns hier anschließen. Nicht unerwähnt bleiben soll jedoch, daß es viele miteinander konkurrierende Definitionen gibt. Sehr elegant ist z. B. diejenige von M. Irle, in der Sozialpsychologie durch ihre Theorien definiert wird. Der Vorteil der Definition von McDavid/Harari ist dagegen, daß sie bestechend klar ist; sie vermag einem psychologisch weniger geschulten Leser am ehesten zu vermitteln, worum es in der Sozialpsychologie geht.

Abgegrenzt werden muß die Sozialpsychologie von der Soziologie. Die Soziologie beschäftigt sich mit den Bedingungen und Formen des menschlichen Zusammenlebens, sie ist die Wissenschaft von der Gesellschaft, ihren Struktur- und Entwicklungsgesetzen. Das Individuum hat die Soziologie nur insofern im Blick, als dieses ein in soziale Formen eingebundenes Wesen ist. Das Abstraktionsniveau der Soziologie ist also *die Gesellschaft,* dasjenige der Sozialpsychologie *das Individuum,* freilich *in seinem sozialen Kontext.*

(»Sozialer Kontext« ist in der Sozialpsychologie ein sehr weitgehender Begriff. Die Bevölkerungsschicht zählt dazu, aber auch das Wohnviertel, die Familie, die Bezugsgruppe usw. Soziale Einflußgrößen, die untersucht werden, sind ferner Beruf, Einstellungen, Gruppennormen usw.)

Vermerkt sei abschließend, daß die Sozialpsychologie im Gefüge der einzelnen psychologischen Teilgebiete zunehmend an Bedeutung gewinnt. Gerade die Sozialpsychologie ist es, von der man sich Hilfe bei der Überwindung vieler gesellschaftlicher Probleme verspricht (z. B. beim Abbau von Vorurteilen, bei der Eindämmung der Aggressivität, bei der Förderung altruistischen Verhaltens).

5.2 Wichtige Theorien der Sozialpsychologie

Bei der Besprechung der Teilbereiche der Psychologie (vgl. oben, 1.3) haben wir drei große, übergreifende theoretische Richtungen aufgezählt: Behaviorismus, Tiefenpsychologie und Kognitivismus. Alle drei Richtungen haben auch die Sozialpsychologie geprägt.

Einer der großen Vertreter des Behaviorismus, B. F. Skinner, der insbesondere das instrumentelle Konditionieren (vgl. oben, 2.4) erforscht hat, dehnte seinen Ansatz bewußt auf die Gesellschaft aus. Eine umfassend angelegte, auf Lernprinzipien beruhende »Verhaltenstechnologie« vermag seiner Meinung nach am ehesten, Probleme im zwischenmenschlichen Bereich in den Griff zu bekommen. Aber auch abgesehen von solchen utopischen (und fragwürdigen) Ansätzen haben Behavioristen immer wieder versucht, ihre Lerntheorien in einen sozialpsychologischen Bezugsrahmen zu stellen, etwa um mit ihrer Hilfe die Entstehung von Einstellungen zu erklären.

Der Beitrag der Tiefenpsychologie zur Sozialpsychologie geht weniger von Freud selbst aus. Für Freud ist der Mensch von Natur aus ein asoziales Wesen, das ausschließlich vom Lustprinzip bestimmt ist. Unter dem Druck der Realität, die das unmittelbare Ausleben der Triebimpulse vielfach verhindert, kommt es dann freilich zum Aufbau sozialer Beziehungen, die allerdings hauptsächlich instrumentellen Charakter haben: sie stehen, wenn auch beim Erwachsenen nur noch indirekt, in Beziehung zu primären Trieben. – Eine eigentliche Wendung zur Sozialpsychologie gab es erst unter den Schülern Freuds, so z. B. bei E. Fromm, in dessen Ansatz sich Psychoanalyse und klassisches humanistisches Gedankengut zu einer fruchtbaren Synthese verbinden. Auch A. Mitscherlich ist in diesem Zusammenhang zu nennen, der als Psychoanalytiker einen Lehrstuhl für Sozialpsychologie innehatte.

Diejenige psychologische Richtung, die für die Sozialpsychologie die größte Bedeutung erlangt hat, ist der Kognitivismus. Dieser Richtung sind denn auch jene drei Theorien entnommen, die im folgenden dargestellt werden sollen: K. Lewins Feldtheorie, L. Festingers Theorie der kognitiven Dissonanz und F. Heiders Theorie der kognitiven Balance. (Mit Lewin, Festinger und Heider dürften die drei Namen genannt sein, die innerhalb der kognitivistischen Sozialpsychologie die wichtigsten sind.)

Die *Feldtheorie* gehört zu den grundlegenden Ansätzen zur Erklärung des menschlichen Verhaltens. K. Lewin hat sie entwickelt, indem er terminologisch auf die Physik zurückgriff (vgl. z. B. »magnetisches Kraftfeld«). Der Mensch bewegt sich in einem subjektiven (von Individuum zu Individuum verschiedenen) Kraftfeld, das konstituiert wird aus seinen eigenen Zielen, Motiven, Erinnerungen und aus der sozialen und physikalischen Umwelt, und zwar insoweit und in der Weise, wie das Individuum diese Umwelt wahrnimmt und sie in ihm kognitiv repräsentiert ist. (Die verschiedenartige Wahrnehmung der Umwelt macht Lewin – selber Kriegsteilnehmer am 1. Weltkrieg – am Beispiel des Frontsoldaten klar: Für diesen strukturiert sich eine Landschaft völlig anders als etwa für einen Spaziergänger; er bewertet jeden Erdhügel und Strauch danach, ob er ihm als Deckung dienen kann.)

Aufgestellt hat Lewin die Feldtheorie aus dem Grunde, um Verhalten von Personen in bestimmten Situationen prognostizieren zu können. Das Verhalten hängt von dem subjektiven Kraftfeld (oder »Lebensraum«) ab, in dem sich der Mensch jeweils befindet, d. h. (vgl. oben) von der Person selbst und der (subjektiv erlebten) Umwelt, formelhaft ausgedrückt:

V = f(P, U). Das Verhalten (V) ist eine Funktion (f) der Person (P) und der Umwelt (U).

Das Individuum ist darum bemüht, in seinem Lebensraum einen Gleichgewichtszustand aufrechtzuerhalten. Aus dem Gleichgewicht gerät ein Lebensraum etwa dann, wenn ein Bedürfnis auftaucht. Im Beispiel gesprochen: Ein Kind, das mit seiner Mutter spazierengeht, sieht in einem Geschäft ein Spielzeug und möchte es haben. Das Spielzeug übt eine Anziehungskraft (»positive Valenz«) aus. Damit tritt im Lebensraum des Kindes ein bestimmter »Vektor« auf den Plan (Lewins Psychologie heißt auch »Vektorpsychologie«; Lewin dachte sehr stark mathematisch). Versagt die Mutter dem Kind die Wunscherfüllung, entsteht zwischen Kind und Geschäft eine »Barriere«. Das Kind geht nun vielleicht zu einem Verwandten, um sich dort Geld (für den Kauf des Spielzeugs) zu erbitten, ein »Quasi-Bedürfnis« kommt auf und damit ein neuer Vektor im Lebensraum.

Dieses einfache Beispiel mag zeigen, wie das psychische Kräftefeld bei Lewin grundsätzlich aufgebaut ist. (Natürlich setzt es sich im konkreten Einzelfall viel komplizierter zusammen.) Verhalten ist stets das Resultat feldtheoretisch zu beschreibender Variablen, die sich in ihrer Interdependenz geometrisch (genauer: topologisch) darstellen lassen (vgl. oben: »Vektorpsychologie«). Die Schriften Lewins enthalten denn auch viele Zeichnungen, meist Ellipsen (als Darstellungen des Lebensraums) mit eingetragenen Valenzen, Vektoren usw. Aufgabe des Psychologen, der Verhalten vorhersagen will, ist es, Lebensräume – im wahrsten Sinne des Wortes – *nachzuzeichnen,* also z. B. die Valenzen im aktuellen sozialen Kraftfeld zu bestimmen.

Gehen wir nun zur *Theorie der kognitiven Dissonanz* über, die von L. Festinger stammt. Entwickelt in den 50er Jahren, hat sie über zwei Jahrzehnte lang die Diskussion in der Sozialpsychologie maßgeblich bestimmt und eine Fülle weiterer Forschungsarbeiten nach sich gezogen. Erst in jüngerer Zeit beginnen neuere Theorien, ihr den Rang abzulaufen.

Zwischen der kognitiven Dissonanztheorie und der weiter unten zu besprechenden Theorie der kognitiven Balance besteht eine gewisse Verwandtschaft: beiden Theorien liegt das Konsistenzprinzip zugrunde, das sich ganz allgemein als Bedürfnis nach Übereinstimmung zwischen verschiedenen Kognitionen begreifen läßt. Unter Kognitionen oder kognitiven Elementen versteht Festinger Meinungen und Einstellungen, die eine Person zu anderen Personen, Gegenständen und Sachverhalten oder zu sich selbst besitzt. Die Beziehung zwischen zwei kognitiven Elementen kann irrelevant, konsonant oder dissonant sein. Eine irrelevante Beziehung liegt vor, wenn die Kognitionen nichts miteinander zu tun haben. Dissonant ist die Beziehung zwischen zwei verhaltensrelevanten Kognitionen dann, wenn sie einander widersprechen, konsonant, wenn sie keine Widersprüche zueinander aufweisen. Nicht zueinander passen z. B. folgende Kognitionen: »Ich rauche viel« (kognitives Element A) – »Rauchen ist gesundheitsschädigend« (kognitives Element B). Logisch gesehen sind A und B zwar voneinander unabhängig, aber gemäß einer Art »psychologischer Logik«, um die es Festinger geht (wenngleich er sie nicht näher erläutert), passen beide Kognitionen nicht zueinander. Das Individuum ist bestrebt, Konsonanz oder Harmonie zwischen seinen Kognitionen aufrechtzuerhalten, und hat das triebähnliche Bedürfnis, Dissonanz zu verringern. Die Stärke des Drucks zur Dissonanzreduktion hängt von der Größe der bestehenden Dissonanz ab.

Zur Dissonanzreduktion stehen zwei grundsätzliche Strategien zur Verfügung, von denen die erste sich wiederum unterteilen läßt. Zum einen können Kognitionen geändert werden, und zwar sowohl bezüglich des eigenen Verhaltens als auch bezüglich der Umwelt. Zum anderen können neue kognitive Elemente hinzugefügt werden, und zwar auf die Art und Weise, daß konsonante Beziehungen zwischen den bereits vorhandenen und den neuen Kognitionen entstehen können. Die verschiedenen Möglichkeiten zur Dissonanzreduktion seien an einem Beispiel verdeutlicht. Eine Person, die eine gefährliche Sportart betreibt, wird von ihren Bekannten aus diesem Grunde getadelt. Die betreffende Person kann die Sportart aufgeben (Änderung des eigenen Verhaltens und damit des entsprechenden kognitiven Elements); sie kann versuchen, die Einstellung der Bekannten zu ändern (Änderung der Umwelt und damit des entsprechenden kognitiven Elements); sie kann schließlich neue Argumente für das eigene Verhalten beibringen oder auch sich Gleichgesinnten anschließen, um auf diese Weise in der eigenen Meinung bekräftigt zu werden (Hinzufügung neuer kognitiver Elemente).

Ein Spezialfall der Dissonanzreduktion durch die Veränderung der Kognitionen über die Umwelt ist die »Abschwächung der Attraktivität der verworfenen Alternative«, ein Mechanismus, der im Alltag ständig zu beobachten ist (etwa beim Autokauf): Hat man sich erst einmal für eine von zwei annähernd gleich attraktiven Alternativen entschieden, erscheint diese von nun an attraktiver als die abgelehnte. Dissonante Informationen hierzu (also solche, die die verworfene Alternative in günstigem Licht darstellen) werden nicht mehr gesucht bzw. abgewertet, wenn sie das Individuum erreichen.

Festinger und seine Mitarbeiter haben mit Hilfe der kognitiven Dissonanztheorie auch eine Reihe von Phänomenen im religiösen Bereich

zu erklären versucht. In ihrem Buch »When Prophecy Fails« beschreiben sie, wie eine Mikrosekte sich verhielt, nachdem die Voraussage ihrer Prophetin nicht eingetroffen war, daß die Welt an einem bestimmten Tag untergehen werde. Ein Teil der Gläubigen versammelte sich kurz vor dem kritischen Zeitpunkt, um gemeinsam dem Ende entgegenzusehen; man glaubte, im letzten Augenblick gerettet zu werden. Diejenigen Anhänger der Prophetin, die alleine zu Hause auf das Ende der Welt gewartet hatten, fielen vom Glauben ab. Diejenigen Gläubigen jedoch, die als Gruppe mit dem Ausbleiben der Katastrophe konfrontiert worden waren, lieferten einander in ihren Bemühungen, die kognitive Dissonanz zu mindern, konsonantes kognitives Material (»Erklärungen« über das Ausbleiben der Katastrophe) und reagierten mit erhöhtem Bekehrungseifer. Diesem überraschenden Verhalten liegt folgende Logik zugrunde: Wenn immer mehr Leute davon überzeugt werden können, daß das eigene Glaubenssystem stimmt, ist das ein Beweis für die Richtigkeit dieses Systems. Bekehrungseifer ist deshalb nach Festinger eine der wichtigsten Techniken zur Reduzierung von Dissonanz.

Die dritte hier zu besprechende sozialpsychologische Theorie ist die *Theorie der kognitiven Balance* (Balancetheorie interpersonaler Beziehungen) von F. Heider. Sie handelt davon, wie eine Person (p) ihre Beziehungen zu einer anderen Person (o), zu einer dritten Person oder einem Objekt (x) und die Beziehung zwischen o und x wahrnimmt. Jede dieser Beziehungen kann positiv (Attraktion, Zuneigung: +) oder negativ (Ablehnung: –) sein. Um es in einem Beispiel zu sagen: Eine Person (p) ist einer weiteren Person (o) zugetan (p + o). Sie weiß, daß diese Person (o) ein Objekt (x) hoch schätzt (o + x). Sie selbst ist jedoch x nicht zugetan (p – x). Zwei der drei wahrgenommenen Beziehungen sind positiv, die dritte ist negativ. Heider geht davon aus, daß in einem solchen Fall das System der wahrgenommenen Beziehungen nicht ausbalanciert ist: für p sind die Beziehungen nicht miteinander vereinbar. Ein nicht ausbalancierter Zustand bedeutet Instabilität und für p – da der Mensch den Wunsch nach konsonanten Kognitionen hat – die Aufforderung, ihre Wahrnehmungen zu einem ausbalancierten Zustand hin zu ändern.

Die nun folgende Abbildung zeigt ein nicht ausbalanciertes Beziehungssystem:

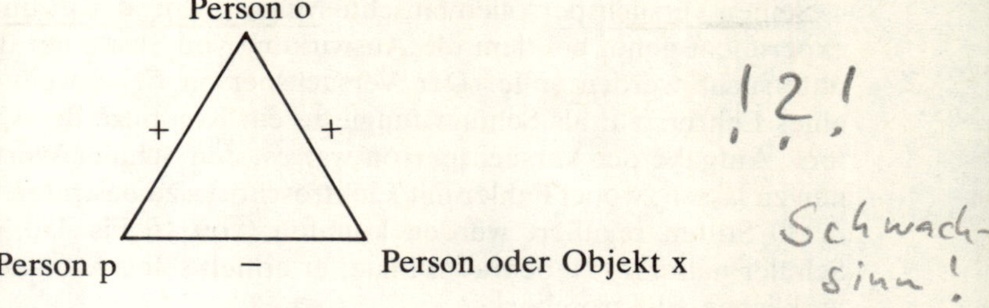

Zur Ausbalancierung dieses Beziehungssystems stehen grundsätzlich drei Möglichkeiten zur Verfügung, die ebenfalls graphisch dargestellt werden sollen: 1. p ändert ihre Meinung über x (Abbildung 1); 2. p nimmt wahr, daß o ihre Meinung über x ändert (Abbildung 2); 3. p ändert ihre Meinung über o (Abbildung 3).

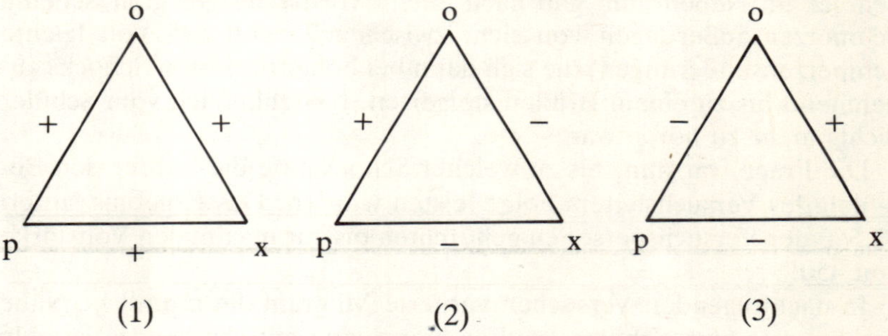

5.3 Darstellung einiger klassischer Experimente der Sozialpsychologie

Es gibt in der Sozialpsychologie einige Experimente, die inzwischen klassisch zu nennen sind. Sie haben weit über Fachkreise hinaus Beachtung gefunden und werden immer wieder angeführt. Aus diesen Experimenten sind für die folgende Darstellung drei ausgewählt worden, die eindrucksvoll belegen, wie gering die Resistenz des Menschen gegen sozialen Druck ist, wie rasch er sich ihm beugt, und zwar gegen seine Überzeugung und gegen jede ethische Norm.

Die Untersuchungen zum *Gehorsam bei Elektroschocks* von S. Milgram, mit denen wir beginnen, sind motiviert durch die erschreckende Tatsache, daß während der nationalsozialistischen Herrschaft in Deutschland unauffällige, bürgerliche Menschen ohne weiteres bereit waren, die grausamsten Befehle auszuführen. Milgram beschloß, den Bedingungen eines solchen Verhaltens im psychologischen Laboratorium auf den Grund zu gehen.

Seinen Versuchspersonen täuschte Milgram vor, daß es um ein Lernexperiment gehe, bei dem die Auswirkung von Strafe auf das Lernen untersucht werden solle. Der Versuchsperson fiel jeweils die Rolle eines Lehrers zu, als Schüler fungierte ein Komplize des Versuchsleiters. Aufgabe der Versuchsperson war es, den Schüler Wortpaare lernen zu lassen, wobei Fehler mit Elektroschocks zu bestrafen waren, die in 30 Stufen reguliert werden konnten (von 15 bis 450 Volt). Der Schüler nahm im Nebenraum Platz; er erhielt selbstverständlich keine wirklichen Elektroschocks.

Gemäß »Lernplan« hatte der Lehrer den ersten Fehler seines Schülers mit einem Elektroschock von 15 Volt zu bestrafen, bei jedem folgenden Fehler war der Elektroschock um 15 Volt zu erhöhen. Der Versuchsleiter achtete streng auf die Einhaltung dieses Plans und wies ggf. den Lehrer zurecht (»Sie müssen unbedingt weitermachen!«). Der Schüler im Nebenraum gab nach einem vorher festgelegten Schema Schmerzensäußerungen von sich: zwischen 75 und 135 Volt leichte Schmerzensäußerungen, die sich dann bei höher dosierten Schocks zunehmend bis zu einem Brüllen steigerten, bis schließlich vom Schüler nichts mehr zu hören war.

Die Frage war nun, bis zu welcher Schockstufe die Lehrer den Befehlen des Versuchsleiters Folge leisten würden. Das Ergebnis lautet: 62,5% der Versuchspersonen gehorchten bis zur maximalen Voltstärke von 450!

In nachfolgenden Versuchen variierte Milgram die räumliche Nähe des Lehrers zum Schüler, weil er hierin eine entscheidende Variable vermutete. In der Tat: wenn Lehrer und Schüler im selben Raum saßen, nahm die Bereitschaft, mit der höchstmöglichen Voltzahl zu strafen, ab, war aber immer noch bei 40% der Versuchspersonen vorhanden.

Die Versuche Milgrams wurden durch die Massenmedien einer breiten Öffentlichkeit bekanntgemacht und lösten große Betroffenheit aus. Das in den westlichen Demokratien herrschende Bild vom mündigen, eigenverantwortlichen Bürger wurde von Milgram nachhaltig in Frage gestellt.

Das *Stanford-Gefängnisexperiment* von P. G. Zimbardo und seinen Mitarbeitern, dem wir uns nunmehr zuwenden, hat mit dem Gehorsamsexperiment von Milgram eine gewisse Ähnlichkeit. Auch hier wird demonstriert, daß in Extremsituationen das Verhalten viel weniger von Persönlichkeitsdispositionen bestimmt wird und viel stärker vom sozialen Kontext und sozialen Druck, als man gemeinhin annimmt.

Für das Stanford-Gefängnisexperiment wurden 24 männliche College-Studenten ausgewählt, die psychisch völlig normal und emotional stabil waren. Sie wurden nach dem Zufallsprinzip einer Gruppe von Gefangenen und einer Gruppe von Wärtern zugeordnet. Instruiert wurden die Studenten dahingehend, daß es das Ziel des Experiments sei, eine Gefängnisumwelt zu simulieren, und sie die ganz normale Rolle eines Gefangenen bzw. Wärters zu übernehmen hätten.

Nach dieser Instruktion waren die Versuchspersonen zunächst entlassen. Das Experiment begann dann kurze Zeit später sehr realistisch, nämlich mit einer Verhaftung der Studenten, die die Gefangenen-Rolle innehatten, durch die Polizei, was für die Studenten selbst eine Überraschung war. Die Studenten wurden des Diebstahls und des bewaffneten Raubüberfalls beschuldigt, ins Polizeipräsidium gebracht, später im Gefängnis entkleidet, entlaust usw. Die Wärter trugen Uniform, waren mit Trillerpfeife und Knüppel ausgerüstet – ein perfekt inszeniertes Rollenspiel begann.

Am 6. Tag brach Zimbardo das Experiment, das eigentlich zwei Wochen lang dauern sollte, vorzeitig ab. Die Simulation war außer Kontrolle geraten. Ein Aufstand der Gefangenen war von den Wärtern brutal niedergeschlagen worden, Gefangene waren mißhandelt, Zählappelle sogar nachts angesetzt worden usw. Mehrere der Gefangenen hatte man bereits wegen schwerer emotionaler Störungen entlassen müssen.

Die vorgenommenen Rollenzuweisungen, so folgert Zimbardo in seinen anschließenden Überlegungen, entwickelten eine Eigendynamik, die nicht vorhersagbar war und in ihren Ursachen auch nicht korrekt diagnostizierbar ist. Fest steht nur eines: Durch das Stanford-Gefängnisexperiment ist so nachdrücklich wie in keiner anderen sozialpsychologischen Untersuchung die verhaltensformende Macht von Rollen belegt worden.

Das dritte und letzte der ausgewählten Experimente hat den *Gruppeneinfluß auf Wahrnehmungsurteile* zum Thema und stammt von S. E. Asch. Die dem Experiment zugrunde liegende Fragestellung lautet, inwieweit unser Alltagsverhalten von unserer sozialen Umwelt kontrolliert wird. Asch bot seinen Versuchspersonen in einem Wahrnehmungsexperiment drei Linien dar, die sich in ihrer Länge deutlich voneinander unterschieden; herauszusuchen war diejenige, die in der Länge einer gleichzeitig dargebotenen Vergleichslinie entsprach – eine Aufgabe, die normalerweise kaum Schwierigkeiten bereitet.

Das experimentelle Design von Asch sah so aus, daß er Gruppen bildete, in der bis auf eine Person alle anderen Personen Komplizen des Versuchsleiters waren, und daß er die o. g. Wahrnehmungsaufgabe innerhalb der Gruppe lösen ließ. Die Komplizen des Versuchsleiters gaben dabei bewußt *falsche* Urteile ab, und sie erreichten damit, daß sich bei 32% der abgegebenen Urteile die Versuchspersonen ihrem Urteil anschlossen – gegen den Augenschein der eigenen Wahrnehmung!

5.4 Exemplarische Behandlung einzelner sozialpsychologischer Themen

5.4.1 Altruismus

Wir beginnen unsere exemplarische Behandlung einzelner sozialpsychologischer Themen mit einem Gebiet, das dem Theologen aus seiner Beschäftigung mit der Ethik nicht unbekannt ist: mit dem Altruismus. Der Theologe, der – etwa herkommend von Luk 10 (Gleichnis vom barmherzigen Samariter) – Altruismus für eine selbstverständliche christliche Tugend hält, gegen die freilich oft verstoßen wird und zu der immer wieder aufgerufen werden muß, wird wahrscheinlich vom pragmatischen, empirischen Zugang der Sozialpsychologie zu diesem Thema überrascht sein. Hier werden konkrete Variablen aufgedeckt, von denen altruistisches Verhalten abhängt. Und hier wird auch die Möglichkeit aufgezeigt, über die Änderung solcher Variablen unsere Welt ein Stück weit menschlicher zu machen. Eine theologische oder philosophische Reflexion des Themas ist damit sicherlich nicht zu ersetzen. Aber andererseits vermag ein solcher Zugang zum Altruismus gewisse Einseitigkeiten des spezifisch theologischen oder philosophischen Zugangs auszugleichen.

Die sozialpsychologische Beschäftigung mit dem Thema Altruismus setzte ein als Reaktion auf ein erschütterndes Ereignis: den Genovese-Fall im Jahre 1964. Kitty Genovese, eine junge Frau, wurde am

13. März 1964 in New York auf offener Straße erstochen. Der Mord zog sich über eine halbe Stunde lang hin und wurde von 38 Zeugen aus den umliegenden Häusern beobachtet, von denen jedoch keiner die Polizei benachrichtigte oder selber in das Geschehen eingriff. Bis auf den Ruf eines Mannes »Laß das Mädchen in Ruhe!« blieben alle Zeugen völlig passiv.

Die öffentliche Empörung über das Verhalten der 38 Zeugen war groß. Eine psychologische Untersuchung der Begleitumstände des Mordes deckte jedoch Sachverhalte auf, die das Verhalten der Zeugen verständlich – wenngleich nicht entschuldbar – machen. Psychologisch gesprochen führt ein Mensch, der vor der Frage steht, ob er in einem solchen Fall eingreifen soll, blitzschnell eine »Kosten-Analyse« durch. Er überschlägt, was er sich durch sein Verhalten möglicherweise einhandelt: eine eigene Gefährdung, unangenehme Vernehmungen vor Gericht, Arbeitsausfall u. a. Auch wenn die so zu verstehenden »Kosten« hoch sind, wird eine Person dennoch in vielen Fällen spontan zur Hilfeleistung bereit sein. Im Genovese-Fall war jedoch ein weiterer, entscheidender Faktor mit auf dem Plan, den man »diffusion of responsibility« (Verantwortungsdiffusion) nennt: Jeder der 38 Zeugen konnte annehmen, daß sich ein anderer um die Sache kümmern werde, und so unterblieb schließlich die Hilfeleistung.

Mit »diffusion of responsibility« ist ein Terminus aufgegriffen worden, der von B. Latané und J. M. Darley stammt. Diese beiden New Yorker Sozialpsychologen (und weitere Mitarbeiter) führten Ende der 60er Jahre – schockiert von dem Genovese-Fall – eine Reihe von Untersuchungen durch, in denen sie Notfallsituationen unter kontrollierten Bedingungen herstellten und danach fragten, unter welchen Umständen es bei Versuchspersonen zu Hilfeverhalten kommt und unter welchen Umständen nicht. Es zeigte sich, daß die Bereitschaft zum Hilfeverhalten weniger ein stabiles Merkmal der Person ist, sondern viel stärker von offenbar trivialen, scheinbar unbedeutenden Aspekten der Situation abhängt, z. B. von dem Umstand, ob sich ein möglicher Helfer in Eile befindet oder nicht.

Die New Yorker Sozialpsychologen wählten, um die Bedeutung der Variablen »Eile« zu testen, als Versuchspersonen delikaterweise Theologiestudenten aus, die sich während der kritischen Situation, in die sie versetzt wurden, ausgerechnet mit dem Gleichnis vom barmherzigen Samariter zu beschäftigen hatten: Sie begegneten dem Hilfsbedürftigen, während sie von einem Seminargebäude zum anderen gingen und einen Vortrag über dieses Gleichnis auf Tonband sprachen. Variiert wurde der Zeitdruck, unter dem die Studenten standen. Das Versuchsergebnis lautet, daß nur 10% der Studenten, die in Eile waren, Hilfeverhalten zeigten, hingegen 63% derjenigen, die viel Zeit zur Verfügung hatten. Es half also nichts, durch das Gleichnis geradezu mit der Nase auf die Notwendigkeit altruistischen Verhaltens gestoßen zu werden – den Ausschlag gab nur der »triviale« Faktor Eile.

Latané, Darley und ihre Kollegen führten noch viele weitere, ebenso einfallsreiche Experimente durch, auf die aber hier aus Platzgründen nicht eingegangen werden kann. Neben Verantwortungsdiffusion und Eile wurde noch manche andere Variable aufgedeckt, von der Hilfeverhalten abhängt, so z. B. die Eindeutigkeit der Situation. Viele Situationen sind mehrdeutig und lassen sich nur schwer einschätzen. Ist das der Fall, kommt es weniger leicht zu Hilfeverhalten. Nehmen wir nur das Beispiel, daß sich jemand in auffälliger Weise an einem Auto zu schaffen macht. Es kann sich hierbei um einen Dieb handeln, aber auch um den Eigentümer des Fahrzeugs, der vielleicht den Zündschlüssel im verschlossenen Wageninnern vergessen hat. Kaum ein Passant wird es deshalb wagen, die betreffende Person auf die Rechtmäßigkeit ihres Tuns hin anzusprechen.

Von den vielen Vorschlägen, die die Sozialpsychologie erarbeitet hat, um altruistisches Verhalten zu fördern, sei hier nur einer genannt: die »Kosten« solchen Verhaltens (vgl. oben) zu senken. Wenn z. B. der ADAC seinen Mitgliedern, falls sie Verletzte im eigenen Fahrzeug transportieren, die eventuell anfallende Reinigung der Autositze bezahlt, ist das ein Schritt in die richtige Richtung: Manch ein Unfallopfer ist nur deshalb verblutet, weil ein potentieller Helfer seine Autopolster nicht beschmutzen wollte.

5.4.2 Personenwahrnehmung

In der Personenwahrnehmung wird untersucht, auf welche Weise unser »Bild« von einem anderen Menschen entsteht, welche Gesetzmäßigkeiten hier eine Rolle spielen, zu welchen Verzerrungen es kommt. Wichtig ist zunächst einmal der erste Eindruck, den wir von einer Person haben. Dieser Eindruck bildet sich blitzschnell, meist aufgrund weniger Informationen, und ist sehr resistent gegen Veränderungen. Charakteristisch für den ersten Eindruck ist ferner, daß er ganzheitlich ist, daß wir also die wenigen Informationen, die wir bei der allerersten Begegnung mit einer fremden Person erhalten, gewissermaßen »hochrechnen« zu einem kompletten Persönlichkeitsbild der betreffenden Person. Bei diesem Hochrechnen bedienen wir uns bestimmter Regeln (z. B.: »Wer lügt, stiehlt auch«), die vielleicht statistisch gesehen gerechtfertigt sind, aber im Einzelfall möglicherweise zu einer Fehlbeurteilung des anderen führen.

Über den Grund für die Stabilität des ersten Eindrucks gibt es eine Reihe von Theorien. Am meisten für sich hat die Meinung, daß die kognitiven Schemata, über die wir verfügen, die Tendenz haben, möglichst ökonomisch und damit einfach und dauerhaft strukturiert zu sein. Es ist schlichtweg zu arbeitsaufwendig, uns ständig mit fließenden, prinzipiell unabgeschlossenen Schemata in der Wirklichkeit orientieren zu müssen. Die Verarbeitungsleistungen, die uns abverlangt werden, sind ohnehin schwierig genug; wir wären hoffnungslos überfordert, wenn wir diese Leistungen mit kognitiven Systemen erbringen müßten, die ihrerseits nicht einigermaßen stabil sind. Der Bezugsrahmen, in den wir eine betreffende Person durch den ersten Eindruck, den sie auf uns gemacht hat, eingespannt haben, wird also seine ursprüngliche Form behalten, solange es eben geht; wir sind eher bereit, neu einlaufende Informationen über die betreffende Person zu verzerren, nur damit sie in diesen Bezugsrahmen passen, als diesen Rahmen aufzugeben. Erst ungewöhnlich wichtige Informationen können uns zu einer wirklichen Neuorientierung bewegen.

Es ist bereits angeklungen, daß wir bei der Beurteilung anderer Menschen durch Regeln geleitet sind, die uns u. U. zu Fehleinschätzungen führen. Sozialpsychologen haben nun diese Fehleinschätzungen genauer untersucht und in fünf Gruppen eingeteilt:

1. Logischer Irrtum: Wir nehmen an, daß bestimmte Eigenschaften stets gemeinsam auftreten. (»Wer lügt, stiehlt auch.«)

2. Halo- oder Hofeffekt: Wir neigen dazu, unser Gesamtbild von der Persönlichkeit eines anderen durch einige wenige Charakteristika färben zu lassen. Schätzen wir einen Menschen in sozialer Hinsicht positiv ein, schreiben wir ihm auch überdurchschnittliche intellektuelle Fähigkeiten zu und umgekehrt. Unser Bestreben geht dahin, einen Menschen entweder konsistent positiv oder konsistent negativ zu sehen.

3. Mildeeffekt: Viele Menschen neigen dazu, andere Menschen positiver einzuschätzen, als diese wirklich sind. (»Im Zweifel für den Angeklagten.«)

4. Projektive Ähnlichkeit: Hierunter ist die Tendenz zu verstehen, anderen diejenigen Eigenschaften zuzuschreiben, die man selber hat bzw. zu haben glaubt.

5. Stereotypisierung: Gemeint ist hiermit die Tendenz, an einem Menschen diejenigen Merkmale zu sehen, die die Gruppe oder soziale Schicht, zu der er gehört, angeblich hat.

5.4.3 Einstellungen und Einstellungsänderung

Jeder Mensch verfügt über ein beträchtliches Ensemble an Einstellungen (Haltungen, Werthaltungen, Attitüden). Einstellungen sind – das ist bereits kurz angesprochen worden (vgl. oben, 3.4.4) – aus drei Komponenten zusammengesetzt, einer kognitiven, einer affektiven und einer Handlungskomponente. Machen wir uns das an unserer Einstellung zur Hygiene klar. Die kognitive Komponente besteht hier in unserem sachlichen Wissen über die Zusammenhänge zwischen Unsauberkeit und Krankheit. Der affektive Anteil kann sich beispielsweise darin äußern, daß wir uns mit ungewaschenen Händen bei Tisch nicht wohl fühlen. Und die Handlungskomponente zeigt sich in konkretem hygiene-bezogenen Verhalten wie Hände waschen, Wäsche in die Reinigung bringen usw.

Einstellungen konstellieren den Zugang des Menschen zur Wirklichkeit vor und nehmen ihm die Anstrengung ab, sich diesen Zugang in jedem Einzelfall neu erschließen zu müssen. Bleiben wir bei unserem Beispiel der Hygiene-Einstellung. Von dieser unserer Einstellung her können wir viele Gegenstände und Sachverhalte ohne weiteres beurteilen, wir stehen also vor einem Kaufhaus-Angebot an Toilettenartikeln nicht hilflos da, sondern wir wissen, was zweckmäßig ist und was nicht. Ebenso wissen wir – dank der entsprechenden Einstellungen, über die wir verfügen –, was wir von einer bestimmten Partei zu halten haben, von Drogensüchtigen, von Zahnärzten, von einem Urlaub in Spanien usw.

Daß wir über ein so ausdifferenziertes System von Einstellungen verfügen, daß wir zu allen möglichen Menschen, Gruppen und Dingen eine bestimmte Haltung entwickelt haben, ist – das dürfte deutlich geworden sein – unumgänglich und in keiner Weise beklagenswert. Gefährlich wird es aber dann, wenn Einstellungen zu Vorurteilen gerinnen. Vorurteile sind Einstellungen, bei denen alle drei Komponenten negativ sind und resistent gegen neue Informationen.

In der Sozialpsychologie liegen zum Einstellungserwerb und zur Einstellungsänderung (wozu auch der Abbau von Vorurteilen zählt) eine Reihe von Erkenntnissen vor. So weiß man, daß die drei Komponenten einer Einstellung ein in sich konsistentes Gebilde darstellen und daß das Individuum bestrebt ist, diese Konsistenz auf jeden Fall aufrechtzuerhalten. Wenn man daher eine der Einstellungskomponenten dauerhaft zu ändern vermag, wird diese Änderung auch die Änderung der anderen beiden Komponenten nach sich ziehen. Stützen darf sich diese Ansicht u. a. auf einen glänzenden Versuch von M. Rosenberg. Bei diesem Versuch wurde bei Versuchspersonen die affektive Komponente von Einstellungen hypnotisch beeinflußt; u. a. wurde den (weißen) Versuchspersonen suggeriert, daß sie glücklich sein würden, wenn schwarze Mitbürger in ihre Nachbarschaft zögen. Die Versuchspersonen änderten daraufhin ihre vormals negative kognitive Bewertung eines solchen Sachverhalts, sie glichen also ihre kognitive Einstellungskomponente an die induzierte affektive an. Auch über die Handlungskomponente – und auf diese Weise vielleicht am besten – läßt sich die Gesamt-Einstellung von Menschen verändern. Es gibt Versuche, die belegen, daß die Einwilligung in ein Verhalten, das eigentlich der eigenen Überzeugung zuwiderläuft, meist zu einer Veränderung auch der kognitiven und affektiven Einstellungskomponente führt.

Die Ergebnisse, die die Sozialpsychologie auf dem Feld der Einstellungsforschung zutage gefördert hat, können zum einen zu konstruktiven Zwecken eingesetzt werden, etwa zum Abbau von Vorurteilen. Sie können allerdings auch dazu mißbraucht werden, Menschen zu manipulieren, was etwa in der Werbung gang und gäbe ist.

Auch der Pfarrer kann beim Predigen von den Erkenntnissen der Einstellungsforschung Gebrauch machen, denn schließlich geht es auch ihm um die Änderung verkrusteter Einstellungen, um das Aufbrechen von Vorurteilen. Faktisch hat er ja ohnehin bereits eine Alltagspsychologie, die ihm sagt, wie er seinen Schäfchen am besten beikommen kann; anhand der sozialpsychologischen Erkenntnisse läßt sich diese Alltagspsychologie ventilieren und ggf. verbessern. (Der Leser möge über einen solchen pragmatischen Ansatz nicht entsetzt sein. Das Wirken des Heiligen Geistes am Predigthörer als eigentlich bestimmender Faktor soll nicht in Abrede gestellt werden. Aber der Heilige Geist wirkt am Predigthörer nun einmal *durch den Pfarrer* und ist dabei sehr stark davon abhängig, wie gut oder wie schlecht der Pfarrer ist. Wäre es anders, könnten wir auf jede theologische Ausbildung und auch psychologische Schulung des Pfarrers verzichten.)

Im folgenden sollen die wichtigsten Erkenntnisse der Sozialpsychologie zur Einstellungsänderung thesenartig zusammengefaßt werden. (Eine ausführliche Darstellung kann jedem sozialpsychologischen Lehrbuch entnommen werden, vgl. z. B. E. F. Mueller/A. Thomas, Einführung in die Sozialpsychologie, Göttingen 1974.)

Der Kommunikator (derjenige, der bei anderen eine Einstellungsänderung hervorrufen will) muß glaubwürdig sein und – für den Zuhörer erkennbar – über Sachkenntnis verfügen. Er darf seinen Zuhörern nicht zu unähnlich sein (sollte also z. B. nicht »abgehoben« sprechen). Gesicht-zu-Gesicht-Kommunikation ist am persuasivsten. Verbales Material ist überzeugungswirksamer als geschriebenes. Ob Furchtimpulse, die einer Information beigegeben werden, überzeugungswirksam sind, ist ungewiß. Furchtimpulsen konnte in diversen Versuchen kein diesbezüglich konsistenter Effekt nachgewiesen werden; wie sie wirken, hängt von der Konstellation verschiedener Variablen ab. Ob der Redestil (z. B. langweilig oder dynamisch zu reden) die Überzeugungsfähigkeit beeinflußt, ist unklar. Rhetorische Fragen sind persuasiv. Sie sind Statements überlegen. Sicher geht man, wenn man aus etwas Gesagtem explizit das Resümee zieht (intellektuell schwächere

Zuhörer könnten sonst u. U. den eigentlichen Topos nicht mitbekommen); einem intelligenten Publikum gegenüber könnte diese Vorgehensweise jedoch verletzend sein. Wann sollte man auch die Gegenargumente zu seinen Argumenten bringen? Wenn ein intelligentes Publikum sie ohnehin kennt oder möglicherweise bald erfahren wird; ein schwaches Publikum würde jedoch durch eine solche Vorgehensweise verwirrt werden. Innerhalb gewisser Grenzen sollten Argumente wiederholt werden. Neue Argumente überzeugen besser. Gegen fremde Überredung kann eine Zuhörerschaft gleichsam »geimpft« werden, wenn nämlich während der eigenen Überzeugungskampagne geringe Mengen der Gegenpropaganda mitgeliefert werden. Verpflichtungen auf neue Verhaltensweisen können durch kleine Schritte in die Zielrichtung vorbereitet werden. Wenn man seine Meinung publik gemacht hat, ist man widerstandsfähiger gegen Konterpropaganda (Bekehrungserlebnisse öffentlich erzählen lassen!). Die experimentellen Ergebnisse zum »Vorwarnen« (Vorankündigen der Überzeugungskampagne, die beabsichtigt ist) sind verschieden. Möglich ist es, daß zwischen Vorwarnung und Darbietung Gegenargumente gesammelt werden. Möglich ist es aber auch, daß die Zielpersonen bereits vorher ihre Meinung ändern, um dann – in der Kommunikationssituation – festzustellen: Was der Sprecher sagt, meinen wir auch. Ausschlaggebend dafür, welcher Effekt eintritt, ist, wie stark die Zielperson an ihrer Ausgangsmeinung hängt. Über die Dauer von Einstellungsänderungen gibt es nur wenige Forschungsergebnisse; festzustellen ist jedoch, daß den meisten Einstellungsänderungen nur kurzzeitiger Erfolg beschieden ist. Eine Variable, die die Dauerhaftigkeit einer Einstellungsänderung besonders nachdrücklich bestimmt, ist die Umgebung, die die neue Haltung entweder stützen oder in Frage stellen kann.

5.4.4 Kommunikation

Das Thema Kommunikation wird sowohl in der Sozialpsychologie als auch in der Klinischen Psychologie behandelt. Bei sozialpsychologischer Betrachtungsweise stehen die allgemeinen Wesensmerkmale und Gesetzmäßigkeiten der Kommunikation im Mittelpunkt des Interesses, bei klinischer Betrachtungsweise einerseits Kommunikationsstörungen bei den Klienten des Klinischen Psychologen und andererseits die kommunikativen Prozesse zwischen Berater und Ratsuchenden. Beide Betrachtungsweisen der Kommunikation, die sozialpsychologische und die klinische, gehen freilich ineinander über. Die Gesetzmäßigkeiten der Kommunikation lassen sich kaum darstellen, ohne daß man sie an pathologischen Kommunikationsmustern demonstriert, und so leistet der Sozialpsychologe auf dem Gebiet der Kommunikation immer auch einen klinischen Beitrag. Umgekehrt hilft der Klinische Psychologe mit, die Gesetzmäßigkeiten der Kommunikation überhaupt erst zu erkennen, denn nirgendwo lassen sie sich besser erheben als gerade anhand von Kommunikationsstörungen.

Von klinischer Seite kommt denn auch jener Autor her, dem wir uns zunächst zuwenden: P. Watzlawick. Wann immer in der Psychologie von Kommunikation die Rede ist, muß dieser Name fallen. Watzlawick und seine Mitarbeiter haben 1967 ein Kommunikationsmodell erstellt, das bis heute unübertroffen ist und immer wieder zitiert wird. Es besteht aus fünf Axiomen:

1. *Die Unmöglichkeit, nicht zu kommunizieren.* Verständlich wird dieses Axiom erst dann, wenn man sich den weitgefaßten Kommunikationsbegriff Watzlawicks verdeutlicht: Kommunikation besteht nicht nur aus Worten, sondern auch aus paralinguistischen Phänomenen (z. B. Tonfall, Schnelligkeit der Sprache, Pausen, Lachen), Körperhaltung, Ausdrucksbewegungen usw., letztlich aus Verhalten jeder Art. Verhalten nun und damit auch Kommunikation hat kein Gegenteil, man kann sich nicht *nicht* verhalten, man kann nicht *nicht* kommunizieren. Auch das Verhalten eines Mannes, der in einem überfüllten Wartesaal mit geschlossenen Augen dasitzt, hat also Mitteilungscharakter, es zeigt an: Ich will nicht gestört werden.

2. *Die Inhalts- und Beziehungsaspekte der Kommunikation.* Eine Mitteilung enthält stets ein Was, eine sachliche Aussage, drückt aber immer auch die Beziehung zwischen Sender und Empfänger aus. Machen wir uns das an einem Beispiel Watzlawicks deutlich: »Wenn Frau A auf Frau B's Halskette deutet und fragt: ›Sind das echte Perlen?‹, so ist der Inhalt ihrer Frage ein Ersuchen um Information über ein Objekt. Gleichzeitig aber definiert sie damit auch – und kann es nicht *nicht* tun – ihre Beziehung zu Frau B. Die Art, wie sie fragt (der Ton ihrer Stimme, ihr Gesichtsausdruck, der Kontext usw.), wird entweder wohlwollende Freundlichkeit, Neid, Bewunderung oder irgendeine andere Einstellung zu Frau B ausdrücken.«

3. *Die Interpunktion von Ereignisfolgen.* In der Eheberatung stößt man häufig auf die Problemkonstellation, daß der Mann eine passiv-zurückgezogene Haltung zeigt, während die Frau zu übertriebenem Nörgeln neigt. Jeder der Ehepartner gibt dem anderen die Schuld für das eigene Verhalten. Der Mann sagt: »Weil meine Frau nörgelt, ziehe ich mich zurück.« Die Frau sagt: »Weil mein Mann sich zurückzieht, nörgele ich.« Nach Watzlawick »interpunktieren« die Eheleute diese Verhaltenssequenz jeweils anders, d. h. jeder läßt sie mit dem Verhal-

ten des *anderen* beginnen. Was Ursache und was Wirkung ist, kann in einem solchen Beziehungssystem jedoch grundsätzlich nicht entschieden werden, die Frage danach sollte also unterbleiben.

4. *Digitale und analoge Kommunikation.* Als digitales Kommunikationssystem wird die Sprache verstanden, insoweit sie auf Dinge verweist und Objekte benennt und dabei lediglich denotativen Charakter hat. Analoge Kommunikation läuft dagegen über den Ton der Sprache, die begleitende Gestik usw. Die digitale Komponente der Kommunikation ist es, über die deren Inhaltsaspekt übermittelt wird, während der Beziehungsaspekt durch die analoge Komponente ausgedrückt wird.

5. *Symmetrische und komplementäre Interaktionen.* Menschliche Beziehungen können entweder auf Gleichheit oder auf Ungleichheit beruhen. Im ersten Fall sind die Partner einander ebenbürtig, ihre Interaktionen haben symmetrischen Charakter. Im zweiten Fall ergänzen die Verhaltensweisen der Partner einander (Beispiele: Vater – Sohn; Arzt – Patient), ihre Interaktionen sind komplementärer Art. Der eine Partner nimmt dabei die sog. superiore, primäre Stellung ein, der andere Partner die sog. inferiore, sekundäre (die Begriffe sind nicht wertend gemeint). Eine komplementäre Beziehung ist stabil, solange die Beziehungsdefinitionen beider Partner einander entsprechen. Sie kommt in die Krise, wenn einer der Partner seine Selbstdefinition ändert und der andere diese Änderung nicht ratifiziert, wenn also beispielsweise ein Sohn meint, nunmehr erwachsen zu sein, der Vater aber keineswegs dieser Ansicht ist.

Das Kommunikationsmodell Watzlawicks und seiner Mitarbeiter ist von anderen Autoren weiterentwickelt worden, so z. B. durch F. Schulz von Thun. In Schulz von Thuns Modell, in dem auch noch die Ansätze von C. Rogers, A. Adler und anderen verarbeitet sind, hat eine Nachricht nicht wie bei Watzlawick nur zwei Seiten (Inhalts- und Beziehungsaspekt), sondern vier: Sachaspekt, Selbstoffenbarungsaspekt, Beziehungsaspekt und Appellaspekt. Der Sachaspekt bei Schulz von Thun ist gleichbedeutend mit Watzlawicks Inhaltsaspekt und braucht deshalb im folgenden nicht erläutert zu werden. Die Aspekte Selbstoffenbarung, Beziehung und Appell verstehen sich als Untergliederungen von Watzlawicks recht weit definiertem Beziehungsaspekt.

Schulz von Thun erläutert sein Kommunikationsmodell an einem kleinen Alltagsbeispiel. Eine Frau sitzt am Steuer eines Autos, ein Mann sitzt neben ihr. Er sagt: »Du, da vorne ist grün!« Daraufhin antwortet sie: »Fährst Du oder fahre ich!?«

Konzentrieren wollen wir uns in der nun folgenden Analyse auf den Redebeitrag des Mannes. Die *Selbstoffenbarung,* die in seiner Äußerung steckt, lautet, daß er offenbar deutschsprachig und farbtüchtig, wach und innerlich dabei ist. Ferner: daß er es vielleicht eilig hat usw. (Die Selbstoffenbarung ist bei einer so knappen, hingeworfenen Äußerung vielleicht als trivial zu bezeichnen; sie nimmt aber bei umfangreicheren Äußerungen sofort an Quantität und Gewicht zu. In gewissen Situationen dominiert sie die gesamte Nachricht, etwa wenn jemand sich selber darstellen möchte. So kann z. B. ein wissenschaftlicher Vortrag sein Schwergewicht eindeutig auf der Selbstoffenbarungsseite haben, nach dem Motto: Schaut her, wie gut ich bin!)

Der Mann drückt in seiner Nachricht auch seine *Beziehung* zu der Frau aus. Er sagt implizit, was er von ihr hält, daß er ihr nämlich nicht recht zutraut, alleine richtig Auto fahren zu können. Die barsche Reaktion der Frau (»Fährst Du oder fahre ich!?«) ist möglicherweise die Reaktion auf *diesen Anteil* der Kommunikation.

Die Äußerung des Mannes beinhaltet ferner, wie fast alle Nachrichten, auch einen *Appell* – sie möchte auf den Empfänger Einfluß nehmen. In unserem Beispiel könnte der Appell lauten: »Gib ein bißchen Gas, dann schaffen wir es noch bei grün!« – Gerade die Appellseite der Nachricht birgt große Gefahren für die Kommunikation in sich. Menschen wollen von sich aus Dinge tun, Appelle machen deshalb spontanes Verhalten unmöglich. Schulz von Thun bringt dazu ein schlagendes Beispiel: »Ein 14jähriger Knabe, dessen Eltern das Wochenende auswärts verbringen wollten, hatte sich vorgenommen, den Garten umzugraben, um seinem heimkehrenden Vater eine freudige Überraschung zu bereiten. Beim Abschied sagte der Vater: ›. . . und solltest du ganz große Langeweile haben, dann kannst du ja vielleicht einmal den Garten umgraben.‹ – Ein innerer Aufschrei der Enttäuschung – alles war verdorben. Der Junge konnte den Garten nicht umgraben, da ihm diese Handlung durch den Appell entwertet war.«

Insgesamt hat der Ansatz von Schulz von Thun einen großen praktischen Wert. Alles, was der Autor schreibt, ist unmittelbar umsetzbar. Freilich: in gewisser Weise macht es Schulz von Thun seinem Leser keineswegs leicht. Will man wirklich den Weg, den der Autor aufweist, mitgehen, muß man sich auf einen Prozeß der Persönlichkeitsveränderung einlassen, der oftmals schmerzlich sein dürfte. Aber um einen geringeren Preis ist mehr Wahrheit und mehr Echtheit in zwischenmenschlichen Beziehungen nicht zu haben.

5.4.5 Gruppen, Gruppenprozesse, Gruppendynamik

Was ist eine Gruppe? – Diese Frage auf Anhieb zu beantworten, dürfte schwerfallen, obwohl wir alle vielfältige praktische Erfahrungen mit Gruppen haben, da sich ein Großteil unseres Lebens in ihnen abspielt. In der Sozialpsychologie wird eine Gruppe über mehrere Kriterien definiert, eines davon ist das gemeinsame Ziel der Gruppenmitglieder. Machen wir uns das an einem Beispiel klar:

Eine Anzahl von Leuten, die einander nicht kennen, fährt in einem Aufzug. Diese Leute bilden keine Gruppe. Wenn nun aber der Aufzug steckenbleibt und die Aufzugfahrer Maßnahmen ergreifen müssen, um aus ihrer Lage befreit zu werden, sind sie plötzlich zur Gruppe geworden: Sie haben ein gemeinsames Ziel. Es finden nunmehr auch Interaktionen zwischen ihnen statt, sie tauschen Erfahrungen aus, prüfen gemeinsam Lösungsvorschläge, trösten evtl. einander usw. Diese gegenseitige Einflußnahme ist ein weiteres Kriterium, über das Gruppe definiert wird. Ein drittes besteht darin, daß die Beziehungen, die die Gruppenmitglieder zueinander haben, strukturiert sein müssen, daß z. B. Aufgabenverteilungen und Rangordnungen bestehen. Auch das dürfte in unserem Aufzug-Beispiel der Fall sein: In einer solchen Situation wird es sofort jemanden geben, der die Führung übernimmt, u. U. nach einem kurzen Rangstreit mit einem weiteren Anwärter für die Führungsrolle. Es wird vielleicht jemand dasein, der in besonderer Weise aufgemuntert werden muß (weil er einen Weinkrampf bekommen hat). Möglicherweise erweist sich ein weiterer Aufzugfahrer, ohne die Führungsrolle zu beanspruchen, als Fachmann, als Berater, noch jemand anderes spielt den Vermittler zwischen verschiedenen Positionen. Und so kann man sich die Strukturierung beliebig weiterausmalen.

Die drei genannten Kriterien sind die Minimalkriterien, die auf jeden Fall erfüllt sein müssen, wenn man ein soziales Gebilde als Gruppe bezeichnen will. Darüber hinaus gibt es noch zwei weitere Kriterien, die aber nicht für jede Gruppe zutreffen müssen:

Kriterium der gemeinsamen Norm: In einer Gruppe bilden sich in der Regel gemeinsame Verhaltensrichtlinien oder Normen heraus. Erst diese Normen ermöglichen es der Gruppe, ihre Ziele effektiv zu verfolgen. Verstöße gegen die Normen werden geahndet (oftmals durch ein Gruppenmitglied, das sich darauf spezialisiert hat). Den Druck auf Gruppenmitglieder, die deviantes Verhalten zeigen, nennt man »Konformitätsdruck«. Interessanterweise ist es so, daß Mitglieder, die in der Gruppe einen mittleren Status haben, am meisten bemüht sind, den

Gruppennormen zu entsprechen. Personen mit einem niedrigen Status haben gewissermaßen nichts zu verlieren, sie können sich hin und wieder Fehlverhalten erlauben. Und auch Personen mit hohem Status, wie etwa der Gruppenleiter selbst, brauchen bei deviantem Verhalten nicht sehr besorgt zu sein: ihnen wird eher verziehen als anderen.

Kriterium des Gruppenbewußtseins: In Gruppen bildet sich ein Zusammengehörigkeitsgefühl aus. Dieses Zusammengehörigkeitsgefühl (oder die »Kohäsion« einer Gruppe) hängt von verschiedenen Faktoren ab. Wichtig ist zunächst, wie schwer oder wie leicht es den Gruppenmitgliedern gemacht worden war, in die Gruppe hineinzukommen. Wenn ein schwieriger Initiationsritus durchlaufen werden muß, wenn es also nicht so leicht ist, sich der Gruppe anzuschließen, wird das hinzugekommene Gruppenmitglied nachher die Gruppe attraktiver finden, als es der Fall bei einem mühelosen Zugang zur Gruppe wäre. (Dieser Sachverhalt ist dissonanztheoretisch zu erklären: Wenn ein Mensch für eine Sache einen hohen Preis bezahlt hat, muß er das hinterher damit rechtfertigen, daß die Sache diesen Preis auch wert ist.) Weiter hängt die Kohäsion einer Gruppe davon ab, wie die Wünsche der einzelnen befriedigt und ob die gemeinsamen Aufgaben erfüllt werden.

Von den Prozessen, die in Gruppen ablaufen, sollen hier nur zwei behandelt werden: die Entwicklung von Gruppen und das Vorgehen von Gruppen beim Lösen von Problemen. (An weiteren Gruppenprozessen ließen sich beispielsweise nennen: Entwicklung der Gruppennormen, Entwicklung des Gruppenklimas, Ausdifferenzierung der Rollen.)

Über die *Gruppenentwicklung* wollen wir nur wenige Worte verlieren. Es gibt verschiedene Modelle, die vorgeben, sie zu beschreiben. Aber alle diese Modelle sind letztlich unbefriedigend, weil es zu viele verschiedenartige Gruppen gibt – kein Modell kann auf sie alle passen. Trotz dieser Bedenken soll auf eines dieser Modelle, ein Vier-Phasen-Modell, wenigstens hingewiesen werden:

1. Phase: »forming«. Die Gruppe formiert sich. Dabei wird die Abhängigkeit von Führerpersönlichkeiten gesucht oder zumindest in Kauf genommen.

2. Phase: »storming«. Intragruppenkonflikte kommen auf. Man fühlt sich in seiner persönlichen Freiheit eingeengt.

3. Phase: »norming«. Die Kohäsion der Gruppe bildet sich aus, man akzeptiert einander.

4. Phase: »performing«. Die Gruppe wendet sich ihren Aufgaben zu.

Auf ein Feld, das besser empirisch abgesichert ist als das der Gruppenentwicklung, begeben wir uns, wenn wir nach dem Vorgehen von Gruppen beim *Problemlösen* fragen. Die meisten experimentellen Untersuchungen hierzu sind so angelegt, daß die Leistung eines einzelnen beim Problemlösen den Leistungen einer Gruppe gegenübergestellt wird (»One person versus a group«). Diese Gegenüberstellung soll uns auch bei der nun folgenden Darstellung leiten.

Im Vergleich zu einer einzelnen Person verfügen Gruppen über größere Ressourcen an Arbeitskraft und Information. Sind sie deshalb, wenn es darum geht, komplizierte Aufgaben zu lösen, dem einzelnen überlegen? – In den meisten Fällen ja, aber es gibt Ausnahmen. Wenn der einzelne sehr begabt ist, bringt er mehr zustande als eine Gruppe, die aus durchschnittlich begabten Leuten besteht. Ferner arbeitet eine Gruppe langsamer als ein Individuum; bei rasch zu lösenden Aufgaben ist der einzelne also im Vorteil. Und im übrigen gilt es zu bedenken, daß eine wirklich schöpferische Leistung offenbar nur von einem einzelnen erbracht werden kann: die Relativitätstheorie hätte nicht in einer Gruppe erarbeitet werden können. Der Grund dafür, daß die Gruppe zu schöpferischen Leistungen nicht fähig ist, dürfte dieser sein: Problemlösungsprozesse in Gruppen laufen stets auf der sprachlichen Ebene ab; alle Gruppenmitglieder müssen ja an ihnen teilhaben. Schöpferisches Denken ist jedoch auf Ahnungen und kognitive Reflexe angewiesen, die sich auf einer frühen Entwicklungsstufe noch nicht verbalisieren lassen und außerdem viel zu kompliziert miteinander vernetzt sind, als daß sich ihre Beziehungen zueinander durch Sprache einsichtig machen ließen. Nur ein einzelner Kopf kann die ungeheuer vielen Einzelelemente und Einzelprozesse eines solchen Netzwerks miteinander koordinieren und zur Reife führen.

Gehen wir nun zu den Faktoren über, die eine Gruppe beim Problemlösen dem einzelnen überlegen machen. Im wesentlichen lassen sich hier zwei Punkte nennen: 1. In der Gruppe gibt es einen Effekt des Fehlerausgleichs. Eine individuelle Lösung kann leicht mit einem Fehler behaftet sein, den das Individuum übersieht. Bei einer Lösung, an der mehrere mitwirken, ist dies weniger wahrscheinlich: Die Gruppenmitglieder korrigieren sich gegenseitig. 2. Wenn es auf eine spezielle Information oder Idee ankommt, ist es wahrscheinlicher, daß diese Information oder Idee in einer Gruppe vorhanden ist als bei einem einzelnen. Hier, in der Gruppe, häufen sich die Informationen und Ideen. Freilich hängt es von der jeweiligen Gruppe ab, wie sie mit ihrem Potential umgeht. Sind ihre Kommunikationsstrukturen schlecht ausgebildet und gibt es viele Intragruppenkonflikte, werden manche

Möglichkeiten der Gruppe ungenutzt bleiben. Ein hervorragendes Mittel, um das in einer Gruppe vorhandene Wissen abzurufen, ist das »Brainstorming« (rasches, unkommentiertes Sammeln von spontanen Ideen zu einem bestimmten Stichwort).

Zuweilen verfallen Gruppen, wenn sie Probleme lösen, dem sog. »groupthink« (Gruppendenken). Damit ist die Tendenz gemeint, über dem Streben nach Einmütigkeit die Realität aus dem Auge zu verlieren und Handlungsalternativen, die der Gruppenmehrheit zuwiderlaufen, nicht mehr zu überprüfen, sondern sofort zu verwerfen. I. L. Janis, der den Begriff groupthink eingeführt hat, demonstriert diese verhängnisvolle Tendenz u. a. an der Entscheidung der Kennedy-Regierung aus dem Jahre 1961, Fidel Castros Kuba von 1400 Exilkubanern angreifen zu lassen (ein Unternehmen, das mit einem vollständigen Debakel endete.) Die Mitglieder der Regierung waren für sich genommen hochqualifiziert (so befanden sich einige ehemalige Harvard-Professoren darunter), aber als Gruppe gerieten sie in einen blinden Denkschematismus, der im nachhinein kaum für möglich zu halten ist.

Die Symptome des Gruppendenkens lassen sich nach Janis wie folgt charakterisieren:

1. Die Gruppe entwickelt die Illusion der Unverwundbarkeit. (Die Kennedy-Regierung zweifelte nicht am Erfolg der Operation, obwohl den 1400 Invasoren über 200 000 Soldaten und Milizangehörige gegenüberstanden.)
2. Warnungen und negative Rückmeldungen werden ignoriert.
3. Die Gruppe ist felsenfest von der ethischen Rechtmäßigkeit ihrer Entscheidungen überzeugt.
4. Die Wahrnehmung von anderen Personen und Gruppen ist nicht realitätsgerecht (Fidel Castro wurde von der Kennedy-Regierung als dummer und schwacher Führer angesehen, dessen Armee vor dem Zusammenbruch stand.)
5. Auf Gruppenmitglieder mit abweichender Meinung wird starker Konformitätsdruck ausgeübt, der zu einer – zumindest äußerlichen – Übereinstimmung aller führt. Selbsternannte Meinungswächter kontrollieren diesen Vorgang.

Um der Gefahr des groupthink zu entgehen, schlägt Janis eine Reihe von Maßnahmen vor. So sollte der Leiter der Gruppe ausdrücklich auch zur Kritik an der Mehrheitsmeinung ermuntern. Damit diese Kritik möglichst effektiv vorgebracht wird, könnte ein Gruppenmitglied geradezu die Rolle des Advocatus Diaboli übernehmen und systematisch alle Nachteile der vorgeschlagenen Alternative aufdecken. Ferner könnten gruppenfremde Experten eingeladen werden, um ihrerseits die Gruppenmeinung kritisch zu kommentieren.

Neben der Definition von Gruppen und neben Gruppenprozessen soll uns in diesem Abschnitt auch noch die Gruppendynamik beschäftigen. Gruppendynamik ist ein Begriff, der auf K. Lewin zurückgeht und eng mit seiner Feldtheorie verbunden ist (vgl. zur Feldtheorie oben, 5.2). Lewin beschäftigte sich in seinen späteren Jahren immer mehr mit der Gruppe, die er – feldtheoretisch gesprochen – als ein exemplarisches soziales Kraftfeld ansah. Als Forscher war Lewin nicht nur von einem wissenschaftlichen Interesse bestimmt, sondern auch von einem leidenschaftlich politischen, das auf mehr Demokratie und den Schutz von Minderheiten zielte. Und in diesem Zusammenhang sah er in der Gruppe eine ausgezeichnete Möglichkeit, individuelles Verhalten in Richtung demokratischer Verhaltensweisen zu verändern und zu festigen. Gruppendynamik ist also bei Lewin – und diese Definition dürfte cum grano salis auch heute noch gelten – zum einen das Erfassen der interpersonellen Kraftwirkungen in Gruppen und zum anderen das Nutzbarmachen dieser Kraftwirkungen für konstruktive Veränderungsprozesse an Menschen in politischer, therapeutischer oder betrieblich-arbeitsökonomischer Hinsicht.

Eine der Methoden innerhalb der Gruppendynamik ist das Sensitivity Training. Hierunter versteht man, eigene und fremde Verhaltensweisen subtil aufeinander abzustimmen, also z. B. einander zuzuhören und auf den Standpunkt des anderen wirklich einzugehen. Auch das Sensitivity Training, das inzwischen ungemein populär geworden ist und von allen möglichen Institutionen angeboten wird, geht auf K. Lewin zurück: Als in einer Zusammenkunft einer der Arbeitsgruppen Lewins der Gruppenleiter Bemerkungen über das Verhalten einer Teilnehmerin machte, war die Teilnehmerin mit der Darstellung ihres Verhaltens nicht einverstanden und beschrieb den fraglichen Vorgang von ihrem Standpunkt aus. Daraufhin entspann sich ein lebhaftes Gespräch zwischen den Beteiligten, das Lewin mit Vergnügen verfolgte. Er war fasziniert davon, daß ein und derselbe Vorgang so verschieden bewertet werden konnte. Daraus entstand die Idee, das Gespräch über das eigene Verhalten fortzusetzen – das Sensitivity Training war geboren.

Heute hat sich die Gruppendynamik ungemein ausdifferenziert, vielfältige theoretische Ansätze und praktische Techniken sind entstanden. Grob unterteilen kann man die heutige gruppendynamische Landschaft in die stärker funktionellen Gruppen einerseits, in denen es z. B. um die Weiterbildung von Lehrern oder die Resozialisierung von Strafgefangenen geht, und die stärker persönlichkeitszentrierten Gruppen (»Encounter«-Gruppen) andererseits, in denen tiefere Selbsterfahrung das Thema ist und die sehr stark von der Humanistischen Psychologie geprägt sind. Auf die Überfülle an gruppendynamischen Techniken kann hier nicht eingegangen werden, verwiesen sei aber auf das ausgezeichnete Buch: K. Antons, Praxis der Gruppendynamik. Übungen und Techniken, Göttingen – Toronto – Zürich, 3. Aufl. 1975.

5.4.6 Führung

Die sozialpsychologische Führungsforschung hat in ihrer Entwicklung zunächst eine Phase durchgemacht, in der sie sich auf eigenschaftsorientierte Persönlichkeitstheorien (trait-Theorien) stützte (vgl. zu den eigenschaftsorientierten Persönlichkeitstheorien oben, 4.3). Nach diesem Ansatz war der Leiter einer Gruppe für seine Position durch stabile Persönlichkeitsmerkmale befähigt, durch ein spezifisches Persönlichkeitsprofil. Untersuchungen, die diesem Ansatz verpflichtet waren, versuchten, Persönlichkeitseigenschaften von Führern mit gelungenem oder nicht gelungenem Führungsverhalten in Beziehung zu bringen, um so das ideale Führer-Persönlichkeitsprofil zu erstellen. Aber der Erfolg dieser Bemühungen war gering, die Ergebnisse waren widersprüchlich. Die Persönlichkeitsunterschiede zwischen Führern und Geführten erwiesen sich als nur gering ausgeprägt. Mitunter ließ sich die Frage nach Ursache und Wirkung nicht klären: Ist z. B. Selbstvertrauen eine Ursache dafür, daß jemand zum Leiter einer Gruppe aufsteigt, oder ergibt sich Selbstvertrauen als Konsequenz der Führungsposition? –

Heute wird in der Führungsforschung ein anderer Weg eingeschlagen, man spricht vom »interaction approach«, der viele Variablen berücksichtigt und nicht nur Charakteristika der Person (die freilich auch): die Gruppenmitglieder, die Struktur der Gruppe, die Situation, den Charakter der Aufgabe, mit der es die Gruppe zu tun hat. Der interaction approach ermöglicht es beispielsweise, für verschieden strukturierte Gruppen die jeweils optimale Führungsstrategie auszuwählen und etwa bei der betrieblichen Personalselektion die jeweils passenden Führungspersonen genau zu bestimmen. Es lassen sich also von diesem Ansatz her Voraussagen dazu machen, welcher Führungsstil bzw. welche Führungsperson für eine bestimmte Gruppe in einer bestimmten Situation am günstigsten sein wird.

Heutige Führungsforschung arbeitet sehr stark der Wirtschafts- und Betriebspsychologie zu und dient dem Zweck, Arbeitsprozesse zu optimieren. Mit einer völlig anderen, und zwar politisch motivierten, Zielsetzung hatten sich Ende der 30er Jahre K. Lewin und seine Mitarbeiter dem Führungsverhalten zugewandt, in einer berühmten Untersuchung, in der zwischen demokratischem, autoritärem und laissez-faire Führungsstil unterschieden wird. Lewin, vor der autokratischen Herrschaft Hitlers in die USA geflohen, wollte die Überlegenheit demokratischer Führungsstrukturen beweisen; in der Tat konnte er zeigen, daß unter demokratischer Führung Arbeitsmotivation, Zufriedenheit, Interesse und Originalität der Einzelbeiträge am größten sind, der Gruppengeist am besten ist und eine freundschaftliche Atmosphäre herrscht. Lewins Untersuchung hat eine überaus große Bedeutung erlangt, vor allem in der Pädagogik, in der die Unterscheidung der drei Führungsstile zum Basiswissen gehört.

6. Pädagogische Psychologie

6.1 Aufgabenbestimmung und Definition der Pädagogischen Psychologie

Der Gegenstandsbereich der Pädagogischen Psychologie ist das Phänomen der Erziehung. Dennoch ist sie keine erziehungswissenschaftliche, sondern eine psychologische Disziplin: Ihre Methoden und Konzepte sind der Psychologie entnommen, sie untersucht – wie es A. Fischer 1917 formuliert hat – »die psychische Seite der Erziehung« (in: Zeitschrift für Pädagogische Psychologie und experimentelle Pädagogik 18, 116).

Dieser Aufgabenbestimmung und Definition der Pädagogischen Psychologie dürfte heute jeder Fachmann zustimmen. Auseinander gehen die Meinungen jedoch dann, wenn die erzieherischen Bereiche zu benennen sind, denen sich die Pädagogische Psychologie zuzuwenden hat. An erster Stelle ist dabei an den Bereich der Schule zu denken, und es gibt nicht wenige Pädagogische Psychologen, die hier das eigentliche Terrain ihrer Disziplin sehen wollen. In der Tat beschäftigt sich die meiste Fachliteratur, die die Pädagogische Psychologie hervorgebracht hat, mit der Schule. Viel Aufmerksamkeit ist ferner der Vorschulerziehung gewidmet worden, insbesondere Ende der 60er und Anfang der 70er Jahre, als im Zusammenhang mit der damals eingeleiteten Bildungsreform die Startchancen von Kindern aus Unterschichtsfamilien verbessert werden sollten. Weniger Beachtung fanden hingegen häusliche Erziehung und Heimerziehung, und auch den Bereich der Erwachsenenbildung haben Pädagogische Psychologen bisher kaum beachtet.

Weiter präzisieren lassen sich Aufgabenbestimmung und Definition der Pädagogischen Psychologie, wenn man die Berufsfelder für Pädagogische Psychologen aufzählt. Diese können zum einen in Forschung und Lehre tätig sein, zum anderen in drei praktischen Tätigkeitsfeldern: in der Erziehungsberatung, in der Schulpsychologie und in der Beratungs- und Bildungsarbeit außerhalb von Familie und Schule.

Den in Forschung und Lehre tätigen Pädagogischen Psychologen fällt die Aufgabe zu, den Forschungsprozeß in Gang zu halten und angehende Erziehungspraktiker, z. B. Lehramtsstudenten und Studenten der Sozialpädagogik, mit dem einschlägigen Wissen vertraut zu machen. In Erziehungsberatungsstellen, die u. a. von den Kirchen und Jugendämtern eingerichtet werden, müssen sich die Mitarbeiter (Sozialpädagogen, Sozialarbeiter, Psychologen, Ärzte) häufig mit Formen von Lern- und Erziehungsschwierigkeiten auseinandersetzen, die sich am besten mit den Mitteln der Pädagogischen Psychologie lösen lassen; neben guten klinischen Kenntnissen sollten deshalb Psychologen, die in Erziehungsberatungsstellen arbeiten, über eine fundierte Ausbildung in Pädagogischer Psychologie verfügen. Im schulpsychologischen Dienst stellen sich dem Pädagogischen Psychologen die Aufgaben der Schullaufbahnberatung, der Lehrerberatung (z. B. bei deviantem Verhalten der Schüler) und der Hilfe bei Lernschwierigkeiten. Und schließlich können – um auf das dritte praktische Tätigkeitsfeld zu sprechen zu kommen – Pädagogische Psychologen Bildungsarbeit in Heimen leisten (Fortbildung der Mitarbeiter, Diagnostik der Heimbewohner usw.), in Kliniken beratend tätig sein und auch in der Bildungsarbeit der Wirtschaft ihren Platz finden. – So vielfältig, wie das Feld der Erziehung und Bildung ist, so vielfältig ist auch das Arbeitsgebiet der Pädagogischen Psychologie, jener psychologischen Teildisziplin, die darin ihr Proprium hat, an Erziehung und Bildung (in ihren verschiedensten Bereichen) psychologische Fragestellungen heranzutragen.

Im Fächergefüge der Psychologie ist die Pädagogische Psychologie eine Disziplin der Angewandten Psychologie (vgl. oben, 1.3): psychologisches Wissen wird hier aufgearbeitet und umgesetzt für die Praxis (freilich wird daneben auch eigene Grundlagenforschung betrieben). Zurückgreifen kann die Pädagogische Psychologie auf alle psychologischen Grundlagenfächer, so z. B. auf entwicklungspsychologische und sozialpsychologische Erkenntnisse, insbesondere jedoch auf lerntheoretische (in den USA bilden die Lerntheorien das eigentliche Kernstück der Pädagogischen Psychologie). Nicht zu übersehen ist auch die Bedeutung der Persönlichkeitspsychologie, wenn es z. B. um die Beschreibung und Erklärung von Schülermerkmalen geht.

6.2 Überblick über Themen und Fragestellungen der Pädagogischen Psychologie

Ein Großteil der Bemühungen der Pädagogischen Psychologie läßt sich unter die Überschrift bringen: »Lernvorgänge optimieren«. Recht enthusiastisch übertrug man bei diesen Bemühungen zunächst einfach die in der jungen experimentellen Psychologie im Labor gewonnenen Lerngesetze auf pädagogische Situationen. Diese Versuche waren notwendigerweise zum Scheitern verurteilt und brachten die Pädagogische Psychologie bei vielen Erziehungspraktikern in Mißkredit: Die im Labor, also in einer artifiziellen Lernumwelt, entstandenen Erkenntnisse vermochten der komplexen pädagogischen Wirklichkeit nicht gerecht zu werden. Heute wird viel differenzierter vorgegangen. Die Komplexität der Bedingungen menschlichen Verhaltens wird berücksichtigt, man hat erkannt, daß eine bestimmte Lernleistung stets das Ergebnis eines multivariablen Bedingungssystems ist. Deshalb kann z. B. die Frage, ob sich Lob besser auf die Lernleistung eines Schülers auswirkt als Tadel, in dieser Fassung nicht beantwortet werden; zu fragen ist zugleich nach dem gesamten emotionalen Klima in der Klasse, nach Persönlichkeitsmerkmalen des Schülers (ist er ängstlich oder couragiert?), nach Art und Schärfe des Tadels usw.

Für den common sense sind Lernleistungen in der Hauptsache durch die Intelligenz des Lernenden bestimmt; ein Schüler wird gemäß dieser Meinung dann gute Leistungen erbringen, wenn er »intelligent« ist. Die Pädagogische Psychologie konnte hingegen zeigen, daß für den Lernerfolg mindestens ebenso wichtig die soziale Herkunft ist, die ihrerseits die Leistungsmotivation beeinflußt: Die schlechteren Schulleistungen unterprivilegierter Kinder rühren vor allem von einer niedrigen Leistungsmotivation her. Diese Einsicht hat in der Pädagogischen Psychologie erhebliche Anstrengungen ausgelöst, die Leistungsmotivation von Schülern anzuheben. Ausgearbeitet wurde ein Ensemble einfacher, praktikabler »Motivierungstechniken«, die bei konsequenter Anwendung durch den Lehrer verblüffende Wirkungen zeitigen können. Einige dieser Techniken sollen hier kurz vorgestellt werden:

1. Lob: Gute Leistungen sollten konsequent mit sozialer Anerkennung honoriert werden. Die Sorge, daß Leistungsverhalten dabei auf Dauer extrinsisch motiviert bleibt, also fremdgesteuert, ist unbegründet; mit der Zeit kommt es zu einer funktionalen Autonomie des Leistungsverhaltens, d. h. die vollbrachte Leistung wird selber als Belohnung aufgefaßt.

2. Aktivierung des Forschungsdrangs: Immer dann, wenn der Mensch mit überraschenden und widersprüchlichen Informationen konfrontiert wird, tritt »epistemische Neugier« auf den Plan, ein triebähnliches Erkundungsbedürfnis. Dieses Bedürfnis kann sich der Lehrer systematisch zunutze machen, indem er gelegentlich für Überraschungen sorgt, etwa im Physikunterricht ein Experiment durchführt, für das die Schüler (noch) keine Erklärung haben.

3. Wissensvermittlung in lebensnahen Kontexten: Gemeint ist, daß im Unterricht Spiele, vor allem Rollenspiele, eingesetzt werden, daß Situationen des Lebens simuliert werden. Besonders in der Grundschule läßt sich diese Form des Unterrichts verwenden, und gerade hier ist es ja nötig, auf die Leistungsmotivation Einfluß zu nehmen: bei Unterschichtskindern sollten gleich zu Beginn der Schullaufbahn eventuelle Defizite in diesem Bereich ausgeglichen werden. – Das Wissen, das über Spiele und Simulationen erworben wird, nennt man kognitionspsychologisch »Script-Wissen«. Dahinter steht die Einsicht, daß unser Wissen in Strukturen angeordnet ist, die Drehbüchern von Filmen, Scripts, ähneln. Ohne Script-Wissen bliebe z. B. folgender Satz völlig rätselhaft: »Irma stand ratlos vor dem Fahrkartenschalter; ihr Portemonnaie war verschwunden.« (Entnommen aus: Schönpflug/Schönpflug, Psychologie, a.a.O., 140.) Sein Hintergrundwissen macht jedoch jedem Leser klar, um was es geht: um eine ärgerliche Situation auf dem Bahnhof. (Wie sehr wir im Alltag von Script-Wissen geleitet sind, wird erst dann richtig verständlich, wenn eine Information *nicht* in einem Script untergebracht werden kann, weil sie vielleicht einem Fachjargon entstammt und die Kenntnis spezieller Handlungsabläufe zur Voraussetzung hat.) – Auch aus kognitionspsychologischer Sicht, nicht nur aus der Sicht der Pädagogischen Psychologie, ist es also angezeigt, in *lebensnahen Kontexten* zu lernen, etwa bei den Themen »Benutzung öffentlicher Verkehrsmittel«, »Polizei«, »Post«.

Lange Zeit beschäftigte sich die Pädagogische Psychologie nur mit dem lernenden Individuum, ohne die soziale Dimension, in die jeder Lernvorgang eingebunden ist, genügend zu berücksichtigen. Erst in den 30er Jahren öffnete sie sich, unter dem Einfluß K. Lewins, auch für sozialpsychologische Fragestellungen, die z. B. auf die Sozialstruktur der Klasse, den Status des einzelnen Schülers im Klassenverband und die Interaktion zwischen Lehrer und Schülern zielen.

Die wohl wichtigsten Untersuchungen zur Lehrer-Schüler-Interaktion (dieses Thema sei hier exemplarisch herausgegriffen) stammen von J. Kounin. Ausgelöst durch eine Zufallsbeobachtung, den – wie Kounin ihn später nannte – »Welleneffekt« (der gezielte Tadel an einen einzelnen pflanzt sich über die ganze Gruppe fort), nahmen diese Untersuchungen mehrere Jahre in Anspruch und verschlangen viel Geld. Eine der entscheidenden Variablen, die nach Kounin die Lehrer-Schüler-Interaktion gelingen lassen, ist die Fähigkeit des Lehrers zur Mehrfachverarbeitung, also die Fähigkeit, zwei oder mehr Probleme im Klassenzimmer gleichzeitig verarbeiten und kontrollieren zu können. Weitere Variablen sind z. B. Zügigkeit und Flüssigkeit der Unterrichtsführung, Gruppenaktivierung und Sachmotivierung.

Der Nachteil der Untersuchungen Kounins liegt darin, daß sie in der Hauptsache deskriptiver Art sind, daß sie richtiges Lehrerverhalten zwar beschreiben, aber nicht angeben, wie dieses Verhalten erworben werden kann. Vielleicht ist es aber auch aus Sachgründen ausgeschlossen, daß Trainingsprogramme aufgestellt werden können, die Lehrerverhalten sehr viel effektiver machen: möglicherweise ist man »von Natur aus« ein Lehrer oder eben keiner. Es gibt einen Versuch, der genau diese Schlußfolgerung nahelegt: Lehrer und Nicht-Lehrer erzielten – nach einer entsprechenden Instruktion – in einem Vergleichstest bei Schülern vergleichbare Lernergebnisse, Hausfrauen unterrichteten hier ebenso effektiv wie ausgebildete Lehrer! (Vgl. J. Grell, Techniken des Lehrerverhaltens, Weinheim – Basel 1974, 22.) Alles Faktenwissen über Lerntheorien, Unterrichtsplanung, Curriculumforschung usw. scheint sich, wenn man diesem Versuch folgt, kaum dahingehend auszuwirken, daß Lehrer in ihrem konkreten Lehrverhalten effektiver werden als Nicht-Lehrer.

Dieses ernüchternde Ergebnis darf natürlich nicht dazu führen, auf psychologische Ratschläge an die Adresse der Lehrer zu verzichten. Sicherlich gibt es entscheidende, für den Lernerfolg der Schüler ausschlaggebende, Persönlichkeitsmerkmale des Lehrers, die nicht übbar sind, z. B. Temperament, Humor, Schlagfertigkeit. Aber vieles, was die Effektivität des Unterrichts ausmacht, ist eben doch erlernbar, und das Ergebnis des oben genannten Vergleichstests darf nicht überbewertet werden. Ein Beispiel mag zeigen, auf welche – scheinbar unwichtigen – Randbedingungen es ankommen kann: Lehrer sollten die Wartezeit nach einer Frage, die sie gestellt haben, verlängern, bevor sie in irgendeiner Weise reagieren (etwa die Frage wiederholen oder einen Schüler aufrufen). Es konnte gezeigt werden, daß hier eine geringfügige Veränderung (statt durchschnittlich zwei Sekunden wurde drei Sekunden gewartet) die Aktivität und den Einfallsreichtum der Schüler enorm anregt. Jeder Lehrer kann sein Unterrichtsverhalten ohne weiteres an dieser Erkenntnis ausrichten. Weniger leicht dürfte es ihm hingegen fallen, bei seinen eigenen Redebeiträgen dynamisch und enthusiastisch zu sein – wenn er es nicht »von Natur aus« ist; experimentelle Untersuchungen haben zwar eindeutig erwiesen, daß die Aufnahmeleistung eines Rezipienten bei einem Vortrag gerade von diesen Eigenschaften des Vortragenden abhängt, aber sie dürften wohl kaum übbar sein.

Verlassen wir nun die Lehrer-Schüler-Interaktion und die Person des Lehrers und wenden wir uns der »programmierten Unterweisung« zu. Eingebracht in die Diskussion wurde diese Methode in der Mitte der 50er Jahre durch B. F. Skinner, jenen amerikanischen Lerntheoretiker, dem die Psychologie die Erforschung des instrumentellen Konditionierens verdankt (vgl. zu dieser Lernart oben, 2.4). Skinners Grundgedanke bestand darin, Lerninhalte in kleinen, verständlichen Schritten darzubieten und jede richtige Schülerreaktion prompt durch eine entsprechende Rückmeldung zu belohnen (in der Fachsprache: zu »bekräftigen«), was nichts anderes ist, als die konsequente Anwendung des instrumentellen Konditionierens im unterrichtlichen Geschehen.

Zunächst schien es so, als ob die programmierte Unterweisung die Pädagogik revolutionieren würde. Zahlreiche programmierte Lehrbücher entstanden, immer kompliziertere Lehrmaschinen wurden konstruiert, zunächst mechanische Apparate, später Computer mit raffinierten Programmen. (Computer Assisted Instruction, CAI, ist in den USA ein Begriff, der nahezu jedem Schüler geläufig ist.) Inzwischen hat sich die anfängliche Begeisterung jedoch gelegt, die Nachteile der programmierten Unterweisung sind offenkundig geworden, zu einer Revolution des Schulsystems ist es nicht gekommen. Die »Kommunikation« mit der Maschine kann eben nicht den zwischenmenschlichen Kontakt mit dem Lehrer ersetzen, und dieser Kontakt ist für die Entwicklung des Schülers und auch seine Lernleistungen mindestens ebenso wichtig wie ein methodisch perfektes Computerprogramm.

Damit sind wir bei einem letzten Gesichtspunkt angekommen. Zwischenmenschlicher Kontakt und überhaupt das soziale Klima in einer Schulklasse (oder einer anderen Lerngruppe) sind nach Ansicht der Humanistischen Psychologie die entscheidenden Variablen, die für erfolgreiches Lernen nötig sind. Ausgehend von den Prinzipien, die C. Rogers für das Gelingen von menschlichem Miteinander aufgestellt hat, versucht man in einer humanistisch bestimmten Pädagogik, auf jede Bedrohung des Schülers zu verzichten, seine Emotionen ernst zu nehmen, ihn zur Selbstbestimmung anzuleiten usw.

Man sieht an den Beispielen der programmierten Unterweisung und der humanistisch bestimmten Pädagogik sehr schön, wie von verschiedensten Positionen der Psychologie aus – Skinner und Rogers verkörpern die denkbar größten Gegensätze – Beiträge zur Pädagogischen Psychologie geleistet werden, deren Theoriegefüge also keineswegs einheitlich ist, sondern starke Kontroversen aufweist.

7. Klinische Psychologie

7.1 *Aufgaben der Klinischen Psychologie*

Es ist bereits festgestellt worden, daß dem Bild, das man herkömmlicherweise von einem Psychologen hat, am ehesten der Klinische Psychologe gerecht wird (vgl. oben, 1.5). Die Klinische Psychologie ist diejenige psychologische Teildisziplin, die dem Alltagsverständnis gemäß das »Eigentliche« der Psychologie ausmacht. Und nicht nur dem Alltagsverständnis gemäß: auch viele Psychologen stufen die Klinische Psychologie in dieser Weise ein; im 2. Abschnitt des Psychologiestudiums, wo zwischen verschiedenen Anwendungsfächern gewählt werden kann, steht die Klinische Psychologie in der Präferenzreihe ganz oben. So ist es dazu gekommen, daß im Hochschulbereich dieses Fach stark ausgebaut worden ist, was wiederum dazu geführt hat, daß vor einer drohenden klinischen Überfremdung der (Gesamt-)Psychologie gewarnt worden ist (z. B. durch den Sozialpsychologen M. Irle). Wie dem auch sei, die Bedeutung der Klinischen Psychologie im Fächergefüge der Psychologie ist anerkanntermaßen sehr groß, und diesem Umstand soll im vorliegenden Buch dadurch Rechnung getragen werden, daß bei der Darstellung der psychologischen Teildisziplinen diese Disziplin am ausführlichsten behandelt wird.

Die Aufgabe der Klinischen Psychologie ist es, sich mit psychischen Störungen zu beschäftigen, und zwar im Sinne der Prävention, Diagnostik und Therapie. Bei der Prävention geht es darum, politische Entscheidungsgremien, öffentliche Institutionen (z. B. Kindergärten, Schulen, Krankenhäuser) und die Bevölkerung insgesamt über die Entstehungsbedingungen von psychischen Störungen zu informieren und deren Aufkommen auf diese Weise von vornherein zu verhindern bzw. einzuschränken. In der Diagnostik wird durch verschiedene Verfahren die jeweilige psychische Störung so gut wie möglich bestimmt, um eine optimale Therapie gewährleisten zu können. Als hauptsächliche diagnostische Möglichkeiten stehen zur Verfügung:

- Anamnese (Erhebung der Vorgeschichte der Störung und der relevanten biographischen Fakten);

- Exploration (freies Gespräch mit dem Klienten über seine Krankheit);
- Tests (vgl. die Behandlung der Testpsychologie oben, 1.4; 4.4; 4.6).

Die wichtigste Aufgabe der Klinischen Psychologie ist die Therapie. Und die Therapie soll es auch sein, auf die wir uns hier konzentrieren wollen. Nach einem Überblick über die psychischen Störungen werden wir uns also den gängigsten Therapieformen zuwenden und versuchen, in das Gewirr, das in diesem Bereich in den letzten Jahren entstanden ist (man zählt zur Zeit mehr als 300 Therapieformen!) ein wenig Ordnung zu bringen.

7.2 Psychische Störungen

Es gibt bis heute keine allgemein akzeptierte Klassifikation psychischer Störungen. Die Einteilung, die hier zugrunde gelegt wird und von vier großen Gruppen psychischer Störungen ausgeht (Neurosen und Konfliktreaktionen, Psychosen, Psychopathien, organische Hirnschädigungen), ist also keineswegs communis opinio, wenngleich sie diejenige ist, die – von Autor zu Autor leicht variiert – in der Literatur am häufigsten begegnet.

Zu Recht wird neuerdings darauf aufmerksam gemacht, daß eine zu schematische Handhabung eines psychopathologischen Klassifizierungssystems erhebliche Gefahren in sich birgt: Der Patient bekommt allzu schnell ein Etikett »verpaßt« und verhält sich dann aufgrund der Rollenzuschreibung tatsächlich so, wie es diesem Etikett entspricht (»sich selbst erfüllende Prophezeiung«). Außerdem ist ein psychopathologisches Klassifizierungssystem, auch das differenzierteste, immer starr und vermag dem Umstand nicht gerecht zu werden, daß der Übergang von »normal« zu »gestört« oft fließend ist. Man muß also aufpassen, sich durch eine Diagnose nicht den Blick auf das Individuelle der jeweiligen Störung verstellen zu lassen, und man muß aufpassen, daß eine Diagnose nicht unter der Hand eine fatale Eigengesetzmäßigkeit entwickelt und beim Patienten Verhaltensweisen und Symptome induziert, die er ursprünglich gar nicht aufwies.

Die folgende Darstellung ist so angelegt, daß auf theoretische Erörterungen, d. h. beispielsweise tiefenpsychologische Neurosentheorien, weitgehend verzichtet wird. Statt dessen wird auf die Erscheinungsbilder der psychischen Störungen abgehoben. Diese Vorgehensweise hat den Vorteil, dem Theologen (vor allem: dem Pfarrer bei der Seelsorge) konkrete Orientierungshilfen für den Umgang mit auffälligen Menschen in die Hand zu geben. Er kann mit Hilfe der folgenden Ausführungen seinen Blick dafür schulen, ob bei seinem Gegenüber vielleicht eine ernsthafte Störung vorliegt, der ohne Spezialkenntnisse nicht beizukommen ist. Gewarnt werden muß allerdings vor der Annahme, der Theologe werde durch die bloße Lektüre der folgenden (knappen) Darstellung zum Fachmann und könne nunmehr Menschen in psychopathologischer Hinsicht genauso wie ein ausgebildeter Klinischer Psychologe beurteilen.

7.2.1 Neurosen und Konfliktreaktionen

Neurosen sind psychische Störungen, die durch einen Konflikt entstanden sind. Dieser Konflikt kann weit zurückreichen, in vielen Fällen bis in die frühe Kindheit, womit aber nicht gesagt sein soll, daß *jede* neurotische Entwicklung ihren Anfang in der Kindheit nimmt. Der Konflikt, der zu einer Neurose führt, ist ferner in der Regel kein einmaliges, traumatisches Ereignis, sondern meist ein dauerhafter Spannungszustand, etwa eine Haß-Liebe zu einer wichtigen Bezugsperson (Vater, Mutter). Hirnorganische Faktoren spielen bei der Entstehung einer Neurose keine auslösende Rolle, wohl kann es gelegentlich vorkommen, daß sie mittelbar Einfluß ausüben: So wird z. B. ein Kind, das bei der Geburt einen leichten cerebralen Schaden davongetragen hat, seine Lebenskonflikte möglicherweise schlechter bewältigen können als ein gesundes Kind und dadurch neurose-anfälliger sein.

Konfliktreaktionen sind akute, inadäquate, meist nur kurze Zeit dauernde Reaktionen auf einen bestimmten Konflikt; sie sind sozusagen weniger stark ausgeprägte Neurosen und nicht in jedem Falle behandlungsbedürftig.

Die Entstehung einzelner neurotischer Erscheinungsbilder ist in gewissem Maße kulturabhängig. So kann etwa für das Zeitalter des Hellenismus festgestellt werden, daß in ihm mit der Steigerung der Kultur auch die Gebrechen komplizierter wurden als vorher; viel häufiger traf man jetzt beispielsweise Menschen an, die an Neurasthenie litten. Gewisse dramatische neurotische Phänomene, die zur Zeit Freuds im bürgerlichen Wien die Szene beherrschten und damals einen hohen »Kurswert« hatten (psychogene Anfälle, Lähmungen usw.), sind heute seltener geworden; statt dessen dominieren »stillere« neurotische Erscheinungsbilder, die zudem komplexer und diffuser geworden sind als früher. Die Mehrheit der heutigen Neurotiker leidet nicht mehr an klar umrissenen Symptomen, sondern an wechselnden psychosomatischen

Störungen, Angst- und Unlustzuständen, Minderwertigkeitsgefühlen, Leistungsstörungen usw.

Es ist häufig versucht worden, die verschiedenen Neuroseformen in ein System zu bringen, aber keine Systematik ist allgemein anerkannt – zu vielfältig sind erstens die neurotischen Erscheinungsbilder, zu verschieden sind zweitens die theoretischen Standpunkte, von denen aus man die Neurosen angeht. Dennoch lassen sich, wenn man rein phänomenologisch vorgeht und sich an der Symptomatik orientiert, ohne weiteres einige prägnante Ausformungen bestimmen: Konversionsreaktionen (Hysterie), Hypochondrie, Phobien, depressive Neurose, Zwangsneurose, Anorexia nervosa, existentielle Neurose. Diese Neuroseformen sind es, die im folgenden besprochen werden sollen.

Auf die *Konversionsreaktionen* oder die *Hysterie* ist oben bereits angespielt worden, als von psychogenen Anfällen und Lähmungen die Rede war. Kennzeichnend für diese Neurose ist, daß verdrängte Komplexe sich einen körperlichen Ausdruck verschaffen, und zwar in »konverser«, »umgekehrter« Form, wobei jeweils ein Krankheitsgewinn angestrebt wird. So sollen etwa eine Lähmung der Beine oder ein hinkender Gang den Bezugspersonen anzeigen, daß man wie gelähmt vor einem Problem steht und der Hilfe bedarf.

Konversionsreaktionen sind äußerst vielgestaltig, da nahezu jede körperliche Krankheit imitiert werden kann, bis hin zur Blindheit. Differentialdiagnostisch ist darauf zu achten, ob nicht *wirklich* eine körperliche Krankheit vorliegt. Schon oft wurden Klienten als Konversionsneurotiker eingestuft, die in Wahrheit an den Folgen eines Schlaganfalls oder an einem Hirntumor litten. Außerdem sind Konversionsreaktionen von simplen Simulationen zu unterscheiden; der Konversionsneurotiker macht anderen nicht bewußt »etwas vor«, sondern er wird von den Krankheitssymptomen »befallen« und hat keine Einsicht in die psychische Dynamik dieses Geschehens.

Geholfen werden kann Klienten mit dieser Neurose u. U. ganz einfach dadurch, daß man ihre Symptome nicht beachtet; denn sie sind stets auf ein Publikum angewiesen bzw. auf Menschen, die das Spiel mitspielen und sich tatsächlich im gewünschten Sinne auf sie einlassen.

Die nächste Neuroseform, der wir uns zuwenden, ist durch Molières Stück »Der eingebildete Kranke« in die Weltliteratur eingegangen. Es handelt sich um die *Hypochondrie,* die abnorme Krankheitsfurcht. Befallen werden von ihr vor allem Menschen, die eine schwere Krankheit und den Tod eines nahen Angehörigen miterleben, aber auch Medizinstudenten, die meinen, alle Symptome jener Krankheiten, mit denen sie sich gerade zu beschäftigen haben, bei sich selber zu verspüren.

Vor einiger Zeit hat ein amerikanischer Psychologe, R. Meister, eine besondere Variante der Hypochondrie entdeckt: die »heimliche« Hypochondrie. In der Regel ist der Hypochonder dadurch gekennzeichnet, daß er häufig den Arzt oder Psychotherapeuten aufsucht. Es kommt aber eben auch vor, daß er niemanden in seine Probleme einweiht und immer wieder alleine seinen Körper abtastet, beobachtet und abhorcht, oft stundenlang am Tag.

Durch die ständige Ausrichtung auf die Funktionsabläufe des Körpers kann u. U. ein circulus vitiosus in Gang gesetzt werden, infolgedessen der Hypochonder tatsächlich krank wird: Die autonomen, sich selber steuernden Körpervorgänge werden durch das ängstliche In-sich-Hineinhorchen beeinträchtigt, diese Beeinträchtigung erhöht die Krankheitsangst des Hypochonders, die ja nun ein Stück weit bestätigt ist, usw.

Beim jungen Menschen ist die Hypochondrie meist nur vorübergehend. Tritt sie im späteren Alter auf, hat sie eine schlechtere Prognose und kann zur dauerhaften Fehleinstellung werden.

Gehen wir nun zu den *Phobien* über. Damit sind übertriebene Ängste vor bestimmten Objekten oder Situationen gemeint. Einige der bekanntesten Phobien sind die Claustrophobie (Angst vor geschlossenen Räumen), Agoraphobie oder Platzangst (Angst, über Straßen und freie Plätze zu gehen), Akrophobie (Höhenangst), Tierphobie (Angst vor Hunden, Kaninchen, Mäusen usw.). Bis zu einem gewissen Ausprägungsgrad gehören phobische Reaktionen zum normalen Verhaltensrepertoire des Menschen, aber beim Phobiker haben sie ein Ausmaß angenommen, das zu einer enormen Beeinträchtigung des Lebens führt. So verläßt ein Phobiker mit Platzangst (der am häufigsten anzutreffenden Form der Phobie) möglicherweise überhaupt nicht mehr das Haus oder tastet sich, wenn er es doch einmal tut, von Laternenpfahl zu Laternenpfahl oder Straßenbaum zu Straßenbaum weiter. Ein solches Verhalten ist grundsätzlich, wie übrigens jedes neurotische Verhalten, inappellabel, d. h. durch »gutes Zureden« nicht beeinflußbar. Der Neurotiker weiß ohnehin selber, daß seine Angst unbegründet ist, aber er kommt alleine nicht von ihr los.

Ist in einer Neurose die Angst nicht auf bestimmte Objekte oder Situationen gerichtet sondern »frei flottierend«, spricht man statt von Phobie von Angstneurose. Beide Formen gehen ineinander über.

Muß man bereits von den Phobien und der Angstneurose feststellen, daß sie weit verbreitet sind, gilt dies noch viel mehr von der *Depression*. Hier handelt es sich geradezu um eine Zeitkrankheit, die in den letzten Jahren ständig zugenommen hat; etwa fünf Prozent der Weltbevölkerung sind von ihr betroffen. Wenngleich eine völlig zufriedenstellende Erklärung für das Anwachsen der Depression nicht gegeben werden kann, lassen sich doch einige Gründe für dieses Phänomen nennen, die kulturabhängig sind, typisch für unsere Zeit: Zerfall von Gemeinschaftsformen im Zusammenhang mit der fortschreitenden Industrialisierung, Existenzbedrohung durch Arbeitslosigkeit, Sinnentleerung des Lebens durch die zunehmende Säkularisierung usw.

Zu beachten ist, daß »Depression« ein unspezifischer Sammelbegriff ist. Abgehoben werden soll in unserem Zusammenhang auf die *depressive Neurose.* Sie ist erlebnisreaktiv, d. h. eine psychische Antwort auf äußere konflikthafte Einwirkungen. Eine Depression kann ferner Begleiterscheinung einer schweren körperlichen Krankheit sein; so kennt man etwa depressive Verstimmungen bei Hirnkrankheiten. Und schließlich spricht man auch von einer »endogenen Depression«, die den Psychosen zuzurechnen ist (vgl. unten, 7.2.2).

Eine mildere Form der depressiven Neurose ist die depressive Konfliktreaktion. Der auslösende Faktor ist oft der Tod eines Angehörigen. Im Gegensatz zur »normalen« Trauerreaktion zeigt der von einer depressiven Konfliktreaktion Befallene eine Zeitlang abnormes Verhalten wie z. B. schwere Selbstvorwürfe, Versteinerung, Aggression gegenüber der Umwelt. Depressive Konfliktreaktionen können weiterhin auftreten nach einem Wechsel des Arbeitsplatzes, nach der Pensionierung, im Wochenbett.

Häufiger als bei anderen Neuroseformen liegt bei der depressiven Neurose die Wurzel der Krankheit in der frühen Kindheit. An ihrem Anfang kann ein »broken home« stehen, ein Elternhaus, das dem Kind keine Sicherheit mit auf den Lebensweg geben konnte. Genausogut ist es jedoch möglich, daß das Kind durch seine Eltern zu sehr verwöhnt oder beschützt worden ist und deshalb nie selbständig wurde; Depression wäre in diesem Fall »gelernte Hilflosigkeit« (so die berühmte These von M. E. P. Seligman).

Mag die depressive Neurose auch häufig in der frühen Kindheit erworben worden sein, aufrechterhalten wird sie in jedem Fall durch gegenwärtige Interaktionsstrukturen. Der Depressive und seine Bezugspersonen haben sich regelrecht aufeinander eingespielt. Partner von Depressiven erliegen fast stets der Versuchung, dauerhaft die Rolle des Helfers einzunehmen. Die »Selbstlosigkeit«, die sie dabei an den Tag legen können, befriedigt ihre eigenen narzißtischen Wünsche und führt dem Depressiven immer wieder sein Angewiesensein auf Hilfe vor Augen und bestätigt ihn so in seiner Selbsteinschätzung, hilflos zu sein. Meist läßt sich ein solches Beziehungssystem den Betreffenden, die in ihm verstrickt sind, nur mit großer Mühe durchschaubar machen, da sie ja an ihm nicht nur leiden, sondern auch von ihm profitieren.

Bei der *Zwangsneurose*, auf die wir nunmehr zu sprechen kommen, ist es wie bei der Phobie so, daß ihre Symptome in leichter Form auch beim psychisch Gesunden anzutreffen sind. Fast jeder ist an irgendwelche Rituale gebunden, etwa beim Essen oder Zubettgehen, ohne daß er sie jedoch als störend empfinden würde. Fast jedem passiert es hin und wieder, daß er eine bereits abgeschlossene Tür nochmals kontrolliert, daß er von bestimmten Worten oder Melodien nicht loskommt. Der Zwangsneurotiker ist von derartigen Ritualen und Impulsen jedoch so stark beherrscht, daß sein Leben dadurch beträchtlich eingeschränkt wird. So berichten G. C. Davison/J. M. Neale, daß eine Patientin von ihnen sich ihre Hände pro Tag über 500mal wusch, obwohl dies zu schmerzhaften Entzündungen geführt hatte. (Klinische Psychologie, München – Wien – Baltimore, 2. Aufl. 1984, 153.) Daß – wie in diesem Fall – Zwangshandlungen sehr viel Zeit in Anspruch nehmen, oft mehrere Stunden am Tag, ist keine Seltenheit. Mitunter ist es der Zwangshandlungen wegen nicht mehr möglich, einer geregelten Arbeit nachzugehen.

Die wohl gefährlichste Neurose, die es gibt, ist die *Anorexia nervosa* (Magersucht), eine krankhafte Verweigerung der Nahrungsaufnahme. Sie ist deshalb so gefährlich, weil sie in 10–15% der Fälle tödlich ausgeht. Betroffen sind vor allem Mädchen und junge Frauen, aber zunehmend auch Männer (inzwischen ist jeder zehnte Magersüchtige ein Mann). War die Anorexia nervosa früher sehr selten zu beobachten, so hat sie in den letzten 25 Jahren stark zugenommen.

Gekennzeichnet ist die Magersucht durch drei Kardinalsymptome: Anorexie (Appetitlosigkeit), Gewichtsverlust und Amenorrhoe (Ausbleiben der Regelblutung). Hinzutreten können einige weitere Symptome wie z. B. Flaumbehaarung am ganzen Körper, langsame Herzschlagfolge. Die Diagnose ist oft nicht einfach zu stellen; differentialdiagnostisch auszuschließen sind vor allem Tuberkulose und endogene Depression. In jedem Fall ist – wegen der Lebensgefahr – sofort ein Arzt zu Rate zu ziehen.

Über die Psychodynamik, die der Anorexia nervosa zugrunde liegt, sind viele Vermutungen angestellt worden; so hat man beispielsweise gesagt, daß das magersüchtige junge Mädchen unbewußt die Ausbildung der weiblichen Körperformen und damit die Frauenrolle abwehrt. Neuerdings sieht man immer deutlicher, daß die Magersucht nur innerhalb des jeweiligen Familiensystems begriffen werden kann.

Fast immer ist die Beziehung zu den Eltern gestört, eine Autoritäts- und Abhängigkeitsproblematik läßt sich ausmachen. Gesprächsprotokolle von Familiensitzungen belegen sehr schön, wie etwa eine magersüchtige Tochter durch ihre Krankheit ihren tyrannischen Vater in die Knie zwingt, bis er sie inständig bittet, doch endlich etwas zu essen, weil sie sonst sterben werde. Der damit verbundenen Triumphgefühle wegen wird die Neurose offenbar aufrechterhalten, selbst um den Preis, daß sie tatsächlich zum Tode führt.

Eine letzte Neuroseform, auf die hier hingewiesen werden soll, ist die *existentielle Neurose*. Sie scheint erst in den letzten Jahren aufgekommen und ein typisches Phänomen unserer Zeit zu sein (vgl. auch die obigen Ausführungen zur heute zu beobachtenden Zunahme der Depression). Gemeint ist mit existentieller Neurose ein Zustand, in dem ein Mensch in seinen Tätigkeiten und in seinem ganzen Leben keinen Sinn mehr sieht, was dazu führt, daß seine Aktivitäten geringer werden und sein Gefühlsleben abstumpft.

7.2.2 Psychosen

Psychosen sind im Vergleich zu Neurosen schwerwiegendere psychische Störungen. Sie sind anders verursacht und qualitativ von Neurosen unterschieden, was leicht an dem für Psychosen typischen Realitätsverlust zu zeigen ist, der bei Neurosen nicht vorkommt. Um es an einem Beispiel klarzumachen: Eine zwangsneurotische Frau, die ständig putzen muß, kann für ihr Verhalten einsichtige, nachvollziehbare Gründe angeben (»Jedes kleine Dreckkrümchen regt mich auf, ich fühle mich nur in einer blitzblanken Wohnung wohl«). Eine psychotische Frau hingegen, die an derselben Symptomatik leidet, wird ihr Verhalten völlig anders begründen (»Meine Nachbarin bläst durch das Schlüsselloch ständig Bakterien in die Wohnung, und die muß ich wegwischen«). Vom Psychotiker ist man wie durch eine gläserne Wand getrennt; er lebt in einer bizarren Welt, die nur in seinem eigenen Kopf existiert.

Angesichts dieser Unterschiede zwischen Neurose und Psychose kann man denjenigen Forschern auf keinen Fall recht geben, für die eine Psychose lediglich eine stärker ausgebildete Neurose ist (diese Ansicht wird von tiefenpsychologisch, aber auch lerntheoretisch orientierten Autoren vertreten).

Psychosen können exogen oder endogen verursacht sein. Exogene Psychosen sind körperlich begründbar, d. h. sie sind zurückzuführen auf:

- Infektionskrankheiten (z. B. Hirnhautentzündung, Malaria);
- Vergiftungen (z. B. durch Gase und Drogen; auch der Alkoholrausch zählt zu den exogenen Psychosen!);
- degenerative Hirnkrankheiten (z. B. Tumor);
- Störungen der bioelektrischen Hirnaktivität;
- Störungen der endokrinen Drüsentätigkeit.

Exogene Psychosen können rasch wieder abklingen (beispielsweise, wenn sie durch Vergiftungen hervorgerufen worden sind), sie können aber auch dauerhaft sein.

Endogene Psychosen sind einerseits nicht körperlich begründbar, und sie sind andererseits auch keine psychischen Reaktionen auf äußere Konflikte (wie die Neurosen), sie sind also nicht-psychogen. Was »endogen« positiv heißt, läßt sich kaum sagen, allenfalls kann man feststellen: endogene Psychosen haben »idiopathischen« Charakter (d. h. sie sind kein Symptom einer anderen Krankheit); ihre Ätiologie ist noch weithin unbekannt.

Für die folgende Darstellung wählen wir aus dem großen Bereich der Psychosen die beiden endogenen Formen Schizophrenie und manisch-depressive Psychose aus. Mit diesen zwei relativ häufigen Krankheiten dürfte der Leser dieses Buches am ehesten konfrontiert werden. All den komplizierten anderen Krankheitsbildern kann und braucht hier nicht nachgegangen zu werden.

Kennzeichnend für die *Schizophrenie* ist in erster Linie eine schwerwiegende Störung des Denkens. Die Schizophrenie ist damit eine Geisteskrankheit, im Gegensatz zur manisch-depressiven Psychose, bei der der Schwerpunkt der Störungen im emotionalen Bereich liegt und die daher eigentlich keine Geisteskrankheit, sondern eher eine Gemütskrankheit ist. Auffallend beim Schizophrenen ist zunächst seine Zerfahrenheit. Auf Fragen werden völlig unpassende Antworten gegeben. Gedankenreihen werden entwickelt, die in sich inkohärent sind. So lautete bei einem Kranken die Antwort auf die Frage »Wer ist Ihr Stationsarzt?«: »Eine Erscheinung gerade so wie Sie. Sie können einen schwarz und weiß machen. Ich sage Guten Morgen, aber er geht bloß hier durch. Zunächst war es eine Kolonie. Sie sagten, es sei der Himmel.« (Nach Davison/Neale, Klinische Psychologie, a.a.O., 346.) Weiterhin kommt es beim Schizophrenen zu Neologismen und Kontaminationen. Neologismen sind Wortneubildungen, Kontaminationen Verbindungen von Worten, die nicht zueinander passen (»Eisbärenengel«. »Der Herrgott ist das Schiff der Wüste«). Keineswegs ist es jedoch so, daß das Denken und Reden des Schizophrenen *nur* aus solchen Abnormitäten besteht; immer wieder zeigt er auch Sequenzen geordneten Denkens, nicht selten in schnellem Wechsel mit zerfahrenem Denken.

Sehr oft finden sich beim Schizophrenen Wahnvorstellungen, die freilich auch bei anderen Psychosen vorkommen und deshalb alleine nicht ausreichen, um eine Schizophrenie zu diagnostizieren. Die häufigste Form des Wahns ist der Beziehungswahn: alle Ereignisse werden auf die eigene Person bezogen; wenn der Kranke z. B. zwei Menschen auf der Straße miteinander reden sieht, ist er der festen Überzeugung, daß sie über ihn sprechen. Weitere Formen des Wahns sind Größen- und Kleinheitswahn, Verfolgungswahn, Eifersuchtswahn.

Gestört ist beim Schizophrenen auch die Affektivität. So kann man speziell bei jugendlichen Kranken ein eigentümlich albernes, läppisches Verhalten feststellen. Generell ist es so, daß die Stimmungen den augenblicklichen Situationen nicht angepaßt sind. Ferner ist der motorische Bereich von Auffälligkeiten betroffen. Das gesamte Aktivitätsniveau kann gesteigert sein, der Kranke kann aber auch in eine katatone Unbeweglichkeit verfallen, mit der autistisches Verhalten (totale Ich-Versunkenheit) einhergeht. Ein besonders eindrucksvolles katatones Phänomen ist das stundenlange Anheben des Kopfes während des Liegens.

Charakteristisch für das schizophrene Krankheitsbild ist schließlich, daß die Einheit des Ich-Erlebens verlorengegangen ist. Der Kranke leidet an Depersonalisationserscheinungen, Gliedmaßen, Organe und auch Gedanken werden nicht mehr als zur eigenen Person gehörig empfunden. Und die Störung des Ich-Erlebens kann noch tiefer reichen, es kann sich völlig spalten, der Kranke besteht dann aus zwei Persönlichkeiten, zwischen denen er ständig hin- und herpendelt.

Oben ist bereits festgestellt worden, daß die Ätiologie der endogenen Psychosen, und so auch der Schizophrenie, weithin unbekannt ist. Feststehen dürfte allerdings, daß stets mehrere Faktoren am Zustandekommen der Krankheit beteiligt sind, körperliche Faktoren (vielleicht enzymatische Defekte), die möglicherweise vererbt sind, soziale Faktoren (die Schizophrenie kommt in den unteren Schichten etwas häufiger vor) und auch gestörte Familienbeziehungen.

Verlassen wir nun die Schizophrenie und wenden wir uns der *manisch-depressiven Psychose* zu (früher manisch-depressives Irresein genannt). Diese Krankheit verläuft – jedenfalls in den meisten Fällen – in deutlich abgegrenzten Phasen, zwischen denen der Patient vollständig gesund ist. Manische und depressive Phasen können einander ablösen, die Krankheit kann aber auch rein manisch oder rein depressiv sein; dabei ist der rein manische Verlauf sehr selten, während der rein depressive Verlauf häufiger begegnet. Bleibt die Krankheit auf depressive Phasen beschränkt, spricht man auch von »endogener Depression«.

In der Manie sind Stimmung und Antrieb des Patienten ungemein gesteigert. Jede Krankheitseinsicht fehlt, und vor lauter Überschuß an Energie kommt es zu den unmöglichsten Handlungen. Ohne über die entsprechenden Mittel zu verfügen, schließt der Maniker Kaufverträge über Autos und Häuser ab, ja, er kauft ganze Läden auf und gründet Firmen.

Die Stimmung in der depressiven Phase ist für den Gesunden nicht nachvollziehbar. Man darf nicht meinen, von den eigenen depressiven Gefühlen her, die man auch als Gesunder dann und wann hat, sich in die innere Leere und Hoffnungslosigkeit des endogen Depressiven einfühlen zu können, obgleich gerade er auf Verständnis und ständigen Zuspruch angewiesen ist, nicht zuletzt deshalb, weil er stark suizidgefährdet ist. Wie in der Schizophrenie tauchen auch bei der endogen ausgelösten Depression Wahnvorstellungen auf. In ihnen geht es vor allem um Gesundheit, Besitz und Seelenheil; der Depressive meint, all dies verloren, ruiniert, zerstört zu haben.

Eines der Kriterien, das auf eine endogen ausgelöste Depression hinweist, ist die Tagesschwankung: die depressive Symptomatik ist morgens stärker ausgeprägt als nachmittags. Eine sichere Diagnose, bei der insbesondere eine depressive Konfliktreaktion und eine depressive Neurose ausgeschlossen werden müssen (vgl. zu beiden Krankheitsformen oben, 7.2.1), kann allerdings nur der Fachmann stellen.

7.2.3 Psychopathien

Eine Psychopathie oder Persönlichkeitsstörung ist dann zu diagnostizieren, wenn bei einem Menschen Charaktermerkmale, die an und für sich normal sind, eine derartige Dominanz aufweisen, daß sie das Verhalten des Betreffenden als einseitig, sonderbar und störend erscheinen lassen. Dabei ist es meist so, daß der Psychopath selbst sein Verhalten keineswegs als unnormal einstuft und auch nicht an ihm leidet. Psychopathien sind also – im Unterschied zu Neurosen, zu denen sie eine gewisse Verwandtschaft aufweisen – »Persönlichkeitsstile«, mit denen man sein Leben meistert. Bei der Ausbildung von Psychopathien sind sowohl Anlagefaktoren als auch Umweltfaktoren (vor allem Konfliktkonstellationen im frühen Kindesalter) wirksam.

Die wichtigsten Persönlichkeitsstörungen seien im folgenden kurz aufgezählt:

- die erregbare oder explosive Persönlichkeit;
- die schizoide Persönlichkeit (einerseits kühl und abweisend, andererseits überempfindlich);
- die hyperthyme Persönlichkeit (oberflächlich und heiter);
- die hysterische Persönlichkeit (reizbar, eitel, theatralisch);
- die zwanghafte Persönlichkeit (übermäßig gewissenhaft, übergenau);
- die gemütsarme Persönlichkeit (gefühlskalt);
- die asthenische Persönlichkeit (leicht ermüdbar, wenig belastbar);
- die zyklothyme Persönlichkeit (von starken Stimmungsschwankungen bestimmt);
- die querulatorische Persönlichkeit (rechthaberisch).

7.2.4 Organische Hirnschädigungen

Viele psychische Störungen, mit denen der Klinische Psychologe in Berührung kommt, sind durch organische Schädigungen des Gehirns verursacht. Eine Gruppe dieser psychischen Störungen ist bereits angesprochen worden: die der exogenen Psychosen (vgl. oben, 7.2.2). Welche Fülle weiterer Krankheitsbilder hier zu verzeichnen ist, soll der folgende (lückenhafte) Überblick andeuten: frühkindliche Hirnschädigung, Hirnquetschung, Neurolues (Syphilis), Picksche Krankheit (schwere Hirnabbauerkrankung), Hirnartiosklerose, Chorea Huntington (wegen der grotesken Bewegungen, die der Kranke ausführt, auch »erblicher Veitstanz« genannt). Die meisten dieser Krankheiten fallen, wie übrigens auch die endogenen Psychosen, primär in den Zuständigkeitsbereich des Psychiaters, also eines Arztes und nicht eines Psychologen, und zwar deshalb, weil die Behandlung in erster Linie somatotherapeutisch ansetzt, d. h. über Medikamente erfolgt. Gleichwohl ist auch der Psychologe bei all diesen Krankheiten gefordert und greift seinerseits mit psychotherapeutischen Mitteln in die Behandlung ein.

Dasjenige der oben aufgezählten Krankheitsbilder, das am weitesten in den Zuständigkeitsbereich des Psychologen hineinreicht und mit dem er häufig konfrontiert wird, ist die frühkindliche Hirnschädigung. Auf sie wollen wir im folgenden ein wenig näher eingehen.

Viele Verhaltensauffälligkeiten bei Kindern rühren daher, daß die entsprechenden Kinder kurz vor der Geburt, während der Geburt oder kurz nach der Geburt einen leichten Hirnschaden davongetragen haben. Er ist in der Regel so gering, daß einer erfolgreichen Lebensbewältigung (Schulabschluß, Erlernen eines Berufes usw.) nichts im Wege steht.

Die Gründe für frühkindliche Hirnschädigungen sind vielfältig, z. B. Sauerstoffmangel während der Geburt, schwere Erkrankungen der Mutter im letzten Drittel der Schwangerschaft, Infektionskrankheiten in den ersten Lebensmonaten.

Frühkindliche Hirnschädigungen sind häufiger, als man meint, und werden oft nicht erkannt. Wenn auch der Primärschaden selber irreparabel ist, so können doch durch gezielte Förderungsmaßnahmen die psychischen Folgeschäden (z. B. Konzentrationsschwäche, Störung der Sprachentwicklung) weitgehend verhindert oder behoben werden.

7.3 Psychotherapie

Psychotherapie ist der Sammelbegriff für eine Vielzahl psychologischer Methoden zur Behandlung psychischer Störungen, insbesondere zur Behandlung von Neurosen. Das Feld der Psychotherapie ist inzwischen so komplex geworden, daß selbst der Fachmann kaum noch den Überblick über die vielen Schulen und Richtungen hat. Für den Leser des vorliegenden Buches soll dieser Wirrwarr in folgender Weise aufgearbeitet werden: Zunächst erfolgt eine kurze Darstellung der drei klassischen tiefenpsychologischen Richtungen der Psychotherapie, die mit den Namen S. Freud, C. G. Jung und A. Adler verknüpft sind. In diesem Zusammenhang soll auch eine Einführung in die Tiefenpsychologie insgesamt geleistet werden; denn die therapeutischen Ansätze von Freud, Jung und Adler können nur vor dem Hintergrund der jeweiligen theoretischen Gesamtentwürfe richtig verstanden werden.

An die Behandlung der Ansätze des Dreigestirns Freud, Jung, Adler schließt sich die Darstellung der beiden neueren Therapieformen »Gesprächspsychotherapie« und »Verhaltenstherapie« an. Die Gesprächspsychotherapie ist aus der Tiefenpsychologie heraus erwachsen, während die Verhaltenstherapie sich von den behavioristischen Lerntheorien herleitet. Beide Therapieformen haben große Bedeutung erlangt; wenn man eine Rangfolge aufstellen wollte, gebührten ihnen die Plätze nach den drei genannten tiefenpsychologischen Ansätzen. Anschließend an diese Arbeitsschritte werden zwei Therapieformen aus dem Bereich der interpersonellen Therapien vorgestellt. Und abgeschlossen werden die Ausführungen über Psychotherapie mit einem allgemeinen Überblick über die gegenwärtige Therapie-Szene, über neuere Entwicklungen und Auswüchse.

7.3.1 Psychoanalyse

Für viele Nicht-Psychologen sind Psychologie und Psychoanalyse ein und dasselbe. Davon kann jedoch keine Rede sein. Die gegenwärtige Psychologie steht zwar durchaus unter einem erheblichen Einfluß der Tiefenpsychologie und damit auch unter einem gewissen Einfluß der Psychoanalyse als einer der tiefenpsychologischen Schulen, aber daneben sind noch zwei weitere theoretische Richtungen zu nennen, die großes Gewicht in der Psychologie haben: Kognitivismus und Behaviorismus (vgl. zu diesen drei grundlegenden Ansätzen oben, 1.3).

Dennoch ist es so, daß die Bedeutung der Psychoanalyse für das Geistesleben des 20. Jahrhunderts kaum überschätzt werden kann. Man darf nämlich nicht nur ihren Stellenwert in der Psychologie in Anschlag bringen, sondern man muß sehen, daß sie die unterschiedlichsten Wissenschaften beeinflußt und nahezu alle Bereiche der Kultur durchdrungen hat. Die Psychoanalyse konnte, um nur einige Beispiele zu nennen, wichtige Beiträge zum Verständnis der Religion leisten, sie hat in der Rechtswissenschaft die psychologische Beurteilung des Täters verändert, sie hat in der Pädagogik traumatisierende Erziehungsstile aufgedeckt und abzubauen geholfen, sie hat sich bei einigen Theoretikern mit dem Marxismus verbunden und ist damit zu einem Instrument radikaler Gesellschaftskritik geworden, sie hat – man denke etwa an den Surrealismus – auf die Kunst eingewirkt. Es ist also keineswegs übertrieben, wenn man behauptet, daß die Psychoanalyse das abendländische Denken revolutioniert hat.

Die eigentliche Tat S. Freuds, des großen Begründers der Psychoanalyse, ist die, daß er dem Menschen die Augen für die Abgründe seines eigenen Wesens geöffnet hat. Diese Abgründe tun sich etwa bei einem spektakulären Mordfall auf, dessen ausführliche Traktierung in den einschlägigen Gazetten zeigt, daß das Geschehnis eine geheime Faszination ausübt und offenbar an allgemeine, freilich unbewußte, menschliche Bereitschaften und Wünsche rührt.

Freud hat vor allem mit dem Tabu der Sexualität gebrochen und hier die Dinge beim Namen genannt. Das hat ihm das prüde viktorianische Bürgertum der Jahrhundertwende mit seiner Doppelmoral nie verziehen, und die wissenschaftlichen Repräsentanten dieses Systems haben alles getan, um das Aufkommen der Psychoanalyse zu verhindern. Freud ging seinerseits 1925 mit seiner Schrift »Die Widerstände gegen die Psychoanalyse« zum Gegenangriff über und warf der Gesellschaft »Kulturheuchelei« vor; sie benehme sich wie der einzelne Neurotiker, den man wegen seiner Beschwerden in Behandlung genommen hat, der sich aber gegen die Freilegung der Wurzeln dieser Beschwerden wehrt.

Eine oberflächliche Lektüre der Schriften Freuds könnte den (von Freud möglicherweise beabsichtigten) Eindruck erwecken, er habe die Psychoanalyse sozusagen aus dem Nichts heraus geschaffen. Das stimmt jedoch nicht. In Freuds Denken strömte vieles zusammen, was vorher bereits gedacht worden war. Zwei Beispiele mögen hier genügen: Die Idee des Unbewußten läßt sich mindestens bis in die Romantik zurückverfolgen; Freuds Verhältnisbestimmung von Bewußtsein und Unbewußtem ist bei Schopenhauer vorgebildet, zu dessen Philosophie der Ansatz Freuds übrigens noch weitere überraschende Parallelen aufweist.

Auf jene Spur gebracht, die zur Entwicklung des psychoanalytischen Lehrgebäudes führte, wurde Freud durch die Behandlung einer Hysterie-Patientin, die er zusammen mit seinem Wiener Arzt-Kollegen J. Breuer vornahm (vgl. zur Hysterie oben, 7.2.1). Freud und Breuer stellten fest, daß die Anfälle und Lähmungen ihrer Patientin (die unter dem Decknamen Anna O. in die Literatur eingegangen ist) dadurch verschwanden, daß unter Hypnose unbewußte traumatische Erlebnisse, die offensichtlich der Grund für die neurotischen Symptome waren, wiedererinnert und dadurch – unter Entwicklung starker Affekte – abreagiert wurden. Dieses Abreagieren nannten Freud und Breuer »Katharsis«.

Schon bald gab Freud die Hypnose auf, da er feststellte, daß sich nicht alle Patienten hypnotisieren ließen. Um dennoch an verdrängte traumatische Erlebnisse heranzukommen, entwickelte er die Methode der freien Assoziation. Er bat die Kranken, sich auf eine Couch zu legen und alles zu erzählen, was ihnen spontan einfiel, ohne sich irgendeiner Selbstzensur zu unterwerfen. Auf diese Weise konnte ebenfalls die genannte Katharsis erreicht werden, und die »Psychoanalyse« war geboren.

Die nun folgenden Ausführungen sind so gegliedert, daß zunächst die psychoanalytische Persönlichkeitstheorie vorgestellt wird; danach wird auf die Psychoanalyse als Therapie eingegangen; und schließlich soll noch die gegenwärtige Kritik an der Psychoanalyse angesprochen werden.

Ein wesentlicher Teil der Lebensarbeit Freuds galt der Entwicklung einer allgemeinen Persönlichkeitstheorie. Die in der therapeutischen Praxis gefundenen Gesetzmäßigkeiten bei der Heilung von Neurosen verlangten nach einer umfassenden theoretischen Deutung, nach einer Erklärung der Funktionsweise des »psychischen Apparates«.

Über drei Jahrzehnte hinweg hat Freud seine persönlichkeitstheoretischen Ansichten immer wieder geändert, so daß ein Gesamtbild seiner Theorie nur sehr schwer zu gewinnen ist. Wir halten uns im folgenden an eine recht späte und damit ausgereifte Darstellung, die außerdem den Vorteil großer Verständlichkeit hat. Sie findet sich in der 1926 erschienenen Schrift »Die Frage der Laienanalyse«. Es geht hier um das Problem, ob auch Nicht-Ärzte, »Laien«, die Psychoanalyse ausüben dürfen. Freud ist entschieden dafür. Seine entsprechenden Argumente sind eingebunden in ein Gespräch mit einem imaginären »Unparteiischen«, der von der Psychoanalyse nichts versteht und Schritt für Schritt in sie eingeführt werden muß. (Durch ihren didaktischen Charakter eignet sich »Die Frage der Laienanalyse« übrigens so gut wie keine andere Freudsche Schrift dazu, einen ersten Zugang zur Psychoanalyse zu gewinnen.)

Der psychische oder seelische Apparat besteht, so erklärt Freud dem »Unparteiischen«, aus mehreren Teilen, die »Instanzen« heißen und eine feste räumliche Beziehung zueinander haben, d. h. die Beziehung zwischen ihnen läßt sich durch Begriffe wie »vor«, »hinter«, »tief« usw. ausdrücken. Eine der Instanzen des psychischen Apparates ist das Ich, eine andere das Es. (Auf die dritte Instanz, das Über-Ich, kommen wir später zu sprechen.) Das Es ist »umfangreicher, großartiger und dunkler« als das Ich. Seine Bezeichnung leitet sich von bestimmten Alltagserfahrungen ab, so sagt man z. B.: »Es hat mich durchzuckt.«

Wenn man das Verhältnis zwischen Ich und Es durch einen Vergleich deutlich machen will, kann man sagen: das Ich ist eine Art Fassade des Es, gewissermaßen dessen äußere Schicht, die durch den Einfluß der Außenwelt (Realität) modifiziert worden ist. Das Ich liegt also zwischen der Realität und dem Es.

Die Regeln für den Ablauf seelischer Akte im Ich und im Es sind verschieden. Das Es ist von Trieben erfüllt, die auf Befriedigung drängen, hier herrscht das Lustprinzip. Nun kann aber diesen Trieben nicht unmittelbar und in jedem Fall nachgegeben werden; das Individuum würde auf diese Weise nichts erreichen oder sich selber fühlbar schädigen. Angesichts dieser Situation fällt es dem Ich zu, zwischen den Ansprüchen des Es und dem Einspruch der realen Außenwelt zu vermitteln. Das Ich bändigt also einerseits das Es und beobachtet andererseits die Außenwelt, »um den günstigen Moment für schadlose Befriedigung zu erhaschen.« Damit ist das Lustprinzip durch das Realitätsprinzip ersetzt.

In der Kindheit ist das Ich noch nicht so stark ausgebildet, daß ihm der konstruktive Ausgleich zwischen Es und Außenwelt immer gelingt.

Hier kann es leicht dazu kommen, daß ein starker Triebanspruch des Es unangemessen behandelt, nämlich verdrängt wird. Die verdrängte Triebregung wird dadurch isoliert und dem Machtbereich des Ich dauerhaft entzogen. Auch später, wenn das Ich erstarkt ist, kann es die Verdrängung nicht wieder aufheben, »ein Teil des Es bleibt für das Ich verbotener Grund.« Die isolierte Triebregung ihrerseits entschädigt sich für die versagte normale Befriedigung durch »psychische Abkömmlinge«, durch jene Ersatzbildungen, die man neurotische Symptome nennt. Die Neurose ist also die Folge eines Konflikts zwischen Ich und Es.

In der Therapie soll dem Ich die Herrschaft über das Es wiedergegeben werden. Die vorgefallenen Verdrängungen werden aufgesucht, die Konflikte wieder zum Leben erweckt, und das Ich wird dazu angeleitet, nunmehr dem Realitätsprinzip gemäß mit ihnen umzugehen.

Der größte Teil des bisher unbewußten psychischen Materials, das in der Analyse zutage gefördert wird, bezieht sich auf den Bereich des Sexuellen. Es waren meist sexuelle Triebimpulse, die verdrängt worden sind und sich nun in vielfältiger Weise in neurotischen Symptomen äußern. Zu Fehlentwicklungen kann es insbesondere durch folgendes Problem kommen: Das Kind begehrt nach Freud den gegengeschlechtlichen Elternteil, und zwar im sexuellen Sinne; dem gleichgeschlechtlichen Elternteil gegenüber wird Eifersucht empfunden. Freud bezeichnet dieses Phänomen als Ödipuskomplex. »Er soll normalerweise mit dem Ende der sexuellen Frühzeit verlassen, gründlich abgebaut und umgewandelt werden, und die Ergebnisse dieser Verwandlung sind zu großen Leistungen im späteren Seelenleben bestimmt.« Geschieht ein solch konstruktiver Umgang mit dem Ödipuskomplex jedoch nicht, was häufig genug der Fall ist, wird er zum Ausgangspunkt einer neurotischen Fehlentwicklung.

Bei der Erörterung der Instanzen des psychischen Apparates fehlt noch das Über-Ich. Es hat sich im Zusammenhang mit der Bewältigung des Ödipuskomplexes aus dem Ich herausdifferenziert und war zunächst sozusagen der internalisierte strenge Vater, der das Ich des Kindes für seine vermessenen Triebansprüche bestrafte. Bei seelisch gesunder Entwicklung wird das Über-Ich unpersönlich; es ist dann, als Träger des Gewissens, eine bleibende Kontrollinstanz des Ich. Bei neurotischer Entwicklung repräsentiert das Über-Ich auch weiterhin in primitiver Weise den strengen Vater, der das Ich ein Leben lang züchtigen darf.

Mit der Instanzenlehre ist das Kernstück des psychoanalytischen Persönlichkeitsmodells besprochen worden. Weitere Aspekte, die hier jedoch nicht mehr behandelt werden, sind die Trieblehre und die Entwicklung der Persönlichkeit.

Wenden wir uns nun der psychoanalytischen Behandlungstechnik zu. Wie die Standardsituation aussieht, ist bereits angeklungen: Der Klient liegt auf einer Couch und gibt sich freien Assoziationen hin, über die der Analytiker an das verdrängte psychische Material herankommt, das der Auslöser für die neurotischen Symptome des Klienten ist. Verpflichtet wird der Klient auf die sog. »Grundregel«, wirklich *jeden* Gedanken zu äußern, ohne Rücksicht darauf, ob er ihm sinnlos oder gar peinlich erscheint. Durch die liegende Haltung wird dem Klienten die Einhaltung der Grundregel erleichtert; anders als bei einem vis-à-vis-Gespräch werden hier hemmende Konventionen eher fallengelassen. Und auch für den Analytiker bringt die liegende Haltung des Klienten einen Vorteil mit sich: er kann auf diese Weise leichter einen Zustand »gleichschwebender Aufmerksamkeit« durchhalten. Freud gibt allerdings freimütig auch ein persönliches Motiv für das therapeutische »Setting« zu: er vertrage es nicht, acht Stunden täglich (oder länger) von anderen angestarrt zu werden.

Gegenüber den Äußerungen und Einfällen des Klienten hat der Analytiker neben der Haltung der gleichschwebenden Aufmerksamkeit, in der er gleichmäßig offenbleibt für alle geäußerten Einfälle, die Haltung der »Abstinenz« einzunehmen, d. h. er darf keine Ratschläge erteilen, er darf nicht trösten, beruhigen, beschwichtigen usw. Ferner hat er alles zu vermeiden, was ihn in eine enge persönliche Bindung zum Klienten bringt; er wird sich also bei einer zufälligen Begegnung auf der Straße nicht in eine Plauderei mit ihm einlassen, und es gilt bereits als Kunstfehler, ihm aus dem Mantel zu helfen, wenn er zur Behandlung kommt. Nicht verwechselt werden darf seine solche distanzierte Einstellung mit Gefühlskälte. Der Therapeut hat dem Patienten gegenüber sehr wohl emotional zugewandt zu sein, aber er soll sich davor hüten, übliche kommunikative Verhaltensmuster zu zeigen, etwa die Rolle des verständnisvollen Freundes zu spielen; damit hätte er seine Autorität als Analytiker sofort eingebüßt.

Zwangsläufig tritt in jeder Psychoanalyse das sog. Phänomen der »Übertragung« auf. Damit ist gemeint, daß der Patient in der Interaktion mit dem Analytiker jene Verhaltensweisen zeigt, die seinen Umgang mit früheren Bezugspersonen ausgemacht hatten; so kann er z. B. im Analytiker seinen Vater sehen, und er spielt nun unbewußt in der therapeutischen Situation den Konflikt mit seinem Vater noch einmal durch, er »überträgt« diesen Konflikt auf die Begegnung mit dem Therapeuten.

Freud hat dieses an sich verhängnisvolle Phänomen (das übrigens auch außerhalb der Analyse vorkommt und zwischenmenschliche Beziehungen häufig zerstört) therapeutisch nutzbar zu machen gewußt. Es ist ja so, daß der Patient bei der Übertragung seine intime Lebensgeschichte reproduziert, anstatt sie nur zu erinnern, und dadurch wird sie viel besser greifbar. Der geschulte Analytiker sieht daher in der Übertragung die Chance par excellence, die unbewußten Konflikte seines Patienten aufzudecken.

Den Deutungen, die der Analytiker seinem Patienten liefert, setzt dieser sehr oft Widerstand entgegen. Denn die Auseinandersetzung mit den ungelösten Problemen der Vergangenheit ist qualvoll und peinlich, und mancher Neurotiker zieht es vor, lieber weiterhin seine Krankheit zu ertragen, als sich dieser Auseinandersetzung zu stellen.

Neben dem psychischen Material, welches das freie Assoziieren liefert, werden in der Psychoanalyse auch Träume des Patienten herangezogen. War für Freud noch der Traum die »via regia«, der Königsweg, zum Unbewußten, so hat seine Bedeutung in der heutigen psychoanalytischen Praxis etwas nachgelassen.

Die psychoanalytische Traumtheorie geht von der Annahme aus, daß sich das Individuum Wünsche, die es an sich als verwerflich ansieht, im Traum in symbolischer, verschlüsselter Weise erfüllt. In der Traumdeutung werden die Verschlüsselungen aufgelöst und die verdrängten Wünsche, Gefühle und Probleme beim Namen genannt.

Soviel zur psychoanalytischen Behandlungstechnik. Gehen wir nun noch kurz auf die Kritik an der Psychoanalyse ein. Von manchen Autoren wird ihr rundweg die Wissenschaftlichkeit abgesprochen. Besonders schneidend ist die Kritik von K. R. Popper, und auf sie wollen wir uns hier konzentrieren. Nach der Meinung Poppers kann Freuds »Epos« vom Ich, Über-Ich und Es kaum mehr Anspruch auf Wissenschaftlichkeit erheben als Homers Sammlung der Geschichten vom Olymp. Wie kommt Popper zu dieser Auffassung? Sein wissenschaftstheoretischer Ansatz erfordert, nur solche Theorien zuzulassen, die prinzipiell an der Wirklichkeit auch scheitern können. Das ist jedoch bei der Psychoanalyse nicht der Fall; denn was immer sich ereignet, kann als Bestätigung des Lehrgebäudes angesehen werden. Wenn z. B. ein Kind dabei ist, zu ertrinken, und ein Mann springt hinterher, um es zu retten, läßt sich das Handeln des Mannes psychoanalytisch deuten. Wäre der Mann dem Kind hinterhergesprungen, um auch selber den Tod zu finden, ließe sich dieses Verhalten ebenfalls psychoanalytisch deuten und damit als Verifikation der Theorie ansehen.

Man wird hier einwenden können, daß man wissenschaftstheoretisch auch anders denken kann als Popper. So ist beispielsweise seine Position im sog. Positivismusstreit der 60er Jahre von seiten der »Frankfurter Schule« heftig angegriffen worden. Systemtheoretisch gedacht kann die Verifikation eines Systems immer nur *innerhalb* des Systems erfolgen. Man muß dieses zuvor akzeptiert haben, um dann feststellen zu können, daß seine einzelnen Strukturmomente sinnvoll aufeinander bezogen sind. Dieses Evidenzerlebnis übt dann seinerseits eine Sogwirkung aus, es zieht tiefer in das System hinein. Für die Psychoanalyse heißt das, daß sie einem »irgendwie« plausibel erscheinen muß; ist das der Fall, wird man sie durch alle möglichen Tatsachen bestätigt finden.

7.3.2 Analytische Psychologie

Mit dem Begriff Analytische Psychologie bezeichnet man diejenige Richtung der Tiefenpsychologie, die C. G. Jung begründet hat. Von der Psychoanalyse Freuds unterscheidet sich die Analytische Psychologie vor allem dadurch, daß sie weniger naturwissenschaftlich-mechanistisch ausgerichtet ist. Im Gegensatz zu Freud, der sich einer naturwissenschaftlichen Exaktheit verschrieben hatte und die Psychologie am liebsten in Physiologie hätte aufgehen lassen, näherte sich Jung dem Phänomen der Seele von der Position des philosophischen Idealismus und Vitalismus aus. Auch mystische Traditionen, Alchemie, Okkultismus und Spiritismus haben auf Jung eingewirkt und dazu beigetragen, daß sein Ansatz eigentümlich schillernd und faszinierend wurde.

Jungs Psychologie ist zur Zeit sehr gefragt, was damit zusammenhängt, daß es heute so etwas wie eine »Wiederentdeckung der Seele« gibt. Im Religionsunterricht heißt das neue Stichwort »Symboldidaktik«; man möchte von »verkopften« Unterrichtsmethoden wegkommen und über Symbole die seelischen Tiefenschichten des Schülers ansprechen. Man denke ferner an die vielen Meditationszentren, an therapeutische Wochenenden und Ferienkurse, an Angebote zur Selbsterfahrung auf Kirchentagen usw. Und nicht zuletzt ist in diesem Zusammenhang die New-Age-Bewegung zu nennen, die auf Jung in zweifacher Hinsicht zurückgreifen kann: zum einen bei ihren Bemühungen um tiefere spirituelle Erfahrungen, zum anderen bei ihren Spekulationen über die anstehende »Zeitenwende« (finden sich doch bei Jung tiefsinnige Überlegungen zum kommenden »Äon des Wassermanns«).

Gelegentlich wird gesagt, daß Jung ein Schüler von Freud war. Das stimmt so nicht. Jung entdeckte unabhängig von Freud den Mechanismus der Verdrängung, geriet dann freilich in der Folgezeit unter einen starken Einfluß der Freudschen Theorien und trat öffentlich für Freud ein, und dies, obwohl die Parteinahme für ihn seinem eigenen wissenschaftlichen Ruf abträglich war; denn Freud galt in akademischen Kreisen – vor allem in seiner frühen Zeit – als eine ausgesprochene persona non grata. Freud seinerseits setzte große Hoffnungen in Jung und sah in ihm seinen künftigen Nachfolger.

Doch schon bald kam es zum Bruch zwischen Jung und Freud. Jung konnte den hohen Stellenwert, den die Sexualität in Freuds System hatte, nicht akzeptieren, während Freud sich bemühte, Jung zu vergattern, die Sexualtheorie niemals aufzugeben: »Wir müssen daraus ein Dogma machen, ein unerschütterliches Bollwerk.« (A. Jaffé, Erinnerungen, Träume, Gedanken von C. G. Jung, Olten – Freiburg i. Br. 1984, 155.) Die Entschiedenheit, ja Ergriffenheit, mit der Freud die Sexualtheorie verteidigte, war für Jung psychologisch verdächtig. Er bekam den Eindruck, daß Sexualität für den atheistischen Freud ein Religionsersatz war, versehen mit jenem exklusiven Anspruch, der ein Glaubenssystem auszuzeichnen pflegt. Schließlich hatten sich die Spannungen zwischen Jung und Freud so weit gesteigert, daß sie sich in Briefen gegenseitig vorwarfen, Neurotiker zu sein. 1913 trennten sich dann ihre Wege.

Nach dem Bruch mit Freud begann für Jung, wie er selber bezeugt, eine Zeit der Unsicherheit und Desorientiertheit. Noch hatte er seine eigene Position nicht gefunden. In dieser Situation begann er damit, einem inneren Antrieb folgend, in jeder freien Minute draußen Steine zu sammeln und mit ihnen zu bauen: Häuschen, ein Schloß, ein ganzes Dorf. Durch diese spielerisch-schöpferische Tätigkeit wurde bei Jung ein Strom von Phantasien ausgelöst, der ihn an den Rand des Abgrunds trieb. Jung dürfte zu dieser Zeit einer Schizophrenie sehr nahe gewesen sein. Um in den Wirbeln von Bildern und Vorstellungen nicht unterzugehen, sagte er sich immer wieder: »Ich habe ein Ärztediplom, ich muß meinen Patienten helfen, ich habe eine Frau und fünf Kinder, und ich wohne an der Seestraße 228 in Küsnacht.« (Jaffé, Erinnerungen, a.a.O., 193.) Keinesfalls wollte Jung wie Nietzsche den Boden unter den Füßen verlieren, er krallte sich fest an der »realen Welt«. Aber er tat noch ein Weiteres: er trat mit den Phantasiegestalten, die ihm begegneten, in einen inneren Dialog ein. Eine besondere Rolle unter diesen Gestalten spielte ein weiser alter Mann namens Philemon, der Jung zeitweise fast physisch real vorkam und der ihm eine Art Seelenführer war.

Sechs Jahre lang dauerte diese Auseinandersetzung Jungs mit seinem Unbewußten. Es war die wichtigste Zeit seines Lebens. Er stellt rückblickend fest: »Meine gesamte spätere Tätigkeit bestand darin, das auszuarbeiten, was in jenen Jahren aus dem Unbewußten aufgebrochen war und mich zunächst überflutete. Es war der Urstoff für ein Lebenswerk.« (Jaffé, 203.)

Anders als bei Freud ist bei Jung das Unbewußte nicht bloß ein Verdrängungsprodukt, sondern der schöpferische Mutterboden des Bewußtseins. Es besteht aus einer oberflächlichen Schicht, dem persönlichen Unbewußten, und einer tieferen Schicht, dem kollektiven Unbewußten. Das persönliche Unbewußte enthält Erwerbungen des individuellen Daseins, also Vergessenes, Verdrängtes und sonstige psychische Vorgänge, die den Schwellenwert des Bewußtseins nicht erreichen. Das kollektive Unbewußte besteht hingegen aus überpersönlichen, allen Menschen gemeinsamen psychischen Inhalten. Es ist eine psychische Erbmasse der Menschheitsentwicklung, die in jedem Individuum wiedergeboren wird.

Unbewußte Prozesse haben nach Jung hinsichtlich des Bewußtseins kompensatorischen Charakter und sind damit teleologisch angelegt. Damit ist gemeint, daß im Unbewußten unentwickelte und beiseite geschobene Persönlichkeitsanteile vorhanden sind, die danach streben, das bisher einseitig entwickelte Bewußtsein zu ergänzen und es damit zur Ganzheit zu führen. Diese regulierende, auf die Integration der Persönlichkeit zielende Funktion des Unbewußten wird besonders gut im Traumerleben faßbar. So berichtet Jung aus seiner Praxis: »Eine meiner hysterischen Patientinnen, eine Aristokratin, die sich überflüssigerweise unendlich distinguiert vorkam, begegnete in ihren Träumen serienweise schmutzigen Fischweibern und betrunkenen Prostituierten.« (Gesammelte Werke 8, Olten – Freiburg i. Br. 1971, 337.) Das Traumerleben machte also diese Frau mit der inferioren, schattenhaften Seite ihres Lebens bekannt und balancierte auf diese Weise die überhebliche Haltung des Bewußtseins durch psychische Gegengewichte aus.

Bei der Analyse von Träumen stellte Jung fest, daß in ihnen symbolische Gebilde auftauchen, denen man auch in der Geschichte des menschlichen Geistes begegnet, wobei es bemerkenswert ist, daß der jeweilige Träumer von der Existenz solcher Parallelen keine Ahnung zu haben braucht. Es kann also z. B. vorkommen, daß jemand, der sich niemals mit indischer Mythologie beschäftigt hat, im Traum Figuren und Bilder sieht, die auch in der indischen Mythologie begegnen. Zu erklären ist dieses Phänomen damit, daß solche Figuren und Bilder dem kollektiven Unbewußten entstammen und das gemeinsame Gut aller Menschen sind. Jung bezeichnet solche Figuren und Bilder als Archetypen (seelische Urbilder); zu ihnen gehören etwa der alte weise Mann, der Held, die Urmutter, das Kind, die Erde, der Schatten.

Der wichtigste Archetypus, den es gibt, ist das Selbst. Das Selbst drückt die Einheit und Ganzheit der Gesamtpersönlichkeit aus und stellt sich am Ende eines langen Reifungsweges ein, den Jung Individuation nennt. Der Mensch ist auf das Selbst hin angelegt, und aus dem Unbewußten tauchen gelegentlich Bilder auf, die auf das Selbst hinweisen. Diese Bilder haben die Gestalt eines Mandalas, d. h. es sind Kreise oder symmetrische Vieleckbilder, die meist eine Reihe von Einzelsymbolen in sich schließen und in ein geordnetes Verhältnis zueinander bringen. Und genauso ist auch das Selbst aufgebaut: es ist ein harmonisches Ganzes, in dem die psychischen Gegensätze ins Lot gebracht sind.

Die Aufgabe des Psychotherapeuten sieht Jung darin, den Menschen auf dem Weg der Individuation, der Selbstwerdung, zu begleiten. Psychotherapie ist also bei Jung eingebettet in den viel größeren Kontext der Seelenführung schlechthin, wie sie z. B. in den antiken Mysterien stattfand. Eine Neurose ist für Jung eine Störung des seelischen Gleichgewichts, eine Entzweiung mit sich selbst und damit eine Blockierung auf dem Weg der Selbstverwirklichung.

Zwei Drittel der Patienten von Jung waren älter als 35 Jahre, standen also in der zweiten Lebenshälfte. Diese Altersstufe ist es, die Jung besonders interessiert hat; der Kindheit hat er nur einige kleinere Studien gewidmet. Seiner Ansicht nach findet die Auseinandersetzung mit der inneren Wirklichkeit vornehmlich in der zweiten Lebenshälfte statt, während in der ersten Lebenshälfte die Anpassung an die äußere Wirklichkeit im Vordergrund steht.

Was die therapeutische Technik angeht, ist der Analytiker Jungscher Prägung wesentlich aktiver als der Analytiker, der von Freud herkommt. Die Couch ist verschwunden, Patient und Analytiker sitzen einander gegenüber. Der Analytiker treibt die Analyse von sich aus weiter und wartet nicht passiv auf psychisches Material, das der Patient von sich aus einbringt. Er kann den Patienten z. B. zum »Bildnern aus dem Unbewußten« ermuntern, d. h. ihn anregen, seine inneren Bilder zu modellieren und zu malen.

7.3.3 Individualpsychologie

Die Bezeichnung »Individualpsychologie«, die A. Adler seiner tiefenpsychologischen Lehre gegeben hat, ist eigentlich recht unglücklich gewählt. Man verknüpft mit dieser Bezeichnung unweigerlich Vorstellungen wie »individualistisch«, »auf das Individuum zentriert«. Tatsächlich aber begreift der Ansatz Adlers viel stärker als die Ansätze von Freud und Jung das Individuum im Rahmen seines sozialen Kontextes und ist damit sozialpsychologisch ausgerichtet. »Individualpsychologie« heißt die Lehre Adlers deshalb, weil der Mensch als unteilbar angesehen wird (vgl. die wörtliche Bedeutung von In-dividuum), weil er frei und zielgerichtet in seinem Handeln ist, für das er die volle Verantwortung zu tragen hat.

Adler war einer der ersten und engsten Mitarbeiter Freuds, empfing von ihm vielerlei Anregungen, erwies sich aber von Anfang an als sehr eigenständig. Er scheute sich nicht, Freud öffentlich zu kritisieren, wenn er anderer Meinung war. Genau wie Jung konnte er schließlich die Sexualtheorie Freuds nicht mehr mittragen; er unterzog sie im Jahre 1911 einer vernichtenden Kritik, was prompt zum Bruch mit Freud führte.

Anstatt des Sexualtriebes setzte Adler in seinem eigenen System das Machtstreben zentral an; es wurde ihm zum Schlüssel für das Verständnis der Neurosen und für das Verständnis des menschlichen Verhaltens schlechthin. Das Machtstreben ist jedoch im Unterschied zum Sexualtrieb kein endogener Trieb, sondern hat reaktiven und kompensatorischen Charakter. Ausgeglichen werden durch das Streben nach Macht Minderwertigkeitsgefühle, die bereits im frühen Kindesalter entstehen, und zwar aus vielfältigen Gründen: durch Organminderwertigkeiten, Demütigungen, Unterlegenheitsgefühle gegenüber Erwachsenen, Mängel in der sozialen und wirtschaftlichen Situation.

Das Streben nach Macht als solches ist gemäß Adler keineswegs bereits ein neurotisches Symptom. Es ist ganz natürlich, daß ein Kind seine Minderwertigkeitsgefühle bewältigen will, daß es von »unten« nach »oben« drängt. Sind die Umweltkonstellationen günstig, erfährt das Kind vor allem intensive elterliche Zuwendung, wird es ihm gelingen, seiner Minderwertigkeitsgefühle mit einem Minimum an Kompensation Herr zu werden. Es wird Selbstbewußtsein und das Gefühl sozialer Sicherheit gewinnen. Es wird dann auch den Anforderungen des späteren Lebens situationsgerecht begegnen können, ohne immer wieder an das Trauma frühkindlicher Minderwertigkeit erinnert zu werden.

Beim Neurotiker hingegen hat sich in der Auseinandersetzung mit den frühkindlichen Minderwertigkeitsgefühlen ein anderer »Lebensstil«, eine andere »Leitlinie« (beide Begriffe sind individualpsychologische Fachtermini), entwickelt. Die Umweltkonstellationen waren derart ungünstig, daß es nicht zur Ausprägung eines gesunden Selbstbewußtseins gekommen ist. Das Machtstreben äußert sich deshalb in abnormem Geltungsstreben, Aggressivität, krankhaften Phantasien usw. Die »Urszene« der frühkindlichen Minderwertigkeit wird in jede neue Lebenssituation hineinprojiziert, und immer wieder neu versucht der Neurotiker, sich gegen diese Minderwertigkeit aufzubäumen. Sein gesamter Lebensstil ist dadurch verkrampft und verzerrt.

Vor allem schafft es der Neurotiker nicht, sich in die Gemeinschaft einzugliedern. Stets fällt er durch Unsachlichkeit auf; er will die Aufmerksamkeit der Umgebung auf sich lenken, es geht ihm in allen Dingen um die Geltung seiner Person. Die Neurose läßt sich in der Individualpsychologie also als soziale Fehlanpassung verstehen mit dem Merkmal der Ich-Zentrierung (»Ichhaftigkeit«).

Ziel der individualpsychologischen Therapie ist es, den verzerrten Lebensstil des Neurotikers zu korrigieren. Erfolg haben kann die Therapie nur in einer Atmosphäre der Gleichberechtigung, des Vertrauens und der Aufrichtigkeit. Adler selbst verstand es in hohem Maße, eine solche Atmosphäre herzustellen. Er war ein unbestechlicher Menschenkenner, der sich von keinem Neurotiker etwas vormachen ließ, aber er war zugleich ein großer, humorvoller Menschenfreund. Und das eine bedingt das andere. Adlers Schüler J. Rattner schreibt: »Man kann ... die Menschen nur verstehen, soweit man sie liebt; und man wird sie besser lieben, wenn man sie besser versteht.« (Die Individualpsychologie Alfred Adlers, München, 3. Aufl. 1974, 65.)

Die individualpsychologische Therapie beginnt mit der Lebensstilanalyse. Es geht hier um ein intuitives Erfassen der Leitlinie eines Patienten, um das Nachvollziehen seiner »privaten Logik«. Adler schlüpft dazu gewissermaßen in die Haut des anderen und stellt sich die Frage: Was würde ich in seinem Falle tun? So kann er z. B. – konfrontiert mit einem erziehungsschwierigen Kind – sagen: Was würde ich denn tun, wenn ich neun Jahre alt wäre, zu Hause keine Geltung hätte (zumal als jüngstes Kind, das den anderen unterlegen ist), außerhalb des Hauses auch keine Geltung hätte, aber doch Geltung haben möchte? Auch ich würde in die Phantasie flüchten und mir dort holen, was mir die Wirklichkeit verwehrt. – Adler pflegte mit »erziehungsschwierigen« Kindern genau so zu sprechen, und sie waren verblüfft und fühlten sich verstanden.

Auf die Lebensstilanalyse folgt die Modifikation des Lebensstils. Vor allem hat der Patient zu lernen, sich selbst so anzunehmen, wie er ist, auch in seiner Unvollkommenheit. Möglich ist ihm diese Selbstakzeptanz dadurch, daß der Therapeut seinerseits ihn so annimmt, wie er ist. Als Folge der neuen Bewertung seiner selbst wird dann im Patienten auch die Einsicht in seine soziale Fehlanpassung reifen, und zusammen mit dem Therapeuten kann die »Lebensleitlinie« neu entworfen werden.

7.3.4 Gesprächspsychotherapie

Wir wenden uns nunmehr den neueren Richtungen der Psychotherapie zu und beginnen mit der Gesprächspsychotherapie. Sie ist neben der Psychoanalyse und der Verhaltenstherapie diejenige Psychotherapieform, mit der gegenwärtig in der Bundesrepublik am meisten gearbeitet wird. Statt »Gesprächspsychotherapie« wird diese Psychotherapieform gelegentlich auch »Klientenzentrierte Psychotherapie«, »Nichtdirektive Psychotherapie« oder »Personenzentrierte Psychotherapie« genannt. Begründet wurde sie durch den Amerikaner C. Rogers.

Verstehen läßt sich das Vorgehen in der Gesprächspsychotherapie am besten, wenn man sich zunächst Rogers' Grundannahmen über den Menschen, sein Menschenbild, deutlich macht. Diese Grundannahmen sind sehr optimistisch: Rogers meint, daß der Mensch von Natur aus gut ist, daß ihm eine Tendenz zur Selbstverwirklichung innewohnt. Der Mensch ist auf Wachstum, Gesundheit und Ganzheit hin angelegt. Er ist Architekt seines Lebens, er gestaltet es in persönlicher Freiheit und Verantwortung.

Für seine Entwicklung braucht der Mensch wachstumsfördernde Bedingungen. Sind diese nicht gegeben, stellen sich seelische Krankheiten ein. Und Aufgabe der Therapie ist es, lediglich die wachstumsfördernden Bedingungen wiederherzustellen. Direktiven brauchen nicht gegeben zu werden, der Therapeut kann sich auf die natürliche Fähigkeit, zu wachsen und sich zu entwickeln, voll und ganz verlassen.

Die Gesprächspsychotherapie wurde von Rogers in dem Zeitraum zwischen 1938 und 1950 konzipiert. Rogers stand dabei unter verschiedenen Einflüssen. Er kam mit der Psychoanalyse in Berührung und lehnte sie zwar weitgehend ab, öffnete sich jedoch dem Denken des Freud-Schülers O. Rank, der sich im Gegensatz zum klassischen psychoanalytischen Ansatz auf die gegenwärtigen Probleme des Klienten und auf dessen derzeitiges Erleben konzentrierte und weniger die frühen Kindheitserlebnisse heranzog. Als weitere Wurzeln des Ansatzes von Rogers lassen sich das Ich-Du-Denken M. Bubers nennen, der Existentialismus Kierkegaards und das feldtheoretische Denken K. Lewins.

Das auffälligste Merkmal der Gesprächspsychotherapie ist die pragmatische Denkweise. Damit ordnet sie sich ein in einen typischen Zug der amerikanischen Mentalität, der aus der amerikanischen Nationalerfahrung stammt (man denke an die Pioniersituation, die rasches und entschlossenes Handeln auf der ganzen Linie erforderte). Neuerdings meint man ferner, daß die Roosevelt-Ära mit ihrer Reformpolitik des New Deal nicht unmaßgeblich auf Rogers eingewirkt hat; Roosevelt glaubte an den Menschen, an seine vernünftigen und schöpferischen Fähigkeiten.

In der Bundesrepublik ist die Gesprächspsychotherapie durch das Hamburger Psychologen-Ehepaar Reinhard und Anne-Marie Tausch bekanntgemacht worden. Dabei wurde das ursprüngliche Konzept Rogers' gewissen Modifikationen unterzogen; so treten z. B. Tausch und Tausch stärker als Rogers dafür ein, Gesprächspsychotherapie *in der Gruppe* durchzuführen, da ihrer Meinung nach ein Hilfesuchender durch eine Gruppe zu viel intensiveren Erfahrungen geführt werden kann als durch einen einzelnen Therapeuten.

Das konkrete therapeutische Vorgehen sieht nach Rogers so aus, daß der Therapeut dem Klienten gegenüber drei Grundhaltungen einnimmt und durch sie jene bereits angesprochenen »wachstumsfördernden Bedingungen« schafft, in denen die selbstregulativen Kräfte des Hilfesuchenden sich neu entfalten können. Die drei Grundhaltungen lauten:

- Echtheit und Kongruenz (der Therapeut ist bei allen seinen Äußerungen »er selbst«; er spielt dem Klienten keine Rolle vor; seine Äußerungen und sein Erleben fallen zusammen);
- Akzeptieren und positive Wertschätzung des Klienten;
- einfühlendes Verstehen in die Erlebniswelt des Klienten.

Für den Außenstehenden oder von einer anderen Therapieform Herkommenden ist beeindruckend, wie ein nach den Regeln von Rogers geführtes Gespräch praktisch abläuft. Der Therapeut enthält sich jeder Weisung und jeder Wertung. Er geht mit seinen Äußerungen ganz dicht neben denen seines Klienten her, er versucht, sich einzufühlen, mitzuschwingen. Und dadurch ermöglicht er dem Klienten, sich zu öffnen, verdrängte Gefühle nachzuerleben und zu bewältigen.

Die Erfolge der Gesprächspsychotherapie sind wissenschaftlich gut dokumentiert. In keiner anderen Therapieform wurde und wird so sorgfältig wie hier das Ergebnis der Therapie überwacht und experimentell validiert. Von allen Gesprächen zwischen Therapeut und Klient werden Tonbandaufzeichnungen angefertigt, die Gesprächspsychotherapeuten unterliegen einer Supervision ihrer Tätigkeit. Durch diese wissenschaftliche Exaktheit hat die Gesprächspsychotherapie stimulierend auf die Psychotherapieforschung insgesamt gewirkt.

Die Gedanken Rogers' haben weit über den eigentlichen Bereich der Psychotherapie hinaus Verbreitung gefunden. Unser gesamtes psychosoziales Versorgungssystem ist von ihnen beeinflußt; das gilt z. B. für medizinische Einrichtungen, für die kirchliche Diakonie oder für Sozialhilfeeinrichtungen. Und darüber hinaus läßt sich feststellen, daß der Ansatz von Rogers inzwischen so etwas wie eine Philosophie geworden ist. Rogers hat diese Ausdehnung seines ursprünglich therapeutischen Konzeptes selber vorgenommen, er propagiert in seinen jüngeren Veröffentlichungen den »neuen Menschen«, der in Harmonie mit sich selber, den anderen und der Natur lebt.

7.3.5 Verhaltenstherapie

Seit Ende der 50er, Anfang der 60er Jahre ist das Ensemble der Psychotherapien um eine Variante bereichert worden, die theoretisch völlig anders begründet ist als die bis dahin gängigen Therapieformen. Gemeint ist die Verhaltenstherapie. Sie stützt sich konsequent auf die in der experimentellen Psychologie erarbeiteten Ergebnisse, insbesondere auf die Lerntheorien. (Vgl. zum Thema Lernen oben, 2.4; die dort aufgeführten Lernarten werden im folgenden als bekannt vorausgesetzt und nicht nochmals erläutert.)

Grundannahme der Verhaltenstherapie ist, daß die Verhaltensprobleme eines Individuums von seiner Lerngeschichte her zu verstehen sind. (Zugrunde liegt dabei der weit gefaßte Lernbegriff der Psychologie, nicht das alltägliche Verständnis von Lernen; vgl. oben, 2.4.) Entstanden sein können Verhaltensprobleme auf zweierlei Weise: Zum einen kann ein Lerndefizit bestehen, d. h. eine für das normale Verhaltensrepertoire notwendige Verhaltensweise ist nicht gelernt worden (z. B. bei der kindlichen Enuresis die Kontrolle über die Blasenentleerung); zum anderen können falsche Verhaltensweisen erlernt worden sein (z. B. Ängste).

Im Unterschied zu anderen Therapieformen wird in der Verhaltenstherapie unmittelbar an der klinischen Symptomatik angesetzt, eine Suche nach möglichen »tieferen Ursachen« der Symptome unterbleibt. Bei dem oben angeführten Beispiel der Enuresis wird also nicht danach gefragt, ob das Bettnässen eines Kindes vielleicht mit einem familiären Konflikt zusammenhängt, sondern das Fehlverhalten wird rein technisch-manipulativ angegangen.

Die Erfolgsbilanz der Verhaltenstherapie ist verblüffend; viele psychische Störungen, denen mit anderen psychotherapeutischen Mitteln kaum beizukommen ist, lassen sich verhaltenstherapeutisch rasch und dauerhaft beseitigen. Zu Recht hat die Verhaltenstherapie deshalb weite Verbreitung gefunden und ist zu einer etablierten Therapieform geworden. Aber es gibt auch warnende Stimmen, die das mechanistische Vorgehen in der Verhaltenstherapie als menschenunwürdig ansehen. Von tiefenpsychologischer Seite aus meint man zudem, daß ein Kurieren »nur am Symptom« zu Symptomverschiebungen führt: Ist z. B. das Bettnässen eines Kindes verhaltenstherapeutisch »wegtherapiert«, wird sich das eigentliche Problem neue, möglicherweise schlimmere Ausdrucksformen suchen. Das Phänomen der Symptomverschiebung läßt sich allerdings in der Praxis nur sehr selten beobachten – ein Sachverhalt, der ein schwerer Anstoß für die tiefenpsychologische Theorie ist; für sie ist die Erfolgsbilanz der Verhaltenstherapie letztlich unfaßbar.

Vor einiger Zeit hat es in der Verhaltenstherapie eine Neuorientierung gegeben. Hatte man bisher lediglich overtes Verhalten therapiert wie Sprache, sexuelle Aktivitäten, Zwangshandlungen usw., so bezieht man neuerdings auch die kognitiven Steuerungsmechanismen des Verhaltens in die Therapie mit ein. Man hat erkannt, daß das Verhalten eines Menschen häufig von irrationalen Vorstellungen geleitet wird, die in der Therapie zu korrigieren sind. Bezeichnet wird diese Neuorientierung der Verhaltenstherapie als »kognitive Wende«. Manchen Verhaltenstherapeuten geht diese Wende allerdings zu weit, und sie befürchten, daß das ursprüngliche Konzept der Verhaltenstherapie preisgegeben wird. Einer der Protagonisten der kognitiven Verhaltenstherapie ist A. Ellis mit seiner Rational-Emotiven Therapie.

Wie sieht nun die konkrete Anwendung der Lerngesetzmäßigkeiten im therapeutischen Vorgehen aus? – Greifen wir noch einmal auf das Beispiel der Enuresis zurück. Im Bett des betreffenden Kindes wird eine Vorrichtung angebracht, in der bei der geringsten Feuchtigkeit – ein Tropfen Urin genügt – ein elektrischer Kontakt zustande kommt, der seinerseits ein Wecksignal auslöst. Das bettnässende Kind wird auf diese Weise stets gerade noch rechtzeitig geweckt, um aufstehen zu können. Das Prinzip, nach dem es die Beherrschung seiner Blasenfunktion erlernt, ist das klassische Konditionieren.

Das instrumentelle Konditionieren wird z. B. bei der Therapie autistischer Kinder angewandt. Das autistische, ganz in sich selber versunkene Kind, das keine sozialen Kontakte aufnimmt und auch nicht spricht, wird vom Therapeuten für jeden Verhaltensansatz, der in die richtige Richtung weist, belohnt. So wird es z. B. jedesmal dann gestreichelt oder es bekommt einen Löffel seiner Lieblingsspeise, wenn es eine spontane Geste ausführt oder irgendeinen Laut äußert. Auf diese Weise werden allmählich normale Verhaltensweisen aufgebaut. Bei Schizophrenen, die kein Sozialverhalten aufweisen, wird diese Verhaltensformung (shaping) häufig auch mit Hilfe einer »token-economy« durchgeführt: Die Kranken bekommen immer dann, wenn sie sozial erwünschtes Verhalten zeigen, Wertmarken, die sie sammeln und gegen begehrte Dinge wie Schokolade, Zigaretten usw. eintauschen können. Mit dieser relativ einfachen Technik ist es gelungen, Menschen, die sich in einem hoffnungslosen Zustand befanden, die mit den Fingern vom Boden aßen und nicht ansprechbar waren, zur Lebenstüchtigkeit zu führen.

Anwendung findet in der Verhaltenstherapie auch das Lernen am Modell. Beispielsweise führte man überaggressiven Kindern kurze Filme mit sozial-angepaßtem Verhalten vor; es zeigte sich, daß die Kinder ihr eigenes Verhalten daraufhin änderten.

Mitunter ist es in der therapeutischen Praxis so, daß mehrere Formen der Psychotherapie miteinander kombiniert werden. Besonders bieten sich dafür Gesprächspsychotherapie und Verhaltenstherapie an; ihre jeweiligen Einseitigkeiten werden auf diese Weise ausgeglichen. So kann man eine Behandlung gesprächspsychotherapeutisch beginnen lassen, und wenn man auf ein hartnäckiges Einzelproblem stößt, bedient man sich verhaltenstherapeutischer Techniken.

7.3.6 Interpersonelle Therapien: die Ansätze von P. Watzlawick und E. Berne

Alle bisher dargestellten Therapieformen waren mehr oder weniger auf das Individuum zentriert. Diese Betrachtungsweise greift gemäß der Meinung vieler heutiger Psychologen jedoch zu kurz. Sie konzentrieren sich anstatt auf das Individuum auf zwischenmenschliche Beziehungen, auf die Systeme der zwischenmenschlichen Interaktionen, und ihre Ansätze werden dementsprechend *interpersonelle Therapien* genannt.

Einer der großen Praktiker und auch Theoretiker des interpersonellen Vorgehens ist P. Watzlawick. Seine Kommunikationstheorie ist bereits behandelt worden, und zwar im Rahmen der Sozialpsychologie (vgl. oben, 5.4.4). Hier geht es nun darum, die therapeutische Relevanz dieser Theorie aufzuzeigen.

Watzlawick ist der Meinung, daß psychische Störungen aus gestörten zwischenmenschlichen Beziehungen entstehen. In der Therapie kommt es darauf an, Beziehungs- oder Kommunikationsstrukturen aufzudekken und zu verändern. *Warum* Beziehungsprobleme entstanden sind, interessiert Watzlawick nicht. Er beschäftigt sich nur mit denjenigen Mechanismen, die sie gegenwärtig aufrechterhalten. Krankmachend ist eine Beziehung z. B. dann, wenn sie Doppelbindungen enthält. Um es an einem Beispiel klarzumachen: Eine Doppelbindung liegt vor, wenn eine Mutter ihrem Kind verbal (in Watzlawicks Terminologie: digital) Liebe signalisiert, in ihrem Ausdrucksverhalten jedoch (in Watzlawicks Terminologie: auf der analogen Ebene) Ablehnung zu verstehen gibt. Der therapeutische Eingriff in das Beziehungssystem besteht in diesem Falle darin, die krankmachende Beziehungsstruktur allen Beteiligten bewußtzumachen. Überhaupt ist es so, daß bereits die Meta-Kommunikation, d. h. das Reden über das Beziehungssystem (unter therapeutischer Anleitung) in der Regel bei den Interaktionspartnern einen therapeutischen Effekt auslöst. Freilich gibt es auch noch viel raffiniertere Vorgehensweisen in der Kommunikationstherapie Watzlawicks, etwa paradoxe Verhaltensverschreibungen; so hilft es beispielsweise manchem Stotterer, wenn man ihn auffordert, bewußt zu stottern – sein spontanes, unreflektiertes Stotterverhalten wird dadurch gestört und beseitigt.

Neben der Kommunikationstherapie Watzlawicks ist eine weitere wichtige Form der interpersonellen Therapie die Transaktionsanalyse von E. Berne. Sie wurde durch Bestseller wie E. Berne, »Spiele der Erwachsenen« und T. A. Harris, »Ich bin o. k. – Du bist o. k.« weit über Fachkreise hinaus bekanntgemacht.

Bernes Ausgangspunkt ist ein Strukturmodell der Persönlichkeit, das drei Ich-Zustände unterscheidet: Eltern-Ich, Erwachsenen-Ich und Kind-Ich. Das Eltern-Ich beinhaltet nicht hinterfragbare Normen und Wertvorstellungen, im Kind-Ich stecken Intuition und spontane Antriebskraft, aber auch irrationale Ängste und servile Verhaltenstendenzen; dem Erwachsenen-Ich fällt die Aufgabe zu, sich konstruktiv mit der Umwelt auseinanderzusetzen, wobei es die Reaktionen der anderen beiden Ich-Zustände zu registrieren und zu steuern hat.

Mit Transaktionen werden in der Transaktionsanalyse die Interaktionen zwischen den Menschen bezeichnet. Gehandelt werden kann aus allen drei Ich-Zuständen heraus. So können Menschen z. B. primär als kritisches und starres Eltern-Ich agieren, in einer Krise kann das trotzige und beleidigte Kind-Ich auf den Plan treten usw. In der therapeutischen Arbeit geht es vor allem darum, die Interaktionsstile des Klienten zu analysieren. Es soll dem Klienten deutlich werden, welche Transaktionsmuster sich bei ihm herausgebildet haben, welchem »Script« er folgt und welche »Spiele« er spielt. Diese Einsicht wird ihn zu einer Veränderung von Fehlanpassungen führen.

Die Begriffe »Script« und »Spiel« sind wichtige Fachtermini der Transaktionsanalyse und sollen ein wenig näher erläutert werden. Ein Script ist ein Bauplan oder Drehbuch für den Lebenslauf, entstanden aus »Regieanweisungen«, die das kleine Kind von seinen Bezugspersonen erhalten hat. Jedes Kind wird mit Verhaltenszuschreibungen bedacht, an die es sich später minuziös hält. So sprach z. B. eine Mutter folgendermaßen von ihrem Kind, das aus einer unerwünschten Schwangerschaft hervorgegangen war und das sie von Anfang an ablehnte: »Dieses Kind ist wie Onkel Charly, der hat auch zwei linke Hände.« Und immer, wenn das Kind einen Fehler machte, nannten die Eltern es »Dummie«. Es ist klar, daß ein Kind solcher Verhaltenszuschreibung auf die Dauer nicht widerstehen kann, sondern sie internalisiert und sich nun tatsächlich für einen Tolpatsch hält. (Entnommen aus C. Steiner, Wie man Lebenspläne verändert, Paderborn 1982, 78.)

Spiele sind feste Interaktionsmuster, die dem Script eines Menschen entsprechen und sich immer wiederholen. Sie bestehen aus Handlungen, die anscheinend vom Erwachsenen-Ich ausgeführt werden, jedoch auch unbewußte Anteile aus den anderen Ich-Zuständen enthalten. Die »Spielpartner« (d. h. die Bezugspersonen) reagieren auf diese unbewußten Anteile, und alle Spieler miteinander verstricken sich in ein Geschehen, dessen Dynamik für sie letztlich unverständlich ist, obwohl sie es selber inszeniert haben. Kaum begreiflich ist z. B. für die Ehefrau eines Trinkers, daß sie trotz ihrer vielen Bemühungen ihren Ehemann nicht »trocken« bekommt. Die Transaktionsanalyse nun analysiert Alkoholismus als »Spiel« und kann zeigen, daß die Ehefrau ihren trinkfreudigen Mann durch ihr Verhalten stabilisiert, also gerade *nicht* verändert. Ihr Kind-Ich hat auch gar kein Interesse daran, daß der Mann sich ändert, denn es ist schön, immer und immer wieder seine Selbstanklagen zur Kenntnis zu nehmen und ihm großzügig Verzeihung gewähren zu können.

7.3.7 Bemerkungen zur gegenwärtigen Psychotherapie-Szene

Die Nachfrage nach Psychotherapie und das Angebot an Psychotherapieformen haben in den letzten zehn, fünfzehn Jahren gewaltig zugenommen. Man spricht geradezu von einem »Psychoboom«. Manche Insider der Therapie-Szene haben schon eine ganze Reihe von Therapien »ausprobiert« und sind ständig auf der Suche nach neuen Erfahrungen. So ist es auch kein Wunder, daß sich auf eine offensichtliche Nonsense-Anzeige, aufgegeben von einem Medizinprofessor im Oktoberheft 1980 von »Psychologie heute«, 87 Bewerber meldeten; der

Mediziner wollte die Auswüchse des Psychobooms entlarven und bot ein Wochenend-Seminar über »Nonverbale Gesprächstherapie« an. Er spickte seine Anzeige mit all den Formulierungen, die ein Psycho-Adept zur Zeit erwartet, und hatte prompt Erfolg. Es ist offenbar so, daß viele Leute auf dem Therapie-Markt nicht zwischen Sinn und Unsinn, zwischen seriösen Angeboten und Giftblüten unterscheiden können.

Eine Subkultur – und nichts anderes stellt der Psychoboom dar – ist immer auch dadurch gekennzeichnet, daß sie sprachschöpferisch ist. Wenn man sich auf ein Reitpferd setzt, um sich zu zerstreuen und zu entspannen, nennt man das neuerdings »Hippotherapie«. Einem Klienten zu helfen, seine Lebensumwelt zu verändern, heißt nunmehr »Kausale Milieutherapie«. Selbstbeherrschung erlernt man heute mit Hilfe der »Kognitiven Ärgerkontrolle«.

Der Ausfaserung der Psychotherapie in einzelne Stränge und Linien sind keine Grenzen gesetzt. Dennoch gilt es zu berücksichtigen, daß viele Therapieformen gar nicht so weit auseinanderliegen, wie es auf den ersten Blick scheinen mag. Die meisten der neueren Therapien haben Anleihen bei der Psychoanalyse gemacht, und ihre jeweilige Originalität besteht darin, wie sie längst bekannte therapeutische Elemente mit neuen Elementen, etwa kognitiven Strategien, kombinieren. Als Beispiel sei das »Neurolinguistische Programmieren« genannt. Es ist eine Mischung aus Verhaltenstherapie, Psychoanalyse, Gestaltpsychologie und Hypnose. Hergestellt wird ein Rapport zwischen Therapeut und Klient, mit dem Ziel, über Direktiven das kognitive und sprachliche System des Klienten zu erweitern.

Gelegentlich werden freilich auch Therapien entwickelt, die nicht an bereits vorhandene Therapien anknüpfen. Das ist beispielsweise bei der »Sensorischen Deprivation« der Fall. Man hat die überraschende, theoretisch noch wenig abgesicherte Entdeckung gemacht, daß der Entzug von Sinnesreizen therapeutische Effekte haben kann. Phobien, sexuelle Störungen und Alkoholismus wurden erfolgreich dadurch behandelt, daß die betreffenden Klienten sich in eine Isolationskammer begaben, in der sie von allen Außenreizen abgeschnitten waren. Die therapeutische Wirkung der Sensorischen Deprivation hängt möglicherweise mit Trancezuständen und der Abwesenheit von Auslösern für das unerwünschte Verhalten zusammen.

Häufig begegnet man Psychotherapeuten, die behaupten, einzig und allein die Richtung, die sie vertreten, führe zum Erfolg; verbunden mit dieser Meinung ist oftmals ein ausgesprochenes Sendungsbewußtsein. Am stärksten ausgeprägt sind in der gegenwärtigen Therapie-Szene

Ausschließlichkeitsanspruch und Sendungsbewußtsein bei A. Janov. Er erhebt in seinen vor Gewißheit strotzenden Schriften den Anspruch, daß seine sog. Primärtherapie die *einzige Heilmethode* für psychische Leiden darstelle. Alle anderen Ansätze hätten als überholt zu gelten. – Janov geht davon aus, daß der Mensch primäre Bedürfnisse hat, nach Nahrung, Körperkontakt usw. Sind in der Kindheit solche Bedürfnisse nicht befriedigt worden, ist »Primär-Schmerz« entstanden. Dieser Schmerz ist die Grundlage aller Neurosen. In der Therapie wird der Primär-Schmerz ausgelebt und dadurch abgeführt, wobei es zum sog. »Urschrei« kommen kann.

Eine bemerkenswerte Tendenz im heutigen Umgang mit Psychotherapie besteht darin, daß diese nicht länger nur funktional zur Beseitigung psychischer Störungen eingesetzt wird, sondern zunehmend auch als Mittel der Selbsterfahrung; neben psychisch Kranken finden sich heute unter den Klienten von Psychotherapeuten immer mehr Menschen, die sich selber tiefer kennenlernen wollen, die sich »selber finden« wollen. Historisch geht dieses Verständnis von Psychotherapie auf den Ansatz von C. G. Jung zurück (vgl. oben, 7.3.2). Wie weit es inzwischen Fuß gefaßt hat, zeigt ein von T. Seifert und A. Waiblinger 1986 herausgegebener Sammelband mit dem programmatischen Titel »Therapie und Selbsterfahrung«. Für die meisten Autoren der hier versammelten 50 Beiträge scheinen Therapie und Selbsterfahrung ein und dasselbe zu sein bzw. ineinander überzugehen.

Die Einladung zur Selbsterfahrung ist aber längst nicht alles, um das das Angebot des Therapie-Marktes heutzutage erweitert worden ist. Weitere Schlagworte lauten: Wiedergeburt, Ganzheitlichkeit, Lebenssinn, Neuanfang, Einheit mit dem Kosmos, Erleuchtung. Hier muß der Theologe aufhorchen; denn diese Begriffe zeigen so etwas wie eine religiöse Aufladung von Psychotherapie an (vgl. hierzu vor allem die Analysen des Psychologen und Theologen J. Bopp). So manche Therapie-Gruppe ist unter der Hand zu einer Kult-Gemeinschaft oder Psycho-Sekte geworden, mit dem Therapeuten als Priester an der Spitze. Ein solcher Prozeß ist durchaus verständlich: psychische Heilungserfahrungen können, zumal innerhalb einer Gruppe, leicht als Erlösungserfahrungen schlechthin interpretiert werden. Ferner machen psychische Heilungserfahrungen einen Klienten oft abhängig vom Therapeuten, zu dem dann aufgeblickt wird wie zu einem Guru; geht der Therapeut auf dieses Rollenangebot ein, ist die Entwicklung der entsprechenden Therapieform zur Heilslehre vorprogrammiert.

Wenn man in diesem Zusammenhang einen berühmten Namen nennen will, könnte man den Psychiater und Psychotherapeuten S. Grof anführen. Durch seine Therapie mit Hilfe der Droge LSD hat er immer schon so etwas wie Bewußtseinserweiterung angestrebt. Und inzwischen fährt er ganz auf der New-Age-Welle ab, baut in die Psychotherapie spirituelle und mystische Elemente ein und meint, so zur Niederkunft des »neuen Menschen« beitragen zu können.

Den neuen Menschen will auch die von O. Muehl gegründete »Aktionsanalyse« erschaffen. Die Mitglieder haben sich aus der Gesellschaft ausgegrenzt und leben in Österreich in einer Kommune auf dem Land. Sie kennen kein Privateigentum und praktizieren freie Sexualität. Angestaute Gefühle werden in sog. Selbstdarstellungen ekstatisch (und oftmals nackt) vor der Gruppe ausagiert, wobei es zu »Geburtserlebnissen« kommt; verwandt ist dieses Vorgehen mit der Primärtherapie von A. Janov (vgl. oben).

Eine eigentümliche Verbindung sind in unserer Zeit Psychotherapie und Astrologie eingegangen. Interessant ist z. B., daß in dem oben genannten Sammelband »Therapie und Selbsterfahrung« von Seifert/ Waiblinger der Astrologie ein eigener Artikel gewidmet wird; dem Verständnis der Herausgeber nach ist sie also offenbar eine salonfähige Therapieform.

Die Etablierung der Astrologie als Therapie hängt mit der Krise der Astrologie zusammen. Überleben kann sie, so meinen einige Astrologen, nur dann, wenn sie ihre Spekulationen über Himmelsabschnitte und Sternbilder als Projektionen seelischer Prozesse auffaßt, wenn sie einsieht, daß sie nichts anderes tut, als die richtungsweisenden seelischen Kräfte an den Himmel zu projizieren. Die Nähe von Psychotherapie und Astrologie zeigt sich übrigens augenfällig darin, daß die Klienten von Astrologen heutzutage bei ihren Beratern Ähnliches suchen wie die Psychotherapie-Klienten bei ihren Therapeuten: nicht mehr in erster Linie Prognosen für das Schicksal, sondern eher Rat in persönlichen Krisen und Hilfen bei der Selbstentfaltung.

Zweiter Hauptteil: Die Anwendung psychologischer Erkenntnisse in der theologischen Praxis

8. Religionspsychologie

Nach Abschluß des ersten Hauptteils, in dem ein Überblick über die Arbeitsgebiete und Richtungen der Psychologie gegeben worden ist, soll dem Theologen nunmehr gezeigt werden, wie er in seiner konkreten Arbeit die Psychologie heranziehen kann. Begonnen wird mit einem Kapitel über Religionspsychologie, in dem es darum geht, die psychologische Dimension auszuleuchten, die allen Glaubensüberzeugungen und -äußerungen innewohnt. Selbstverständlich läßt sich – von der Sicht des Glaubens aus gesprochen – der Glaube nicht auf Psychologie *reduzieren,* also in einem psychologischen Koordinatensystem vollständig verrechnen, aber er läßt sich stets auch unter einem psychologischen Aspekt betrachten, und um diesen geht es hier.

Eine gewisse Kenntnis der psychologischen Dimension von Glaubensüberzeugungen und -äußerungen ist für den Theologen unverzichtbar, denn andernfalls wäre es ihm unmöglich, bestimmte Glaubensphänomene sachgerecht begreifen und bewerten zu können. Er sollte z. B. etwas verstehen von den komplizierten Zusammenhängen zwischen Religion und Neurose. Wann ist eine Glaubensäußerung als »normal« anzusprechen, wann ist sie als »neurotisch« zu klassifizieren? Gibt es Kriterien für eine »reife Religiosität«? Solche und andere Fragen sind von eminenter Wichtigkeit für die Praxis, und die Religionspsychologie vermag bei ihrer Beantwortung entscheidende Hilfen zu liefern.

Nun ist es allerdings so, daß wir bei den folgenden Ausführungen über Religionspsychologie uns nicht sofort solchen praxis-relevanten Fragen zuwenden. Es ist zunächst ein gewisser Anmarschweg nötig, der den religionspsychologischen Forschungsansatz insgesamt erschließt. Erst dann, nach dieser allgemeinen Orientierung, ist es sinnvoll, zu konkreten Einsichten überzugehen, die die Religionspsychologie dem Theologen in die Hand geben kann.

8.1 Definition der Religionspsychologie

Es herrscht eine gewisse Unsicherheit darüber, welcher übergeordneten akademischen Disziplin die Religionspsychologie zuzurechnen ist.

Man schwankt bei der Zuordnung zwischen der Psychologie und der allgemeinen Religionswissenschaft. Schaut man auf die Vertreter der Religionspsychologie, stellt man fest, daß sie oftmals von Hause aus keine Psychologen sind; in der Tat ist es so, daß die religiösen Erfahrungen des Menschen bei Fachpsychologen nur geringes Interesse ausgelöst haben; betrieben wurde die Religionspsychologie meist von Theologen. Nicht verschwiegen sei jedoch, daß sich hier in jüngster Zeit eine Wende anzubahnen scheint. So beschäftigen sich z. B. Sozialpsychologen neuerdings mit religiösen Sekten und ihren Bekehrungstechniken, und kognitiv orientierte Psychologen zeigen Interesse an religiösen Erlebnissen. (Vgl. hierzu L. B. Brown [Hrsg.], Advances in the Psychology of Religion, Oxford u. a. 1985.)

Die stiefmütterliche Behandlung, die der Religionspsychologie seitens der Psychologie bisher widerfahren ist, ist damit freilich noch nicht überwunden, und so ist es wohl das beste, diese Disziplin als einen Zweig der allgemeinen Religionswissenschaft zu bezeichnen. (Unsere Ausführungen über die Anwendung psychologischer Erkenntnisse in der theologischen Praxis setzen also atypisch ein: Wir beziehen uns zunächst auf psychologische Erkenntnisse, die gar nicht bzw. nur zum Teil im eigentlichen Rahmen der Psychologie gewonnen worden sind.)

Wie ist nun die Religionspsychologie zu definieren? Sie untersucht, um es mit A. Gennrich zu sagen, religiöse Erlebnisse, Akte und Strukturen, ebenso aber auch deren Ergebnisse und Niederschläge im persönlichen und öffentlichen Leben, im Glauben, in der Frömmigkeit, in der Moral, in Gemeinschaften usw. Ihre Grundfrage lautet: Was geht auf diesen Gebieten psychologisch vor? (Vgl. Archiv für Religionspsychologie 13 [1978], 123.)

8.2 Geschichte, Ansätze und Arbeitsgebiete der Religionspsychologie

Die Religionspsychologie entstand um die Jahrhundertwende in Amerika auf dem Boden des philosophischen Empirismus. Ihr Gründungsvater, G. S. Hall, hatte in Deutschland die im Entstehen begriffene experimentelle Psychologie kennengelernt und führte die Religionspsychologie von Anfang an in die empirisch-experimentelle Richtung. Neben Hall sind die weiteren Hauptvertreter der frühen amerikanischen Religionspsychologie seine Schüler E. D. Starbuck, J. H. Leuba und W. James.

Untersuchungsgegenstand der neuen Wissenschaft waren im wesentlichen auffällige religiöse Phänomene, so z. B. mystische Erfahrungen und Bekehrungserlebnisse; alltägliche Sachverhalte kamen zu kurz. Um die Erforschung der Mystik hat sich vor allem Leuba verdient gemacht, in seinem Werk »Die Psychologie der religiösen Mystik« (München 1927); besonders interessant sind hier die Ausführungen über die Beziehung von Mystik und Sexualität. Die Struktur von Bekehrungserlebnissen versuchten die amerikanischen Religionspsychologen dadurch zu erfassen, daß sie Unmengen von empirischem Material (Tagebücher, Briefe, Selbstbiographien usw.) auswerteten und selber Interviews mit Fragebögen durchführten. Daß auf diese Weise allgemeine Gesetzmäßigkeiten des religiösen Lebens aufgedeckt werden können, meinte insbesondere Starbuck, der bei seinem unbändigen Bemühen, das Wesen der Religion »faßbar« zu machen, beinahe völlig ihren letztlich transzendenten Charakter übersah.

Als bedeutendster amerikanischer Religionspsychologe hat James zu gelten. Sein Buch »The Varieties of Religious Experience«, ins Deutsche übersetzt 1907 von G. Wobbermin und 1979 noch einmal von E. Herms, ist ein Meisterwerk, ein großes Dokument des liberalen Protestantismus' Amerikas. Religion als »religiöse Erfahrung« wird hier einer Auffassung von Religion entgegengesetzt, die das Eigentliche im Fürwahrhalten eines dogmatischen Systems sieht.

Die empirisch-experimentelle Religionspsychologie konnte sich in Amerika schnell ausbreiten. Der Grund dafür ist neben der pragmatischen amerikanischen Mentalität die große Offenheit dem Religiösen gegenüber. Kommunikation über den Glauben, wie sie etwa bei einem Fragebogen-Interview nötig ist, wird nicht als peinlich empfunden, nicht als Einbruch in die Intimsphäre.

Schon bald sprang die Religionspsychologie nach Deutschland über. Als einer der ersten griff hier der evangelische Theologe G. Wobbermin die neue Forschungsrichtung auf. Er bemühte sich darum, Religionspsychologie nicht allein auf der deskriptiv-phänomenologischen Ebene zu betreiben, sondern sie – unter Aufnahme des Ansatzes von Schleiermacher – in die Systematische Theologie zu integrieren. Ohne einen solchen hohen Anspruch wandten sich die evangelischen Theologen K. Girgensohn und W. Gruehn der Religionspsychologie zu. Sie kamen von der Denkpsychologie O. Külpes her (vgl. dazu oben, 1.4) und betrieben Religionspsychologie rein experimentell. Ihr typisches Versuchs-Design sah so aus, daß sie ihren Versuchspersonen kurze Sätze religiösen Inhalts, Gedichte, Lieder usw. vorlegten und dann die Reaktionen auf diese »Reize« auswerteten. Das ganze Verfahren baute also auf Introspektion auf. (Vgl. zu dieser Methode und ihren Problemen oben, 1.4).

Thematisch beschäftigte sich Gruehn – um auf diesen Autor noch ein wenig näher einzugehen – sehr stark mit der Bekehrung oder »Wandlung«, wie auch schon die amerikanische Religionspsychologie. Ein Zitat möge deutlich machen, wie positiv besetzt dieser Begriff für Gruehn ist: »Wie reich könnte unser aller Leben sein, wenn es wirklich entscheidender Wandlungen fähig wäre!« Nur durch eine Wandlung kann »ein niedergebeugtes, verworrenes oder gar zerbrochenes Leben wahrhaft inhaltsvoll, lebenswert, kraftvoll werden.« (Die Frömmigkeit der Gegenwart, Münster 1956, 41.)

Kritisch ist zur experimentellen Religionspsychologie Girgensohns und Gruehns zu bemerken, daß sie zum größten Teil eine reine Materialsammlung darstellt, die zwar sehr aufschlußreich ist, aber eine systematisch-psychologische Durchdringung vermissen läßt, von einer systematisch-theologischen ganz zu schweigen.

Unabhängig von der experimentellen Religionspsychologie entstand in Europa noch eine zweite Form dieser Wissenschaft: die tiefenpsychologische Religionspsychologie. Kaum einer der großen Tiefenpsychologen ging an der Religion vorbei. S. Freud war einer ihrer großen Kritiker und sagte von sich: »Ich selbst halte mich für einen der schlimmsten Feinde der Religion.« (E. Jones, Sigmund Freud. Leben und Werk. Bd. 3, München 1984, 151.) Freuds Schriften zur Religion unterstreichen diese Selbstaussage nachdrücklich: seine Religionspsychologie ist eine grundsätzliche Infragestellung der Religion, insbesondere der jüdisch-christlichen Tradition.

Man hat oft versucht, trotz dieser offen zutage liegenden Sachverhalte Freud dennoch eine konstruktive Haltung der Religion gegenüber oder zumindest dem Anliegen der Religion gegenüber zu unterstellen, man hat gar versucht, aus ihm einen »Theologen« zu machen. Doch man sollte hier vorsichtig sein. Allerdings wird man sagen dürfen, daß die Psychoanalyse als solche auch anders, als Freud es selber getan hat, auf religiöse Phänomene appliziert werden kann, nämlich *im Dienste* der Religion, wie es auch oft genug geschehen ist. Es lassen sich mit Hilfe der Psychoanalyse z. B. Fehlformen des Glaubens entlarven; so hat der Schweizer Pfarrer und Psychotherapeut O. Pfister, der Freud sehr nahe stand, ein Buch mit dem Titel »Das Christentum und die Angst« geschrieben, in dem er mit psychoanalytischen Mitteln aufzeigt, daß die Geschichte des Christentums über weite Strecken eine Geschichte des *Un*christentums ist, des neurotisch verzerrten Glaubens. Weiterhin kann man die Psychoanalyse heranziehen, um mit ihr bewußt von der Position des Glaubens aus Religionspsychologie zu entwerfen, was z. B. H. Faber tut; ihm kommt es darauf an, mit den

Kategorien Freuds religiöse Einstellungen und Verhaltensweisen in ihrer Genese und Dynamik durchschaubar zu machen und Hilfen für ihre Bewertung bereitzustellen.

Eine ganz andere Haltung als Freud hat C. G. Jung der Religion gegenüber eingenommen. Während für Freud die Religion letztlich pathologischen Charakter hat, eine Art von Neurose ist, gehört für Jung die religiöse Erfahrung konstitutiv zum Menschsein dazu und erwächst aus dem schöpferischen Grund des kollektiven Unbewußten. Das Problem der psychotherapeutischen Heilung ist für Jung letztlich ein religiöses Problem, und er kann feststellen: »Unter allen meinen Patienten jenseits der Lebensmitte, das heißt jenseits 35, ist nicht ein Einziger, dessen endgültiges Problem nicht das der religiösen Einstellung wäre ... Und keiner ist wirklich geheilt, der seine religiöse Einstellung nicht wieder erreicht.« (Gesammelte Werke 11, Olten – Freiburg i. Br., 2. Aufl. 1973, 362; vgl. Briefe 3, Olten – Freiburg i. Br. 1973, 375.) Nun läßt sich allerdings Jungs positive Einschätzung der Religion nicht in den Koordinaten kirchlich-orthodoxer Lehre verrechnen, sondern das, was er unter Religion versteht, ist eher jenes Phänomen, das R. Otto das »Numinose« genannt hat. Es liegt auf der Hand, daß Jung deshalb in Auseinandersetzungen mit Theologen geriet, die ihm vorwarfen, den christlichen Glauben aufzulösen und auszuhöhlen, ihn auf Seelisches zu reduzieren, und denen er seinerseits entgegenhielt, von echter seelischer Erfahrung nichts zu verstehen.

Wie ist nun die Geschichte der Religionspsychologie weiterverlaufen? Die eine Richtung, und zwar die experimentelle Religionspsychologie, ist völlig untergegangen. Die tiefenpsychologische Religionspsychologie hingegen hat sich immer wieder zu Wort gemeldet, aber auch ihr blieb es versagt, eine wirklich anerkannte Disziplin zu werden. Insgesamt gesehen ist es so, daß man – zumindest für den deutschsprachigen Bereich – von einer etablierten Wissenschaft Religionspsychologie nicht reden kann. Schuld für diese Misere ist auf der Seite der Psychologie das oben bereits erwähnte Desinteresse an allem Religiösen, auf der Seite der Theologie das immer noch spürbare Nein der Dialektischen Theologie gegen jede anthropologisch einsetzende Bemühung um den Glauben. Dieses Nein hatte sich der aufkommenden Religionspsychologie von Anfang an entgegengestemmt, sehr stark hatte es vor allem Wobbermin zu spüren bekommen.

Nun kann man allerdings auch nicht sagen, daß die Religionspsychologie als Wissenschaft völlig tot ist. Immerhin gibt es das angesehene, im Turnus von zwei bis drei Jahren erscheinende Organ »Archiv für Religionspsychologie«, und auch die Zeitschriften »Wege zum Menschen« und »Wissenschaft und Praxis in Kirche und Gesellschaft« beschäftigen sich gelegentlich mit religionspsychologischen Themen. Außerdem wurden in den letzten Jahren durchaus einige interessante religionspsychologische Entwürfe vorgelegt, und einer kleinen Auswahl dieser Entwürfe wollen wir uns jetzt zuwenden.

Zunächst sei auf die Religionspsychologie von W. Trillhaas hingewiesen, 1953 in 2. Aufl. erschienen unter dem Titel »Die innere Welt« (1. Aufl. 1946: »Grundzüge der Religionspsychologie«). Im Gegensatz zur experimentellen Religionspsychologie Girgensohns und Gruehns ist hier die psychologische Fragestellung mit der Phänomenologie verbunden. Trillhaas will nicht empirisch verifizieren, sondern verstehend wahrnehmen. Er beschäftigt sich u. a. mit Problemen des Glaubens und des Zweifels, mit dem Gebet, mit dem Gewissen. An diese religiösen Phänomene werden in eklektischer Weise psychologische Erklärungsmuster herangetragen.

Ganz anders geht H. Sundén vor. Er kommt in seinem 1966 in deutsch erschienenen Hauptwerk »Die Religion und die Rollen« von einer psychologischen Theorie her, und in diese Theorie ordnet er die religiösen Sachverhalte ein. Religiöse Traditionen sind für Sundén Rollensysteme. Im Gegensatz zum üblichen Verständnis hält Sundén Rollen nicht nur für Verhaltensmuster, sondern sieht in ihnen auch Referenzrahmen für Wahrnehmungen. Wenn z. B. ein Christ eine bestimmte Rolle aus dem Rollen-Ensemble der Bibel übernimmt, d. h. etwa in einer Notsituation sich mit dem Beter eines Psalms identifiziert, strukturiert sich sein Wahrnehmungsfeld gemäß den Vorgaben der übernommenen Rolle; der Glaubende nimmt sich selber in einer bestimmten Weise wahr, und er erfährt Gott in einer bestimmten Weise, und beides ist durch die übernommene Rolle vorgegeben. Äußerungen des Glaubens wie »Gott hat gnädig an mir gehandelt«, »Ich habe die Verheißung beim Wort genommen« usw. stellen sich im Licht dieser psychologischen Theorie als Erlebnisinhalte dar, die mit Hilfe eines über Rollen vermittelten Referenzrahmens aufgebaut werden. – Dieser Ansatz Sundéns ist ein wichtiger Beitrag zur psychologischen Erfassung der religiösen Erfahrung. Er ist jedoch aus zu wenig Elementen zusammengesetzt, als daß mit ihm eine umfassende Psychologie des Glaubens begründet werden könnte. Genau das versucht Sundén jedoch, und es führt zu monomanen, den Leser ermüdenden Wiederholungen seiner an sich interessanten Grundgedanken.

Der letzte Autor, der hier genannt werden soll, ist H. Müller-Pozzi. Sein Buch »Psychologie des Glaubens« (1975) ist vielleicht die wichtigste neuere Arbeit zur Religionspsychologie: Theologie (genauer: die

Methode der Korrelation P. Tillichs) und Psychologie (genauer: die Psychoanalyse) werden systematisch miteinander ins Gespräch gebracht, und zwar auf einer Ebene, die höchsten wissenschaftlichen Ansprüchen genügt. Miteinander verglichen werden z. B. theologische und psychoanalytische Symbolkonzeptionen, und die Symbolisierungsfähigkeit wird als Bedingung der Möglichkeit religiösen Glaubens aufgezeigt.

Damit ist unser kurzer Durchlauf durch die Geschichte der Religionspsychologie beendet. Auch eine Reihe von Arbeitsgebieten, von Fragestellungen dieser Wissenschaft ist bereits angesprochen worden; wir haben gesehen, daß etwa die Bekehrung ein wichtiges Thema ist, daß man sich der Mystik zugewendet hat und auch eine grundsätzliche Verhältnisbestimmung von Theologie und Psychologie versucht worden ist. Der Themenkatalog religionspsychologischer Fragestellungen läßt sich natürlich noch sehr erweitern. So hat man versucht, Frömmigkeit zu typologisieren; man hat sich bemüht, eine Typologie der Konversion zu erstellen; die Gefahren, die die sog. Jugendsekten mit sich gebracht haben, hat man unter dem Stichwort »Psychomutation« verhandelt, mit der Frage, was sich wie im psychischen Gefüge beim Anschluß an eine solche Sekte verändert. Ein beliebtes Thema war von Anfang des religionspsychologischen Forschens an die Glossolalie (Zungenreden). Ferner wurden, um noch einiges Weitere zu nennen, Askese und Mönchtum, Mission, Fanatismus, Toleranz, Kastration, Prostitution, Märtyrertum und der antike Tempelschlaf von der Religionspsychologie behandelt: ihre Arbeitsgebiete sind schier unerschöpflich. Ganz neue Fragestellungen kommen auf, wenn man von der modernen Sozialpsychologie aus Religionspsychologie betreibt. Mit diesem Instrumentarium kann man z. B. untersuchen, inwieweit unsere religiösen Erfahrungen durch den sozialen Kontext bestimmt sind; oder man kann fragen, ob sprachliche Konventionen und Sprachmuster, die in der Sozialisation erworben werden, religiöse Erfahrungen erleichtern (vielleicht überhaupt erst ermöglichen) bzw. verstellen.

Aus den vielfältigen Arbeitsgebieten der Religionspsychologie werden für die folgenden Ausführungen drei (miteinander zusammenhängende) Bereiche ausgewählt, die für den Leser dieses Buches von besonderem Interesse sein dürften: »Religionspsychopathologie«, »Falsche Gottesbilder« und »Reife Religiosität«.

Immer wieder begegnet dem Pfarrer (aber auch jedem anderen, der in kirchlicher Verantwortung steht) kranke Religiosität, begegnen ihm falsche, das Leben vergiftende Gottesvorstellungen, und Aufgabe ist es dann, zu reifen Formen des Glaubens zu führen. Einschlägige religionspsychologische Kenntnisse können dabei eine große Hilfe sein.

8.3 Religionspsychopathologie

Religionspsychopathologie ist die Lehre von den krankhaften Erscheinungen des religiösen Lebens. Bereits von Anfang der Geschichte der Religionspsychologie an beschäftigte man sich mit solchen Erscheinungen, wenngleich zu sagen ist, daß wirklich gewichtige Ansätze zur Religionspsychopathologie nur in geringer Zahl vorliegen. Einer der ersten, die der kranken Religiosität eine gewisse Aufmerksamkeit widmeten, war W. James. In seiner nüchternen Art konstatiert er: »Die Früchte der Religion sind wie alle menschlichen Produkte dafür anfällig, durch das Übermaß verdorben zu werden. Der common sense muß Richter über sie sein.« (Die Vielfalt religiöser Erfahrung, Olten 1979, 323.) Und weiter heißt es bei James: »Geistliche Erregung nimmt immer dann pathologische Formen an, wenn zu wenige andere Interessen vorhanden und der Intellekt zu eng ist. Beispiele hierfür finden wir der Reihe nach in allen Attributen der Heiligen; devote Liebe zu Gott, Reinheit, Nächstenliebe, Askese – dies alles kann in die Irre führen.« (Ebd., 324.) Einige Seiten weiter bringt James das Beispiel einer maßlosen religiösen Reinigung. Er kommt auf den heiligen Ludwig von Gonzaga zu sprechen, der im Alter von zehn Jahren der Gottesmutter seine Unschuld weihte und von nun an sich auch der geringsten Anwandlungen der Unkeuschheit enthielt. Das ging soweit, daß er nie seine Augen hob, weder wenn er auf der Straße ging, noch wenn er in Gesellschaft war. Gewissenhaft vermied er den Umgang mit Frauen und verweigerte jede Unterhaltung mit ihnen. Selbst seine eigene Mutter störte ihn: er wollte mit ihr bei Tisch oder bei einer Unterhaltung möglichst nie alleine sein.

Bemerkenswert ist, daß James als Maßstab, an dem er ein solches religiöses Verhalten mißt, lediglich den *common sense* angibt (vgl. oben). Und so unbefriedigend dieser Maßstab auch sein mag – ein anderer läßt sich letztlich nicht nennen; was im religiösen Bereich »krank« und was »gesund« zu nennen ist, läßt sich ja an keiner objektiven Skala ablesen, wie in der Medizin, wo Krankheit Abweichung vom physiologischen Normalbefund ist (und auch diese Definition ist sehr problematisch).

An größeren Arbeiten zur Religionspsychopathologie liegen Bücher vor von O. Pfister (Analytische Seelsorge, Göttingen 1927), K. Schneider (Zur Einführung in die Religionspsychopathologie, Tübingen

1928) und H. J. Weitbrecht (Beiträge zur Religionspsychopathologie, Heidelberg 1948). Ein Autor aus neuerer Zeit, der sich intensiv mit dem Thema religiöser Fehlformen beschäftigt hat, ist der Theologe, Arzt und Psychotherapeut K. Thomas (vgl. insbes. seinen diesbezüglichen Beitrag im Bd. 15 der Enzyklopädie »Die Psychologie des 20. Jahrhunderts«). Thomas hat eine Übersicht religionspsychopathologischer Zustandsbilder zusammengestellt, in der er sechs Hauptgruppen religiöser Fehlhaltungen unterscheidet. Diese Übersicht soll im folgenden (in verkürzter Form) wiedergegeben werden.

1. Fehlhaltungen religiöser Disharmonie: Wie für das Seelenleben insgesamt ist auch für den Bereich des religiösen Erlebens innere Harmonie als eines der Merkmale von Gesundheit anzusehen. Hingegen sind verbissener religiöser Kampf, beständiges Ringen um die Seligkeit, Haß Andersdenkenden gegenüber u. ä. Ausdruck von innerer Disharmonie und damit als pathologisch einzustufen. Innere Disharmonie geht einher mit seelisch »blinden Flecken« für sich selber und damit einer erhöhten Bereitschaft zur Projektion (Bekämpfung der eigenen Fehler am anderen). Fast regelmäßig ist innere Disharmonie begleitet von Angst (vor der Strafe Gottes, vor dem Endgericht, vor dem Weltuntergang). Gelegentlich werden unsinnige religiöse Vorstellungen entwickelt, bis hin zu Wahnideen. Unter die Kategorie der religiösen Disharmonie fallen ferner Gesetzlichkeit und geistliche Zwänge. Und auch manifeste Zwangsneurosen mit religiösem Inhalt sind hier zu nennen, wie sie beispielsweise von H.-J. Thilo berichtet werden (Psyche und Wort, Göttingen 1974, 19 f): »So muß ein Patient jedes Glas Bier in 3 Schlucken austrinken und dazu sich heimlich sagen: ›Im Namen des Vaters und des Sohnes und des Heiligen Geistes.‹ Oder er muß eine bestimmte Handlung in bestimmter Reihenfolge immer aufs neue wiederholen und beschwert sich zugleich in vielen Briefen an seine Kirchenleitung, weil der Pastor aus dem liturgischen Vollzug des Gottesdienstes ein Stück auch nur geringfügig verändert oder gar wegläßt. Die enge Verbindung zwischen Zwangsneurosen und pseudoreligiösen Vorstellungen tritt also deutlich zutage.«

2. Fehlhaltungen religiöser Nachlässigkeit und/oder Verkrampfung: »Religiös nachlässig« sind für Thomas z. B. das religiöse Hippietum und der verwahrloste »falsche Prophet«. Auch individualistische »Erbaulichkeit« ist hier zu nennen, die alles um sich selbst herum vergißt. Auf der anderen Seite gibt es gerade im religiösen Bereich krankhafte Spannungen (nicht zu verwechseln mit heilsamer Konzentration), eigentümliche Formen der Ungeduld, unnatürliche Verzückungszustände.

3. Fehlhaltungen religiöser Umwelt- und Innenweltverkennung: Manche religiösen Sonderlehren und -gruppen verkennen die Wirklichkeit, berechnen z. B. die Zukunft, geleitet von übertriebenen Endzeiterwartungen. Solche Sonderlehren und -gruppen sind bestimmt von sog. »überwertigen Ideen«, die mit rücksichtslosem Eifer oder fanatischer Verblendung durchgesetzt werden.

4. Fehlhaltungen religiöser Schwärmerei: Insbesondere hysterisch strukturierte Menschen neigen zu diesen Fehlhaltungen, ihre Darstellungsfreude kann sich in öffentlichen theatralischen Sündenbekenntnissen, religiöser Hochstapelei oder gar in religiöser Raserei äußern.

5. Fehlhaltungen zu geringen und zu starken religiösen Selbstbewußtseins: Gemeint sind Formen des Glaubens, die stark autoritätsgebunden und damit fremdbestimmt sind. Zu einer eigenen Durchdringung der Tradition oder Lehre ist es nicht gekommen. Von religiöser Selbstunsicherheit ist auch derjenige gezeichnet, der häufig Versündigungsgefühle hat und sich mit Selbstanklagen plagt. Auf der anderen Seite kann sich ein stark ausgeprägtes religiöses Selbstbewußtsein über Machtstreben und Herrschsucht bis zum Unfehlbarkeitswahn steigern.

6. Fehlhaltungen religiöser Lebensverneinung: Zunächst ist hier an Formen der Leibesverachtung (z. B. zu strenges Fasten) und Leibesbekämpfung (z. B. zu harte Askese) zu denken. Thomas hat solche Fehlhaltungen, die bis in eine Leibesverteufelung übergehen können, viele hundert Male als Zeichen »ekklesiogener Neurosen« erlebt (vgl. zu diesem Begriff weiter unten). Religiöse Lebensverneinung kann sich aber auch noch anders äußern, in Gemeinschafts- und Kontaktunfähigkeit, in Weltflucht, in frommem Nichtstun (Arbeitsunwilligkeit), in Liebesunfähigkeit.

Dieses Raster von Thomas gibt dem Seelsorger eine grobe Orientierungshilfe in die Hand. Freilich bleiben Fragen offen. Was im religiösen Bereich gesund und was krank ist, kann Thomas ja nur vom common sense her festsetzen, objektive Maßstäbe existieren nicht. Und irrt Thomas nicht vielleicht an der einen oder anderen Stelle? So scheint er z. B. für ekstatische Erscheinungen nicht viel übrig zu haben, die jemand anderes vielleicht als legitime Glaubensäußerungen ansieht. Ferner: Ist es wirklich so, daß, wie Thomas meint, folgende Phänomene nicht miteinander zu verwechseln sind: »Der glühende Glaubenseifer des zuinnerst Ergriffenen mit dem verhängnisvollen Fanatismus des an seine überwertigen Ideen Gefesselten«? – Hier und in vielen anderen Fällen wird man kaum derart scharf, wie Thomas meint, Grenzen ziehen können. Dennoch ist sein Schema keineswegs wertlos, sondern – vorsichtig herangezogen – ein wichtiges Hilfsmittel.

Stößt der Seelsorger auf religionspsychopathologische Fälle, darf er sich von den Betreffenden nicht auf die diskursive Gesprächsebene locken lassen; es geht hier nicht um Glaubensprobleme, wie ihm weisgemacht werden soll, sondern um massive Fehlhaltungen, die ursächlicher therapeutischer Maßnahmen bedürfen.

Zu den krankhaften Erscheinungen des religiösen Lebens zählt nach dem Schema von Thomas auch Leibfeindlichkeit (vgl. Punkt 6). Diese Leibfeindlichkeit ist ihrerseits oft die Ursache für spezifische seelische Fehlentwicklungen, die sog. »ekklesiogenen Neurosen«. Krankheitsbildern dieser Art soll nun im folgenden unser Augenmerk gelten.

Eingeführt wurde der Begriff ekklesiogene Neurose 1955 durch den Arzt E. Schaetzing. Als Gynäkologe hatte Schaetzing immer wieder die Beobachtung gemacht, daß Probleme seiner Patientinnen wie z. B. Frigidität, psychogene Schmerzen im Genitalbereich und Geburtsschwierigkeiten mit einer übertriebenen religiösen Einstellung zusammenhingen. Offenbar verursacht also kirchlicher Dogmatismus Neurosen; insbesondere ist hier jene in pietistischen Kreisen zu findende gesetzliche und leibfeindliche Erziehung in Anschlag zu bringen, in der die Geschlechtlichkeit tabuisiert oder gar bekämpft wird.

Inzwischen ist der Begriff ekklesiogene Neurose psychotherapeutisches Allgemeingut geworden. Manche Autoren fassen ihn sehr weit und sind der Ansicht, daß mannigfache Formen der Neurose und fehlerhaften Charakterentwicklung auf christliche Störquellen zurückzuführen seien (so z. B. A. Görres), andere meinen, daß es sich bei den als ekklesiogen anzusprechenden Neurosen nahezu ausschließlich um Fehlverhalten aus einer verbogenen Einstellung zur Sexualität handele (so z. B. H. Petzold). Dem augenblicklichen Forschungsstand angemessener ist auf jeden Fall die zweite Auffassung. Außerdem sollte man aufpassen, die Kirche und die christliche Tradition nicht zu pauschal für die Entstehung seelischer Krankheiten verantwortlich zu machen; immerhin gibt es auch die umgekehrte Beobachtung, nämlich daß eine glaubensmäßige Bindung neurotische Fehlentwicklungen *verhindert.*

Vermutlich ist es so, daß Protestanten stärker von ekklesiogenen Neurosen befallen sind als Katholiken. Ins Feld führen läßt sich für diese Annahme die Beobachtung von C. G. Jung, daß Protestanten viel häufiger neurotisch erkranken als praktizierende Katholiken. Der Grund für die relativ bessere seelische Gesundheit der Katholiken ist nach Jung der, daß sie über ein reicheres Symbolsystem verfügen, das psychohygienische Funktionen erfüllt. Vielleicht spielt es auch eine Rolle, daß Protestanten einem stärkeren »Strukturierungszwang« ausgesetzt sind als Katholiken. Der Begriff Strukturierungszwang stammt von dem Soziologen G. Schmidtchen und soll besagen, daß Protestanten mit ihren Glaubensfragen vor Gott weitgehend alleine dastehen und ihr Dasein selber strukturieren müssen, während Katholiken in einer bergenden Seinsordnung aufgehoben sind. Der Strukturierungszwang ist sozusagen die Kehrseite der Größe und Freiheit des evangelischen Glaubens, und er überfordert oftmals die Gläubigen; resignative und depressive Reaktionen, die bei Protestanten häufiger zu beobachten sind als bei Katholiken, könnten mit dieser Überforderung zusammenhängen. – (Daß wir uns mit den letzten Äußerungen in den Bereich der Spekulation begeben haben, dürfte deutlich geworden sein. Nicht verschwiegen werden soll ferner, daß eine neuere Untersuchung von H. Hark die angeführte Beobachtung Jungs nicht stützen kann; hier stellte sich heraus, daß in beiden Konfessionen der Neurotizismus gleich stark ausgeprägt ist. Hängt das vielleicht damit zusammen, daß die Säkularisierung weiter fortgeschritten ist, konfessionelle Bindungen lockerer geworden sind und die Unterschiede zwischen den Konfessionen dadurch eingeebnet wurden?)

Haben wir uns weiter oben, als es um eine Übersicht über die verschiedenen krankhaften religiösen Erscheinungen ging, bereits stark an K. Thomas gehalten, werden wir das nun, im Zusammenhang mit den ekklesiogenen Neurosen, noch einmal tun. Thomas dürfte derjenige sein, der hierzu die meisten Erfahrungen aufzuweisen hat. Gesammelt hat Thomas diese Erfahrungen als Leiter der »Ärztlichen Lebensmüdenbetreuung Berlin«, niedergelegt sind sie vor allem in seinem »Handbuch der Selbstmordverhütung« (Stuttgart 1964). Thomas berichtet hier in einem Kapitel mit der Überschrift »Lebensmüdenbetreuung als Behandlung ›ekklesiogener‹ Neurosen« von den Problemen der ersten 200 kirchlichen Amtsträger, die bei der Ärztlichen Lebensmüdenbetreuung in verzweifelter Lage Rat suchten; von ihnen litten 83 an einer ekklesiogenen Neurose. (Daß Thomas das Erscheinungsbild ekklesiogener Neurosen ausgerechnet an kirchlichen Amtsträgern demonstriert, ist besonders delikat; natürlich kommen diese Neurosen auch bei allen anderen Menschen vor.)

Die Fallberichte, die Thomas zusammengestellt hat, sind von einer erschütternden Dramatik. Einige von ihnen sollen hier wiedergegeben werden:

»Ein Pfarrer, Anfang der dreißiger Jahre, berichtet, wie er von seinem Vater, einem Gemeinschaftsprediger, äußerst streng und zumal in der ›Furcht vor der Sünde‹, d. h. vor allem Geschlechtlichen, erzogen worden sei. Bis zum Krieg habe er eine starke Protesthaltung gegen den Vater gehabt, im Kriege unter ernster Lebensgefahr jedoch eine Bekehrung erlebt und sich zum Theologiestudium entschlossen. Seit der Pubertät spüre er besonders Lust an analen Manipulationen; bald stellte sich eine zwanghafte Vorliebe für Damenunterwäsche heraus, die ihn auch schon mehrfach zum Diebstahl solcher Wäschestücke veranlaßt habe. In möglichst häufigen einsamen Stunden lege er dann Damenwäsche und -kleidung an und schlage sich mit einer Peitsche, da ihm nur so ein geschlechtliches Lustempfinden möglich sei. Diese Neigungen, die er trotz heftigster Kämpfe nicht habe überwinden können, hätten mehrfach zu ›Nervenzusammenbrüchen‹ geführt, durch die er schon längere Zeit hindurch dienstunfähig sei. Vor zwei Jahren nun habe er eine hübsche junge Frau geheiratet, doch sei die Ehe trotz eines Kindes inzwischen dem Zerbrechen nahe, da ihm bei seiner Frau nur der Rücken gefallen könne und sie kein Verständnis dafür aufbringen kann, daß er seit 20 Jahren immer Einläufe vornehme und Fremdkörper in den Anus einführe. Sie selbst sei auch nicht mehr zu dem für sie zu schmerzhaften Coitus per anum bereit, dem einzigen, bei dem er Befriedigung erlebt ... Mehrere psychotherapeutische Aussprachen mit beiden Ehepartnern ... konnten die unmittelbar drohende Gefahr bannen ..., [zwar] nicht eine Heilung der Neurose herbeiführen, wohl aber gegenseitiges Verständnis für die Krankheit bewirken.

Ein 30jähriger, jungverheirateter Gemeindepfarrer fühlt sich verpflichtet, sich seiner jungen Ehefrau gegenüber so ›anständig‹ zu verhalten, wie sie es von ihm erwartet. Er onaniert exzessiv und benutzt die regelmäßigen ›seelsorgerlichen‹ Krankenbesuche bei einer 74jährigen (sic!) Frau seiner Gemeinde, um sie regelmäßig zu koitieren. Er leidet unter schwersten Gewissensqualen, kann sich aber nicht aus dieser Bindung lösen.

Drei Pfarrer waren besonders prüde in ihren Elternhäusern erzogen worden, zwei von ihnen wuchsen selbst als Pfarrerssöhne auf. Vor allem der unbekleidete Körper galt als unanständig. Um so mehr regte sich seit der Pubertätszeit bei ihnen die Neigung, wenigstens Bilder unbekleideter Menschen zu sehen. Je mehr diese Neigung – in diesen Fällen mit religiösen Gründen – verdrängt wurde, um so mächtiger und schließlich zwanghafter wurde sie: die Zwangsneurose war geboren. Ein Pfarrer reiste zweimal mit seiner Frau nach Paris, um dort Nachtlokale und Theater mit Nackttänzerinnen ausgiebig zu besuchen. Jahrelange Gewissensqualen waren die Folge. Einer mußte schließlich bei jedem Gebet unablässig zwanghaft an die Geschlechtsteile Christi denken. Er ist wegen dieser Zwangsneurose seit über einem Jahr arbeitsunfähig und leidet als tieffrommer Mann unsagbar darunter.

Ein tierliebender Pfarrer schenkte seinem 9jährigen Sohn zum Geburtstag ein Meerschweinchen, das er jedoch selbst pflegte. Das Tier starb nach einem Jahr. Dieser Tod trifft den Pfarrer unerklärlich hart. Vielstündige Weinkrämpfe schließen sich an. Er kann sich nicht entscheiden, ob er das Tier in seinem Garten begraben, ob er es ausstopfen, fotografieren oder malen lassen soll. Das Tier liegt schon fast verwest im Keller; der Pfarrer findet keine Ruhe und keinen Schlaf mehr. Er wird dienstunfähig und sucht in höchster Verzweiflung die Ärztliche Lebensmüdenbetreuung auf. Das ›Schweinchen‹ ist ihm zu einem unbewußten Symbol für das ›ekklesiogen‹-neurotisch verdrängte Triebhafte geworden. Er befürchtet, daß in seinem Alter von fast 60 Jahren die Geschlechtlichkeit in ihm erstirbt oder schon erstorben ist. Einerseits will er sie begraben, andererseits nicht. Er will sich nicht von ihr trennen und kann sie nicht lassen. Aus dieser ›ambivalenten‹ Einstellung zur Geschlechtlichkeit stammen seine starken Affektäußerungen, die nach einer psychotherapeutischen Klärung die Dienstfähigkeit wiederherstellen und die Bindung zu dem Leichnam des Tieres lösen.«

Die Therapie solch schwerer Fälle von ekklesiogenen Neurosen, wie sie hier berichtet worden sind, gehört unbedingt in die Hand eines Fachmanns. Ein Theologe ist mit ihnen in der Regel überfordert, es sei denn, er verfügt über eine psychotherapeutische Zusatzausbildung. Was jedoch jeder Seelsorger kann, ist dies: mit dazu beitragen, daß im kirchlichen Raum ein Klima entsteht, das ekklesiogene Neurosen nicht zuläßt. Damit ist kein entsittlichendes Liberalisieren gemeint, wohl aber eine offene und entkrampfte Haltung dem Sexuellen gegenüber. Im einzelnen sollten, um einen Vorschlag von Thomas aufzugreifen, folgende Verhaltensrichtlinien befolgt werden:

1. Nicht tabuisieren. Verheimlichen und Verschweigen führt zu neurotischen Verdrängungen.
2. Nicht »kastrieren« (Freud), d. h. geschlechtlichen Regungen nicht mit Drohungen und gesetzlichem Richten begegnen.
3. Nicht »pervertieren« (Freud), d. h. nicht mit überheblicher Entrüstung über Verfehlungen zu fanatischen Kämpfen um Reinheit auffordern, sondern – vor allem in der Jugendarbeit – positive Beziehungen zwischen den Geschlechtern aufbauen helfen.
4. Nicht retardieren, d. h. kein unselbständiges Verhalten züchten (was Erzieher oft tun, um ihre Herrschsucht zu befriedigen), sondern zu verantwortungsbewußtem Wachstum verhelfen.

Vielleicht mögen diese Vorschläge dem einen oder anderen anachronistisch erscheinen, weil er meint, daß die Haltung, auf die sie zielen, inzwischen sowohl im Elternhaus als auch in der Gemeinde selbstverständlich sei. Um so besser! Aber Vorsicht: ekklesiogene Neurosen entstehen nach wie vor, und also muß es auch Brutstätten für diese Erkrankungen geben. Und solange es solche Brutstätten gibt, ist der oben angeführte Katalog leider noch nicht überflüssig.

8.4 Falsche Gottesbilder

Das Thema, dem wir uns nun zuwenden, gehört in gewisser Weise zur Religionspsychopathologie, aber es ist dennoch so eigenständig, daß ihm ein eigener Abschnitt gewidmet werden soll.

Immer wieder stößt man auf falsche, verkrampfte, neurotische Gottesvorstellungen. Stets gehen sie einher mit neurotischen Persönlichkeitsstrukturen. Deutlich gemacht werden soll dieser Zusammenhang an einem Beispiel: Der Gott Veronikas, einer 50jährigen Studienrätin, ist feindlich, streng und böse. »Ich kann Gott nur fürchten«, bricht es einmal unter Tränen aus ihr heraus, »die Furcht ist immer das erste, er prüft uns über Gebühr, er verlangt das Äußerste ohne sich rühren zu lassen, er läßt alles Schreckliche rings um uns zu.« Von der Persönlichkeit her weist Veronika für ihre Kollegen und Schüler durchaus keine negativen Besonderheiten auf, aber dennoch fühlt sie sich innerlich so leer, so unzufrieden, enttäuscht und unproduktiv, daß sie sich in psychotherapeutische Behandlung begeben muß. Ihr ganzes Leben ist eine Fassade; in religiöser Hinsicht ist es ein leerer Krampf, ein beständiges Bemühen, Anweisungen schematisch zu befolgen. (Entnommen aus: J. Herzog-Dürck, Menschsein als Wagnis, Stuttgart 1960, 222 ff.)

Die Kausalbeziehung zwischen einer falschen Gottesvorstellung und der dazugehörigen neurotischen Persönlichkeitsstruktur ist kaum aufzuhellen. Führt eine falsche Gottesvorstellung zu einer neurotischen Persönlichkeitsstruktur oder ist es genau umgekehrt? Wir wissen es nicht. Aber jedenfalls steht soviel fest: Das Gottesbild eines Menschen ist integraler Bestandteil der gesamten psychischen Struktur dieses Menschen, es steht nicht separat, isoliert daneben. Ein Mensch ist ein Gesamtsystem, in dem alle Teilsysteme vielfach miteinander vernetzt sind und sich alles wechselseitig beeinflußt. Der Seelsorger sollte deshalb vorsichtig sein, wenn er sich daran begibt, von seinem theologischen Wissen her ein falsches oder defizitäres Gottesbild zu ändern: er greift massiv in die Gesamtpersönlichkeit ein, er korrigiert nicht nur falsches »Wissen«. Der Seelsorger muß sich im klaren darüber sein, was er hier tut. Sein Eingriff in die psychische Struktur seines Gegenüber ist nicht ungefährlich und kann Prozesse auslösen, die der Seelsorger zunächst vielleicht gar nicht übersieht und die er später nicht mehr steuern kann. Damit soll nicht gesagt sein, daß der Seelsorger solchen Eingriff nicht wagen soll, aber er muß dabei die Verantwortung übernehmen für einen komplizierten gesamtseelischen Prozeß.

Richtig bewertet werden müssen die Widerstände, die Menschen der Änderung ihrer falschen Gottesbilder entgegensetzen. Es sind dieselben Widerstände, die gegen eine seelische Gesamtheilung aufgebracht werden. Trotz eines Gottesbildes, mit dem man sich selber quält und unter dem man leidet, fällt oft genug ein »Krankheitsgewinn« für den Betreffenden ab; so ist es ihm vielleicht möglich, durch sein Gottesbild Rachegefühlen anderen Menschen gegenüber Ausdruck zu verleihen oder eigene Machtansprüche zu legitimieren. Ferner wird der therapeutische Prozeß, der Änderungsprozeß, als solcher gescheut: er ist schmerzhaft, demütigend, demaskierend; er verunsichert und stellt infrage, wo bisher fraglose Sicherheit herrschte (wenn auch um den Preis des Leidens erkauft). Und bei alledem darf die kognitionspsychologische Seite des Vorgangs nicht übersehen werden: eine religiöse Orientierung und damit eine Verortung in der Wirklichkeit schlechthin kann nicht beliebig modifiziert werden – das elementare Sicherheitsbedürfnis des Menschen benötigt verläßliche Wirklichkeitsstrukturen. Wer sich dagegen sperrt, sich sein Gottesbild nehmen zu lassen, sperrt sich deshalb immer auch gegen das Chaos, gegen den Sturz ins Nichts.

Es ist viel darüber nachgedacht worden, wie Gottesbilder entstehen. Völlig zu Recht werden in diesem Zusammenhang frühkindliche Erfahrungen genannt, Erfahrungen mit den ersten Bezugspersonen: wie Gott ist, erfährt das Kind daran, wie Vater und Mutter sind. Liebe und Geborgenheit im sozialen Feld ermöglichen es, an einen Seinsgrund zu glauben, der trägt. Diese Erkenntnis ist Allgemeingut und soll hier nicht breitgetreten werden. Verwiesen sei lediglich darauf, daß H.-J. Fraas, ein Autor, der sich um die Verbindung von Religionspädagogik und Religionspsychologie sehr verdient gemacht hat, die Diskussion zu diesem Thema, die meist nur tiefenpsychologisch geführt wird, um kognitionspsychologische Elemente bereichert hat. Die Vorstellungsbildungen, die beim Kind ablaufen, verlangen in der Tat nach einer Analyse, die nicht nur emotionale Qualitäten berücksichtigt, sondern auch kognitive Prozesse; so sind beispielsweise religiöse Sprechmuster in der Familie in Beziehung zu setzen zur Sinnkonstruktion, die ein Kind vornimmt.

Das wohl erschütterndste Beispiel eines neurotisch-falschen Gottesbildes, das in der Literatur greifbar ist, ist das von T. Moser. In seinem berühmten Buch »Gottesvergiftung« rechnet Moser ab mit dem Gott seiner Kindheit und Jugend. Er beginnt mit einem Fluch gegen diesen Gott, er möchte ihn zerfetzen. Aufgewachsen war Moser in einer stark neurotisierenden Atmosphäre. Beide Elternteile stammten aus pietistischen Pastorenfamilien und überforderten T. Moser durch eine enge und gesetzliche Erziehung. Gott übte dabei die Funktion eines Polizisten aus, er war der verlängerte Arm der Eltern. Daß Moser bei einer solchen Erziehung neurotisch wurde, ist kein Wunder; dieses Schicksal teilt er mit vielen anderen. Wie er sich später Luft verschafft hat, ist freilich in der deutschen Literatur einmalig. Ob allerdings das Buch »Gottesvergiftung« als großer persönlicher »Befreiungsschlag« anzusehen ist, wie man oft meint, mag dahingestellt bleiben. Genausogut kann man es auch als Ausdruck einer infantilen Bindung werten, als Verhaftetsein am Gewesenen. Der wirklich reife und abgeklärte Mensch geht mit den Erfahrungen seiner Kindheit anders um.

Die beste und eindrucksvollste Sammlung falscher Gottesvorstellungen, die mir bekannt ist, hat die von C. G. Jung herkommende Psychotherapeutin J. Jacobi zusammengestellt, in ihrem Buch »Vom Bilderreich der Seele« (Olten – Freiburg i. Br. 1969). Jacobi ließ häufig ihre Patienten aus dem Unbewußten aufsteigende Bilder malen, um diese Bilder – ähnlich wie Traumbilder – therapeutisch zu nutzen. Bei diesem Vorgehen wurden gelegentlich auch Gottesvorstellungen gemalt, und das o. g. Buch bietet u. a. eine Auswahl eben solcher Darstellungen, versehen mit den Interpretationen der Therapeutin.

Eine 52jährige Amerikanerin malte als Gott einen majestätischen Gottespapa mit wallendem Bart. Er ist ganz in weiß gehalten, in der Farbe der Reinheit und Erhabenheit, und sitzt auf einem Thron. Mit einer spitzen Lanze, die er in der Hand hält, könnte er seine Kinder durchstoßen, wenn sie nicht brav sind. – Es ist leicht, in diesem Bild kindliche Vorstellungen zu entdecken. Die 52jährige Amerikanerin hatte nach Auskunft von Jacobi eine noch immer unentwickelte Seele und war über einen unlebendigen Kinderglauben nicht hinausgewachsen.

Seine negative Parallele findet dieser Gottespapa in einer Art Satan-Gott oder Wut-Gott, den ein 30jähriger hochbegabter, aber ständig von Zweifeln am Sinn des Lebens geplagter ehemaliger Priesterseminarist malte. Die Gestalt sitzt mitten in einem von Sturmwolken umgebenen Platz. Die Augen funkeln in einem dämonischen Rot, das ganze Gesicht ist von blau-schwarzer Farbe, der Mund riesig, bedrohlich verschlingend. Es handelt sich hier, wie aus gewissen Einzelheiten hervorgeht, um eine Projektion des Vaterbildes. Der Maler selbst liegt diesem Satan-Gott entmachtet zu Füßen und wird in der Kreuzgegend von einem Gottesspeer durchbohrt.

Eine 54jährige Schweizerin, die eine harte puritanische Erziehung erhalten hatte und zu einer verängstigten Buchstabengläubigen geworden war, malte als Gott ein Gesicht mit großen Augen, in denen jeweils ein Elternteil von ihr saß; die Verknechtung durch Gott fällt hier in eins mit einer bleibenden Verknechtung durch die Eltern-Imagines.

Lassen wir es bei diesen wenigen Beispielen bewenden. Das Buch von Jacobi enthält noch eine ganze Reihe ähnlicher Darstellungen, hinter denen sich z. T. eine ungeheure persönliche Tragik verbirgt.

Wenn der Seelsorger vor der Frage steht, wie er unreife und neurotische Gottesbilder aufdecken und wie er sie therapieren kann, könnte er zum Mittel des hier vorgeführten Malens aus dem Unbewußten oder auch zum Modellieren aus dem Unbewußten (mit Knetmasse) greifen. Aber Vorsicht! Nur ein Seelsorger, der geübt ist im Umgang mit starken emotionalen Prozessen, darf sich an diese Technik heranwagen, sonst könnte er mehr zerstören als aufbauen. Es ist nämlich damit zu rechnen, daß es beim Malen aus dem Unbewußten zu psychischen Eruptionen kommt, denen ein ungeübter Seelsorger dann hilflos gegenübersteht. Bei Jacobi heißt es, daß beim Autor eines aus dem Unbewußten gemalten Gottesbildes Entsetzen aufkommen kann, wenn er sein Werk betrachtet. »Denn plötzlich steigt in ihm eine Ahnung von der möglichen Blasphemie auf, der er bis jetzt unbewußt verfallen war. Die dämonisch-archaischen Züge seiner Seelentiefe, die da an die Oberfläche treten und offenbar werden, sind keineswegs harmlos. Indem sie Ausdruck finden, wirken sie nämlich auf ihn zurück und vermögen ihn aufzurütteln. Unwiderruflich ist er nun mit dem Grundproblem seines Menschseins, mit seiner Schicksalsfrage konfrontiert, von der er bislang mit Erfolg wegschauen konnte.«

Wer als Seelsorger in der Lage ist, Menschen durch solche Erfahrungen hindurch zu begleiten, sollte vom Mittel des Malens aus dem Unbewußten unbedingt Gebrauch machen. Er muß dazu eine Atmosphäre stiller Sammlung schaffen. Druck darf nicht ausgeübt werden, denn Malen und Zeichnen ist nicht jedermanns Sache. Ausliegen sollten Malstifte, Bleistifte und möglichst auch Aquarellfarben, durch die sich Seelisches am besten darstellen läßt, wenn auch ein Anfänger kaum mit ihnen zurechtkommt. Bei der Interpretation sollte sehr behutsam vorgegangen werden. Dem Maler dürfen keine Interpretationen aufgezwungen werden; er muß von alleine begreifen, was er da gemalt hat.

Feststellen wird man bei einem solchen Vorgehen, daß die Darstellung eines neurotischen Gottesbildes als solche, verbunden mit einer vorsichtigen Interpretation, bereits der Anfang der Therapie ist. Es kommt in der Hauptsache auf Bewußtmachung an, die allerdings ein sehr schmerzhafter Vorgang ist. Und mit der Bewußtmachung ist schon der Heilungsprozeß eingeleitet, der freilich in seelsorgerlicher Hinsicht gut begleitet sein will.

Der Aufbau eines positiven Gottesbildes, der Hand in Hand geht mit der Bewußtmachung des negativen, falschen Gottesbildes, darf nicht mißverstanden werden als ein rein psychologischer Prozeß. Das ist er nur in der Durchführung. Inhaltlich geht es hier darum, das Gegenüber zu jenem Gott hinzuführen, der sich in Jesus Christus offenbart und dort seine ganze Liebe zum Menschen gezeigt hat. Um diese so einfache und doch so schwierige Botschaft zu entfalten, wird der Seelsorger sein ganzes theologisches Wissen einsetzen müssen, natürlich in psychologisch richtiger Weise, also sehr behutsam.

Nicht näher eingegangen wird in diesem Abschnitt auf eine völlig andere Art, sich falschen Gottesbildern zu nähern. Aber ein kurzer Hinweis soll immerhin erfolgen. – M. James und L. M. Savary bringen in ihrem Buch »Befreites Leben« (München 1977) die Transaktionsanalyse ins Gespräch mit Sachverhalten des Glaubens. (Vgl. zur Transaktionsanalyse oben, 7.3.6.) Dabei gehen sie u. a. der Frage nach, wie die Gotteserfahrungen der einzelnen Ich-Zustände (Eltern-Ich usw.) beschaffen sind. Der von einem strafenden Eltern-Ich bestimmte Glaubende z. B. »sieht Gott als den an, der den Himmel als Ort der Belohnung und die Hölle als Ort der Bestrafung geschaffen hat. Er betrachtet Gottes Weisungen und Gebote nicht als Lebenshilfe (wie der Glaubende vom Typ des nährenden Eltern-Ichs es täte), sondern als Mittel, die Menschen auf die Probe zu stellen.« (Zur Erläuterung: In unserer obigen Kurzdarstellung der Transaktionsanalyse haben wir drei Ich-Zustände unterschieden, die aber jeweils – wenn man genauer vorgehen will – noch einmal unterteilt werden können; das oben nicht weiter unterschiedene Eltern-Ich kann also, wie im angeführten Zitat vorausgesetzt, strafend, es kann aber auch »nährend« sein.)

8.5 Reife Religiosität

In unseren bisherigen Ausführungen zur Religionspsychologie ist sehr viel von pathologischen Phänomenen die Rede gewesen; nunmehr wollen wir uns dem reifen, psychisch gesunden Glaubensvollzug zuwenden und Kriterien zusammenstellen, an denen er zu messen ist. Dabei taucht sofort die Frage auf, ob solche Kriterien nicht willkürliche Setzungen sind. In der Tat ist zuzugeben, daß ein objektiver Maßstab für reife Religiosität nicht existiert; angewiesen ist man hier letzten Endes auf den common sense, auf den »gesunden Menschenverstand«. (Etwas anders nuanciert ist dieses Problem schon einmal aufgetreten, vgl. oben, 8.3.) Ist daraus die Konsequenz zu ziehen, daß man auf eine Liste von Kriterien für reife Religiosität besser verzichten sollte? Dieser Schluß wäre sicherlich voreilig. Immerhin könnte eine solche Liste, auch wenn sie sich nicht besser als vom »gesunden Menschenverstand« ihres Autors her begründen läßt, eine gewisse Orientierungshilfe geben. Autorität allerdings erhält sie erst dann, wenn sie dem Leser evident erscheint und es damit offenbar tatsächlich *common* sense ist, der sich in ihr niedergeschlagen hat.

Die Kriterien für reife Religiosität, die im folgenden zur Diskussion gestellt werden, sind herausgearbeitet worden in der Auseinandersetzung mit vier Positionen, die in der Literatur vorliegen:

- E. Haas, Religion – Sekte – Sucht. Einige Überlegungen zur psychoanalytischen Religionspsychologie, in: Wege zum Menschen 32 (1980), 399–408;
- M. James/L. M. Savary, Befreites Leben, a.a.O., 122–138;
- W. E. Oates, Seelsorge und Psychiatrie, Graz – Wien – Köln 1980, 139–149;
- N. Scholl, Kleine Psychoanalyse christlicher Glaubenspraxis, München 1980, 169–185.

Der erste Punkt, der im Zusammenhang mit reifer Religiosität genannt werden muß, ist die *Entfaltung der Persönlichkeit.* Richtig gelebter Glaube verläuft parallel mit einer Reifung und Entfaltung der Gesamtpersönlichkeit. Wenn die Entfaltung der Persönlichkeit ausbleibt, wenn der betreffende Mensch gar im Gegenteil stumpfer und psychisch ärmer wird, kann sein Glaube nicht richtig sein.

Psychisch gesunder Glaubensvollzug ist weiterhin gekennzeichnet durch *harmonische Beziehungen mit anderen Menschen.* Der Glaube führt in kein soziales Getto, er erlaubt kein elitäres Selbstbewußtsein mit Kommunikationsverweigerung weniger Erleuchteten gegenüber. Glaube ist nie ein Glaube allein-für-mich, sondern öffnet mich für den anderen. Gewiß wird es im sozialen Feld auch für den Glaubenden Spannungen geben, die um der Sache willen auszuhalten sind. Aber unterliegen muß diesen Spannungen eine letzte, tiefe Annahme des anderen. – Umgekehrt ist für den neurotisch Frommen die Kommunikationsverweigerung typisch. Er hat sich eingesponnen in ein System, das ihn stringiert, das ihn von harmonischen Sozialkontakten abschnürt. Und da, wo Kontakte mit Außenstehenden aufgenommen werden, sind sie vergiftet von Selbstgerechtigkeit. Zum Reich Gottes paßt eine solche Haltung nicht; dieses Reich ist zuallererst ein Reich neuer Kommunikationsstrukturen, in dem man in neuer Weise miteinander umgeht, in dem man sich selber verschenkt und wo Friede zwischen den Menschen wird.

Mit harmonischen sozialen Beziehungen korrespondiert *Weite* im Glaubensvollzug. Weite ist nicht zu verwechseln mit Standpunktlosigkeit. Erst ein fester Standpunkt, dessen man sich wirklich sicher ist, ermöglicht überhaupt Weite. Weite ist Offenheit den Tatsachen des Lebens gegenüber, die Bereitschaft, ehrlich mit ihnen umzugehen, auch mit den Dilemmata. Weite äußert sich ferner darin, daß man hier und dort auch einen Sachverhalt unerklärt stehenlassen kann, ohne ihn solange zurechtbiegen zu müssen, bis er ins System paßt. Weite hat etwas mit Abwesenheit von Angst zu tun, von Angst, den Boden unter den Füßen zu verlieren. Wer zur Weite gefunden hat, ist auch den Einstellungen anderer Menschen gegenüber tolerant geworden, seine eigene Identität gerät durch die Ansichten anderer nicht in Gefahr.

Zum gesunden religiösen Glauben gehört *Ambiguitätstoleranz.* Sie ist eigentlich unter die Einstellung der Weite zu subsumieren, aber so wichtig, daß sie gesondert angeführt werden soll. Ambiguitätstoleranz ist die Fähigkeit, die Zweideutigkeit menschlicher Existenz zu ertragen. Auch bezüglich des Glaubens wird akzeptiert, daß viele Fragen offenbleiben, was dazu führt, daß man in der *Haltung des Suchens* bleibt, in jener Art des Suchens, zu der sich Paulus in Phil 3,12–14 bekennt, ein Ausgestrecktsein nach vorne, das prinzipiell unabgeschlossen ist. Glaube ist nicht bloße Verwaltung eines Besitzstandes; ein solcher Glaube verkommt sehr rasch zu einem starren Ensemble von Richtigkeiten. Glaube ist dynamisch, ständig in Bewegung, immer bereit, neue Impulse aufzunehmen. In jede Begegnung mit anderen Menschen ist Offenheit und Lernbereitschaft einzubringen. Eine solche Haltung des Suchens führt auch zu einer Teilnahme an Veränderungen des sozialen und politischen Milieus. Nur durch den psychisch kranken Glauben, der sich in infantiler Weise, instinktiven Sicherungstendenzen nachgebend, in sich selber zurückzieht, kommt hier nichts ins Rollen. Der in reifer Weise Glaubende scheut keine Risiken, in seiner Haltung des Suchens drängt er nicht nur persönlich weiter nach vorne, sondern will er auch innerhalb von Kirche und Gesellschaft neue Antworten für alte und neue Probleme suchen.

Gesunder Glaube verfügt über ein gewisses, individuell freilich sehr verschiedenes, Maß an *schöpferischer Kraft.* Glaube bringt stets neue Ideen hervor, beginnend auf der Ebene des Kindergottesdienstes, wo die Helfer sich bei der Vermittlung biblischer Geschichten jeden Sonntag etwas Neues einfallen lassen müssen. Zu der schöpferischen Kraft, die gesunden Glauben auszeichnet, gehört Flexibilität im Handeln, gehört die Originalität der Reaktion auf Situationen: es wird nicht immer nur in derselben alten Art reagiert, nicht immer nur nach »bewährten« patterns.

Eng zusammen mit schöpferischer Kraft hängt der *Sinn für Humor.* Wie er zu einer psychisch gesunden Struktur insgesamt dazugehört, so auch zum gesunden Glauben. Eine harte puritanische Ethik hat den Sinn für Humor weithin gedämpft, sie zielte auf streng disziplinierte Gläubige ab. Auch heute ist es noch weithin so, daß in der Kirche nicht gelacht und gefeiert werden darf, daß das spielerisch-schöpferische Element in unseren Gottesdiensten zu kurz kommt.

Mit dem Sinn für Humor ist unsere Liste von Kriterien für reife Religiosität abgeschlossen. Die wichtigsten der angeführten Kriterien sind die ersten beiden: »Entfaltung der Persönlichkeit« und »harmonische Beziehungen mit anderen Menschen«. Auf beide Kriterien werden wir im Verlauf unserer weiteren Ausführungen unter veränderter Fragestellung noch einmal zurückkommen (vgl. unten, 9.6).

9. Pastoralpsychologie

9.1 *Definition der Pastoralpsychologie*

In einer jüngst vorgelegten »Einführung in die Pastoralpsychologie« (J. Scharfenberg, Göttingen 1985) wird von diesem Gebiet gesagt, daß es »noch keineswegs klar umrissen und außerordentlich umstritten ist.« Angesichts der verwirrenden Fülle von pastoralpsychologischen Konzepten und Ansätzen ist diese Feststellung sicher richtig. Sie soll uns aber nicht davon abhalten, unsere Ausführungen zur Pastoralpsychologie mit einer klaren Definition zu beginnen. Diese genügt – das ist ihr Nachteil – keinen hohen theoretischen Ansprüchen, dafür dürfte sie aber – das ist ihr Vorteil – auch kaum Widerspruch hervorrufen. Sie dient uns als Arbeitsgrundlage, als sicherer Ausgangspunkt, von dem aus wir uns vorwagen in die komplizierten pastoralpsychologischen Detailprobleme.

Anknüpfen wollen wir bei unserer Definition von Pastoralpsychologie an A. Gennrich, der uns schon einmal, bei der Definition von Religionspsychologie, entscheidend weitergeholfen hat (vgl. oben, 8.1). Für Gennrich ist die Pastoralpsychologie »ein Forschungszweig der Theologie, der die pastorale Tätigkeit psychologisch untersucht.« (A.a.O., 124.) Diese Definition könnte vielleicht dahingehend ergänzt werden, daß man anstatt von Theologie von Praktischer Theologie spricht. Außerdem *untersucht* die Pastoralpsychologie nicht nur Sachverhalte, sie ist also nicht nur eine theoretisch-anthropologische Grundlagendisziplin, sondern sie entwickelt auch konkrete seelsorgerlich relevante Handlungsmodelle (auf der Nahtlinie zwischen Theologie und Psychologie).

9.2 *Die Seelsorgekonzeption der Pastoralpsychologie im Gegensatz zur kerygmatischen Seelsorgekonzeption von H. Asmussen und E. Thurneysen*

Die pastoralpsychologische Seelsorgekonzeption läßt sich am besten verdeutlichen, wenn man sie abhebt von der kerygmatischen Seelsorgekonzeption, die mit den Namen H. Asmussen und E. Thurneysen verbunden ist und bis vor einigen Jahren im deutschen Sprachraum führend war. Seelsorge ist bei Asmussen – vgl. sein Werk »Die Seelsorge« von 1934 – die Verkündigung des Wortes Gottes an den einzelnen, sie geschieht von Mann zu Mann. Für Asmussen ist Seelsorge ein Gespräch, das vom Seelsorger ausgeht und in dem der Seelsorger die Führung hat. Seelsorge ist ein Geschehen, in welchem dem Menschen auf den Kopf zu die Botschaft gesagt wird.

Thurneysens Buch »Die Lehre von der Seelsorge« von 1946 ist von demselben Tenor bestimmt. Genau wie bei Asmussen ist Seelsorge die Ausrichtung des Wortes Gottes an den einzelnen, sie ist Verkündigung. Allerdings darf nicht übersehen werden, daß Thurneysen der Psychologie einen nicht unerheblichen Stellenwert beimißt. Psychologie ist unumgänglich zur Abklärung der Lage; sie ist für den Seelsorger eine Hilfswissenschaft, die ihm Kenntnisse über die innere Natur des Menschen vermitteln kann, die ihm hilft, Menschenkenntnis aufzubauen: »Um den Menschen mit dem Vergebungswort anzusprechen, müssen wir über ein möglichst exaktes, methodisches und umfassendes Wissen verfügen von seinem seelischen Zustand.« Aber letztlich ist es so, daß Seelsorge der Psychologie und Psychotherapie gegenüber etwas »unabtauschbares Anderes, Eigenes, Neues« ist. Nach der psychologischen Abklärung der Lage muß sich ein Bruch vollziehen und muß neuer Boden betreten werden. – Durch sein ganzes Werk hindurch bemüht sich Thurneysen, Seelsorge und Psychologie bzw. Psychotherapie in dieser Weise voneinander abzugrenzen, ihnen ein jeweils eigenes Terrain zuzuweisen.

Man darf nun diese Position von Asmussen und Thurneysen, die kerygmatische Seelsorgekonzeption, nicht zu schnell und zu leichtfertig als totales Gegenteil von pastoralpsychologischer Seelsorge hinstellen, sozusagen als schwarze Folie, von der sich der neue Entwurf strahlend abhebt. Gewiß, der theoretische Gegensatz soll nicht weggeleugnet werden, und historisch war es in der Tat so, daß die Konzeption von Asmussen und Thurneysen zum Widerspruch reizte, daß man sich an ihr rieb und ihr in Gestalt der Pastoralpsychologie ein neues Paradigma entgegensetzte. Aber man muß der kerygmatischen Seelsorgekonzeption mehr Gerechtigkeit widerfahren lassen, als es von pastoralpsychologischer Seite aus meist geschieht.

Eine der Schülerinnen Thurneysens, D. Hoch, hat sich später einer pastoralpsychologischen Ausbildung unterzogen und gibt in ihrem Büchlein »Offenbarungstheologie und Tiefenpsychologie in der neueren Seelsorge« (München 1977) Rechenschaft von ihrem Weg. Ihre bemerkenswerteste Äußerung ist die, daß das, was sie in der konkreten

Seelsorge bei Thurneysen erlebte, und das, was sie in ihrer pastoralpsychologischen Ausbildung an Angenommensein und »Festgehaltenwerden auf Zukunft und Hoffnung hin« erfuhr, einander sehr ähnelten, m.a.W.: Thurneysen ging in der Praxis – jedenfalls Frau Hoch gegenüber – offenbar kaum anders vor als ein heutiger Pastoralpsychologe! Man darf seine Position nicht nur aus seinen Büchern herauslesen, man muß auch Erfahrungsberichte von Leuten heranziehen, die bei ihm in der Seelsorge waren. Und Frau Hoch gibt einen solchen Erfahrungsbericht: »Wenn ich mich frage, was mich bewogen hat, als Schulmädchen und als Studentin immer wieder gerade Eduard Thurneysen als Seelsorger aufzusuchen, um bei ihm Hilfe zu bekommen, dann meine ich es müsse der Umstand gewesen sein, daß dieser vielbeschäftigte Mann sich Zeit für mich nahm. Ganz gesammelt und konzentriert war er für mich da. Ganz behutsam half er, die schwierigsten Dinge auszusprechen und so langsam den Problemen auf den Grund zu kommen. Von ›Vorhof‹ und ›Innenhof‹ des Gesprächs, vom ›Bruch im Gespräch‹ oder von hohen Worten ›senkrecht von oben‹ habe ich nichts bemerkt. Der Seelsorger versuchte einfach, mit mir zusammen herauszufinden, was in diesem konkreten Moment meines Lebens die ›Freiheit eines Christenmenschen‹ bedeuten könnte. Ich bekam keine Regeln, keine Befehle; ich wurde nicht beurteilt, ich bekam nichts aufgeredet. Sondern es geschah dort Hilfe zu einem Stückchen Ordnung, zu ein wenig Mut und zu neuen Schritten. Wenn er dann am Schluß mit mir betete, dann hatte ich das Gefühl: Jetzt gibt er mich zurück in die Hand Gottes. Er will mich nicht an sich binden. Ich bin nicht *ihm* Rechenschaft schuldig über das, was ich jetzt tue. Sondern jetzt stellt er mich auf meine eigenen Füße vor Gott hin. Ich kann mich kaum an eines seiner gesprochenen Worte erinnern. Aber meine Gefühle während solcher seelsorgerlichen Aussprachen sind mir jederzeit gegenwärtig: das Gefühl der Geborgenheit, des völligen Angenommenseins, des Staunens über so viel persönliche Zuwendung, des Vertrauens und der menschlichen Nähe.« (Ebd., 9f.)

Sicherlich reicht dieser eine Bericht (der einzige einschlägige, der mir bekannt ist) nicht aus, um Thurneysen sozusagen nachträglich – entgegen all dem, was er geschrieben hat – zum Pastoralpsychologen zu machen. Angeführt worden ist dieser Bericht nur deshalb, um allzu forschem Urteilen über die kerygmatische Seelsorge ein wenig entgegenzuwirken.

Wie immer die kerygmatischen Seelsorger sich im Einzelfall in ihrer konkreten Seelsorgepraxis auch verhalten haben mögen, der theoretische Gegensatz zur heutigen Pastoralpsychologie ist natürlich letztlich nicht überbrückbar. In der pastoralpsychologischen Konzeption ist die Psychologie ein integrales Element, theoretisch und praktisch in den gesamten seelsorgerlichen Prozeß hineinverwoben, nicht künstlich auf eine Phase (»Abklärung der Lage«) beschränkt wie bei Thurneysen. Die Kommunikationsstruktur ist ferner völlig anders. Es gibt keine lineare Kommunikation, vom Seelsorger ausgehend und sich über Direktiven entfaltend, sondern die Kommunikation ist eher zirkulär, sie hat viele Vergewisserungsschleifen. Insgesamt ist das seelsorgerliche Geschehen partnerschaftlich angelegt und nimmt den Ratsuchenden mit seiner ganzen Person und seiner persönlichen Problematik viel ernster.

9.3 Geschichte der Pastoralpsychologie

Die Pastoralpsychologie entstand in den 20er Jahren unseres Jahrhunderts in Amerika. Ihr Gründungsvater war der Pfarrer A. T. Boisen. Wegen einer Psychose in eine psychiatrische Klinik aufgenommen, vermißte Boisen während dieses Aufenthalts schmerzlich den Kontakt zu einem Seelsorger. Nach seiner Heilung beschloß er, selber Pfarrer in einer solchen Anstalt zu werden, obgleich einem Pfarrer diese Arbeitsmöglichkeit damals noch nicht offenstand.

Boisen sammelte einige Studenten um sich und begann mit einem »Clinical Pastoral Training«. Er ging mit den Studenten in eine psychiatrische Anstalt und praktizierte dort mit ihnen Seelsorge vor Ort; anschließend wurden in der Gruppe diese Krankenbesuche durchgesprochen und aufgearbeitet. Boisen war der Meinung, daß man Seelsorge nicht allein aus Büchern lernt, sondern vor allem durch die Praxis, gemäß dem Prinzip »learning by doing«. Ohne dieses Prinzip, das die amerikanische Psychologie und Pädagogik von Anfang an bestimmt hat und das durch den Pragmatismus J. Deweys auch philosophisch begründet ist, kann Boisen und können die Anfänge der Pastoralpsychologie nicht verstanden werden.

Nachdem Boisen zunächst eine gewisse Mühe aufwenden mußte, um seine Ideen in die Tat umzusetzen, griff das Clinical Pastoral Training wie ein Lauffeuer um sich. Eine Fülle von Ausbildungsstätten entstand, entsprechende Organisationen wurden gegründet, Zeitschriften ins Leben gerufen, Lehrstühle eingerichtet usw. Überall arbeiteten Theologen, Psychotherapeuten und Ärzte Hand in Hand. War Boisen selbst in psychologischer Hinsicht von C. G. Jung beeinflußt gewesen, so wurde später C. Rogers mit seinem gesprächspsychotherapeutischen

Ansatz der psychologische Hauptgewährsmann der neuen Bewegung. Die Ausbildungsgänge und -programme fächerten sich immer weiter aus, aber die Grundprinzipien sind überall dieselben: Lernende und Lehrende arbeiten eng zusammen, und zwar in einem Krankenhaus, einer psychiatrischen Klinik, einem Gefängnis, auch in einer Erziehungs- oder Familienberatungsstelle usw. Die Gespräche mit den Patienten werden auf Tonband aufgenommen oder nachträglich aus dem Gedächtnis protokolliert (Verbatims) und dann in der Gruppe unter Anleitung eines Supervisors analysiert. Dabei geht es nicht nur um technische Verbesserungen der Seelsorgepraxis, sondern die angehenden Seelsorger werden auch selber in einen Prozeß der differenzierteren Selbstwahrnehmung hineingezogen, sie werden teamfähiger, bereit zur Selbstkritik und entwickeln emotionale Reife. Das alles wiederum macht sie sensibler für die Arbeit mit den Patienten.

Auf deutschem Boden hätte es eine solche Entwicklung in der ersten Hälfte unseres Jahrhunderts nicht geben können. Seelsorge auf empirischer Basis, die den Menschen mit humanwissenschaftlichen Methoden dort abholt, wo er steht, war mit der hier herrschenden theologischen Strömung, der Dialektischen Theologie, nicht vereinbar. In Amerika hingegen wurde die Dialektische Theologie erst mit einer Phasenverschiebung von einigen Jahrzehnten rezipiert, als die Pastoralpsychologie schon in voller Blüte stand. Das Theorie-Praxis-Verhältnis der neuen amerikanischen Seelsorgebewegung mit seinem induktiven Ansatz widersprach zudem zutiefst der deutschen Theologie insgesamt, wo unabhängig von jeder Praxis geforscht wurde. In Amerika jedoch – das klang oben bereits an – war der Boden für die Pastoralpsychologie durch den Pragmatismus vorbereitet. Ferner ist in Anschlag zu bringen, daß dort um die Jahrhundertwende ein starkes Interesse an emotionalen und sozialen Problemen erwacht war. In diesem Klima konnte die Social-Gospel-Bewegung entstehen und sich ausbreiten, der es um die Gestaltung sozialer Verhältnisse vom Evangelium her ging und die ihrerseits zweifellos eine der Wurzeln der Pastoralpsychologie ist.

Von den USA aus erreichte der pastoralpsychologische Ansatz Anfang der 60er Jahre Europa, und zwar zunächst die Niederlande. Das theologische Denken hier kam dem neuen Paradigma in mancher Hinsicht entgegen, es war und ist ebenfalls stark empirisch orientiert. Einige wichtige Namen, mit denen der Anfang der niederländischen Pastoralpsychologie verbunden ist, sind W. Zijlstra (der erste europäische Supervisor mit einer amerikanischen Ausbildung), H. Faber und E. van der Schoot.

In Deutschland wurde die Pastoralpsychologie Ende der 60er Jahre durch H.-C. Piper und D. Stollberg bekanntgemacht. Piper stand ganz unter niederländischem Einfluß und übersetzte das Buch von Faber und van der Schoot »Het pastorale gesprek« von 1962 (Praktikum des seelsorgerlichen Gesprächs, Göttingen 1968). Stollberg arbeitete in seiner Erlanger Dissertation »Therapeutische Seelsorge« (München 1969) die amerikanische Seelsorgebewegung umfassend auf. Beide Bücher sind als Meilensteine anzusehen, sie markieren einen Wendepunkt in der Geschichte der deutschen Seelsorge: Von 1968/69 an machte das pastoralpsychologische Paradigma auch in Deutschland seinen Einfluß geltend und gewann sehr rasch an Bedeutung. Schon bald, 1972, wurde die »Deutsche Gesellschaft für Pastoralpsychologie« gegründet.

Heute ist die Lage bei uns so, daß die Pastoralpsychologie sich ausdifferenziert hat zu einem weiten, kaum noch überschaubaren Spektrum verschiedener Positionen. Das erklärt sich u. a. daraus, daß sie ständig neue Therapieformen aufgreift und damit an den raschen Wandel angekoppelt ist, der in der Psychotherapie-Szene herrscht; die Pastoralpsychologie ist damit fast so schillernd wie die Psychotherapie-Szene selbst (vgl. oben, 7.3.7). Sicher gehört es zu einer verantwortungsbewußt betriebenen Pastoralpsychologie hinzu, daß man das Gespräch mit der Psychotherapie nicht abreißen läßt, denn nur so beugt man der Erstarrung vor; aber muß man dazu jede Mode mitmachen?

9.4 Die Beziehung zwischen pastoralpsychologisch orientierter Seelsorge und Psychotherapie

Die Ausführungen, mit denen der letzte Abschnitt ausklang, legen die Frage nahe, was eine Seelsorge, die unter dem Einfluß der Pastoralpsychologie steht, eigentlich noch von Psychotherapie unterscheidet. Ist eine Seelsorge, die sich derart stark von der Psychotherapie her definiert, nicht selber zur Psychotherapie geworden? Worin liegt ihr Spezifikum? Wie ist überhaupt das Verhältnis zwischen Seelsorge und Psychotherapie zu bestimmen?

Als überholt muß die früher oft vertretene Position gelten, daß Seelsorge und Psychotherapie schiedlich-friedlich voneinander getrennt sind, daß ihnen jeweils völlig unterschiedliche Bereiche zufallen: der Seelsorge das Seelenheil und damit die Befreiung von Sünde und Schuld, der Psychotherapie das diesseitige Heil, also die Befreiung von Neurosen, Fehlhaltungen usw. So einfach kann man sich die Sache nicht machen. Bereits bei unseren Darlegungen zu »falschen Gottesbildern« (vgl. oben, 8.4) wurde deutlich, wie ein seelsorgerlicher Eingriff auf das psychische Gesamtgefüge Einfluß nehmen kann. Überhaupt ist es so, daß viele Probleme, die sich auf den ersten Blick als »rein seelsorgerlich« darstellen, auch eine psychologisch relevante Komponente haben. Wenn es z. B. darum geht, Schuld und Lieblosigkeit zu überwinden, kann der Seelsorger auf zähe, widerspenstige Projektionen stoßen, die ihrerseits auf tiefe seelische Traumata zurückzuführen sind. Ein seelsorgerlich richtiger Umgang mit solchen Problemen sieht so aus, daß der Ratsuchende vorsichtig zur Zurücknahme der Projektionen angeleitet wird, daß die seelischen Verletzungen durchgesprochen und damit der Heilung zugeführt werden, daß neue Verhaltensweisen aufgebaut werden. Das alles ist tendenziell Psychotherapie. *Seelsorge* ist dieser Prozeß deshalb zu nennen, weil er im Geist und aus dem Geist des Evangeliums heraus geschieht, weil Schriftworte in heilender und korrigierender Weise maßgeblich in das Geschehen eingreifen, weil dieses auch gebetsmäßig begleitet wird.

Natürlich muß man sagen, daß immer dann, wenn in der Seelsorge ureigenste Probleme des Glaubens angesprochen werden, schlechterdings nicht von Psychotherapie geredet werden kann. Aber es ist eine Tatsache, daß viele dieser Glaubensprobleme verquickt sind mit psychischen Problemen und der Seelsorger dann nolens volens zu – um es vorsichtig auszudrücken – so etwas wie einem Therapeuten wird.

So wie der Seelsorge eine Tendenz in Richtung Psychotherapie innewohnt, ist umgekehrt in der Psychotherapie eine Tendenz in Richtung Seelsorge festzustellen. Psychotherapie begnügt sich meist nicht damit, eng eingegrenzte Krankheitsherde auszuheilen, sondern zielt auf den Menschen insgesamt, auf sein In-der-Welt-Sein und seine Sinnfindung. Solche letztgültigen Orientierungen zu geben, ist aber eigentlich Proprium des Glaubens und damit der Seelsorge.

Man sollte also zwischen Seelsorge und Psychotherapie keine saubere Grenze ziehen wollen. Wie W. Schütz richtig feststellt, handelt es sich hier um zwei Kreise, die sich überschneiden. Und gemäß dem pastoralpsychologischen Paradigma *sollen* sie sich auch überschneiden, und zwar möglichst weit. Mitunter sagt man sogar, daß Seelsorge Psychotherapie im kirchlichen Kontext sei (D. Stollberg).

Welche Voraussetzungen bringt der heutige Seelsorger mit, um dem Anspruch, therapeutische Seelsorge auszuüben, gerecht werden zu können? Zunächst einmal kommt er mitunter bereits in seiner Universitätsausbildung im Rahmen der Praktischen Theologie mit der Pastoralpsychologie in Berührung, dann aber vor allem in der zweiten Ausbildungsphase nach dem Studium. Wenn dieses Curriculum durch ein gewisses Maß an autodidaktischen Studien (Lektüre einiger psychologisch-psychotherapeutischer Standardwerke) unterstützt wird, kann durchaus – auch ohne wirkliche therapeutische Zusatzausbildung – eine hinreichende Qualifikation für die Praktizierung therapeutischer Seelsorge erreicht werden. Wichtiger noch als die Aneignung von psychologisch-psychotherapeutischem Wissen als solchem ist dabei, daß man Sensibilität für die Wirklichkeit des Menschen gewinnt, daß man es lernt, hinzusehen und hinzuhören. Diese Sensibilität ist das wichtigste Ziel der pastoralpsychologischen Ausbildung bzw. sollte es sein. Nur dann kann man einem Menschen helfen, wenn man von *ihm her* denkt, sich auf sein Bezugssystem einläßt und emotional mitschwingt, wenn man bei dem, was er sagt, auch die Zwischentöne mitbekommt, wenn man ein Gespür dafür hat, welche Problematik sich unter der Oberfläche verbirgt, wenn man nicht an dem hängenbleibt, was vorgeschoben wird, sondern tiefer sieht. Eine solche Sensibilität haben ausgebildete Psychotherapeuten nicht für sich gepachtet, sie ist prinzipiell von jedem erreichbar, der am Menschen interessiert ist. Und wenn man von jemandem sagt, er sei »von Natur aus« ein Psychologe, meint man im Grunde, daß er diese Sensibilität besitzt.

Im folgenden sei ein Beispiel angeführt, das deutlich macht, wie bereits ein wenig psychologische Kenntnis erstaunliche Wirkungen in der Seelsorge zeitigen kann. Es geht um einen Fall von bisher unerkannter Hysterie; der Seelsorger war mit dieser Art von Neurose vertraut, er durchschaute die psychische Dynamik, mit der er es hier zu tun hatte, und konnte sich darauf einstellen:

»In einer Landgemeinde litt eine jüngere, unverheiratete Frau an ›unerklärlichen schweren Anfällen‹. Sie stürzte zu Boden, verletzte sich dabei jedoch nie. Diese zeitweise wilden Bewegungen, zeitweise regungslose und scheinbare Bewußtlosigkeit, wurden durchschnittlich zweimal wöchentlich beobachtet. Jedesmal wurde der Pfarrer in diesem besorgniserregenden Zustand zu Hilfe gerufen. Er mußte die Kranke eine halbe Stunde auf den Schoß nehmen. Tat er es nicht, so wurde der Anfall immer bedrohlicher, ein Grund mehr anzunehmen, daß ›böse Geister‹ hier am Werke seien. Nun wurde der betagte Pfarrer durch einen jungen abgelöst, der mehrere Semester an den Ausbildungskursen der Berliner Lebensmüdenbetreuung teilgenommen und dort auch hysterische Kranke theoretisch und persönlich kennengelernt hatte. Der junge Geistliche weigerte sich, diesen Dienst zu tun, und erbat brieflich [von der Lebensmüdenbetreuung] die Bestätigung seiner Annahme, es handle sich um hysterische Anfälle. Er wurde in seiner Haltung bestärkt. Die Anfälle wurden zuerst schlimmer, hörten aber nach einigen Wochen auf.« (Thomas, Handbuch der Selbstmordverhütung, a.a.O., 385.)

Wenn ein Pfarrer sich dazu entschlossen hat, therapeutische Seelsorge im Sinne der Pastoralpsychologie zu betreiben, sollte er weiterhin bedenken, daß es vielen Klienten, die beim Psychotherapeuten um Rat nachsuchen, gar nicht so sehr um Hilfe in diesem oder jenem Einzelpunkt geht, sondern daß sie letztlich auf der Suche nach menschlicher Nähe, nach Verständnis und Angenommensein sind. Wenn *diese* Leute sich an ihn wenden, sollten sie hier in besten Händen sein. Denn im Raum der Kirche sollte nicht nur von der Kanzel her verkündigt werden: »Du bist von Gott angenommen«, sondern hier und gerade hier sollte man auch die elementare Erfahrung des sozialen, zwischenmenschlichen Angenommenseins machen können. Im seelsorgerlichen Kontakt selbst und auch in den einzelnen Gruppen der Gemeinde sollte und müßte etwas von diesem Angenommensein aufleuchten, nach dem so viele Menschen auf der Suche sind. (Vgl. hierzu Röm 15,7: »Nehmt einander an, wie Christus euch angenommen hat.«) Nur am Rande sei vermerkt, daß neben der oben genannten »Sensibilität für die Wirklichkeit des Menschen« das »Annehmen des anderen« eine entscheidende Variable für erfolgreiche psychotherapeutische Tätigkeit ausmacht, die viel wichtiger ist als die Art der jeweiligen Therapie, die man anwendet.

Das wohl interessanteste Modell zur möglichen therapeutischen Tätigkeit des Pfarrers hat E. van der Schoot vorgelegt (in dem Buch mit H. Faber »Praktikum des seelsorgerlichen Gesprächs«, a.a.O.). Der Verfasser entlastet zunächst einmal den Pfarrer, wenn er sagt, daß dieser in einem komplizierten Fall durchaus die psychologisch differenziertere Hilfe bewußt verweigern und sich nur auf eine rein seelsorgerliche Begleitung einlassen solle, und zwar wenn ihm die entsprechende Befähigung oder die nötige Zeit fehlt. Jeder Pfarrer solle mit sich selber ausmachen, wo er seine Grenze zieht, und dies mit dem Betroffenen jeweils besprechen. Der einschlägig ausgebildete Pfarrer könne Ratsuchenden durchaus therapeutische Hilfe anbieten, sozusagen als seelsorgerlichen Extra-Dienst. So wie Pfarrer in ihrer Arbeit verschiedene Akzente setzen, müsse es auch möglich sein, daß geeignete Pfarrer diesen Akzent ihrer Arbeit hinzufügen. Konkret könne es so aussehen, daß ein Pfarrer in der Seelsorge durch Zuhören und empathisches Sich-Einleben entdeckt, daß er es mit einem psychischen Konflikt zu tun hat, und darauf mit dem Einbau einer therapeutischen Phase reagiert. Nach Befreiung von den psychischen Schwierigkeiten, wenn der Ratsuchende sich wieder freier orientieren kann, setzt für den Pfarrer eine seelsorgerliche Auslaufphase ein.

Jeder Pfarrer muß sich selber Rechenschaft darüber abgeben, ob er sich auf das Konzept der therapeutischen Seelsorge einlassen kann oder will. Bemerkenswert ist in dem vorgetragenen Entwurf von van der Schoot, daß eine solche Seelsorge keineswegs als einzig mögliche Seelsorge hingestellt wird. Wer sich also durch therapeutische Seelsorge überfordert sieht, darf auch nach pastoralpsychologischer Sicht guten Gewissens die Hände von ihr lassen. Was jedoch von demjenigen Pfarrer, der nicht pastoralpsychologisch arbeiten kann oder will, eingefordert werden kann, ist dies: in schweren Fällen, in denen eine tiefe psychische Problematik vorliegt, nicht allein mit herkömmlichen seelsorgerlichen Mitteln herumzudoktern, sondern einen Fachmann heranzuziehen. Dilettantismus hat hier schon manches Unheil angerichtet, ja, es sind Fälle bekannt, in denen es nach falscher Seelsorge zu Selbstmorden und Selbstmordversuchen kam (vgl. Thomas, Handbuch der Selbstmordverhütung, a.a.O., 322f; 376 Anm. 222). Leider nur wenige Pfarrer haben ein Überweisungssystem aufgebaut, das sie befähigt, einen Ratsuchenden sofort an die richtige Adresse zu verweisen; hier ist noch viel falsches Selbstbewußtsein zu beerdigen, das davon ausgeht, man könne alles alleine.

Die vorstehenden Ausführungen sollten Mut machen, es mit therapeutischer Seelsorge zu versuchen, und zwar auch dann, wenn man sich nicht für perfekt hält. Bei einer realistischen Selbsteinschätzung und der Bereitschaft zur Selbstkritik wird man rasch merken, wo die eigenen Grenzen liegen, und man wird diese Grenzen mit der Zeit erweitern können. Daß bei alledem nicht zu einer dilettantisch-laienhaften Praktizierung von Psychotherapie aufgerufen wurde, ist hoffentlich deutlich geworden. So ist ja bereits die Ausübung der Gesprächspsychotherapie nach C. Rogers nicht so einfach, wie es sich dem ungeübten Beobachter auf den ersten Blick darstellt. Es geht keineswegs darum, die Äußerungen des Klienten einfach nur »zurückzuspiegeln« (vgl. zur Gesprächspsychotherapie oben, 7.3.4); leicht könnte sich ein Ratsuchender durch eine allzu naiv gehandhabte »Spiegeltechnik« für dumm verkauft vorkommen. Nun muß sich der Seelsorger aber auch gar nicht, um therapeutische Seelsorge zu betreiben, krampfhaft an eine bestimmte Methode halten. Er darf Eklektiker sein, und was er vor allen anderen Dingen im Auge behalten muß, sind die beiden oben genannten Variablen »Sensibilität für die Wirklichkeit des Menschen« und »Annehmen des anderen«.

Wenn aus dem Bereich der Psychotherapie Konzepte in den Bereich der Seelsorge und des Glaubens herübergeholt werden, muß man sich darüber im klaren sein, daß man sich stets auch Weltanschauungen und Menschenbilder einhandelt, die in diesen Konzepten stecken. Mit solchen Implikaten muß man sich theologisch auseinandersetzen, und ggf. sind die entsprechenden Konzepte dieser Implikate wegen zurückzuweisen, es sei denn, man kann die Konzepte von den Implikaten sozusagen »säubern«. Daß unter diesem Gesichtspunkt vieles, was der heutige »Psychoboom« hervorgebracht hat, von der Pastoralpsychologie nicht aufgegriffen werden kann, ist selbstverständlich (vgl. zum »Psychoboom« oben, 7.3.7). Wie steht es nun aber mit seriöseren Formen der Psychotherapie?

Der Transaktionsanalyse (vgl. zu dieser Therapieform oben, 7.3.6) hat T. C. Oden von theologischer Seite aus nachgewiesen, daß sie eine implizite Theologie entwickelt hat, eine regelrechte Erlösungslehre, eine psychologische Variante der jüdisch-christlichen Auffassung von der Not des Menschen, von der Möglichkeit der Rettung und vom Leben in der Liebe. (Wer sagt: Du bist okay? Eine theologische Anfrage an die Transaktionale Analyse, Gelnhausen u. a. 1977.) Den dämonischen Mächten, von denen der Mensch biblischer Auffassung gemäß gefangengehalten wird, entsprechen in der Transaktionsanalyse verderbliche Lebensscripts und Spiele. Und die Sprache, mit der die Befreiung aus diesen Scripts und Spielen beschrieben wird, ähnelt der biblischen Sprache von Exodus und Erlösung. In ethischer Hinsicht bietet die Transaktionsanalyse einen simplen Hedonismus. Ferner wird die elterliche Autorität, ohne die eine gesunde Entwicklung des Kindes nicht möglich ist, systematisch ausgehöhlt. Und noch manches andere ließe sich nennen. – Trotz dieser schonungslosen Kritik hält Oden die Transaktionsanalyse für ein nützliches Instrument in der Hand des Pfarrers. Aber er darf dieses Instrument nicht blindlings anwenden, sondern muß es von seinem theologischen Bezugsrahmen her gebrauchen.

Eine intensive Auseinandersetzung mit den Problemen, die bei der Übernahme von Psychotherapieformen in den Bereich des Glaubens auftauchen, soll hier nicht geleistet werden. Aber es soll ein Buch genannt werden, das hierzu ausgezeichnete Informationen gibt: W. Jentsch, Der Seelsorger, Moers, 2. Aufl. 1983. Jentsch stellt 10 Psychotherapien vor und bewertet sie von theologischer Seite aus. Die Darstellung ist sehr ausgewogen und fundiert. Der Verfasser hat der Psychotherapie gegenüber eine große Offenheit, die allerdings gepaart ist mit enormer theologischer Wachsamkeit.

Immer wieder geht es, wenn in der Literatur über das hier angerissene Problem nachgedacht wird, speziell um die Vereinbarkeit von theologischem Denken mit dem Menschenbild von C. Rogers, und zwar deshalb, weil die Gesprächspsychotherapie von Rogers eine so beherrschende Rolle in der Pastoralpsychologie spielt. Da die Auseinandersetzung mit Rogers so wichtig ist, soll sie hier in einiger Ausführlichkeit nachgezeichnet werden (die Aufstellung ist entnommen aus H. Lemke, Theologie und Praxis annehmender Seelsorge, Stuttgart 1978, 38):

	Theologisches Menschenbild	Rogers' Menschenbild
Urstand/Natur (Organismus)	Der Mensch als *Geschöpf Gottes* ist verantwortlich für seine Welt.	Der Mensch ist von seiner *Grundnatur* her konstruktiv, sozial und verantwortlich für die Welt.
peccatum originale/Sozialisationsschäden	Durch die *Abwendung von Gott* verliert der Mensch Freiheit und Geborgenheit. Er handelt deshalb schuldhaft an sich selbst und seinen Mitmenschen.	Durch negative Erfahrungen im *Sozialisationsprozeß* verliert der Mensch seine Freiheit und entwickelt destruktives Verhalten sich selbst und seinen Mitmenschen gegenüber.
Erlösung/Selbstfindung	*Annahme* des Menschen *durch Gott* im *Christusgeschehen,* im seelsorgerlichen Bereich erfahrbar durch die Beziehung zum Seelsorger, gestaltet durch Annahme, Liebe und Wahrhaftigkeit.	Möglichkeit zur *Selbstaktualisierung* durch die Beziehung zum Therapeuten, gestaltet durch Akzeptieren, emotionale Wärme und Echtheit.
Neues Sein/Selbstkongruenz	Der Mensch findet *durch Christus zu Gott,* zu sich selbst und seinen Mitmenschen zurück. Aus neugewonnener *Bindung an Gott* gewinnt er Freiheit von verknechtenden Zwängen und übernimmt Verantwortung für seine Welt.	Der Mensch findet *zu einem konstruktiven* Selbst und seinen Mitmenschen zurück. Er gewinnt Freiheit von gesellschaftlichen Zwängen und übernimmt Verantwortung für die Welt.
Im Sein Werden/ Prozeß	Der durch *Christus erlöste* Mensch lebt weiter in Anfechtung auf Hoffnung hin.	Die in der Therapie begonnene Selbstaktualisierung bleibt ein *Prozeß auf die Selbstkongruenz* hin.

Dieses Schema gibt in etwa den gegenwärtigen Diskussionsstand wieder. Kann man nun, angesichts der Differenzen, die zwischen dem theologischen Menschenbild und dem Menschenbild von Rogers bestehen, Gesprächspsychotherapie im christlichen Raum verantworten? Nach Lemke durchaus. Ihre eigene Seelsorgepraxis ist durch und durch von Rogers her bestimmt. Legitimieren kann Lemke diese Praxis u. a. durch folgende Überlegungen, die sehr überzeugend sind: Praktizieren läßt sich Gesprächspsychotherapie im kirchlichen Raum auch *ohne* das humanistische Menschenbild von Rogers; wenn ich mich so auf den anderen einstelle und mit ihm im Gespräch mitgehe, wie Rogers es fordert, bin ich ja noch lange nicht der gesamten Weltanschauung von Rogers verfallen. Außerdem ist es *theologisch evident,* daß man sich in einem Gespräch genau so verhält, wie in der Gesprächspsychotherapie vorgesehen; die therapeutischen Variablen von Rogers entsprechen nämlich dem christlichen Bemühen um Wahrhaftigkeit, Liebe und Annahme.

Nicht verschwiegen werden soll, daß zu der Verhältnisbestimmung von Seelsorge und Psychologie/Psychotherapie, die in den vorangegangenen Ausführungen vorgetragen und vertreten worden ist, eine dezidierte Gegenposition existiert, nämlich von evangelikaler Seite aus. Diese Gegenposition ist vor allem mit dem Namen J. E. Adams verbunden. Adams ist der Meinung, daß Psychologie und Psychotherapie in der Kirche und im Bereich des Glaubens nicht das geringste zu suchen haben. Alle seine Bücher sind durchzogen von einer scharfen Polemik gegen Psychologen und Psychotherapeuten. Einer pastoralpsychologisch orientierten Ausbildungsstätte sagte er einmal, daß ihr Curriculum keine Existenzberechtigung habe, weil es heidnisches Denken in die biblische Lehre integriere.

Adams Gegenentwurf zur »psychologisch verseuchten« Seelsorge ist eine biblische Lebensberatung, die er »Nouthesia« bzw. »nuthetische Seelsorge« nennt. (Nouthesia heißt »Ermahnung«; vgl. 1Kor 10,11; Eph 6,4; Tit 3,10.) Die Bibel ist für Adams ein Buch, aus dem er unmittelbare Verhaltensanweisungen entnimmt, die er dann in der Seelsorge in direktiver Weise weitergibt. Für alle Fragen und Probleme des Lebens hat der Seelsorger somit Antworten in der Hand, Antworten, die mit göttlicher Autorität versehen sind. Langwierige Gespräche wie in der pastoralpsychologisch orientierten Seelsorge, in denen man sich einem Problem allmählich nähert, gibt es in diesem Konzept nicht; der Seelsorger kommt, ohne viel Federlesens zu machen, sofort zur Sache. Nicht vorgesehen ist im Konzept der nuthetischen Seelsorge, daß der Seelsorger auch einmal die Hilfe eines Fachmanns, also etwa eines Psychiaters, in Anspruch nehmen könnte. Der Pfarrer ist besser als jeder Psychiater! *Er* ist es nämlich, der vom Wort Gottes her die eigentliche Tiefe des Menschen ergründen kann, nicht der Psychiater oder der sogenannte Tiefenpsychologe. Und was dort in der Tiefe des Menschen wohnt, ist die Sünde; *sie* ist es letztlich, worunter der Mensch leidet, und sie bringt die vielfältigen Probleme des Menschen hervor.

Das Konzept Adams ist – wie könnte es anders sein – von pastoralpsychologischer Seite aus heftig kritisiert worden, und zwar mit theologischen und psychologischen Argumenten. In theologischer Hinsicht wird Adams der Vorwurf gemacht, daß er überhaupt nicht vom Evangelium her bestimmt ist, sondern allein vom Gesetz. In psychologischer Hinsicht meint man Adams nachweisen zu können, daß auch er – ohne es zu wissen oder zuzugeben – von Psychologie beeinflußt ist, und zwar von einem massiven Behaviorismus; sein seelsorgerliches Vorgehen sei eine unreflektierte und damit gefährliche Anwendung von Verhaltenstherapie.

Die Auseinandersetzung zwischen Adams und der Pastoralpsychologie ist keine rein akademische Angelegenheit. Die (vielen) Schriften von Adams haben nicht nur in den USA, sondern schon bald darauf auch in Deutschland eine erhebliche Breitenwirkung entfaltet und viele Stellungnahmen provoziert. Übersehen wird in der Debatte häufig, daß es keine einfache Gleichung »evangelikal = psychologiefeindlich« gibt. Es existieren nämlich evangelikale Entwürfe zur Seelsorge, die durchaus mit Psychologie arbeiten (vgl. z. B. G. Collins, Einführung in die beratende Seelsorge, Witten 1979). Die Pastoralpsychologie hat damit die Möglichkeit (von der sie allerdings – soweit ich es sehe – keinen Gebrauch macht), evangelikale Positionen gegeneinander anzusetzen, gegeneinander auszuspielen. Das wäre eine sehr effektive Weise, um die Position von Adams zu relativieren.

Ich sage bewußt »relativieren«, denn es sollte nicht darum gehen, die Daseinsberechtigung von Adams Nouthesia rundweg zu bestreiten. Dieser Position wohnen wichtige Wahrheitsmomente inne. Zunächst einmal ist hier der dualistische Grundzug in Anschlag zu bringen (»Sünde – Glaube«, »Ungehorsam – Gehorsam«, »falsch – richtig« usw.); er reflektiert eine wichtige biblische Einsicht, die nicht leichtfertig preisgegeben werden darf (vgl. z. B. 2Kor 6,15: »Christus oder Belial!«). Die Psychologie neigt hingegen zu einem monistischen Denken, in dem seelische Gegenkräfte miteinander ins Lot gebracht werden, in dem alles so lange austariert wird, bis der Mensch eine Einheit ist. Daß etwas »Sünde« genannt wird und aus dem Menschen ausgeschieden werden muß, paßt nur schwer ins System. Es ist denn auch häufig so, daß in pastoralpsychologischen Seelsorgekonzeptionen grundsätzliche christliche Wahrheiten eingeebnet und verwischt werden. Deshalb ist die Position von Adams eine bleibende peinliche Anfrage, ob man noch »bei der Sache ist«, eine Anfrage, der sich eine verantwortungsbewußt betriebene Pastoralpsychologie nicht leichtfertig entziehen darf.

Ferner sollte zu denken geben, daß eine gemäß Adams ausgeübte Seelsorge offenbar sehr effektiv ist, was auch von pastoralpsychologischer Seite aus zugestanden wird. Nun ist Effektivität selbst vielleicht noch kein Gütezeichen, wenn sie um einen zu hohen Preis (etwa den der Gesetzlichkeit) erkauft wird. Aber man sollte hier vorsichtiger urteilen; aus der Abwertung der »Seelsorgeerfolge« Adams könnte auch Neid sprechen, der angesichts des oft zweifelhaften Ausgangs der eigenen (psychologisch bestimmten) seelsorgerlichen Bemühungen aufkommt. Bei allen Vorwürfen, die man Adams machen kann, muß man doch sagen, daß er dem Menschen die *Kontrolle über sich selber* zurückgibt. Wenn er die wesentlichen Triebkräfte im Menschen »Sünde« nennt, macht er sie angehbar und veränderbar. Ein Ratsuchender, der sich an Adams wendet, wird dahin gebracht, Herr im eigenen Haus zu werden, es aufzuräumen und zu gestalten vom »Geist seines Denkens« aus (vgl. Eph 4,23). Dieser »Geist des Denkens« ist offenbar für Adams die hierarchisch höchste Instanz im Menschen, von der aus jede Veränderung ihren Anfang nimmt. So gesehen ist Adams vielleicht gar kein Behaviorist, sondern *kognitiver Psychologe!* Kognitionen stehen bei ihm an erster Stelle, und von ihnen her strukturiert sich dann die Gesamtpsyche.

Bei alledem dürfte deutlich geworden sein, daß man sich das Gespräch mit Adams nicht zu einfach machen darf. Natürlich ist das, was er sagt, letztlich mit der hier vorgetragenen und vertretenen Konzeption einer pastoralpsychologisch orientierten Seelsorge nicht vereinbar. Aber eine pauschale Ablehnung ist unangemessen, dafür birgt die Position zu viel Wertvolles in sich.

Beendet werden sollen unsere Ausführungen zum Verhältnis von pastoralpsychologisch orientierter Seelsorge und Psychotherapie mit einem Blick auf den Ansatz von G. Besier (Seelsorge und Klinische Psychologie, Göttingen 1980). Dieser Ansatz wurde als bahnbrechend bezeichnet, und zwar völlig zu Recht. Es ist in der Pastoralpsychologie weithin so, sagt Besier, daß »spekulative Einsichtstherapien« verwendet werden. Damit meint er z. B. die Gestalttherapie, die Themenzentrierte Interaktionelle Methode und die Transaktionsanalyse. (Vgl. zur Transaktionsanalyse oben, 7.3.6; die beiden anderen Therapieformen sind im vorliegenden Buch nicht besprochen worden.) Die Wirksamkeit spekulativer Einsichtstherapien ist empirisch nicht abgesichert;

von der Pastoralpsychologie wird die Notwendigkeit einer solchen Absicherung auch gar nicht gesehen. Damit hinkt die Pastoralpsychologie der universitären Klinischen Psychologie stark hinterher. Hier wird mit Therapieverfahren gearbeitet, die validiert sind, hier werden Therapieprogramme aufgestellt, die einer empirischen Kontrolle standhalten und ihre Erfolge bzw. Mißerfolge vor wissenschaftlichen Meßverfahren ausweisen müssen; insbesondere die Gesprächspsychotherapie und die Verhaltenstherapie sind von Anfang an in dieser Weise auf den wissenschaftlichen Prüfstand geholt worden.

Die Pastoralpsychologie kann, so meint Besier, an der modernen Klinischen Psychologie mit ihrer so beschriebenen Ausrichtung nicht länger vorbeigehen. Dabei macht er keinen Hehl aus seiner Anschauung, daß unter diesem Gesichtspunkt auch die Psychoanalyse schlecht wegkommt; denn an die angeblichen Erfolge, die sie aufweisen kann, lassen sich wissenschaftliche Kontrollverfahren, wie sie in der Gesprächspsychotherapie und Verhaltenstherapie eingesetzt werden, ja kaum herantragen. Einer der Höhepunkte in Besiers Buch ist die (theoretische, hypothetische) Neubearbeitung eines Falls, den K. Winkler tiefenpsychologisch angegangen ist. Es beeindruckt, wie Besier von einem anderen theoretischen Rahmen her (Verhaltenstherapie) zu einer völlig anderen Beurteilung des Falls kommt, die sich auch ggf. in einem völlig anderen therapeutischen Vorgehen niedergeschlagen hätte.

Nur nebenbei sei vermerkt, daß sich hier ein delikater Gegensatz zu J. Scharfenberg auftut. Scharfenberg meint auch fünf Jahre nach dem Erscheinen des Buches von Besier immer noch, daß die *Psychoanalyse* als grundlegendes Paradigma der Pastoralpsychologie beibehalten werden solle (Einführung in die Pastoralpsychologie, a.a.O., 33). Damit ist in augenfälliger Weise die von Scharfenberg selbst angesprochene Tatsache demonstriert (vgl. oben, 9.1), daß die Pastoralpsychologie ein außerordentlich umstrittenes Gebiet ist. Keinem, der sich auf dieses Gebiet vorwagt, bleibt es erspart, sich durch das Dickicht der verschiedenen Ansätze selber seinen Weg zu suchen.

9.5 Pastoralpsychologische Gesprächsführung

Manch einem mögen die bisherigen Ausführungen zur Pastoralpsychologie noch zu theoretisch gewesen sein; er fragt vielleicht nach unmittelbaren Hilfen, die ihm aus der Pastoralpsychologie für seine seelsorgerliche Praxis erwachsen könnten. Nun kann zwar in dem hier zur

Verfügung stehenden Rahmen dem Leser kein Curriculum angeboten werden, das ihn zur perfekten Beherrschung therapeutischer Seelsorge führt, aber einige Hilfen für das konkrete Verhalten in der Seelsorge, für die seelsorgerliche Gesprächsführung, können und sollen gegeben werden. Begonnen wird damit, daß zwei Beispiele vorgetragen werden: eines für schlechte Gesprächsführung und eines für gute. Über diese Beispiele schreitet unser Gedankengang fort zu einem kleinen Katalog von methodischen Hilfen, in dem die wesentlichen pastoralpsychologischen Erkenntnisse zur Gesprächsführung systematisch und praxisgerecht aufbereitet werden.

H.-C. Piper, einer der führenden deutschen Pastoralpsychologen, beklagt in einer seiner Schriften die durchgehende Unfähigkeit in der Seelsorge, zuzuhören und zu verstehen. Dieses Lamento mag banal klingen. Das Gewicht von Pipers Aussage nimmt aber schlagartig zu, wenn man bedenkt, daß er dieses Urteil aufgrund der Auswertung von über zweitausend Gesprächsprotokollen fällt. Welche verheerenden Folgen durch die Unfähigkeit, zuzuhören und zu verstehen, gezeitigt werden, dürfte dem betreffenden Seelsorger kaum bewußt sein. Nehmen wir nur folgendes Gespräch, das der betreffende Pfarrer als seelsorgerlichen Erfolg verbucht hat, das aber in Wirklichkeit ein totaler Mißerfolg war:

»Eine Frau kommt in die Sprechstunde. Sie klagt, gesundheitlich gehe es ihr nicht gut. ›Herr Pfarrer, die Kinder, der Mann, der Dienst in der Firma, die Hausfrauenarbeit – ich schaffe es nicht mehr.‹ Der Pfarrer will helfen. Er freut sich, daß er hier helfen kann. ›Das schaffen wir schon. Wie wäre es mit einer Mütterkur?‹ Schade, daß der Pfarrer nicht zuhören konnte. Was sagte die Frau: ›Die Kinder, der Mann . . .‹ Statt weiter zuzuhören, handelt der Pfarrer. Er redet mit der Dekanatsstelle des Diakonischen Werkes. Der Pfarrer handelt. Er verspricht einen finanziellen Zuschuß. Der Pfarrer handelt. Er will für die Beaufsichtigung der Kinder bei den Schularbeiten während des Kuraufenthaltes sorgen. Wozu hat man schließlich den Mütterkreis? Der Pfarrer ist zufrieden mit sich selbst. Praktische Nächstenliebe – hat er sie nicht praktiziert? Diakonisches Werk und Mütterkreis werden in Bewegung gesetzt. Ob die Frau auch zufrieden ist? ›Herr Pfarrer, aber mein Mann, ich muß Ihnen doch noch sagen, daß . . .‹ Der Pfarrer handelt. Er unterbricht, er redet. ›Das überlassen Sie mal mir, ich rede schon mit Ihrem Mann. Kopf hoch, nicht wahr!‹ Die Frau geht. Sie nimmt ihr Problem wieder mit. Mit Sorge denkt sie an das Gespräch des Pfarrers mit ihrem Mann. Schade, daß der Pfarrer aus einer übereiligen Hilfsbereitschaft der Frau nicht die Chance zum Reden und sich selbst die Chance zum Zuhören gab.« (Entnommen aus: H. Argelander [Hrsg.], Konkrete Seelsorge, Stuttgart – Berlin 1973, 148 f.)

Gehen wir nun von diesem Beispiel eines mißglückten seelsorgerlichen Kontaktes über zum Beispiel eines gelungenen Seelsorgegesprächs. Es stammt aus der Krankenhausseelsorge; begonnen wird das Gespräch seitens der Patientin sehr ablehnend und aggressiv. »Als die Seelsorgerin sich vorstellt und sie fragt: ›Darf ich Sie besuchen?‹ antwortet sie abweisend. ›Ja, tun Sie man. Aber eigentlich paßt es mir gar nicht. Ich bin nicht gut dran heute. Ich kann heute gar nichts behalten, was Sie mir sagen wollen. Haben Sie nicht jemand anders, den Sie sich heute vornehmen können?‹ Die Seelsorgerin sagt ruhig: ›Wissen Sie, ich setze mich nur mal ein bißchen ganz ruhig zu Ihnen, wenn Sie mögen. Sonst gehe ich weiter.‹ Darauf die Patientin: ›Ach ja, dann ist es gut, dann bleiben Sie man. Dann kann ich Ihnen ja erzählen, wie das gestern war.‹ Nun folgt ein Bericht über den gestrigen Krankheitstag, wo sie infolge einer Spritze die Besuchszeit verschlief und den Besuch ihrer Kinder nicht wahrgenommen hat. Die Pastorin: ›Das kann ich mir vorstellen, daß Sie darüber traurig sind.‹ Die Patientin nickt, zerrt heftig an ihrem Aufrichtegurt und sagt dann unvermittelt und sehr aggressiv: ›Unserm Herrgott kann ich eigentlich nicht wirklich danken, daß ich noch lebe. Ich möchte so gern sterben. Wenn ich man schon auf dem Friedhof läge. Da hätte ich meine Ruhe. Dann kommen sie und kümmern sich um einen – oder auch nicht. Das muß man dann so hinnehmen, wie es ist ...‹ Die Seelsorgerin widersteht an dieser Stelle der Versuchung einzugreifen. So konnte die Patientin weiterreden: Sie hatte in der Tat noch nicht alles gesagt, was sie auf dem Herzen hatte. Sie erzählt jetzt, ruhiger werdend, ihre Krankheitsgeschichte und sagt dann plötzlich: ›Sehen Sie, nun weiß ich wieder alles, alles ist mir wieder eingefallen ... (fast triumphierend; dann fährt sie mit einem etwas verschämten Lächeln fort:) So ist das dann mit Gott ja doch nicht, daß er einen im Stich läßt, daß er mich ganz verlassen hat, das stimmt nicht. Er hilft mir immer wieder zurecht. Ich habe auch viel Schönes gehabt. Sicher.‹ Die Seelsorgerin liest ihr nun ein Gebet vor und übergibt ihr eine Karte, auf der dies Gebet steht. Die Patientin reagiert: ›O wie ist das wahr, wie ist das wahr ...‹ Hier ist der Seelsorger Zeuge eines Prozesses geworden, in dem es um das Verhältnis dieses Menschen zu Gott geht. Nur scheinbar hat der Seelsorger nichts dazu beigetragen. Entscheidend ist gewesen, daß er an der Stelle, wo die Patientin so aggressiv wurde, nicht mit Beschwichtigungen und Argumenten eingegriffen hat. Er wäre damit aus seiner Rolle gefallen, und der Weg zu der Erkenntnis, daß Gott treu ist, wäre für die Patientin aller Wahrscheinlichkeit nach blockiert gewesen. Positiv hat der Seelsorger durch seine Haltung der Patientin verkündigt, daß Gott sie als Klagende und Hadernde annimmt und ihr Gott bleibt.« (Entnommen aus: H.-C. Piper, Perspektiven klinischer Seelsorge, in: R. Riess [Hrsg.], Perspektiven der Pastoralpsychologie, Göttingen 1974, 137–151, hier: 150f.)

Das zweite der hier angeführten Beispiele von Seelsorgegesprächen zeigt, daß Menschen auch in einer hilflosen Lage erstaunliche Fähigkeiten entwickeln können, mit dieser Lage fertigzuwerden, wenn sie einen Gesprächspartner haben, der mit ihnen emotional solidarisch ist und ihnen keine Antworten aufzwingt. Leiten wir daraus ein erstes Bündel von Ratschlägen für den Seelsorger ab: Er sollte *emotionale Solidarität leisten,* dem anderen *behilflich sein bei* dessen *eigener Suche nach Antworten* und *nicht (bzw. nicht zu früh) in direktiver Weise eingreifen.*

Im Hintergrund dieser Ratschläge steht die Gesprächspsychotherapie von C. Rogers. Auch derjenige, der sie nicht kunstgerecht beherrscht, kann sich in seinen Gesprächen durchaus von diesen Ratschlägen oder Prinzipien leiten lassen und wird dabei die erstaunlichsten Erfahrungen machen. Zunächst einmal fällt von ihm der Druck ab, für jedes Problem eine Lösung parat haben zu müssen. Der Seelsorger darf mit leeren Händen in ein Gespräch gehen. Er kann darauf vertrauen, daß der Ratsuchende die Antworten, die er nötig hat, auch finden wird, und er selbst – der Seelsorger – kann seine Tätigkeit darauf beschränken, diese Antworten sozusagen entbinden zu helfen. Mitunter mag es allerdings so sein, daß der Ratsuchende zu umfassenden Antworten nicht durchzustoßen vermag, aber in diesem Fall kann er zumindest bestimmte Aspekte zu diesen Antworten beitragen, und in der Interaktion zwischen Seelsorger und Ratsuchendem sind dann die Antworten weiter auszuformulieren. Bei alledem soll nicht ausgeschlossen sein, daß der Seelsorger gelegentlich auch in direktiver Weise eingreift, aber immer nur nach einer längeren Phase des Rezipierens, die sich meist über mehrere Gespräche erstrecken muß.

Notwendig dafür, daß der Ratsuchende in jenen Prozeß hineinkommt, in dem ihm selber Antworten zuwachsen, ist – wie bereits gesagt – eine Haltung emotionaler Solidarität seitens des Seelsorgers, eine Haltung also, wie sie die Krankenhausseelsorgerin im zweiten der oben dargestellten Beispiele gezeigt hat. Haltung der emotionalen Solidarität heißt, daß man sich ganz und gar auf das Bezugssystem des anderen einläßt, daß man von seinen Voraussetzungen her versucht zu verstehen und zu fühlen. Wer sich einmal bemüht hat, diese Haltung zu praktizieren, wird wissen, wie schwer sie durchzuhalten ist: immer wieder rutscht man in den *eigenen* Bezugsrahmen zurück, immer wieder denkt und fühlt man von den *eigenen* Voraussetzungen her. Hier ist ein konsequenter Umschulungsprozeß nötig, der sich, so mühsam er auch sein mag, mit Sicherheit in der Seelsorge auszahlen wird.

Mitunter stößt der Seelsorger, der sich so verhalten will, wie vorstehend beschrieben, auf Ratsuchende, die ihm ein völlig anderes Rollenangebot machen: sie erwarten Weisung, Führung. Der Seelsorger muß sich gut überlegen, ob er auf dieses Rollenangebot eingehen will. Er kann es in Einzelfällen durchaus tun; in einer bestimmten Lebensphase kann jemand so ohnmächtig sein, daß ihm nur mit klaren Anweisungen weiterzuhelfen ist. Aber in der Regel ist in einem solchen Fall Vorsicht angebracht. Der Ratsuchende, der sich hilflos gibt, weckt mit seinem Verhalten patriarchalische, autoritäre Tendenzen, die in fast jedem Seelsorger stecken. Es entwickelt sich ein Betreuungsverhältnis, das beiden Beteiligten einen fragwürdigen Gewinn bringt, aber letztlich unfruchtbar bleibt. Der Ratsuchende erhält laufend Zuwendung, aber um den Preis, daß er sein infantiles Verhalten beibehalten muß; der Seelsorger fühlt sich geschmeichelt, »helfen« zu können, »führen« zu dürfen – die beiden Interaktionspartner spielen ein verhängnisvolles Spiel miteinander. Zur Seelsorge gehört es oftmals, *Rollenangebote abzulehnen;* und zwar auch dann, wenn sie einem gefallen. Begegnet werden kann einem gefährlichen Rollenangebot damit, daß man es offen anspricht, daß man es selber zum Problem macht. Damit ist meist zugleich ein Einstieg in die Lebensproblematik des Ratsuchenden gegeben, d. h. eine massive Beziehungsproblematik angesprochen (anderen Menschen gegenüber verhält sich der Ratsuchende ja genauso wie dem Pfarrer gegenüber, und gerade diese Art von Beziehungen ist sein Problem).

Der Ratschlag an den Seelsorger, ggf. Rollenangebote abzulehnen, soll nun in einem etwas anderen Zusammenhang ein wenig vertieft werden, wobei zugleich zu einem weiteren Prinzip übergeleitet wird: *nicht am Vordergründigen haftenbleiben.* (Zusammen mit dem Prinzip »emotionale Solidarität leisten« macht dieses Prinzip jene »Sensibilität für die Wirklichkeit des Menschen« aus, die oben als wichtigstes Ziel der pastoralpsychologischen Ausbildung hingestellt worden ist; vgl. 9.4.)

J. Scharfenberg berichtet in seinem empfehlenswerten Buch »Seelsorge als Gespräch« (Göttingen, 3. Aufl. 1980, 101 ff) von einem seelsorgerlichen Kontakt, in dem der Seelsorger unversehens in die Position eines Verteidigers der Kirche und des Pfarrerberufs hineingeriet, sich damit auf eine bloß vorgeschobene Problematik einließ und jeden Handlungsspielraum verschenkte, um dem Betreffenden wirklich helfen zu können. Das Gespräch fand in einem Krankenhaus statt, der Patient war ein selbstbewußter, eleganter junger Mann, der sich von einer Blinddarm-Operation erholte. Er berichtete von seinen Erfahrungen mit der Kirche, durchsetzt mit Vorwürfen, auch gegen einen Pfarrer. Daraufhin sagte der Seelsorger: »Ja, aber ein Pfarrer ist auch nur ein Mensch. Die Gemeinde erwartet manchmal, daß er ein Heiliger sei, für den es keine menschlichen Anfechtungen gibt. Aber ein Pfarrer lebt auch von der Vergebung. Wo ist denn die Gemeinde, die ihm da hilft?« Mit diesem Statement hat sich der Seelsorger selber matt gesetzt. Er hat sich in eine Rolle hineinmanövrieren lassen, die ihm der Gesprächspartner zugedacht hatte. Die Lebensproblematik des jungen Mannes, die sich unter den vordergründigen Angriffen verbarg, konnte der Seelsorger von dieser Rolle aus nicht mehr angehen. Er war unempfindsam gewesen für den Code-Text der Erzählungen des jungen Mannes, er hatte die eigentliche Problematik nicht erkannt, sondern sich auf eine Diskussion über Kirche und Pfarrer eingelassen.

Es ist, so gesteht Scharfenberg zu, schwierig, in einer solchen Situation (in einem nur kurzen Gespräch am Krankenbett) die Geistesgegenwart aufzubringen, herauszuhören, wovon *wirklich* die Rede ist. Hilfreich kann nach Scharfenberg u. U. folgender Kunstgriff sein: Man sollte auf Worte achten, die einem emotional geladen vorkommen. Diese Schlüsselworte sollte man immer wieder ins Gespräch werfen, um den Gesprächspartner zu immer neuen Assoziationen anzuregen. Die Reaktion auf die Schlüsselworte ist außerordentlich aufschlußreich und kann dem Seelsorger helfen, die Problematik des Betreffenden zu erkennen.

In anderen Situationen hat es der Pfarrer leichter, durch Vordergründiges hindurch zur eigentlichen Problemkonstellation vorzustoßen. So beispielsweise beim Hausbesuch. Nicht nur das Gespräch selbst ist es, das ihm hier Aufschlüsse liefert, sondern auch das ganze Umfeld: das Verhalten der Kinder, Interaktionsmuster zwischen den Familienangehörigen, Einrichtung und Zustand der Wohnung usw. Und auch ein Gespräch selbst liefert ja viel mehr cues (Hinweiszeichen) als nur Worte selbst: Gesten, Intonation, körperliche Begleiterscheinungen wie Erröten, Schwitzen usw.; ferner muß gefragt werden, warum Pausen entstehen, warum der Gesprächspartner ausweicht, warum er das Thema wechselt.

Der Seelsorger hat also zu lernen, wirklich hinzusehen und wirklich hinzuhören, will er nicht an der wahren Problematik, die sich oft unter der Oberfläche verbirgt, vorbeigehen. Daß wir mit diesem Ratschlag den theoretischen Rahmen der Gesprächspsychotherapie verlassen haben, dürfte deutlich geworden sein; der Gesprächspsychotherapie geht es ja gerade darum, den Menschen so stehenzulassen, wie er ist, ihn in dem ernst zu nehmen, was er sagt. Mit unserem Ratschlag, ggf. das, was ein Mensch sagt, als »Material« einer tieferen Analyse zu verwenden, folgen wir dem tiefenpsychologischen Paradigma. Wir bekennen uns damit bewußt zu einem eklektischen Vorgehen, das Anleihen macht bei verschiedenen therapeutischen Grundrichtungen.

Natürlich darf der Seelsorger nicht dahin kommen, *alles* zu hinterfragen, jeder Kleinigkeit irgendwelche tiefere Bedeutung beizumessen und sich damit in Überinterpretationen zu verfangen. So müssen z. B. die auffallend schicken, roten Pantöffelchen, in denen eine Frau den Pfarrer beim Hausbesuch empfängt, keineswegs ein Zeichen für lasziives Verhalten sein; freilich: sie *können* ein solches Zeichen sein. Wie denn nun ein Gleichgewicht zu erreichen ist zwischen den Extremen (nicht überinterpretieren / nicht am Vordergründigen haftenbleiben), kann durch ein Buch nicht vermittelt werden; weiterhelfen kann hier nur die Bereitschaft, aus Erfahrungen zu lernen und sich immer wieder korrigieren zu lassen.

Wir kommen nun zu einem weiteren Ratschlag für den Seelsorger: er darf *sich nicht in Beziehungsspiele verstricken lassen.* Der Sachverhalt, um den es hier geht, ist in gewisser Weise oben bereits angeklungen: Ein Ratsuchender, dem es gelingt, den Seelsorger in eine bestimmte Rolle hineinzumanövrieren und ihn dadurch matt zu setzen, spielt ein Spiel mit ihm. Im folgenden soll nun die Dynamik von solchen Spielen ein wenig genauer untersucht werden, ausgehend von einem Beispiel.

Der Begriff »Spiele«, wie er hier verwendet wird, ist dem theoretischen Rahmen der Transaktionsanalyse entnommen (vgl. zur Transaktionsanalyse oben, 7.3.6; dort ist auch der Begriff »Spiele« bereits erklärt worden). Ein Spiel, in das der Pfarrer besonders oft hineingezogen wird und das er meist bereitwillig mitspielt, heißt: »Warum nicht – Ja, aber ...« Auch beim Psychotherapeuten wird dieses Spiel gespielt, auf Parties und in Gruppen aller Art; es ist dasjenige Spiel, das am häufigsten von allen vorkommt. Schauen wir uns einmal seinen typischen Verlauf an:

LILO: »Ich bin ein richtiges Mauerblümchen, fade und langweilig, niemand will mit mir ausgehen.«

LOLA: »Warum gehst du nicht zum Friseur und läßt dir eine andere Frisur machen?«

LILO: »Ja, aber das kostet zuviel Geld.«
LOLA: »Na gut, aber warum kaufst du dir nicht eine Illustrierte mit ein paar Anregungen für Frisuren zum Selbermachen?«
LILO: »Ja, aber das habe ich versucht – mein Haar ist zu dünn. Es hält einfach nicht. Wenn ich einen Knoten trage, sieht es wenigstens ordentlich aus.«
LOLA: »Wie wäre es, wenn du Make-up benutzen würdest, um deine Züge zu unterstreichen.«
LILO: »Ja, aber meine Haut reagiert allergisch auf Make-up. Ich habe es versucht, und meine Haut wurde ganz rauh und pickelig.«
LOLA: »Heute gibt es viele gute Make-ups für empfindliche Haut. Warum gehst du nicht einmal zu einem Hautarzt?«
LILO: »Ja, aber ...« usw., usw.
(Entnommen aus: T. A. Harris, Ich bin o.k. – Du bist o.k., Reinbek bei Hamburg 1983, 143 f.)

Dieses Spiel kann von einer beliebigen Anzahl Mitspieler gespielt werden. Die Struktur ist immer dieselbe: Der agierende Urheber stellt ein Problem zur Diskussion. Die Mitspieler präsentieren verschiedene Lösungsversuche, von denen jeder mit Worten beginnt wie »Warum nicht ...?«, »Wie wäre es ...?« Auf jede dieser Fragen hat der agierende Urheber einen Einwand: »Ja, aber ...« Ein guter Spieler ist in der Lage, die Vorschläge der anderen mit seinen Einwänden auf unbegrenzte Zeit hinaus zu parieren; schließlich geben die anderen das Spiel auf, und er gewinnt. Das Signal für den Sieg ist das betretene Schweigen der anderen, denen nichts mehr einfällt. (Nach E. Berne, Spiele der Erwachsenen, Reinbek beim Hamburg 1982, 152.)

Das eigentliche Ziel des agierenden Urhebers ist es also nicht, wirkliche Lösungsvorschläge zu erhalten, sondern das Ziel besteht darin, solche Lösungsvorschläge zu verwerfen. Der Spieler möchte demonstrieren, daß sein Problem unlösbar ist, und er möchte den Mitspielern beweisen, wie unfähig sie sind, wirkliche Lösungsvorschläge beizubringen. Ein seelsorgerlicher Kontakt, der nach dem Muster »Warum nicht – Ja, aber ...« verläuft, wird sich endlos im Kreise drehen, bis der Pfarrer schließlich resigniert aufgibt und damit seine Niederlage eingesteht; der Ratsuchende hat »gewonnen« und sucht sein nächstes Opfer.

Es ist nicht einfach, solche und ähnliche Spiele aufzubrechen. Das wichtigste ist, daß man zunächst einmal den Blick für solche Beziehungsspiele bekommt; ein Spiel zu durchschauen, ist bereits der halbe Ausstieg aus ihm. Konkret könnte der Pfarrer z. B. zu einem Spieler obigen Typs sagen: »Warum spielen Sie eigentlich ›Warum nicht – Ja, aber ...‹, obwohl Sie doch wissen, daß das ein aufgelegter Schwindel ist?« (Berne, 155 f.) Eine solche Frage, die das Problem auf eine Meta-Ebene hebt, kann verblüffende Wirkungen haben und nun echte Kommunikation ermöglichen.

Vorsehen muß sich der Pfarrer auch davor, die Beichte und den Zuspruch von Vergebung zu einem Spiel werden zu lassen. Bei manchen notorischen Sündern sind Sünde und Beichte in ein harmonisches Verhältnis zueinander gesetzt, auf die Sünde folgt die Beichte, dann wird wieder dieselbe Sünde begangen usw. Der Pfarrer, der hier immer wieder die Vergebung zuspricht, mag zwar theologisch richtig handeln, aber psychologisch erfüllt er u. U. die ihm zugedachte Rolle in einem Spiel. Auch hier könnte Meta-Kommunikation hilfreich sein.

Als Spiel läßt sich auch der Wunsch vieler Ehefrauen ansehen, nur von einer »reiferen Frau« beraten zu werden, bei der sie sich dann vor allem in der Klage über die Männerwelt im allgemeinen wohlzufühlen scheinen, was einen echten Fortschritt an Einsicht hemmt und verzögert. (Nach Scharfenberg, Seelsorge als Gespräch, a.a.O., 87. Als Spiel wird dieses Interaktionsmuster bei Scharfenberg selbst allerdings nicht bezeichnet, das ist eine von mir hinzugefügte Interpretation.)

Ein letzter Punkt, der hier angesprochen werden soll, ist die Warnung vor Koalitionen in der Seelsorge: Der Seelsorger darf *sich nicht mit dem Ratsuchenden gegen Dritte verbünden.* Diese Warnung zu beachten, fällt oft schwer; immer wieder versuchen Ratsuchende, den Seelsorger auf ihre Seite zu ziehen, indem sie ihm die Niederträchtigkeit einer Bezugsperson (Ehepartner, Schwiegermutter usw.) schildern und vom Seelsorger erwarten, daß er in das Lamento einstimmt. Damit aber wäre nichts gewonnen, im Gegenteil: die Lage würde sich verschlimmern. Beziehungsschwierigkeiten sind immer beidseitig bedingt, und wenn der Seelsorger sich auf die Seite des Ratsuchenden schlägt, kann er ihm schlecht dessen eigenen Anteil an den Schwierigkeiten vor Augen führen. Außerdem hätte er eine ungünstige Ausgangsposition gegenüber der dritten Person, falls es einmal zu einem Gespräch mit ihr kommen sollte. Aber das sind noch gar nicht einmal die ausschlaggebenden Gründe gegen Koalitionen, der wichtigste Grund ist vielmehr dieser: Die Dynamik eines interpersonellen Geschehens kann man als Seelsorger den Betreffenden nur durchschaubar machen, wenn man nicht selber in dieses Kräftespiel eingebunden ist. Man verliert jeden Handlungsspielraum, wenn es zu einer solchen Einbindung kommt, man wird von einer Person gegen die andere ausgespielt. Nur aus einer – richtig verstandenen – Vogelperspektive heraus, die nichts mit emotionalem Unbeteiligtsein zu tun hat, kann man als Seelsorger in soziale Beziehungen helfend eingreifen.

Der Übersichtlichkeit wegen sollen nun die Ratschläge zur pastoralpsychologischen Gesprächsführung, die vorstehend zusammengetragen worden sind, hier noch einmal systematisch aufgelistet werden:

- emotionale Solidarität leisten;
- dem anderen behilflich sein bei dessen eigener Suche nach Antworten;
- nicht (bzw. nicht zu früh) in direktiver Weise eingreifen;
- Rollenangebote ggf. ablehnen;
- nicht am Vordergründigen haftenbleiben;
- sich nicht in Beziehungsspiele verstricken lassen;
- sich nicht mit dem Ratsuchenden gegen Dritte verbünden.

9.6 Pastoralpsychologisch orientierte Seelsorge als ganzheitliche Seelsorge

Unser Kapitel über Pastoralpsychologie soll abgeschlossen werden mit einigen Überlegungen zu anthropologischen und theologischen Grundentscheidungen der pastoralpsychologisch orientierten Seelsorge, von denen die bisherigen Darlegungen bereits bestimmt waren, die aber bisher noch nicht offen angesprochen worden sind.

Pastoralpsychologisch orientierte Seelsorge ist ganzheitliche Seelsorge, die den Menschen nicht nur in seinem religiösen Sein erfaßt, sondern auch in seinem psychischen und sozialen Sein. Pastoralpsychologisch orientierter Seelsorge ist es darum nicht nur um eine Entfaltung und Reifung des Glaubenslebens zu tun, sondern es geht ihr zugleich um eine Entfaltung der Persönlichkeit und um harmonische Beziehungen des Ratsuchenden mit anderen Menschen. (In einem anderen theoretischen Rahmen, nämlich bei unserer Beschäftigung mit der Religionspsychologie, haben wir »Entfaltung der Persönlichkeit« und »harmonische Beziehungen mit anderen Menschen« als die maßgeblichen Kriterien »reifer Religiosität« bezeichnet; vgl. oben, 8.5.)

Eine der entscheidenden Grundannahmen der Pastoralpsychologie ist, daß alle drei genannten Aspekte des menschlichen Seins, der religiöse, der psychische und der soziale, eng zusammengehören, daß sie miteinander korrelieren; ja, sie durchdringen und beeinflussen sich wechselseitig. Seelsorgerlicher Ansatzpunkt kann, wenn man so denkt, nie das Glaubensleben allein sein; der Seelsorger greift viel zu kurz, wenn es ihm nur um den Glauben des Ratsuchenden zu tun ist.

Machen wir uns an einem extremen Beispiel klar, was ganzheitliche

Seelsorge bedeutet und welche Fehler ein Seelsorger macht, der die ganzheitliche Sicht nicht hat. In pietistischen, gesetzlichen Kreisen kommt es häufig vor, daß eine ausgeprägte Frömmigkeit einhergeht mit neurotischen Persönlichkeitsstrukturen und verkümmertem, von Projektionen bestimmtem Sozialverhalten. Ein Seelsorger, der pastoralpsychologisch nicht geschult ist, wird einen solchen Menschen u. U. in verhängnisvoller Weise immer nur bestätigen. Tauchen Probleme auf, werden sie auf der dogmatisch-kognitiven Ebene gelöst, aber die Tiefenstrukturen der Persönlichkeit bleiben unverändert. In der Seelsorge werden Formeln ausgesprochen wie »Buße tun«, »dem anderen vergeben«, »mit seinen Sünden unter das Kreuz gehen« usw., aber es sind häufig Leerformeln, denen keine seelsorgerlich begleiteten Veränderungsprozesse auf der psychischen und sozialen Ebene entsprechen. Der Seelsorger begnügt sich damit, daß dogmatisch-kognitiv alles ins Lot kommt. Seelsorgerlich angesetzt werden muß aber erheblich tiefer. Zur Disposition stehen muß in der Seelsorge der *ganze Mensch,* mit den Tiefenstrukturen seiner Persönlichkeit und seinem konkreten Sozialverhalten. Es genügt nicht, dem Menschen in der Seelsorge zu einem frommen Anstrich zu verhelfen. Dieser Anstrich muß im Gegenteil abgetragen werden, die Maske muß vom Gesicht, der alte Mensch muß demaskiert werden. Fromm sein und von der Tiefe her neuer Mensch sein, können zwei verschiedene Dinge sein, und der Seelsorger kann sich nicht damit begnügen, lediglich Frömmigkeit zu kultivieren; ihm muß es zugleich um die Erneuerung des *ganzen Menschen* gehen, und dazu ist Psychologie unverzichtbar. Denn erst mit Hilfe psychologischer Konzepte kann man die raffinierte Tarnung des alten Menschen aufdecken und jene Stabilisierungsmechanismen durchschaubar machen, die es ihm ermöglichen, bei allen dogmatischen Bekenntnissen letztlich unverändert zu bleiben. (Ein solcher Stabilisierungsmechanismus kann etwa ein Beziehungsspiel im Sinne der Transaktionsanalyse sein; vgl. oben, 9.5.) Psychologie kann also in der Hand des pastoralpsychologisch geschulten Seelsorgers ggf. ein messerscharfes Analyseinstrument sein, eine unverzichtbare Hilfe bei der Diagnose eines Problems.

Ein so geschulter Seelsorger-Psychologe mit einem fast übernatürlichen Witterungsvermögen für tiefsitzendes Fehlverhalten war F. Künkel (vgl. vor allem sein Buch »Die Arbeit am Charakter«, Konstanz 1969). Künkel, von der Individualpsychologie Adlers herkommend, war in seinem Urteil unbestechlich und insbesondere darauf spezialisiert, in der Frömmigkeit Sein von Schein zu trennen, er war ein »Fachgelehrter der Sünde«.

Nicht jeder pastoralpsychologisch ausgerichtete Seelsorger muß freilich so schonungslos, um nicht zu sagen brutal, gegen fassadenhafte Frömmigkeit angehen, wie Künkel es tat, aber jeder, der sich auf psychologische Konzepte in der Seelsorge einläßt, wird mit der Zeit einen untrüglichen Blick für jene bloß an der Oberfläche angesiedelte Frömmigkeit bekommen, unter welcher der »alte Mensch« weiterhin sein Unwesen treibt. Wie und wann ein Seelsorger einen Ratsuchenden in solche Erkenntnisse hineinnimmt, ist sicher von Fall zu Fall verschieden, aber letztlich gilt, daß er niemandem, der ein unechtes Leben führt, die Konfrontation mit sich selber ersparen kann. Nach Möglichkeit sollten stets Erneuerungsprozesse angestrebt werden, die so undramatisch wie möglich verlaufen, aber es kann dem Seelsorger durchaus passieren, daß er Hilfestellung geben muß bei Entwicklungen, die sich nur unter einem starken Bruch vollziehen können, wo also eine Neuwerdung nur unter großen Erschütterungen zustande kommt.

Daß eine so verstandene ganzheitliche Seelsorge, in welche Psychologie integriert ist (als unverzichtbares diagnostisches Instrumentarium und auch als Hilfe bei der Neustrukturierung der Persönlichkeit und der sozialen Beziehungen), evangeliumsgemäße Seelsorge darstellt, sollte von niemandem angezweifelt werden. Immer wieder zeigt die neutestamentliche Briefliteratur ganz konkret, wie tief die durch Christus bewirkte Erneuerung des Menschen zu gehen hat (vgl. z. B. Eph 4,22–32), wie sie die gesamte psychische Struktur und das Sozialverhalten durchdringen muß. Und die Pastoralpsychologie tut nichts anderes, als – ausgehend vom Indikativ des Evangeliums, von der in Christus aufgerichteten Wirklichkeit – neues Sein auch tatsächlich in den *gesamten Menschen* hineinzutragen.

10. Sozialpsychologie im kirchlichen Bereich

Bereits im ersten Teil des vorliegenden Buches haben wir uns ausführlich mit Sozialpsychologie beschäftigt (vgl. oben, 5.). Im folgenden wenden wir uns dieser psychologischen Teildisziplin erneut zu, unter einer veränderten Fragestellung: Ging es oben um eine grundsätzliche Darstellung der Sozialpsychologie, so geht es nunmehr um die Auswertung sozialpsychologischer Konzepte für den Bereich kirchlichen Handelns.

Begonnen wird mit einem Abschnitt über Gruppendynamik. Wenn dieses Wort heutzutage ausgesprochen wird, ist für viele Christen der status confessionis angesagt; vehement nehmen sie entweder dafür oder dagegen Stellung, sie können sich ein Christentum ohne bzw. mit Gruppendynamik überhaupt nicht vorstellen. In diese emotional geführte Debatte ein wenig Sachlichkeit zu bringen, ist eines der Anliegen des Abschnitts über Gruppendynamik. Die anderen sozialpsychologischen Themen, um die es in den folgenden Ausführungen geht, sind alle mehr oder weniger mit dem Thema Gruppendynamik verbunden; so wird ja z. B. das Bibliodrama (dem ein eigener Abschnitt gewidmet ist) in einer Gruppe inszeniert und ist, wenn man so will, eine besondere Form der Gruppendynamik. Der Übersichtlichkeit wegen lohnt es sich aber, nicht alle möglichen Themen (Bibliodrama, Führungsverhalten usw.) unter die Gesamtüberschrift Gruppendynamik zu bringen, sondern hier eine Entflechtung vorzunehmen.

Im Grunde hätte man die Gruppendynamik auch bereits im Rahmen der Pastoralpsychologie behandeln können. Sie wird ja häufig zu therapeutisch-seelsorgerlichen Zwecken eingesetzt und ist dann ein pastorales Instrument. Aber sie dient eben *nicht nur* therapeutisch-seelsorgerlichen Anliegen, sondern auch der Selbsterfahrung und der Begegnung; ja, sie wird mitunter aufgefaßt als Modell des Zusammenlebens schlechthin und als Art und Weise der Sinnerfahrung. Bedenkt man ferner, daß die Sozialpsychologie derjenige theoretische Rahmen ist, in dem die Gruppendynamik entwickelt wurde (vgl. oben, 5.4.5), erscheint es besser, sie auch in ebendiesem Rahmen zu behandeln.

10.1 Gruppendynamik

Eine Definition dessen, was Gruppendynamik ist, haben wir bereits an anderer Stelle gegeben (vgl. oben, 5.4.5). Wir können hier also sofort mit der Einzelerörterung beginnen und wollen dabei so vorgehen, daß zunächst zwei Beispiele aus der gruppendynamischen Praxis (innerhalb der Kirche) angeführt werden: ein positives (hier wurde Gruppendynamik als bereichernd erfahren) und ein negatives (hier wurde Gruppendynamik als zerstörerisch erfahren). Diese beiden Beispiele machen schlaglichtartig deutlich, wie gegensätzlich Menschen auf Gruppendynamik reagieren und wie umstritten dieses Phänomen ist.

Das erste Beispiel ist der Zeitschrift »Wege zum Menschen« 28 (1976), 483–487, entnommen. B. und W. Herrmann bieten hier einen Beitrag mit dem Titel: »Versuch, gruppendynamische Laborsituationen in den Alltag dörflicher Kirchengemeinden zu übersetzen.« Das Verfasserehepaar betreut zwei kleine Landgemeinden im Westerwald mit all den typischen Merkmalen, die zu Landgemeinden dazugehören: verhärtete traditionsgeprägte Einstellungsmuster und Verhaltensweisen, vielfache Kommunikationsbarrieren (zwischen Pfarrer und Gemeinde, zwischen den Generationen), schlechte Arbeitsverhältnisse usw.

Von den sozialen Gruppen der Dörfer fielen dem Verfasserehepaar insbesondere die Frauen zwischen dreißig und fünfzig Jahren auf, die mehrfach belastet sind und ihr Leben in einer oft unbefriedigenden Alltagsroutine verbringen. Diese Frauen waren die erste Zielgruppe von B. und W. Herrmann und erhielten von ihnen eine schriftliche Einladung zur Selbsterfahrung in der Gruppe. Vierzehn Frauen ließen sich auf das Experiment ein. Es wurde ein Erfolg; zwar reagierten die Ehemänner zunächst skeptisch und spöttisch, aber dann zunehmend aufgeschlossener und neugieriger. Weitere Selbsterfahrungsveranstaltungen wurden durchgeführt, auch mit anderen Zielgruppen.

Die Teilnehmer lernten in diesen Veranstaltungen ihre Individualität besser kennen und nahmen ihre Kommunikationsgewohnheiten bewußter wahr. Stereotype soziale Einstellungen und Verhaltensweisen brachen langsam auf und veränderten sich. Man begann, einander zu respektieren und eine offene Kommunikation zu entwickeln. Diese Erfahrungen wurden dann auf den häuslichen Alltag übertragen: »Manche berichten, daß sie wieder leichter und tiefer schlafen können, daß sie gelassener und bewußter leben. Zwischen den Teilnehmern entsteht Solidarität und Kontakt auch über die Seminardauer hinaus. Viele erleben eine Steigerung ihres Selbstwertgefühls und lernen, bewußt Ich zu sagen. Das schließt zugleich mehr Akzeptanz und Toleranz der anderen ein.«

Soweit das positive Beispiel zur Gruppendynamik. Gehen wir nun zum negativen über; es wird berichtet von einem der entschiedensten Gegner dieses Phänomens, von H.-K. Hofmann (Psychonautik – Stop. Kritik an der »Gruppendynamik« in Kirche und Gemeinde, Wuppertal, 3. Aufl. 1977, 53): »Eine Pfarrwitwe, mittleren Alters, die sich zum Gemeindedienst zurüstete, erlebte das sogenannte ›Streichhölzchenspiel‹ auf einer ›Seelsorgetagung‹. Der Leiter der Gruppe, ein Freund ihres verstorbenen Mannes, hatte ihre Wertschätzung. Als er das Hölzchen mit einem knackenden Laut in zwei Hälften brach und sagte: ›Jeder zerbricht sein Hölzchen und gibt es dem in der Gruppe, der ihm am unsympathischsten ist‹, rief sie spontan: ›Nein, das dürfen Sie nicht tun!‹ Daraufhin wandte er sich ihr zu und gab ihr wortlos das zerbrochene Streichholz. Sie erzählte uns: ›Nun war in mir ein Signal überfahren. Von nun an war ich ein fast willenloses Werkzeug in den Händen des Leiters. Bei allen kommenden Übungen wollte ich seine Anerkennung und Zuneigung zurückgewinnen. Ich konnte nicht mehr beten, und es kam bei mir zu psychosomatischen Störungen.«

Wenn man die beiden hier angeführten Beispiele von Gruppendynamik miteinander vergleicht, muß man sich fragen, ob es sich beide Male überhaupt um dasselbe Phänomen handelt. Im zweiten Beispiel geht es um ein riskantes Spiel, in dem heftige Emotionen angestachelt werden. Im ersten Beispiel geht es gewissermaßen »weicher« zu. In der erwähnten schriftlichen Einladung tauchen Begriffe und Wendungen auf wie Meditation, innere Ruhe, sich bewußt entspannen, persönliche Möglichkeiten erweitern usw.; Spiele wie im zweiten Beispiel scheint es hier nicht gegeben zu haben.

Gruppendynamik ist also ein schillerndes Phänomen, hinter diesem Begriff kann sich alles mögliche verbergen. So läßt sich nach der Meinung des einen erst dann von Gruppendynamik sprechen, wenn es sich um eine systematisch betriebene Sensibilisierung unter Zuhilfenahme psychologischer Konzepte handelt, und für den anderen liegt Gruppendynamik bereits dann vor, wenn man in einer Gruppe bewußter miteinander kommuniziert, als es üblich ist, wenn man z. B. einander gelegentlich Feedback gibt. Man tut deshalb gut daran, in einer Diskussion über Gruppendynamik ganz genau zu definieren, was man unter diesem Begriff versteht. Pauschalurteile über Gruppendynamik schlechthin sollten vermieden werden: über ein uneinheitliches Phänomen kann kein einheitliches Urteil gefällt werden.

Nun ist es allerdings so, daß die meisten Kritiker der Gruppendynamik, ob sie es nun bewußt sagen oder nicht, nur die systematisch betriebene Sensibilisierung, also die gezielte Freisetzung und Steuerung von Emotionen, angreifen. Nur selten geht man soweit, *alle* kommunikativen Prozesse, die steuernd ins Gruppengeschehen eingreifen, abzulehnen.

Die Angriffe gegen eine als systematisch betriebene Sensibilisierung verstandene Gruppendynamik sind von schneidender Schärfe. Zusammengesetzt sind diese Angriffe aus psychologischen Argumenten einerseits und aus theologischen Argumenten andererseits. Wenden wir uns zunächst den psychologischen Argumenten zu:

Eines der Hauptziele der Gruppendynamik ist, Rollen, also stereotype Verhaltensweisen, aufzubrechen und »Echtheit« zu vermitteln. »Echtheit« ist aber eine zum guten Teil sozial definierte Größe; was »echt« am Menschen ist, wird in der Interaktion mit anderen festgelegt und hängt zum großen Teil von deren Urteil ab. Der Mensch, der meint, in einer Selbsterfahrungsgruppe »echt« geworden zu sein, ist einem Trugschluß verfallen: Er ist in ein Benennungsspiel hineingeraten, dessen soziale Dynamik er nicht durchschaut, und seine angebliche Echtheit ist das Ergebnis ganz bestimmter kommunikativer Prozesse; in einem anderen sozialen Rahmen mit anderen kommunikativen Prozessen sähe Echtheit anders aus! Dieser Sachverhalt ist der Grund dafür, weshalb außerhalb des Rahmens einer Selbsterfahrungsgruppe »positive Veränderungen der Persönlichkeit«, zu denen es innerhalb der Gruppe gekommen ist, oft nicht wahrgenommen werden. Diese positiven Veränderungen sind nur definiert innerhalb eines ganz bestimmten sozialen Kontextes, innerhalb einer spezifischen Konstellation sozialer Interaktionen.

Man wirft von psychologischer Seite aus der Gruppendynamik ferner vor, daß sie Menschen häufig zur Regression führt, aber nicht in jedem Falle vermag, diese Regression wieder rückgängig zu machen. Was ist damit gemeint? Durch gewisse gruppendynamische Techniken werden Menschen dazu stimuliert, ihre bisherige Identität preiszugeben und in ein Stadium zurückzukehren, in dem Individualität und Identität noch nicht stark ausgeprägt sind. Um Fehlentwicklungen der Persönlichkeit zu korrigieren, mag ein solches Verfahren angemessen sein. Es muß jedoch auch eine konstruktive Phase geben, in der es zum Neuaufbau der Identität kommt. Nun ist es aber leichter, Identität zu destruieren, als neue Identität aufzubauen. Insbesondere dann, wenn eine Gruppe von keinem erfahrenen Psychotherapeuten geleitet wird, sondern von einem in Wochenendkursen ausgebildeten »Gruppentrainer«, kann es passieren, daß ein Mensch sozusagen »auseinandergenommen« wird, aber nicht wieder zu einer stabilen Identität zurückfindet.

Zu Recht warnt man immer wieder vor einem »Verfallensein« an die Gruppendynamik. Gruppendynamik kann zur Sucht werden. Viele Menschen sind auf einem Selbsterfahrungs-Trip und finden nur innerhalb der Gruppe soziale Annahme und Bestätigung; außerhalb der Gruppe hat ihr »gruppendynamisches Verhalten« nur geringen Kurswert, und so wird die Gruppe zur eigentlichen Heimat, was die Diastase zwischen Gruppe und Außenwelt weiter vertieft.

Gehen wir nun zur theologischen Kritik an der Gruppendynamik über. Der schärfste Vorwurf von dieser Seite aus ist, daß Gruppendynamik eine religiöse Dimension hat, daß sie eine Art von Religion darstellt. Das zeigt sich am deutlichsten darin, daß der gruppendynamische Prozeß die Entwicklungsstufen des christlichen Heilswegs widerspiegelt:

1. *Rebellio:* Protest gegen die Gruppe, Abwehrhaltung.
2. *Contritio:* Zerknirschung; man erkennt seinen Egoismus und seine Unfähigkeit, sich gruppengemäß zu verhalten.
3. *Confessio:* Man bekennt der Gruppe seine »Sünden«; eine Verhaltensänderung setzt ein.
4. *Remissio peccatorum:* Vergebung durch die Gruppe.
5. *Iustificatio:* Die Gruppe spricht den Reumütigen gerecht, sie nimmt ihn in ihre Gemeinschaft auf.
6. *Recreatio:* Der Mensch empfängt von der Gruppe her eine neue Identität.
7. *Sanctificatio:* Der Mensch ist nun ein Teil der befreiten Menschheit; er lebt sein Leben als Konvertit und »Missionar« der Gruppendynamik.

Angegriffen wird von theologischer Seite aus auch das Menschenbild der Gruppendynamik; es ist das der Humanistischen Psychologie: der Mensch ist von Natur aus gut und verfügt über enorme Selbstheilungskräfte. Die biblische Auffassung vom Fall des Menschen und seiner Erlösungsbedürftigkeit hat in einem solchen System keinen Platz. In der Tat läßt sich oft feststellen, daß jemand, der sich bewußt zu elementaren Glaubenswahrheiten bekennt, im ideologisch geschlossenen System einer (christlichen!) Selbsterfahrungsgruppe ein Fremdkörper ist. Hier ein Fallbeispiel dazu: »Ich wurde dazu gedrängt zu sagen, was ich glaube. (Die angebotene Möglichkeit, ›Sie brauchen auch nichts zu sagen‹, war nicht mehr gangbar und wäre als Rückzug gewertet worden.) So benutzte ich die Gelegenheit, um mit voller Freude und Liebe von meiner Bekehrung zu Jesus zu erzählen. Ich war überrascht, daß mich nach diesem nun doch sehr persönlichen Bericht viele Gesichter noch verständnisloser anblickten als vorher. Der führende Kirchenmann meinte mit ironischem Unterton: ›Das ist ja sehr schön für Sie. Ich versuche ja auch zu glauben.‹ Als sich daraufhin eine Diskussion über den Glauben mit Seitenhieben auf mich entspann und ich nicht nachgab, brach der Pfarrer ... das Gespräch ab und sagte wörtlich über mich: ›So, das ist genug. Nun laßt den armen (!) Mann zufrieden!‹« (Entnommen aus: L. Gassmann, Gruppendynamik, Neuhausen/ Stuttgart 1984, 39f.)

Soweit die immer wieder geäußerte Kritik an der Gruppendynamik. Was läßt sich an Argumenten *für* die Gruppendynamik dieser Kritik entgegensetzen? – Das wichtigste Argument ist dieses: Ohne eine Gruppe und ohne intensive Interaktionsprozesse in der Gruppe, wozu auch die Freisetzung von Emotionen gehört, kann es eine tiefgreifende Erneuerung des Menschen nicht geben. Erneuerung des Menschen, die sich außerhalb von sozialen Beziehungen vollzieht, ist eine Fiktion. Machen wir uns das an einem Beispiel klar:

Eine der vielen gruppendynamischen Übungen heißt: »Mein Baum«. Sie läuft so ab, daß die Teilnehmer etwa 20 Minuten lang Zeit haben, sich auf einem Gelände einen Baum auszusuchen, der in etwa dem eigenen Gewordensein entspricht. In diesen Baum wird die Lebensgeschichte hineinprojiziert. Bei den anschließenden Gesprächen »vor Ort«, also vor dem betreffenden Baum, versucht die Gruppe herauszubekommen, was den einzelnen mit »seinem« Baum verbindet. Diese Übung führt erfahrungsgemäß zu einem erschütternden Tiefgang und sollte nicht ohne fachkundige therapeutisch-seelsorgerliche Begleitung vorgenommen werden. Es kann passieren, daß ein Leben schlaglichtartig durchsichtig wird, für die Gruppe und den Betreffenden selbst. Lebenslügen werden offenbar, schlecht vernarbte Wunden brechen auf usw. Diese Erschütterung kann der Beginn eines Neuanfangs sein, und sie könnte nie zustande kommen, wenn der einzelne auf sich selbst gestellt ist. Spaziert er alleine durch einen Wald, kann er noch so viele Bäume meditierend ansehen, sein Leben wird ihm dabei nicht offenbar. Erst soziale Interaktionen, einfühlendes Mitgehen aber auch unbestechliches Urteilen, bewirken dieses Offenbarwerden.

Weiterhin steht in einer Gruppe das eigene Kommunikationsverhalten erbarmungslos auf dem Prüfstand. Mit K.-W. Dahm läßt sich sagen: »Kommunikationsvorgänge sind in ihren Ablaufgesetzlichkeiten leicht zu durchschauen. Es ist jedoch überaus schwierig, sein eigenes Kommunikationsverhalten an den gewonnenen Einsichten zu orientieren. Dazu bedarf es, gerade wenn es um den empfindlichen Bereich der eigenen (religiösen) Wertsysteme geht, einer oft mühseligen und methodisch sorgfältig kontrollierten (›Feedback‹-)Einübung.« (Beruf: Pfarrer, München, 2. Aufl. 1972, 325.) Eine einigermaßen wachsame Gruppe wird es niemandem erlauben, sich über sein Reden selber in Szene zu setzen. Sie wird ihm sofort das nötige Feedback geben. Glaubensmäßig sehr engagierte und überzeugte Menschen empfinden ein solches Feedback oft als inhaltlichen Angriff auf ihren Glauben, dabei ist aber eigentlich das *Kommunikationsverhalten selbst* Ziel des Feedbacks; nicht der Glaube des betreffenden Gruppenteilnehmers soll angegriffen werden, sondern man duldet es nicht, daß dieser sich aufplustert und absolut setzt. Der ichhafte Mensch benutzt, ohne sich dessen bewußt zu sein, Glauben häufig als Mittel der Selbstdarstellung, und was ihm die Gruppe aus der Hand schlägt, ist Glaube *als ein solches Mittel,* nicht Glaube schlechthin.

Die instinktive Scheu vor Gruppendynamik ist häufig die Scheu des »alten Menschen« vor Veränderung, die Angst, daß es einem ans Leder gehen könnte. Wer aus diesem Motiv heraus die Gruppendynamik ablehnt, hat sie nötig!

Es soll im vorliegenden Buch kein definitives Urteil über die Gruppendynamik gesprochen werden, es soll keine Erklärung für oder gegen sie abgegeben werden. Dazu ist das Problem zu komplex. Wofür hier jedoch vehement plädiert wird, ist eine Veränderung verkrusteter sozialer Strukturen im Bereich der Kirche und eine Veränderung des Kommunikationsverhaltens. Im Rahmen von Gemeinde müßten aus dem Geist des Evangeliums heraus Formen des Miteinander entwickelt werden, die all das bieten, was unter dem Namen »Gruppendynamik« angeboten wird. Ob man diese Formen des Miteinander dann Gruppendynamik nennt oder nicht, ist zweitrangig. Auskommen würden diese Formen des Miteinander aber auf jeden Fall ohne ein flächendeckendes psychologisches Symbolsystem im Sinne einer Quasi-Weltanschauung, wohingegen sie auf die Anwendung einzelner psychologischer Konzepte und Methoden kaum verzichten könnten.

Von diesem Standpunkt aus können wir das, was H. Steinkamp zum Problem schreibt, voll und ganz bestätigen: »Die herzliche Atmosphäre einer lebendigen Gruppe gegen die Anonymität und Sterilität der landläufigen Kirchengemeinde; einfache und überzeugende Sinndeutungen anstelle unverständlicher Dogmen; ein weiser Gruppenleiter als Gegenmodell zum Kirchenfunktionär: die religiöse Gegenwelt weist schonungslos auf die Schwachstellen der etablierten Religionsgemeinschaften hin ... Nach alldem dürften Kritik von ›rechts‹ an der

Gruppendynamik ... sowie die in beiden Kirchen geführten Kontroversen um ihre Gefahren die Problematik allzu sehr verkürzen. Wo diese Kritik lediglich theologisch-apologetisch gewisse Erscheinungsformen der Gruppenbewegung inhaltlich thematisiert (›Die Gruppe als Gottheit‹ u. ä.), blendet sie die viel gravierenderen soziologischen Zusammenhänge, d. h. auch die gesellschaftlichen und kirchlichen Anteile an der Problementstehung aus.« (Die vermarktete Religion. Gruppendynamik zwischen Psycho-Markt und Neuer Religiosität, in: Wege zum Menschen 32 [1980], 442–452, hier: 448.)

Es sind also Defizite in der Kirche, die das Aufblühen der Gruppendynamik ermöglicht haben. Dafür spricht auch folgendes: Hinter den therapeutischen Bedürfnissen nach Gruppendynamik steht, so meint Steinkamp, mehr als die Sehnsucht, von diesem oder jenem psychischen Wehwehchen befreit zu werden. Dahinter steckt die Sehnsucht, überhaupt heil zu werden, in einem umfassenden Sinn. Es geht also nicht nur um Selbsterfahrung, sondern zugleich um Sinnerfahrung, und Sinnerfahrung ist funktional abhängig von der Intensität sozialer Beziehungen; intensive soziale Beziehungen aber sind offenbar in der heutigen Situation am ehesten *außerhalb* des eigentlichen Bereichs kirchlicher Praxis zu finden, in gruppendynamischen Seminaren und Wochenendkursen.

10.2 Alternative Formen der Gemeindestruktur

Wir sind im letzten Abschnitt darauf gestoßen, daß heutige Gemeindewirklichkeit aus sozialpsychologischer Sicht große Defizite aufweist, daß die Strukturen, in denen sich kirchliches Leben bewegt, so beschaffen sind, daß sie die Bedürfnisse der Menschen nicht angemessen befriedigen. Auf genau dieselben Defizite in der Gemeindewirklichkeit stoßen wir, wenn wir von einer völlig anderen Warte aus an das Problem herangehen, wenn wir nämlich von der Praxis des Urchristentums herkommen. Gemeindewirklichkeit im Urchristentum sah anders aus als heutige Gemeindewirklichkeit; und wenn vielleicht auch nicht alles von damals auf heute übertragbar ist, so müssen wir doch dem Urchristentum einen bleibenden Vorsprung bezüglich der Gemeindepraxis einräumen. Wir können uns nicht nur auf das Neue Testament als *Lehre* beziehen, sondern wenn wir es für bleibend gültig erachten, müssen wir auch die *Gemeindepraxis*, mit der diese Lehre untrennbar verknüpft ist, uns zum Maßstab werden lassen.

Der wichtigste Text im Neuen Testament zur Gemeindepraxis, zum soziologisch-strukturellen Aufbau urchristlicher Gemeinschaft, ist 1Kor 14. Hier wird eine Gottesdienstform geschildert, die von der uns vertrauten Art, Gottesdienst zu halten, erheblich abweicht. Was diesen Gottesdienst so anders macht als unsere Gottesdienste und auch andere Zusammenkünfte im Rahmen der Kirche, läßt sich mit einem Stichwort einfangen: Kommunikation. Es gibt in diesem Gottesdienst niemanden, der bloßer Rezipient ist. Jeder bringt etwas ein. Das, was eingebracht wird – etwa ein Lied, eine Belehrung, eine Offenbarung, eine Zungenrede – dient zum Aufbau der einzelnen und der ganzen Gemeinde. Gewiß, die Ordnung kann in einem solchen Gottesdienst leicht verlorengehen, einzelne Gemeindeglieder können sich auf Kosten anderer profilieren, man ist der Versuchung ausgesetzt, mittels der eigenen Gabe über die anderen zu herrschen. Aber wenn die Ordnung, um die Paulus in diesem Kapitel ringt, beibehalten wird (vgl. vor allem V. 33: »Gott ist kein Gott der Unordnung, sondern des Friedens«), wenn also trotz der großen Spontaneität Disziplin im Gottesdienst herrscht, dann gilt, was G. Lohfink schreibt: »Der Blick auf 1Kor 14 [ist] fast wie ein Blick in eine andere Welt.« (Wie hat Jesus Gemeinde gewollt?, Freiburg i. Br., 5. Aufl. 1984, 121.)

Was in einem solchen Gottesdienst stattfindet, ähnelt in mancher Hinsicht dem, was in heutigen Selbsterfahrungsgruppen geschieht. In diesem Gottesdienst sprechen die Teilnehmer einander *paráklesis* zu. Dieses Wort mit »Ermahnung« zu übersetzen, wie es häufig geschieht, ist eine Engführung; es geht zugleich um Ermunterung und Zuspruch; es geht um ein Aufweisen neuer Verhaltensmöglichkeiten, also um einen wegweisenden und befreienden Akt und nicht primär um Restriktion. Ins Auge gefaßt ist dabei der konstruktive Aufbau des einzelnen und der konstruktive Aufbau der Gemeinde. Man kann ferner exegetisch zeigen, daß in der Gemeindeversammlung, wie sie in 1Kor 14 beschrieben wird, auch ein analytisches Element wirksam ist, daß man einander bis tief ins Herz sieht – allerdings in einer Sphäre der Liebe. Der einzelne erfährt also die Wahrheit über sich selber und ist zugleich von den anderen angenommen: das ist die Voraussetzung dafür, daß er sich verändern kann, daß der Panzer der Selbstbehauptung abgelegt wird.

Das Christentum hat seine erstaunlich rasche Ausbreitung in vorkonstantinischer Zeit vor allem der Qualität seines Gemeinschaftslebens zu verdanken. Die Gemeinden haben, so schreibt A. von Harnack, wie Magneten auf Tausende gewirkt und der Mission in außerordentlicher Weise gedient. In den Gemeinden wurde eine revolutionäre Form des Miteinander gelebt, hier begegnete man einander anders, als es sonst in der Welt üblich ist. Im gesamten Umfeld des frühen Christentums lassen sich vergleichbare Gemeinschaftsformen nicht ausmachen.

Wenn im vorliegenden Buch dazu aufgerufen wird, sich von Texten wie 1Kor 14 inspirieren zu lassen, im Raum der Kirche neue, kommunikative Formen der Gemeinschaft auszuprobieren, könnte leicht ein Mißverständnis aufkommen. Es handelt sich nicht darum, mit irgendwelchen, dem Neuen Testament entnommenen, Kunstgriffen heutigen kirchensoziologischen Problemen beizukommen. Es handelt sich vielmehr darum, aus dem Geist des Evangeliums heraus zu leben, aus dem Geist Christi; man kann nicht die »Methoden« des Urchristentums übernehmen, ohne sich zugleich auf seinen Geist einzulassen. Aber andererseits ist es auch nicht möglich, Geist zu erleben, ohne zugleich zu kommunikativen Formen des Miteinander durchzustoßen. Und man macht es sozusagen dem Heiligen Geist »leichter«, zu wirken, wenn man Gemeindestrukturen schafft, die denen des Urchristentums ähneln.

Über Gemeindeaufbau ist in den letzten Jahren viel nachgedacht worden, und zwar deshalb, weil die Volkskirche unübersehbar in die Krise geraten ist (vgl. die vielen Kirchenaustritte). Einer derjenigen Autoren, die sich zum Gemeindeaufbau geäußert haben, ist D. Stollberg. Sein Modell einer kommunikativen, von der Gruppendynamik her inspirierten Gemeindepraxis soll hier vorgestellt werden: »Eine lebendige Gruppe ist nach heutigen sozialpsychologischen Erkenntnissen eine Mehrzahl von Menschen, die einander gegenseitig beeinflussen und berücksichtigen. Dies kann um so besser geschehen, je kleiner die Gruppe ist ... Eine Großgruppe bedarf daher der Untergliederung in Kleingruppen, damit alle zu ihrem Recht kommen ... Denn für das Leben der Gruppe sind folgende Faktoren konstitutiv: 1. Teilhabe aller am Leben der Gruppe ... 2. Geborgenheit und Freiheit für jedes einzelne Mitglied, sich selbst offen einzubringen ... 3. Unabhängigkeit und Eigenständigkeit der Mitglieder beim Finden der für das Ganze der Gemeinschaft wichtigen Erkenntnisse.« (Gruppendynamik und Gemeinde, in: Wissenschaft und Praxis in Kirche und Gesellschaft 62 [1973], 519–526, hier: 520.)

Die Großgruppe »Kirchengemeinde« sollte also nach Stollberg in eine Vielzahl lebendiger Kleingruppen untergliedert sein; jede Kleingruppe dürfte nicht mehr als etwa zehn Mitglieder umfassen. Rollenmonopole darf es, so schreibt Stollberg, in diesen Gruppen nicht geben, »weil für jede neue Situation neue Fähigkeiten und neue Formen der Zusammenarbeit notwendig werden: Wo eine Gruppe ein für allemal ihre Funktionäre bestimmt, begibt sie sich des lebendigen Rollenwechsels zugunsten einer institutionalisierten Rollenfixierung, die die Totenstarre der Gruppe einleitet.« (Ebd., 521.)

Auch bezüglich des Gottesdienstes greift Stollberg das »Rollenmonopol der Funktionäre« an. Und er beanstandet, daß keine »Kommunikation von Mensch zu Mitmensch vorgesehen und praktiziert wird. Man sitzt in der Regel wie in einer altmodischen Schule beim Frontalunterricht, blickt sich nicht an, sondern gemeinsam nach vorne zur göttlichen Autorität, die offenbar nur im Pfarrer repräsentiert ist, läßt sich beim ›Liebesmahl‹ von diesem füttern, hört seine Predigt – in der Regel einen Monolog – und hat nach Beendigung der Feier kaum mit wenigstens fünf Personen gesprochen. Statt dessen erklang die verzweifelte Aufforderung zur Nächstenliebe ›im Alltag‹.« (Ebd., 521 f.)

Zusammenfassend heißt es dann bei Stollberg: »Die Gruppenforschung macht uns aufmerksam auf einen Kernschaden der Kirche wie der Gesellschaft unserer Neuzeit überhaupt, den *Individualismus*. Monologe statt Gruppen-Kommunikation, Einmannbetrieb statt Kooperation und entsprechend überforderte Amtsträger sind nur zwei von vielen Symptomen.« (Ebd., 522.)

Von unseren obigen Ausführungen her wäre zu ergänzen, daß nicht nur die Gruppenforschung den Finger auf die Wunde legt, sondern auch das Neue Testament. Und Heilung ist nicht nur von sozialpsychologischen Erkenntnissen zu erwarten, sondern vor allem von der neutestamentlichen Exegese und der Umsetzung der exegetischen Ergebnisse in die Praxis. Freilich ist es so, daß hier sozialpsychologische Erkenntnisse und exegetische Ergebnisse auf dasselbe hinauslaufen: Eine Gemeinde, die ihre sozialen Strukturen am Neuen Testament ausrichtet, ist immer auch eine Gemeinde, die sich sozialpsychologisch richtig verhält.

10.3 Kommunikation und Kommunikationsprobleme

»Wichtige Probleme der Kirche in der gegenwärtigen Zeit lassen sich«, wie K.-W. Dahm völlig richtig feststellt, »als *Kommunikationsschwierigkeiten* beschreiben. Diese Kommunikationsschwierigkeiten äußern sich einerseits *innerkirchlich;* beispielsweise im Verhältnis der verschiedenen Gruppen zueinander (›rechts‹ – ›links‹, ›oben‹ – ›unten‹, ›bekenntnistreu‹ – ›progressiv‹, ›politisch‹ – ›überpolitisch‹). Die Kommunikationsschwierigkeiten äußern sich andererseits im Verhältnis von Kirche und *Gesellschaft* (etwa: die Sprache der Kirche sei unverständlich, antiquiert, hinterweltlerisch; die Organisation der Kirche sei unzweckmäßig und vorgestrig).« (Beruf: Pfarrer, a.a.O., 322.)

Diese Aufzählung von Kommunikationsschwierigkeiten läßt sich weiter verlängern. Die Generationen kommen häufig nicht miteinander zurecht, jung und alt sprechen verschiedene Sprachen. Zwischen Pfarrer und Mitarbeitern gibt es Verständigungsschwierigkeiten mannigfacher Art, im Kirchengemeinderat kommt es zu Auseinandersetzungen über Kompetenzen. Rivalitäten und Machtkämpfe gehören zur Tagesordnung, der Pfarrer meint, sich durchsetzen zu müssen, um nicht sein Gesicht zu verlieren, und oft gerät er dadurch noch tiefer in die Bredouille. Gezeichnet von Kommunikationsschwierigkeiten ist auch die Zusammenarbeit der Kirchen, im Bereich der evangelischen Allianz und der Ökumene; man mißversteht Äußerungen und Gesten der anderen Seite, wird seinerseits mißverstanden, und obwohl alle Beteiligten guten Willens sind, ist man oft voneinander enttäuscht.

Zur Lösung all dieser Probleme können in den folgenden Ausführungen keine Patentrezepte angeboten werden. Aber immerhin soll hier mit Nachdruck festgestellt werden, daß sich Kommunikation nach Gesetzmäßigkeiten abspielt, und zwar nach Gesetzmäßigkeiten, die relativ einfach durchschaubar sind, einfacher durchschaubar als andere psychologische Gesetzmäßigkeiten. Und von daher ist Optimismus erlaubt, Kommunikationsstrukturen verändern zu können. Man ist ihnen nur solange hilflos ausgeliefert, wie man blind für sie ist. Wenn man erst einmal weiß, nach welchen Gesetzmäßigkeiten sich Kommunikation vollzieht, ist sie prinzipiell auch veränderbar – wenngleich nicht geleugnet werden soll, daß der Schritt von der Einsicht in die Praxis schwierig ist, daß also die Einübung neuer Kommunikationsverhaltensweisen große Anstrengungen erfordert.

Von den Gesetzmäßigkeiten menschlicher Kommunikation sollen im folgenden zwei angeführt und auf Sachverhalte im Bereich der Kirche appliziert werden. Man kann sicherlich nicht alle der oben genannten Kommunikationsschwierigkeiten aus dem Wege räumen, wenn man diese Gesetzmäßigkeiten beachtet, aber ihre strikte Einhaltung hilft auf jeden Fall mit, Kommunikation im kirchlichen Raum nachhaltig zu verbessern. Entnommen werden die zwei Gesetzmäßigkeiten dem Kommunikationsmodell von P. Watzlawick. Dieses Modell ist oben bereits ausführlich dargestellt worden (vgl. 5.4.4) und kann also hier als bekannt vorausgesetzt werden.

Viele Kommunikationsprobleme hängen damit zusammen, daß die von Watzlawick vorgenommene Unterscheidung von *Inhalts- und Beziehungsaspekt der Kommunikation* nicht beachtet wird. In manch einem Streit geht es nur vordergründig um inhaltliche Sachverhalte, in Wirklichkeit ringt man um Beziehungsdefinitionen; das allerdings ist den Beteiligten nicht bewußt; *wäre* es ihnen bewußt, fiele es ihnen bedeutend leichter, zu guten Lösungen zu gelangen.

Machen wir uns an einem Beispiel Watzlawicks klar, was hiermit gemeint ist: »Ein Ehepaar berichtet in seiner gemeinsamen Psychotherapiesitzung folgenden Vorfall. Als der Mann am Vortag allein daheim war, erhielt er den Anruf eines guten Freundes, der ihm mitteilte, daß er (der Freund) demnächst geschäftlich in jener Gegend zu tun habe. Der Ehemann bot ihm sofort das Gästezimmer in seinem Haus an, wie er und seine Frau es schon früher bei ähnlichen Gelegenheiten getan hatten. Als seine Frau jedoch bei Rückkehr von dieser Einladung erfuhr, kam es zu einem heftigen Ehestreit. In der Sitzung ergibt sich, daß sich die beiden über die Selbstverständlichkeit der Einladung des Freundes völlig einig sind und daß daher auch die Frau nicht anders gehandelt hätte, wenn sie zur Zeit des Anrufs daheim gewesen wäre. Die beiden sind überrascht, feststellen zu müssen, daß sie sowohl dieselbe Meinung als auch eine grundlegende Meinungsverschiedenheit über ein und denselben Sachverhalt haben.« (P. Watzlawick/J. H. Beavin/D. D. Jackson, Menschliche Kommunikation, Bern – Stuttgart – Wien, 6. Aufl. 1982, 79.)

In diesem Ehestreit geht es um zwei Sachverhalte. Der eine betrifft die Einladung als solche, der andere die Beziehung der Eheleute zueinander: Hat einer von ihnen das Recht, eine Initiative ohne Befragung des anderen zu ergreifen, selbst wenn die Reaktion des anderen auf Grund früherer Erfahrung vorauszusehen ist? »In ihrem Versuch, den Konflikt beizulegen, begehen die beiden einen typischen Fehler: Während ihre Unstimmigkeit auf der Ebene des Beziehungsaspekts liegt, versuchen sie, die Lösung auf der Inhaltsebene zu erreichen, wo keine Unstimmigkeit herrscht. Dieser Fehler führt daher in einen für sie selbst unlösbaren Pseudokonflikt, der an den Witz von dem Betrunkenen erinnert, der seinen Hausschlüssel nicht dort sucht, wo er ihn wirklich verloren hat, sondern unter der Straßenlaterne, ›weil es hier viel heller ist‹.« (Ebd., 80.)

Vermutlich laufen viele Streitfälle in der Kirche analog diesem Modell ab. Manch eine Auseinandersetzung über Formen des Gottesdienstes, Fragen der Lehre, Fragen des Etats usw. ist deshalb so zermürbend, weil nicht nur Sachfragen zur Diskussion stehen (das freilich auch!), sondern insgeheim auch Beziehungsaspekte mitverhandelt werden: Wer hat welche Kompetenzen? Wer hat mit wem noch eine alte Rechnung zu begleichen? Wer ist früher einmal verletzt oder übergangen worden und will jetzt unbedingt mitreden? Das interpersonelle Geschehen ist auf diese und ähnliche Fragen hin sorgfältig zu untersuchen, die vermuteten Beziehungsproblematiken könnten (vielleicht zunächst in Einzelgesprächen) vorsichtig thematisiert werden, möglicherweise unter Heranziehung einer unabhängigen Person. Und nicht selten wird es auf diese Weise zu einer Entgiftung des Klimas kommen.

Neben der Fähigkeit, Inhalts- und Beziehungsaspekt in der Kommunikation voneinander unterscheiden zu können, ist es unbedingt nötig, etwas von *symmetrischen und komplementären Interaktionen,* die Watzlawick unterscheidet, zu verstehen. Und es ist wichtig, den spezifischen Störungen, denen die beiden Kommunikationsformen ausgesetzt sind, begegnen zu können. (Genau wie Inhalts- und Beziehungsaspekt der Kommunikation sind auch symmetrische und komplementäre Interaktionen oben bereits angesprochen und definiert worden, vgl. 5.4.4.)

Die Gefahr, die symmetrischen Interaktionen innewohnt, ist die Eskalation: die Stabilität einer Beziehung kommt dadurch ins Wanken, daß der eine Partner mehr erreicht als der andere und dieser sich genötigt sieht, nachzuziehen. Ausgelöst wird ein solcher Konflikt durch die menschliche Tendenz, Gleichheit (Symmetrie) am beruhigsten zu finden, wenn man selber »ein bißchen gleicher« als der andere ist. Da nun im kirchlichen Bereich symmetrische Beziehungsformen nicht selten vorkommen (z. B. zwischen zwei Pfarrern oder zwei verschiedenen Gemeinden), trifft man hier auch mitunter symmetrische Eskalationen an. Natürlich kann eine symmetrische Beziehung auch stabil bleiben: »In einer stabilen symmetrischen Beziehung sind die Partner imstande, den anderen in seinem Sosein zu akzeptieren, was zu gegenseitigem Respekt und Vertrauen in den Respekt des anderen führt und damit zu einer realistischen gegenseitigen Bestätigung der Ich- und Du-Definitionen.« (Watzlawick u. a., Menschliche Kommunikation, a.a.O., 104.)

Die Gefahr bei der Komplementarität in menschlichen Beziehungen ist die Starrheit. Gewisse komplementäre Beziehungen können für eine gewisse Zeit angemessen sein, müssen sich später jedoch ändern, um dem ehemals inferioren Partner gerecht zu werden und ihn nicht zu beeinträchtigen. Ein Verhältnis zwischen Mutter und Kind, wie es für die ersten Lebensjahre richtig ist, wäre für spätere Lebensjahre eine anachronistische Erstarrung. Wenn Partner A eine anachronistisch erstarrte Beziehung zu Partner B aufrechterhalten will, wird B in eine Zwangslage versetzt und muß seine Selbstdefinition so abändern, daß sie die Selbstdefinition von A komplementiert und damit ratifiziert. Ist

B hierzu nicht bereit, kommt es zum offenen Konflikt. Als Lösung des Konflikts bietet sich, als homöostatischer Mechanismus, der Wechsel in die andere Beziehungsform, die Symmetrie, an.

Eine typische komplementäre Beziehung in einer Gemeinde ist die zwischen Pfarrer und Mitarbeitern. Eine solche Beziehung ist solange stabil und ausgewogen, wie die Mitarbeiter, was fachliche Qualitäten angeht, nicht so kompetent sind wie der Pfarrer. Nun gehört zur Tätigkeit eines Pfarrers aber auch die Schulung seiner Mitarbeiter, und dabei kann es vorkommen, daß ein Mitarbeiter größere Fortschritte macht, als es dem Pfarrer vielleicht lieb ist: er wird faktisch zu einem ebenbürtigen Partner (jedenfalls in gewissen Bereichen). Nun ist es nötig, die Beziehung neu zu justieren: sie muß symmetrisch werden. Das einzusehen, ist oft schwer, zumal ja die weitaus meisten Beziehungen, die der Pfarrer unterhält, komplementärer Art sind. Daß er – um es einmal salopp zu sagen – dem einen oder anderen Mitarbeiter gegenüber vom hohen Roß heruntersteigen muß, fällt daher schwer. Aber ist der Pfarrer dazu bereit, stellt er sich mit dem entsprechenden Mitarbeiter auf eine Ebene, wird er feststellen, wie bereichernd eine symmetrische Beziehung sein kann.

Symmetrische und komplementäre Beziehungen kann man auch im Urchristentum nachweisen. Ich habe an anderer Stelle die sozialen Beziehungen des Paulus u. a. unter diesem Gesichtspunkt untersucht (Gehorsam und Unabhängigkeit. Eine sozialpsychologische Studie zu Paulus, München 1986). Dabei zeigte sich z. B., daß zwischen Paulus und Timotheus eine dauerhafte, zum Schluß möglicherweise starr gewordene, symmetrische Beziehung bestand. Titus gegenüber ließ Paulus sich dagegen auf eine Wandlung der Interaktionsform ein: Titus wurde von einem untergeordneten Mitarbeiter zu einem Partner des Apostels. Entgegen kam Titus bei der Neudefinition seiner Rolle, daß er einen Verantwortungsbereich fand, den er selbständig ausfüllen konnte, ja, in dem er zum Promotor wurde: die Erhebung der Kollekte für Jerusalem.

Kehren wir ins Heute zurück. Die Kommunikationsprobleme im Raum der Kirche sind, so haben wir gesehen, sehr zahlreich. Aber man ist ihnen nicht hilflos ausgeliefert. Wenn der Pfarrer sich auch nur ein wenig mit Kommunikation beschäftigt und sich immer wieder eigenes und fremdes Kommunikationsverhalten bewußtzumachen sucht (gemäß der Frage: Was spielt sich eigentlich zwischen uns bzw. zwischen den Betreffenden ab?), wird sich vieles zum Guten hin verändern lassen. Eine große Hilfe kann dabei das genannte Buch von Watzlawick und seinen Mitarbeitern sein, und von vielleicht noch größerem praktischen Nutzen ist: F. Schulz von Thun, Miteinander reden: Störungen und Klärungen. Psychologie der zwischenmenschlichen Kommunikation, Reinbek bei Hamburg 1981. (Vgl. zum Ansatz von Schulz von Thun oben, 5.4.4.)

10.4 Führungsverhalten

Sozialpsychologisch gesehen befindet sich jeder Pfarrer, ob er es will oder nicht, ob er sich dafür geeignet hält oder nicht, in der Rolle eines Führers oder Leiters. Er steht qua Amt verschiedenen Gruppen in der Gemeinde vor, und auch die Gesamtgemeinde erwartet von ihm Ausrichtung und Wegweisung. Manchen Pfarrern ist diese Rolle wie auf den Leib geschneidert, und sie ergreifen sie mit Freude. Andere stehen der Führungsrolle indifferent gegenüber: sie fühlen sich nicht besonders stark zu ihr hingezogen, sie sträuben sich aber auch nicht, sie zu übernehmen. Wieder andere Pfarrer tun sich sichtlich schwer mit dieser Rolle, sie finden sich nur widerwillig in sie hinein. Sie fühlen sich von den Anforderungen, welche die Führungsrolle mit sich bringt, überlastet; und sie weichen ihr aus, wo immer es geht: z. B. indem sie in der Gemeinde eine Bildungsarbeit aufbauen, wo sie akademisch-distanziert mit Menschen umgehen können. Aber auch wenn man auf diese Weise Schwerpunkte setzt – was ja übrigens für die Gemeinde gar nicht schlecht ist –, wird man sich an eigentlichen Führungsaufgaben letztlich nicht vorbeimogeln können.

Eine Ablehnung der Führungsrolle liegt auch dann vor, wenn man sich übermäßig »demokratisch« gibt, wenn man Entscheidungen nur und immer nur in der Gruppe getroffen wissen will. Diese Einstellung führt zu herben Enttäuschungen. Der Pfarrer muß stets auch selber wissen, was er will; seine Vorschläge und Vorstellungen hat er dann allerdings in den Gruppen oder Gremien der Gemeinde zur Diskussion zu stellen. Und erst aus dieser Spannung zwischen Impulsen, die vom Leiter ausgehen, und demokratischen Gruppenprozessen entstehen gute und richtige Entscheidungen. Schafft es der Pfarrer jedoch nicht – um das noch einmal zu sagen –, selber Impulse einzubringen, dreht sich das Gruppenleben im Kreis und ist für alle Beteiligten unbefriedigend.

Was soll nun aber jener Pfarrer tun, der sich nicht für den geborenen Führer hält? Der der Ansicht ist, nicht innovatorisch tätig sein zu können, sondern sich im Gegenteil angewiesen fühlt auf Impulse, die von den anderen, von den Gruppen oder Gremien, ausgehen? Der betreffende Pfarrer wird hier umlernen müssen, und er kann es auch. Unsere

Ausführungen zur Führung im ersten Teil des Buches (vgl. oben, 5.4.6) haben gezeigt, daß für das Gelingen von Führungsverhalten viel mehr Variablen ausschlaggebend sind als nur Persönlichkeitsmerkmale; und überhaupt sollte man die Bedeutung von Persönlichkeitsmerkmalen für das Verhalten nicht zu hoch veranschlagen: Verhalten ist in hohem Maße situationsabhängig, es wird entscheidend konstelliert durch den sozialen Kontext. Von diesen Voraussetzungen her ist zum Führungsverhalten zu sagen, daß immer dann, wenn durch den sozialen Kontext einer Person eine Führungsrolle zugewiesen wird, es das komplementäre Verhalten der Interaktionspartner dieser Person ermöglicht, der entsprechenden Rolle auch tatsächlich gerecht zu werden. Mit der Übernahme einer sozialen Rolle wachsen der betreffenden Person (und zwar durch subtile soziale Zuschreibungen, die keinem Interaktionspartner bewußt sind) stets auch jene Verhaltensmuster zu, die diese Rolle ausmachen. Es gehört zwar ein gewisser Mut dazu, sozusagen den Sprung ins Wasser zu wagen und die Rolle anzunehmen, aber man wird feststellen, daß die Interaktionspartner sofort mitspielen und die Selbstdefinition, die zu übernehmen man sich entschlossen hat, entschieden unterstützen.

Mit der Übernahme der Leitungsrolle gerät der Pfarrer freilich auch unweigerlich in Konflikte hinein. Diese Konflikte sind zu einem guten Teil strukturbedingt und haben nichts mit persönlichen Ressentiments zu tun. Ein großer Fehler eines Leiters ist es, wenn er strukturbedingte Konflikte in ihrer sozialen Dynamik nicht durchschaut, wenn er sich also »persönlich angegriffen« fühlt und entsprechend reagiert, mit Aggression oder Rückzug. Diese falsche Interpretation von Konflikten ist einer der Hauptgründe für das Scheitern von Führungsverhalten und für Schwierigkeiten im Gemeindeleben überhaupt.

Führen wir uns den wichtigsten der strukturbedingten Konflikte einmal vor Augen. Fast jeder Leiter gerät irgendwann in eine Doppelbindung hinein (vgl. zur Doppelbindung oben, 7.3.6), d. h. er wird von Botschaften erreicht, die inkompatibel sind, und kann sich nicht mehr richtig verhalten: er steckt in einer Beziehungsfalle. Die inkompatiblen Botschaften – von ein und derselben Gruppe ausgesendet – lauten: »Leite uns!« / »Was maßt Du Dir eigentlich an, was glaubst Du, wer Du bist?« Geführtwerdenwollen und Aufbegehren gegen Führung (und zwar gegen Führung schlechthin, nicht nur gegen Führung durch den betreffenden Leiter) liegen spannungsvoll ineinander. Der beste Ratschlag, den man einem Leiter geben kann, der sich in einer solchen Situation befindet, lautet, nicht emotional zu reagieren, sondern sachlich zu bleiben. Nur scheinbar liegt ja ein Angriff auf ihn als Person vor, in Wirklichkeit begehrt man auf gegen Probleme, die Führung als solche mit sich bringt. Der Leiter sollte also der Versuchung widerstehen, sich beleidigt zurückzuziehen, nach dem Motto: »Bitte, wenn ihr mich nicht wollt, dann macht doch euren Kram alleine.« Er könnte hingegen versuchen, die Probleme auf der Meta-Ebene zu lösen, also die verfahrene kommunikative Situation als solche zum Gesprächsgegenstand zu machen. Wenn die Meta-Kommunikation auch nicht das Allheilmittel ist, als das sie oft angesehen wird, so wirkt sie doch gerade bei Doppelbindungen wahre Wunder.

Auf einen weiteren strukturbedingten Konflikt, in den der Pfarrer als Gruppenleiter hineinkommen kann, weist H.-J. Thilo hin: »Das Verhältnis zwischen Pfarrer und irgendeinem Gemeindekreis, das Verhältnis zwischen Pfarrer und der sonntäglichen Predigtgemeinde, die Situation zwischen dem Pfarrer und den Konfirmanden ist eigentlich immer parallel zu sehen mit Aktion und Reaktion zwischen einer Gruppe und ihrem Leiter. Nun ist aber festzuhalten, daß in jeder initialen Phase einer Gruppenbegegnung nach erfolgreicher, gegenseitiger Kontaktnahme die Gruppe zunächst in eine infantil-regressive Haltung dem Gruppenleiter gegenüber verfällt. Jede Verantwortung wird dem Gruppenleiter ... zugeschoben, und wenn die Gruppe erkennt, daß ihnen dieser oder jener Wunsch versagt wird oder versagt werden muß, wird die Gruppe in der Regel gegen den Gruppenleiter aggressiv ... Nun ist aber durchaus denkbar, daß ... der Seelsorger eine Selbstbestätigung von der Gruppe erwartet, weil er früher als Kind, als er vor eine Gruppe – etwa die Familie oder die Schulklasse – treten mußte, eine solche Selbstbestätigung nicht erhielt. Daher wird sehr verständlicherweise der Berater jede Konsumhaltung, die die Gruppe an ihn heranträgt, zunächst begrüßen, und er wird depressiv, zumindestens aber aggressiv reagieren, wenn nach einer gewissen Zeit die Aggressivität der Gruppe ihm entgegenschlägt, weil das an den Gruppenleiter – Seelsorger – herangetragene Rollenverhalten gar nicht erfüllt werden kann ... Wo also in einem solchen Fall dem Seelsorger klargemacht werden kann, daß die Aggressivität, die ihm entgegenschlägt, nicht seiner Person gilt, sondern einem von ihm zwar angebotenen, aber nicht erfüllbaren Rollenverhalten, kann ein beachtliches Stück an Gegenaggression oder an Resignation bzw. Depression abgebaut werden.« (Beratende Seelsorge, Göttingen, 3. Aufl. 1986, 33 f.)

Wenn der Pfarrer die Konflikte, die mit seiner Leitungstätigkeit zusammenhängen, mit nüchternem Blick daraufhin untersucht, ob sie möglicherweise strukturbedingt sind, und wenn er sich durch strukturbedingte Konflikte nicht persönlich in Frage gestellt sieht, wird sich manches Problem, an dem man sonst lange herumlaboriert, sehr rasch lösen lassen. Weiterhin sollte der Pfarrer, um Leitungsakte gelingen zu lassen, insgesamt sehr kommunikativ sein. Sozialpsychologische Forschungsergebnisse zeigen, daß gutes Leitungsverhalten mit Kommunikationsbereitschaft Hand in Hand geht: Der gute Leiter nimmt jeden Mitarbeiter wichtig, läßt sich – wann immer es geht – aus erster Hand informieren, er vermittelt jedem den Eindruck, daß gerade *er* besonders wichtig sei; dabei zählt weniger die Quantität der eingesetzten Zeit als vielmehr die *Qualität der Zuwendung,* das Ernstnehmen des anderen als Person.

10.5 Das Bibliodrama als alternative Form der Bibelarbeit

Das Verhalten der meisten Kirchenmitglieder ist von einer tief verwurzelten Konsumhaltung bestimmt. Eine kommunikative Gemeindepraxis, wie sie sozialpsychologisch und neutestamentlich geboten ist, zumal angesichts der heutigen Krise der Volkskirche (vgl. oben, 10.2), stößt daher auf erhebliche Widerstände. Kommunikative Gemeindepraxis läßt sich nun aber nicht per Dekret verordnen, sondern die Kirchenmitglieder müssen für sie gewonnen, von ihr überzeugt werden. Sie müssen aus ihrer Konsumhaltung und aus der Reserve herausgelockt werden durch ganz konkrete Angebote. Und zu diesen konkreten Angeboten kommunikativer Gemeindepraxis gehören alternative Formen der Bibelarbeit, in denen nicht das passive Rezipieren im Mittelpunkt steht, sondern das aktive Mitmachen. Unter den alternativen Formen der Bibelarbeit nimmt das szenische Eindringen in biblische Texte, Bibliodrama genannt, die wohl wichtigste Stellung ein. Es bindet isolierte Individuen zu einer Erlebnisgemeinschaft zusammen; es übt, indem es soziale und persönliche Konflikte aufdeckt und bearbeitet, eine therapeutische Wirkung aus; und es verhilft dem verkopften heutigen Christen zu einer lebendigen, ganzheitlichen Aneignung biblischer Sachverhalte.

Bekanntgemacht worden ist das Bibliodrama in der Bundesrepublik vor allem durch H. Petzold. Petzold, der nicht nur Psychologe und Psychotherapeut ist, sondern auch eine volle Ausbildung in orthodoxer Theologie mit dem Abschluß der Promotion durchlaufen hat, vergleicht das Bibliodrama mit mittelalterlichen Mysterienspielen, wo es darum ging, biblische Geschichten szenisch umzusetzen, sie im handelnden Nachvollzug zu erfahren und nicht nur denkend zu erfassen.

Wie sieht nun ein Bibliodrama in der Praxis aus? Lassen wir dazu einen Fachmann zu Wort kommen: »Zunächst geht es wie in der herkömmlichen Bibelstunde zu. Zwölf bis fünfzehn Teilnehmer setzen sich im Kreis zusammen, damit sie einander sehen können. Wir lesen einen vorbereiteten, vorher angekündigten Text. Zum Beispiel den, wie Jesus sich von Johannes taufen läßt (Markus 1,9–11 und Parallelgeschichten), also wie er an den Jordan kommt, um sich untertauchen zu lassen, und wie, in der Version des Matthäus, der Johannes zögert. Dann öffnet sich bei der Taufe der Himmel, und ein Geist schwebt wie eine Taube herab, und eine Stimme vom Himmel erkennt den Jesus als Sohn; eine recht merkwürdige Geschichte. Nach der Lesung der Geschichte geht der Leiter mit einigen, ständig wiederholten Fragen in die Geschichte hinein. Er fragt zum Beispiel: ›Was fällt euch zur Taube ein?‹ Oder: ›Was vermutet ihr, was sich da geöffnet hat, als es hieß: Er sah den Himmel sich öffnen?‹ Das sind ganz assoziative Fragen. Und es stehen danach bereits eigene Assoziationen und Amplifikationen der Teilnehmer im Raum. Dann kommt ein zweiter Teil, in dem wir sagen: Gut, wir haben jetzt viel assoziiert. Wir wollen – vor allem, wenn zwei aus der Gruppe scheinbar sich ausschließende Vorstellungen über Johannes haben und sich zu streiten beginnen – den Johannes einmal in unsere Runde holen. Dann stelle ich einen Stuhl in die Mitte und frage die Teilnehmer, ob einer Johannes sein will. Meiner Erfahrung nach kommt dann der richtige. Ich begrüße ihn freundlich in der Runde und sage, daß es schön ist, wie er so die zweitausend Jahre überbrückt hat und zu uns gekommen ist. An dieser Stelle pflegen die anderen Zuhörer in der Runde zu lachen. Aber die ausführliche Begrüßung hat den Sinn, daß sich ›Johannes‹ an seine Rolle gewöhnen kann. Dann bitte ich die anderen Teilnehmer, ihn zu befragen, etwa so: ›Wie kommst du dazu, Johannes, andere Leute zu taufen?‹, wobei Johannes natürlich auch von einer Frau dargestellt werden kann. In der Antwort des ›Johannes‹ vermischen sich dann schnell subjektiv-biographisch gefärbte Antwort und biblische Geschichte. So antwortet zum Beispiel eine der Friedensbewegung sehr zugeneigte Frau in der Johannesrolle: ›Ich möchte verhindern, daß die Menschen alle in ihr Verderben rennen, und darum setze ich mit der Taufe ein Zeichen der Verwandlung.‹ Wenn dies erste Interview zu Ende ist, dann fragen sich die Teilnehmer untereinander, wie sie das Gespräch (und vor allem ihre eigenen Fragen) erlebt haben. Es ist ein erster Versuch, in die alte Taufgeschichte einzudringen. Man kann dann noch Jesus ins Gespräch ziehen oder ›die Stimme‹ dazuholen, so daß sich ein Gesprächsdreieck zwischen Johannes, Jesus und der Stimme bildet, wie überhaupt biblische Geschichten einen Hang zur geometrischen Konzentration haben. So ein

Dreieck erweist sich meist als sehr dynamisch und darin erleuchtend und dicht.« (W. Teichert, Bibliodrama, in: Seifert/Waiblinger (Hrsg.), Therapie und Selbsterfahrung, a.a.O., 69–75, hier: 70f.)

So bereichernd das Bibliodrama für die Gemeindepraxis auch sein mag, man sollte dennoch sehr vorsichtig mit ihm umgehen. Nur jene Pfarrer oder kirchlichen Mitarbeiter eignen sich als Leiter einer Bibliodrama-Gruppe, die pastoralpsychologisch geschult sind. Denn nicht selten bricht während eines Bibliodramas eine massive Beziehungs- oder Persönlichkeitsproblematik auf, die therapeutisch-seelsorgerlich aufgearbeitet werden muß. So könnte z. B. dann, wenn die Opferung Isaaks durch Abraham Gegenstand eines Bibliodramas ist (und gerade diese biblische Szene wird häufig gewählt), eine etwaig vorhandene Vaterproblematik an die Oberfläche kommen. Es ist darauf zu achten, daß Menschen durch das Bibliodrama nicht über das Maß hinaus analysiert werden, als Integrations- und Heilkraft seitens der Gruppe und seitens des Gruppenleiters zur Verfügung steht.

Neben dem Bibliodrama gibt es noch viele andere Möglichkeiten der alternativen Bibelarbeit mit kommunikativem Charakter. Der Phantasie sind hier keine Grenzen gesetzt. So könnte man z. B. einen biblischen Inhalt durch eine Gruppe malen lassen, und zwar auf die Art und Weise, daß alle Gruppenmitglieder zusammen ein einziges Bild erstellen. Wenn der Leiter diese Methode geschickt einführt, werden anfängliche Ängste (etwa die Angst, zum Malen zu ungeschickt zu sein) rasch verfliegen, und die Gruppe wird eine große Kreativität an den Tag legen. Hinterher sollte das Bild durch die Gruppenteilnehmer erläutert und kommentiert werden, was oftmals der Einstieg in ein fruchtbares Gespräch über die Bibel und sich selber ist.

Zu neuen Formen der Bibelarbeit gibt es heute eine Reihe guter Bücher. Von besonders großem praktischen Wert ist: T. Vogt, Bibelarbeit, Stuttgart 1985. Ein diesem Buch entnommenes besonders eindrückliches Beispiel kommunikativen Umgangs mit dem biblischen Text sei hier abschließend vorgestellt: »*Streit zwischen Paulus und Jakobus.* Im Verlauf einer Bibelarbeit zu einem Jakobustext kommt der Gedanke auf, die theologisch heiß diskutierte Frage (Rechtfertigung aus Glauben allein: Paulus. Glaube ohne Werke ist tot: Jakobus) als Spiel zu veranschaulichen und zu vertiefen. Einer Paulusgruppe (mit dem Text Röm 3,21–28) steht eine Jakobusgruppe (Jak 2,14–24) gegenüber. Nach einer Vorbereitungsphase in beiden Gruppen findet, moderiert durch den Leiter, das Streitgespräch statt. Argumente der Parteien: ›Uns geht es um den ganzen Menschen, in Wort und Tat‹ (Jakobusleute). ›Wir glauben, daß Gott uns akzeptiert, auch wenn wir versagen‹ (Paulusleute), usw. Leitfragen für die Auswertung: Was haben wir bei diesem Spiel gelernt? Haupteindruck nach der hitzig geführten Diskussion: ›Wir Jakobiner sind völlig erstaunt, mit welcher Vehemenz wir, die wir intellektuell die paulinische Rechtfertigungslehre vertreten, emotional und de facto Werkgerechte sind.‹« (Ebd., 129.)

11. Psychologische Bibelauslegung

11.1 Die hermeneutische Notwendigkeit einer psychologischen Bibelauslegung

Zunehmend wird erkannt, daß zur angemessenen Interpretation biblischer Texte der herkömmliche hermeneutische Horizont um Fragestellungen und Erkenntnisse aus außertheologischen Disziplinen erweitert werden muß. Viele Exegeten sind der Meinung, daß der wissenschaftliche Auslegungsprozeß nur dann zu fruchtbaren Ergebnissen führt, wenn nicht länger nur mit dem althergebrachten Rüstzeug dem Text immer neue Aspekte abgewonnen werden sollen, sondern wenn das Wagnis eingegangen wird, dieses methodische Rüstzeug selber (das ja die Ergebnisse, welche die Exegese zeitigt, konstelliert) zu verändern, zu erweitern.

Bei der methodologischen Innovation in der alttestamentlichen und neutestamentlichen Exegese hat man in der letzten Zeit vor allem auf die Soziologie und die Literaturwissenschaft zurückgegriffen. Aber auch an der Psychologie ist man nicht vorbeigegangen. So räumen z. B. neuere Einführungen in die neutestamentliche Wissenschaft der psychologischen Auslegung einen gewissen, wenn auch bescheidenen, Platz ein. Und sogar P. Stuhlmacher, als eher konservativer Neutestamentler, dem niemand einen leichtfertigen Umgang mit dem biblischen Text vorwerfen kann, zeigt sich in seiner Hermeneutik des Neuen Testaments der psychologischen Bibelauslegung gegenüber nicht grundsätzlich abgeneigt.

Das Hauptargument für die hermeneutische Horizonterweiterung in der Exegese ergibt sich daraus, daß die biblischen Texte mehrdimensional sind, daß sie vielschichtig sind wie das Leben selbst; denn schließlich stellen sie ja nichts anderes dar als ein geronnenes Stück Leben. Wie auf ein und dieselbe Lebensäußerung (z. B. den Konflikt zwischen zwei Menschen) verschiedene Wissenschaften appliziert werden können (im genannten Fall etwa die Psychologie, die Soziologie und – zur Erfassung der körperlichen Begleitumstände – die Physiologie), so steht auch ein und derselbe Text verschiedenen Zugängen offen. Der Mehrdimensionalität, die er bietet, kann man nur durch einen Fächer verschiedener methodischer Zugänge, zu dem auch die psychologische Auslegung gehört, gerecht werden. Wenn es auf diese Weise zu vielfältigen Auslegungen mit vielfältigen Ergebnissen kommt, ist das nicht schlimm; die Interpretationen verschiedener methodischer Herkunft dienen in je anderer Weise dem gemeinsamen Ziel der Sinnerschließung menschlicher Existenz.

Der Gedanke der mehrdimensionalen Begegnung mit dem biblischen Text soll nun an einem Beispiel verdeutlicht werden. Wie wird die Taufe in der traditionellen Exegese behandelt? – Ein Musterbeispiel dafür bietet das Buch von G. Barth »Die Taufe in frühchristlicher Zeit« (Neukirchen-Vluyn 1981), eine gediegene Arbeit, die zur Zeit wohl beste exegetische Abhandlung zur Taufe. Wie geht Barth vor? – Er untersucht den Ursprung der christlichen Taufe, ihren religionsgeschichtlichen Hintergrund, wobei er insbesondere die Verwurzelung der christlichen Taufe in der Johannestaufe aufzeigt. Barth bietet dann weiter eine theologische Untersuchung der Taufe, unterstreicht ihre Christusbezogenheit, reflektiert das Verhältnis von Taufe und Geist, geht den verschiedenen Ausprägungen des Taufverständnisses im Neuen Testament nach; so bekommt er u. a. die Taufe als Wiedergeburt in den Blick.

An Barths Vorgehen scheint grundsätzlich nichts bemängeln zu sein, obwohl es selbstverständlich an vielen Einzelstellen den Widerspruch der Fachgenossen hervorgerufen hat. Bezieht man jedoch den methodischen Ansatz Barths mit in die Kritik ein, erscheint das Buch plötzlich eigentümlich defizitär. Die Kraft des Symbols wird nirgendwo erspürt. Die Begegnung mit den Texten wird auf der rein kognitiven Ebene gesucht. Wie spröde ist z. B. der Abschnitt über Wiedergeburt!

Ein völlig anderes Verständnis der christlichen Taufe finden wir bei H. Barz, »Selbst-Erfahrung. Tiefenpsychologie und christlicher Glaube« (Stuttgart 1973). Barz stellt die Frage nach dem symbolischen Gehalt der Taufe und stößt dadurch auf die Frage nach dem Wesen des Wassers. Nachdem er die Ambivalenz des Wassers herausgearbeitet hat (es ist Ursprung und Bedingung des Lebens und bedroht zugleich das Leben), zeigt er, daß das Wasser Projektionsträger für das kollektive Unbewußte ist. Taufe ist in der Fortführung dieser Überlegungen Hinuntertauchen in den schöpferischen (und zugleich gefährlichen) Bereich des kollektiven Unbewußten.

Soweit die beiden sehr verschiedenen Interpretationen der Taufe. Beide haben ihr Recht und dürfen nicht gegeneinander ausgespielt werden, beide haben aber auch ihre spezifischen Defizite. Kommt bei Barth die Tiefendimension des Geschehens zu kurz, so will bei Barz das eigentlich Theologische der Taufe nicht recht deutlich werden. Was aber dem einen Autor fehlt, bringt der andere und umgekehrt. So können die beiden Interpretationen einander ergänzen.

11.2 Zur Geschichte der psychologischen Bibelauslegung

Schon im letzten Jahrhundert versuchte man, psychologisch an biblischen Texten zu arbeiten, und zwar im Rahmen der Leben-Jesu-Forschung. Ziel dieser Forschung war es, aus den Evangelien eine Biographie Jesu zu erstellen, seine äußere und innere Entwicklung nachzuzeichnen. Das Fragmentarische der Texte wurde durch psychologische Überlegungen ergänzt. So machte man sich Gedanken darüber, welche Motive Jesus zu einer bestimmten Tat veranlaßt haben, was er dabei gedacht und empfunden hat usw. Der Leben-Jesu-Forschung ist Anfang unseres Jahrhunderts durch A. Schweitzer und den formgeschichtlichen Ansatz der Todesstoß versetzt worden; sie hat den kerygmatischen Charakter der Evangelienüberlieferung völlig verkannt, und die Jesusgestalten, die sie gezeichnet hat, sind reine Phantasieprodukte. Ein Psychologisieren, wie es im Rahmen der Leben-Jesu-Forschung gang und gäbe war, ist damit unmöglich geworden, und in der wissenschaftlichen Literatur findet es auch nicht mehr statt.

Zu einem neuen Anstoß, an biblische Texte psychologische Fragestellungen heranzutragen, kam es durch die Psychoanalyse. Sofort mit dem Aufkommen dieser Wissenschaft gab es Bemühungen, ihre Erkenntnisse auf Texte und Personen der Bibel anzuwenden. Es waren zunächst weniger die Theologen, die diese Anstrengungen unternahmen, als vielmehr die Psychoanalytiker selbst. Und sie lehrten die Theologen das Fürchten. Ihre Analysen waren nämlich durchweg religionskritischer Art, das Instrumentarium der Psychoanalyse wurde eingesetzt zur Entlarvung des – wie man meinte – neurotischen oder zumindest rein anthropologischen Charakters biblischer bzw. theologischer Sachverhalte. Beispielsweise schrieb W. Reich, daß sich in der Dreieinigkeit der christlichen Religion das Dreieck Vater, Mutter und Kind widerspiegelt. Seiner Meinung nach sind die psychischen Inhalte der Religion frühkindlichen familiären Beziehungen entnommen.

Der große theologische Gegner, der sich der psychoanalytischen Bibeldeutung in den Weg stellte, war die Dialektische Theologie. Ihr Verdikt traf nun aber nicht nur die religions- und bibelkritischen Ansätze der Psychoanalytiker, sondern auch die psychoanalytischen Ansätze von Theologen; so wurde etwa der Schweizer Pfarrer und Psychotherapeut O. Pfister ins Visier genommen, der die psychoanalytische

Bewegung von Anfang an mit Interesse verfolgt hatte und ihre Einsichten für die Theologie fruchtbar zu machen suchte (aus seiner Feder stammt z. B. eine psychoanalytische Studie zur Entwicklung des Paulus). Auch solche konstruktiven Versuche konnten vor den Augen der Dialektischen Theologie keine Gnade finden, denn sie wurden als menschliches Bemühen um den Glauben aufgefaßt, das immer schon von Gott durchkreuzt ist. Besonders scharf rechnete E. Brunner mit jeder Psychologie ab, indem er den Geist gegen alles Seelische ausspielte. Über R. Bultmann ist die Psychologiefeindlichkeit der Dialektischen Theologie in die Exegese eingegangen und blockiert bis heute die psychologische Bibelauslegung; man beachte nur einmal, wie die Schriften seiner Schüler von Seitenhieben auf die Psychologie durchzogen sind. Allerdings ist zu sagen, daß der Klammergriff sich langsam lockert, daß die psychologische Bibelauslegung allmählich Anerkennung gewinnt (vgl. oben, 11,1).

Wenn man sich die Geschichte der psychologischen Bibelauslegung ansieht, stößt man auf manche Kuriositäten. Zu ihnen gehören die Bemühungen einer Reihe von Autoren – meist sind es Psychiater gewesen –, die angebliche psychische Abnormität gewisser biblischer Gestalten herauszuarbeiten, sog. pathographische oder psychopathologische Studien zu erstellen. Ein beliebtes Forschungsobjekt ist dabei stets der Prophet Ezechiel gewesen, bei dem sich eigentümliche Krankheitsphänomene finden: Verlust der Sprachfähigkeit, körperliche Starre u. a. Aber darf man deshalb bei Ezechiel Schizophrenie diagnostizieren, wie K. Jaspers es getan hat? Die entsprechenden Notizen des Buches Ezechiel sind keineswegs aussagekräftig genug, um auf ihnen eine so weitreichende Diagnose aufbauen zu können, ganz abgesehen davon, daß man sie zunächst einmal historisch-kritisch daraufhin untersuchen müßte, ob sie überhaupt als Bausteine für eine Vita des Propheten in Betracht kommen.

Auch Jesus und Paulus sind von pathographischen Studien nicht verschont geblieben. Ihrer in diesem Sinne angenommen hat sich z. B. der Psychiater W. Lange-Eichbaum in seinem Buch »Genie, Irrsinn und Ruhm« (1. Aufl. 1927, 6. Aufl. 1967, 7. Aufl. in Teilbänden im Erscheinen begriffen). Obwohl es für Lange-Eichbaum auch gesunde Hochtalente gibt, geht es ihm vor allem darum, das Genie über seine angeblichen pathologischen Züge zu erklären, über das – wie er es nennt – »Bionegative«; es geht also um – so lautet eine Teilüberschrift – »Die Wirkung des Bionegativen auf das produktive Schaffen«. In unendlichem Fleiß hat Lange-Eichbaum eine lange Liste von Pathographien von »Berühmten« erstellt, um seine Theorie zu belegen. Und zu diesen kranken »Berühmten« zählen für ihn auch Jesus und Paulus. Jesus steht dem Urteil von Lange-Eichbaum gemäß »psychotisch in Flammen«, und Paulus ist ein »schizoider fanatischer Typ mit stark hysterischen Zügen«.

Es ist nicht schwer, diese Analysen als Phantasieprodukte zu entlarven. Sie beruhen auf unsauberem Umgang mit den Quellen, sie sind nicht exegetisch, sondern eisegetisch angelegt. Nun darf man aber keinesfalls meinen, nur Psychiater, also Laien im Hinblick auf Bibelauslegung, hätten sich in dieser fragwürdigen Weise mit den Texten beschäftigt. Gerade die Gestalt des Paulus hat früher auch die Neutestamentler selbst immer wieder zu Charakteranalysen herausgefordert. Entsprechende Versuche finden sich bei F. C. Baur, W. Bousset, M. Dibelius, E. von Dobschütz, A. Hausrath, J. Klausner, O. Pfleiderer, H. Weinel und W. Wrede. Die von diesen Autoren gegebenen »Persönlichkeitsbeschreibungen« des Apostels sind voll von Spekulationen und Allgemeinplätzen und tragen für das Verständnis des Paulus kaum etwas aus. Gelegentlich findet sich dieses Psychologisieren der älteren Exegese auch heute noch, so etwa bei G. Bouwman, wenn er glaubt, mit ziemlich großer Sicherheit feststellen zu können, daß Paulus klein von Gestalt gewesen ist, und von daher einige typische Charakterzüge des Paulus erklärt (Willenskraft, Leistungsdrang), die sich infolge von Kompensation eingestellt hätten. (Paulus und die anderen, Düsseldorf 1980, 41 f.)

Den Unternehmungen, die Persönlichkeit des Paulus herauszuarbeiten, sind nun aber enge Grenzen gesteckt. Die Persönlichkeitspsychologie bevorzugt heute einen interaktionistischen Ansatz, d. h. für sie ist das Handeln eines Menschen nicht nur durch seine Persönlichkeitseigenschaften, sondern auch durch situative Merkmale und durch das Zusammenwirken beider Faktoren bestimmt (vgl. oben, 4.3). Analysen, die lediglich darauf abzielen, stabile Charaktereigenschaften zu erheben – und genau darum geht es den angeführten Autoren –, müssen daher fehlgehen. Ferner ist es kaum möglich, eine Charakteranalyse von einer geschichtlichen Gestalt zu erstellen, über die es nur wenige relevante Daten gibt.

Verlassen wir nun die Charakteranalysen des Paulus und wenden wir uns einer Linie der psychologischen Bibelauslegung zu, die bedeutend wichtiger ist, die gegenwärtig viele Vertreter hat und immer neue dazugewinnt. Es ist jene Linie, die von C. G. Jung ausgeht. Genau wie die Psychoanalyse wurde auch die Psychologie Jungs, die sog. Analytische Psychologie, sofort nach ihrem Entstehen auf biblische Sachverhalte angewandt. Da nun die Analytische Psychologie im Gegensatz zur Psychoanalyse ohne religionskritischen Impetus angelegt ist, scheint es auf den ersten Blick so zu sein, als könnte sie für die Bibel und ihren Wahrheitsanspruch keine Gefahren mit sich bringen. Viele meinen freilich, daß auch Jungs Psychologie einen Angriff auf den Glauben darstelle, einen raffinierteren vielleicht, weil subtileren, als die Psychologie Freuds. Der Vorwurf, der Jung trifft, ist der, daß er alles Religiöse in den Bereich der Seele hineinholt, es in Seelisches auflöst. Schauen wir uns dazu die Christus-Deutung Jungs an. An ihr kann man das Faszinierende und das Gefährliche von Jungs Ansatz besonders gut deutlich machen. Christus veranschaulicht nach Jung den Archetypus des Selbst, also die Zielgröße, auf die hin der Mensch angelegt ist. Jung wirft die Frage auf: »Ist das Selbst ein Symbol Christi, oder ist Christus ein Symbol des Selbst?« und entscheidet sich für die letztere Möglichkeit. Die Wahl, die Jung hier trifft, zeigt schlaglichtartig die Struktur seines gesamten Denkens auf. Selbst und Selbstwerdung sind das Primäre, Christus und das Christusgeschehen sind das Sekundäre, gewissermaßen die Projektionsfläche für die eigenen inneren Prozesse. So sagt Jung an anderer Stelle, daß das Drama des archetypischen Christuslebens in symbolischen Bildern die Ereignisse beschreibt, die bei der Wandlung des Menschen eintreten. In einzigartiger Weise wird hier bei Jung das Christus-Geschehen als mich angehendes Geschehen erschlossen, freilich – und das ist das Gefährliche – auf Kosten des extra nos dieses Geschehens.

Wie die Psychologie Freuds wird auch die Psychologie Jungs häufig für Fragestellungen im theologisch-psychologischen Grenzbereich herangezogen. Man benutzt sie nicht nur, um religionspsychologisch zu arbeiten, also z. B. die psychische Dynamik von Glaubensvollzügen zu erklären, sondern auch zur konkreten Auslegung biblischer Texte. Aus der Fülle der Namen, die für psychologische Bibelauslegung mit den Methoden Jungs stehen, sollen hier zwei exemplarisch herausgegriffen werden: G. Wehr und H. Wolff. Ihre Ansätze werden im folgenden kurz dargestellt.

Wehrs Interesse gilt vor allem dem Johannesevangelium. Er hat sich mehrfach zu dieser biblischen Schrift geäußert, u. a. monographisch in seinem Buch »Wege zu religiöser Erfahrung« (Darmstadt 1974). Für Wehr verschließt sich das Johannesevangelium einer rationalen Interpretation. In der Aufeinanderfolge von Reden und Schilderungen nimmt Johannes den Leser von Anfang an in eine ganz bestimmte Bewegung hinein. Deutlicher als durch einen Leseratschlag wird mit Hilfe des Prologs gesagt, daß eine andere Seelenhaltung zum Verstehen des Evangeliums nötig ist, als sie etwa beim schlußfolgernden Denken gefordert wird. Das Johannesevangelium ist das Evangelium des Menschen, der werden soll; es wird von Wehr konsequent als Individuationsweg gedeutet. Indem sich der Mensch mit Christus verbindet, wird er in die Kreisbahn der Selbstverwirklichung hineingezogen. Es gilt die Gleichung: Mitte = Christus = Selbst. Eine bloß äußerliche Zurkenntnisnahme des Johannesevangeliums kann nicht genügen. Man muß sich vielmehr selbst in Bewegung setzen, die Christus-Mitte meditativ umkreisen. Hineingezogen in die Wandlung wird man insbesondere in Kap. 3, wo der Anblick der erhöhten Schlange einen Prozeß der Bewußtwerdung einleitet, der einer »Geburt von oben« gleichkommt.

Gehen wir nun zu H. Wolff über. Sie hat uns in ihrem Buch »Jesus der Mann. Die Gestalt Jesu in tiefenpsychologischer Sicht« (Stuttgart 1975) Jesus in völlig neuer Weise erschlossen, indem sie ihn als – im Sinne C. G. Jungs – »ganz« gewordenen, integrierten Menschen darstellt. Und dieser integrierte Mann Jesus hat, so führt sie konsequent in ihrem nachfolgenden Buch »Jesus als Psychotherapeut« (Stuttgart 1978) aus, eine befreiende, therapeutische Wirkung auf die Menschen seiner Zeit ausgeübt. Den Gelähmten, der schon achtunddreißig Jahre am Teich Bethesda zugebracht hatte, fragte Jesus: »Willst du gesund werden?« Diese Frage ist nach H. Wolff »die erste Kardinalfrage einer jeden Therapie«. An Beispielen aus ihrer eigenen Praxis erläutert sie die Wichtigkeit dieser Frage; indem Jesus sie stellte, verhielt er sich wie ein musterhafter Psychotherapeut.

Psychologisch gesehen hat H. Wolff recht: Menschen setzen ihrer seelischen Heilung oft Widerstand entgegen, da mit ihrer Krankheit auch ein Krankheitsgewinn verbunden ist und eine Heilung zumeist eine schmerzhafte Änderung der Gesamtpersönlichkeit bedeutet. Ein Psychotherapeut kann nur demjenigen helfen, der unter Leidensdruck steht, bzw. er muß durch eine Schicht des Widerstandes hindurch jene Kräfte des Menschen aktivieren, die auf Veränderung zielen. Aber läßt sich Joh 5 wirklich in der Weise, wie die Autorin es tut, verstehen? Ist die Geschichte, wie H. Wolff wörtlich sagt, tatsächlich ein »psychotherapeutisches Paradigma?« – Dagegen spricht doch schon, daß die Historizität der johanneischen Jesus-Begebenheiten sehr schwer festzustellen ist, weil das historische Wirken Jesu im Johannesevangelium viel stärker als in den synoptischen Evangelien vom Glauben überformt ist. Joh 5 will eine kerygmatische Aussage machen und läßt sich nicht ohne weiteres für die »therapeutische Praxis« des historischen Jesus reklamieren. So unbekümmert, wie H. Wolff es tut, kann man also die Geschichte nicht auswerten.

In der Auseinandersetzung mit den Pharisäern bemühte sich Jesus gemäß der Meinung von H. Wolff darum, sie zur Zurücknahme von Projektionen zu bewegen. Im Gleichnis vom Pharisäer und Zöllner zeigt er, daß er um den Projektionsmechanismus gewußt hat. Der Pharisäer ist rein auf Kosten des Zöllners; seine eigene Sünde, die sein frommes Ich nicht wahrhaben will, sieht er am Zöllner und bekämpft sie dort. Das ist in der Tat Projektion par excellence.

Wieder muß man sagen: H. Wolff hat psychologisch gesehen recht, wenn sie Projektion als eminent wichtigen, für den Betreffenden verhängnisvollen und auch Begegnung verstellenden seelischen Mechanismus aufweist. Aber möglicherweise hat sie bei ihrer Bewertung der Pharisäer Unrecht. Die Auseinandersetzung zwischen Jesus und den Pharisäern hat ihre Schroffheit wohl erst durch die überliefernde Gemeinde bekommen; in Wirklichkeit war diese Auseinandersetzung weniger scharf, als die Texte vermuten lassen. Und so läßt sich den Texten sekundär eine Projektion der christlichen Gemeinde entnehmen: Das Christentum arbeitet seine Superiorität auf Kosten des Judentums heraus.

So könnte man die Bücher von H. Wolff weiter durchblättern und würde noch öfter auf psychologisch richtige Einsichten und exegetische Schwächen stoßen. Psychologisch schon Gewußtes wird in die neutestamentlichen Texte zunächst eingetragen und dann wieder aus ihnen geborgen. Einer exegetischen Überprüfung hält das Bild von Jesus als Psychotherapeutem nicht stand.

Dennoch ist vieles bei H. Wolff richtig gesehen. Der historische Jesus hat in der Tat tiefe Einsichten in die Nöte und Verstrickungen des Menschen gehabt, und auch, wenn er kein Psychotherapeut im heutigen Sinne war, hat er auf Menschen einen heilenden Einfluß ausgeübt. Außerdem ist es durchaus legitim, jene »therapeutischen Elemente« im Wirken Jesu sozusagen zu verdichten und unter den Titel »Psychotherapeut« zu bringen, nur muß man sich in hermeneutischer Hinsicht darüber im klaren sein, was man hier tut: man arbeitet nicht exegetisch, sondern geht *konstruktiv* mit der Person Jesu um. Man tut gewissermaßen das, was die Urchristenheit tat, als sie Jesus Würdenamen gab, und warum sollte diese kreative Beschäftigung mit Jesus, die seine Bedeutung für den Glaubenden immer neu artikuliert, heute nicht mehr möglich sein? Aber sie sollte unter etwas mehr theologischer Reflexion vollzogen werden, als es bei H. Wolff der Fall ist.

Soviel zu H. Wolff. Sie und G. Wehr kommen, wie gesagt, von der Analytischen Psychologie C. G. Jungs her. Nachdem wir nun die Psychoanalyse und die Analytische Psychologie daraufhin befragt haben, ob sie etwas für die psychologische Bibelauslegung austragen, liegt es nahe, diese Frage auch der dritten großen Richtung der Tiefenpsychologie zu stellen, der Individualpsychologie A. Adlers: kann man auch mit ihrer Hilfe biblische Texte auslegen? Man kann es und man tut es. Allerdings spielt die Individualpsychologie bei der Auslegung biblischer Texte nur eine ganz geringe Rolle. Das einzige größere Werk, das in diesem Zusammenhang genannt werden muß, ist das Buch von F. Künkel »Die Schöpfung geht weiter. Eine psychologische Untersuchung des Matthäus-Evangeliums« (Konstanz 1957). Mit einem Streiflicht auf dieses Werk sollen unsere Anmerkungen zur Geschichte der psychologischen Bibelauslegung zum Abschluß gebracht werden.

Künkel, dessen Name im vorliegenden Buch bereits genannt worden ist (vgl. oben, 9.6), meint, im Matthäusevangelium einen Reifungsweg für den Charakter nachweisen zu können. Bereits einige Überschriften, die Künkel über Perikopen des Evangeliums stellt, deuten an, daß der Evangelist gemäß der Meinung von Künkel seine Leser in dieser Weise in Bewegung versetzen will: »Die Marschroute«, »Der Weg«, »Die innere Reise«, »Der Scheideweg«, »Der neue Weg«, »Die neue Marschroute«.

Insgesamt gesehen ist die Exegese Künkels dem Text aufgezwungen. Sie geht schon deshalb fehl, weil Künkel eine bis ins einzelne durchkomponierte Struktur des Evangeliums voraussetzt; solche allzu elaborierten Strukturanalysen biblischer Bücher haben sich bisher stets als Artefakte erwiesen. Dennoch ist die Deutung Künkels an Einzelstellen durchaus zu akzeptieren. Besonders gelungen ist seine Deutung der Versuchung Jesu. Drei versucherische Bilder haben die Menschheit immer wieder in ihren Bann gezogen, und Jesus war, so Künkel, der einzige, der ihnen je widerstanden hat. Es handelt sich erstens um den »Großen Bäcker«, der für alle und jeden Brot und leibliche Zufriedenheit und nichts weiter als das verschafft; zweitens um den »Großen Priester«, der Wunder tut und den Massen vorschreibt, was sie glauben sollen; und drittens um den »Großen Eroberer«, der ganze Nationen unterjocht. »Das Lockende dieser drei Bilder ist dem Willen Gottes so ähnlich, daß die innere Stimme, die sie anpreist, leicht mit dem schöpferischen Befehl des Ewigen verwechselt werden kann.«

11.3 Die beiden wichtigsten gegenwärtigen Positionen zur psychologischen Bibelauslegung: die Ansätze von G. Theißen und E. Drewermann

Sich einen Überblick über den gegenwärtigen Stand der psychologischen Bibelauslegung zu verschaffen, ist nicht einfach. Viele Ansätze gibt es, viele Namen sind zu nennen, neben G. Wehr und H. Wolff z. B. noch J. Goldbrunner, M. Kassel, L. Krinetzki und U. Steffen. Aber man kann mit Fug und Recht sagen, daß sich aus den vielen Ansätzen zwei besonders hervorheben und die Diskussion beherrschen: diejenigen von G. Theißen und E. Drewermann. Und auf diese beiden Autoren wollen wir uns nun konzentrieren.

Mit dem Buch von G. Theißen »Psychologische Aspekte paulinischer Theologie« (Göttingen 1983) ist in der Geschichte der psychologischen Bibelauslegung ein Markstein gesetzt worden, und das in dreifacher Hinsicht: zum einen hat mit diesem Buch die psychologische Bibelauslegung im Zentrum der neutestamentlichen Wissenschaft Fuß gefaßt, zum anderen wird hier die psychologische Bibelauslegung zum ersten Mal methodologisch auch vor der *Psychologie als Wissenschaft* verantwortet (und nicht nur vor der Theologie), und drittens ist hier die einseitige tiefenpsychologische Ausrichtung der psychologischen Bibelauslegung zugunsten eines dreigliedrigen Ansatzes, der alle drei großen theoretischen Hauptrichtungen der gegenwärtigen Psychologie berücksichtigt, überwunden. (Vgl. zu diesen theoretischen Hauptrichtungen oben, 1.3.)

Um zu begreifen, daß Theißens Buch tatsächlich einen Wendepunkt in der Forschungsgeschichte darstellt, muß man sich klarmachen, daß die bisherigen Versuche psychologischer Bibelauslegung meist von theologischen Außenseitern vorgenommen wurden und kaum von den Exegeten selbst. Mit Theißen hat jedoch ein anerkannter Universitätstheologe, der einen der wichtigsten deutschen Lehrstühle für Neues Testament innehat, unüberhörbar das Wort ergriffen. Und seine Untersuchung ist in einer der bedeutendsten bibelwissenschaftlichen Buchreihen erschienen (Forschungen zur Religion und Literatur des Alten und Neuen Testaments). Doch natürlich sind es nicht diese formalen Gründe alleine, die die Fachkollegen aufhorchen ließen und der psychologischen Bibelauslegung zu unverhoffter Reputation verholfen haben; es ist vielmehr so, daß Theißen den Beweis dafür erbracht hat, daß Psychologie in den herkömmlichen historisch-kritischen Auslegungsprozeß so integriert werden kann, daß dieser Prozeß *von innen her* befruchtet werden kann, während psychologische Bibelauslegung sonst sehr oft diesen Prozeß als solchen ablehnt, dabei auf all die wichtigen Ergebnisse verzichtet, die er zeitigt, und sich damit ins hermeneutische Abseits bringt.

Ein Mangel, mit dem viele Versuche psychologischer Bibelauslegung behaftet sind, ist der, daß die Autoren ein sehr einseitiges Psychologieverständnis haben; sie sind zumeist von Hause aus Nicht-Psychologen und haben sich ihre psychologischen Kenntnisse autodidaktisch oder über irgendwelche Kurse angeeignet. Das, was sie unter Psychologie verstehen, weicht sehr von dem ab, was Diplom-Psychologen darunter verstehen. Vor allem ist vielen Versuchen psychologischer Bibelauslegung vorzuwerfen, daß in ihnen naiv Tiefenpsychologie oder Psychoanalyse für Psychologie schlechthin gehalten wird. Theißen hingegen zeigt sich bestens informiert. Obwohl auch er von Hause aus kein Psychologe ist, weiß er doch über die wesentlichen psychologischen Strömungen und Fragestellungen gut Bescheid; er hat das Selbstverständnis der Psychologie tatsächlich *von innen her* erfaßt und will ihm gerecht werden. Er beschränkt sich deshalb nicht darauf, allein tiefenpsychologisch an paulinische Texte heranzugehen, sondern analysiert sie auch unter lerntheoretischen und kognitiven Gesichtspunkten. Theißens Buch beginnt mit einer ausführlichen methodologischen Einleitung. In ihr stellt er die drei psychologischen Ansätze vor, mit denen er arbeitet, und versucht eine hermeneutische Integration dieser Ansätze. Auf alle Paulus-Texte, die dann im Hauptteil des Buches behandelt werden, werden alle drei psychologischen Ansätze appliziert, und sie geben jeweils andere Aspekte der Texte frei.

Welche Ergebnisse erbringt nun die psychologische Exegese Theißens? Schauen wir uns drei Beispiele an:

Zur Anwendung lernpsychologischer Konzepte führen wir Theißens Untersuchung der Glossolalie (Zungenrede) in 1Kor 14 an. Von einem lerntheoretischen Gesichtspunkt aus läßt sich fragen: Welche Reize, Verstärker und Modelle rufen glossolales Verhalten hervor? Das Modellernen scheint eine besondere Rolle zu spielen, denn Zungenrede entfaltet sich fast immer in Abhängigkeit von autoritativen Bezugspersonen. Paulus war für die Gemeinde das Modell gewesen, an dem diese Geistesgabe erlernt worden war. Funktional dient Glossolalie dazu, die emotionale Kohärenz einer Gruppe zu fördern. Nachdem es in Korinth zum Mißbrauch der Zungenrede gekommen war, bemühte sich Paulus, sie zurückzudrängen. Sein diesbezügliches Vorgehen ist lernpsychologisch analysierbar: Er beeinflußte die Stimuli, die das glossolale Verhalten auslösen, die sozialen Verstärkungen und Modelle in seinem Sinne.

Die Tiefenpsychologie dient Theißen z. B. dazu, die unbewußte Dynamik der Christussymbolik herauszuarbeiten (1. Kap.). Christus symbolisiert eine innere Verwandlung des Menschen. Einerseits repräsentiert er all das, was im Menschen verurteilt wird, wurde er doch selber als »Fleisch« und »Sünde« verurteilt. Andererseits repräsentiert er alle Instanzen, die im Menschen urteilen: das Überich, das Gewissen, die Norm; ist er doch der endzeitliche Richter. »Aber er nimmt dem Überich seine archaische Strenge, er überwindet den Zorn Gottes, der auf den Tod des Sünders zielt . . . Einander entgegengesetzte Aspekte des Menschen werden einander angenähert. Im Symbol des ›gerichteten Richters‹ geschieht eine coincidentia oppositorum.« – Wie Theißen mit kognitiv-psychologischen Konzepten arbeitet, zeigen wir am 3. Kap. seines Buches. In Röm 7 und 8 nimmt Paulus nach Theißen eine kognitive Neuorientierung vor. Er ändert sein Selbstverständnis, was zugleich heißt, daß er gewissermaßen Welt neu entwirft. Für Paulus hat sich durch Christus eine neue Lebenswelt erschlossen, in der die bisherigen Bedingungen des Menschseins transzendiert sind. »Er kennt ein kreatives Sterben mit Christus, das schon unter den Bedingungen dieses Lebens den Übergang zu einer neuen Existenz ermöglicht.« Theißen interpretiert diesen Vorgang als Rollenwechsel. In der Verkündigung wird dem Menschen eine neue symbolische Rolle angeboten. »Der Mensch kann sich von der adamitischen Rolle distanzieren, weil der zweite Adam erschienen ist und die Welt in einem neuen Lichte erscheinen läßt.« Von der Christussymbolik gehen die entscheidenden Anstöße zur Verhaltens- und Erlebensveränderung aus.

Die drei hier angeführten Beispiele von Theißens psychologischer Exegese können als gelungen bezeichnet werden. Aber nicht alle seine Analysen sind in gleicher Weise überzeugend. So läßt sich etwa der lerntheoretische Ansatz dort am besten anwenden, wo hinter dem Text konkrete soziale Interaktionen auszumachen sind (vgl. z. B. 1Kor 14). Bei Texten, die stärker diskursiv-theologisch angelegt sind, fällt die Anwendung schwerer. Schließlich sei noch die Frage nach dem extra nos Christi bei Theißen gestellt. Faßt er nicht, vor allem in seinen tiefenpsychologischen Analysen, Christus als bloße Projektionsfläche für seelische Prozesse, auf die es »eigentlich« ankommt, auf? – Dazu ist zu sagen, daß Theißen genau an der Stelle seine Analysen abbricht, wo gewisse Psychoanalytiker eine Konklusion anbringen, d. h. den Immanenzcharakter der christlichen Religion bewiesen sehen wollen. Theißen läßt hingegen einen wirklichen Raum für den Glauben. Die Bezogenheit zwischen Christus und der seelischen Wirklichkeit des Menschen ist auch für Theißen letztlich ein Geheimnis.

Mit Vehemenz weitergetrieben wird die psychologische Bibelauslegung seit einiger Zeit von E. Drewermann. Schriftlich niedergeschlagen haben sich seine Bemühungen vor allem in den beiden Büchern »Tiefenpsychologie und Exegese. Bd. I und II« (Olten – Freiburg i. Br. 1984/1985), aber auch noch weitere Publikationen ließen sich nennen. Was man bei Drewermann, wenn man auf sein umfangreiches und thematisch weit gefächertes Œuvre insgesamt schaut, neidlos anerkennen muß, sind eine ungeheure Schaffenskraft, eine verblüffende Belesenheit und eine große gedankliche Brillanz und Schärfe. Auch zur psychologischen Bibelauslegung hat er, obwohl er gar nicht von der Exegese herkommt, sondern von der Systematischen Theologie, Maßgebliches beizutragen. Es läßt sich allerdings nicht umgehen, an Drewermann auch Kritik anzubringen, und zwar nicht nur Kritik, die von der Sache her geboten ist, sondern auch und gerade Kritik, die seinem *Anspruch* gilt. Drewermann rechnet mit der herkömmlichen Bibelwissenschaft vernichtend ab und insistiert doktrinär darauf, daß nur die Tiefenpsychologie Rettung bringen kann; von dieser Erkenntnis ist er so besessen, daß er sie nicht wissenschaftlich-distanziert vortragen kann, sondern wie eine Heilsbotschaft verkündigen muß: fast könnte man sagen, daß er ein messianisches Sendungsbewußtsein hat.

Lassen wir nun Drewermann selber zu Wort kommen: »Das aufgeschichtete Resultat geschichtlicher Untersuchungen in der Bibel ist, religiös betrachtet, nach mehr als 100 Jahren von einer monströsen Inhaltslosigkeit. Der Eindruck, den ein Theologiestudent schon in den Anfangssemestern beim ersten Kontakt mit der gegenwärtigen Bibelwissenschaft gewinnt, trügt nicht: er wird die Fragen, die er um seiner selbst willen an den Text richten möchte und die ihn zum Studium der Hl. Schrift wesentlich motivieren, innerhalb der historisch-kritischen Methode nicht nur unbeantwortet lassen müssen, er wird sie überhaupt völlig zu vergessen haben.« (Tiefenpsychologie und Exegese. Bd. I, a.a.O., 24.) »Die Exegese bedarf deshalb der Tiefenpsychologie, um die ›unhistorischen‹, traumnahen und daher überzeitlichen Überlieferungen der Bibel zu erfassen. Es sind Erfahrungen in der bildhaften Sprache der Seele, die die Menschen aller Zeiten und Zonen bewegt haben und uns heute noch in unseren Träumen zugänglich sind. Wenn diese Sprache entschlüsselt wird, merken wir erst, daß die biblischen Aussagen unsere ureigenste Sache sind und ursprüngliches Leben in uns wachrufen können.« (Ebd., 4. Umschlagseite.)

Es bleibt nicht aus, daß sich ein Autor mit einem solchen Totalitätsanspruch viele Gegner verschafft. Und so ist in der Tat um Drewermann ein hitziger Streit entbrannt, in dem ihm z. B. Unkenntnis der

Methodendiskussion in der Exegese vorgeworfen wird. Und zugestanden wird ihm, daß sein Ansatz gewinnt, wenn man die unnötigen Polemiken ignoriert und den Totalitätsanspruch vergißt.

Methodologisch gesehen ist der Ansatz von Drewermann ein Rückschritt hinter den von Theißen. Drewermann hat die psychologische Methodenreflexion noch vor sich, sein Vorgehen wird vor der Psychologie als Wissenschaft nicht verantwortet, es ist stärker aus der Intuition heraus geboren. Dabei soll die Fruchtbarkeit vieler Einsichten Drewermanns keineswegs bestritten werden. Die Defizite in der Exegese, die er anmahnt, bestehen tatsächlich. Und es stimmt auch, daß es zu lebendiger Religiosität und zur Erneuerung der Person nur dann kommen kann, wenn die Symbole der Bibel nicht nur kognitiv erschlossen werden, sondern auch in »neuer Unmittelbarkeit« auf die Tiefenschichten des Menschen einwirken können; und um diese »neue Unmittelbarkeit« einzuüben, sind die Schriften Drewermanns von großem Wert.

Wie sieht nun Drewermanns Umgang mit dem biblischen Text praktisch aus? Schauen wir uns dazu seine Deutung des Auszugs Israels aus Ägypten an (ebd., 484 ff). Der Befreiungsprozeß, den Israel durchlaufen hat, wird gedeutet als innerer Weg des Menschen, der beschritten werden muß, um sich selber zu finden. Keine Station darf dabei übersprungen werden. Jede ist für sich typisch, und in jeder finden wir uns wieder. So wird – um ein Beispiel zu geben – der Versuch Ägyptens, Israel durch seine Armee wieder zurückzuholen, folgendermaßen erklärt: »Wann immer man den Lebensweg eines Menschen bis zu diesem Aufbruch in die Freiheit verfolgt, muß man sich an dieser Stelle jetzt auf das Schlimmste gefaßt machen. Denn man kann ganz sicher sein: kaum sind die ersten Schritte in Richtung auf ein eigenes Leben getan, da nahen sich von hinten übermächtig die alten Unterdrücker und drohen uns wieder einzuholen. Die Streitwagen des Pharao am Schilfmeer – das kann für ein ganzes Arsenal innerer und äußerer Verfolger stehen, die wir zunächst in die Freiheit mitnehmen, z. B. in Form tödlicher Schuldgefühle. Wer einmal gesehen hat, welche inneren Auseinandersetzungen es kostet, auch nur ein paar Schritte aus den Zwangssicherungen einer entfremdeten Moral oder einer rein äußeren Gesetzesfrömmigkeit herauszugehen, wieviel Angst dabei freigesetzt wird und wieviel verinnerlichte Strafen und Vorwürfe es dabei herabregnet, dem wird sich dieses Bild von der verfolgenden Wagenabteilung des Pharao geradezu aufdrängen, um zu beschreiben, was sich da abspielt ... Ein Schritt nach vorn in die Freiheit, das heißt für den einen, daß er sich mal getraut, in einer Gruppe einen eigenen Gedanken zu äußern und gegen das ewige Selbstbild anzukämpfen, daß er zu dumm und zu schwächlich sei und am besten nur in der Meinung aller untertauchen könne; ein Schritt nach vorn, das heißt für einen anderen, daß er es mal riskiert, sich einen Wunsch zu erfüllen: ein neues Kleid vielleicht, eine Schallplatte, einen Ausflug am Wochenende, – etwas jedenfalls, das nicht sein *muß* und darum von der allgemeinen Notwendigkeit verordnet ist, sondern etwas, das er auf seine eigene Kappe nehmen und für das er geradestehen muß; und kaum riskiert er es, da fallen über ihn die alten Vorwürfe wie Geier her und drohen ihn zu vernichten.« – Daß eine solche Deutung biblischer Geschichten eine große Faszination ausübt, kann nicht bestritten werden; und so einseitig diese Deutung auch sein mag – sie bietet eine existentielle Umsetzung der Bibel, die beispielhaft ist.

11.4 Praktische Anleitung zur psychologischen Annäherung an einen biblischen Text (am Beispiel von Joh 4, 1–42)

Nachdem vor dem Leser des vorliegenden Buches nunmehr verschiedene Positionen der psychologischen Bibelauslegung ausgebreitet worden sind, fragt er vielleicht nach einer praktischen Anleitung, die ihn befähigt, auch *selber* biblische Texte psychologisch auszulegen. Genau wie man die herkömmlichen exegetischen Methoden (Textkritik, Literarkritik usw.) schulmäßig einüben kann und die entsprechenden Anleitungen dazu in den Methodenlehren zum Alten und Neuen Testament mundgerecht serviert bekommt, müßte doch auch – so könnte man meinen – die psychologische Auslegung ohne weiteres zu erlernen sein. Aber so einfach ist das nicht. Die psychologische Bibelauslegung läßt sich nicht in der gleichen Weise wie die Literarkritik zu einem Curriculum aufarbeiten. Hier muß sich jeder seinen Weg selber suchen. Voraussetzungen sind ein gewisses psychologisches Fundament (das man sich durchaus autodidaktisch angeeignet haben kann) und eine gewisse Kenntnis bisheriger Versuche psychologischer Bibelauslegung. So gerüstet, kann man auch einmal selber versuchen, am biblischen Text psychologisch zu arbeiten.

Nun verheißt die Überschrift dieses Abschnitts dennoch eine »praktische Anleitung«, aber es ist – wohlgemerkt – nur eine Anleitung zu einer psychologischen *Annäherung* an einen biblischen Text, nicht eine Anleitung zur *Auslegung*. Gemeint ist, daß einige konkrete Schritte aufgezeigt werden, die zu einer psychologischen Auslegung hinführen. Einschränkend sei gesagt, daß die folgenden Ausführungen nur für denjenigen von Wert sind, der ein wenig Ahnung von C. G. Jung hat, der eine Grundkenntnis seines Werkes besitzt. Es geht einfach nicht, eine psychologische Annäherung an die Bibel sozusagen voraussetzungslos vornehmen zu wollen; gewisse psychologische Konzepte oder Modelle *müssen* bekannt sein.

Und noch eine weitere Einschränkung ist zu machen. Mit den herkömmlichen exegetischen Methoden kann man prinzipiell *jeden* Bibeltext angehen. Nicht jeder Bibeltext eignet sich jedoch in gleicher Weise für eine psychologische Auslegung. Man wird mit der Zeit ein Gespür dafür entwickeln – lehrbar ist dieses Gespür kaum –, wo man psychologisch ansetzen kann und wo nicht. Für den Anfänger ist, was das Neue Testament angeht, jedenfalls das Johannesevangelium die ideale Ausgangsbasis. Und so stammt denn auch unser Beispiel aus dieser Schrift: Joh 4, 1–42 (Die Begegnung zwischen Jesus und der Samariterin am Jakobsbrunnen).

Die ersten Phasen der Arbeit am Text unterscheiden sich nicht vom herkömmlichen Zugang: der Text wird gelesen (möglichst aus dem Griechischen übersetzt), gegliedert, Beobachtungen werden notiert, Kommentare konsultiert. Danach wird der Text auf Bilder, Symbole und Gegebenheiten hin befragt, die sich möglicherweise tiefenpsychologisch ausdeuten lassen. Ein erster Haftpunkt ist der Brunnen (V. 6). Zieht man hierzu die Kommentare heran, ist man enttäuscht; lediglich historische Notizen werden ihm gewidmet, in seinem Symbolwert kommt er nicht vor. Man ist also auf sich alleine gestellt.

Wie kann man den Symbolwert von Brunnen erschließen? Man versuche einmal, Assoziationen zu Brunnen zu entwickeln, vielleicht mit einer anderen Person zusammen oder am besten in einer Gruppe. Es wird dabei mit Sicherheit eine Fülle an Bildern und Vorstellungen produziert werden, und bei vielen dieser Bilder und Vorstellungen ist mit Händen zu greifen, daß sie aus archetypischen Schichten stammen. Umgehen sollte man mit den Assoziationen so, daß man sie schriftlich fixiert und nachher der Gruppe – falls es sich um eine Gruppenarbeit handelt – noch einmal vorliest, und zwar in einer Atmosphäre der meditativen Sammlung.

Wenn man derart assoziativ und meditativ diese Perikope oder auch andere Perikopen des Johannesevangeliums durchgeht, ist schon ein gutes Stück Arbeit getan. Die Symbole des Textes korrespondieren ja mit der Bilderwelt unseres Inneren und können ihrerseits durch diese Bilderwelt erschlossen werden. Man hat, wenn man sich auf die Weise mit dem Text beschäftigt, wie es hier vorgeschlagen wird, mitunter den Eindruck, daß man etwas versteht, ohne es kognitiv zu besitzen und verbalisieren zu können. Man versteht sozusagen von Unbewußtem zu Unbewußtem, die symbolischen Gehalte des Textes werden von Aufnahmeorganen rezipiert, die unterhalb der Bewußtseinsschwelle liegen.

Nach dieser Phase der assoziativen und meditativen Beschäftigung mit dem Text geht es darum, das psychologische Wissen, über das man verfügt, in Anschlag zu bringen. Zu »Brunnen« lassen sich z. B. folgende Sachverhalte anführen: Brunnen steht oft im Zusammenhang mit Wandlung und Wiedergeburt, man denke nur an unsere Märchen, an das in der Brunnentiefe versunkene Mädchen, das sich plötzlich auf einer sonnenbeschienenen Wiese wiederfindet. Brunnen ist ein ambivalentes Symbol und drückt Sterben und Neuwerden aus. Bei C. G. Jung ist der Brunnen eine Erscheinungsform des Mutterarchetyps: wie die Mutter gebiert, wie sie neues Leben schafft, so schafft auch der Brunnen neues Leben. Nicht umsonst spricht man vom Jungbrunnen mit seiner regenerierenden Kraft.

Man könnte auch sagen: Brunnen ist eines der Symbole, an denen sich der Mythos vom Stirb und Werde festmacht. Schon in der Antike wußte man, daß es Leben nur gibt, wenn zuvor gestorben worden ist. Und bei Goethe heißt es dann: »Und so lang du das nicht hast, /Dieses: Stirb und werde!/ Bist du nur ein trüber Gast/ Auf der dunklen Erde.«

Indem nun das Gespräch zwischen Jesus und der Samariterin an einem Brunnen stattfindet, scheint angezeigt zu sein, daß es hier zentral um eine Wandlung, um eine Neuwerdung geht. Auf diese Spur dürfte man auch schon durch die assoziativ-meditative Phase gestoßen sein, denn die beigebrachten Assoziationen haben höchstwahrscheinlich genau die Ambivalenz des Brunnensymbols umkreist und damit das Verständnis der Perikope entscheidend vorbereitet.

Die nächste Notiz des Textes, die tiefenpsychologisch angegangen werden könnte, ist die Zeitangabe in V. 6 »es war ungefähr die sechste Stunde«. Es ist also mittags, die Sonne steht im Zenit, ab jetzt geht es abwärts mit ihr. Der Mittag ist die Zeit der Wende. Auch für die Frau ist offenbar die Zeit der Wende gekommen, die Zeit der Lebenswende. Haben wir bereits im Brunnen ein Symbol für Wandlung gefunden und daraus geschlossen, daß dies das Thema der Perikope ist, so wird dieser Befund jetzt durch die tiefenpsychologische Auslegung der Zeitangabe »es war ungefähr die sechste Stunde« bestätigt.

Es ist nun allerdings nicht Ziel dieses Abschnitts, eine komplette tiefenpsychologische Analyse der Samariterin-Perikope zu leisten. Vielmehr soll es darum gehen, dem Leser Anstöße für die *eigene* Annäherung an den Text zu bieten, und diese würde durch eine ausgeführte Auslegung nur verstellt werden, die deshalb hier abgebrochen wird.

Wie wäre nun mit dem Text weiter zu verfahren? Befragen müßte man ihn vor allem daraufhin, ob er noch mehr archetypische Bilder bietet (läßt sich vielleicht Jakob als Archetyp auffassen?) und ob er Stationen der Individuation anführt, wie C. G. Jung sie beschreibt, also etwa die Auseinandersetzung mit dem Schatten.

So reizvoll und bereichernd eine psychologische Annäherung an die Bibel auch sein mag, in hermeneutischer Hinsicht ist sie nicht ungefährlich. Ist man mit einem Text erst einmal so weit gekommen wie wir jetzt mit Joh 4, meint man also, einen Faden in der Hand zu haben, steht man in der Gefahr, den Text nur noch von der entsprechenden psychologischen Theorie her zu lesen. Freilich darf man sagen, daß man auf die entsprechende Theorie ja erst durch den Text gestoßen ist, dieser hat sie gewissermaßen aktiviert; Text und Theorie stehen also offenbar durchaus in einem Entsprechungsverhältnis, aber man darf dieses natürlich nicht überstrapazieren.

Mit dieser abschließenden Warnung soll der Leser mit dem Text alleine gelassen werden. Und es ist ihm zu wünschen, daß er seinen Weg findet zwischen Skylla (einen psychologischen Zugang völlig ablehnen) und Charybdis (den Text psychologisch verfremden).

11.5 Historische Sachverhalte des Neuen Testaments in sozialpsychologischer Perspektive

Bei all dem, was wir bisher zur psychologischen Bibelauslegung gesagt haben, ging es um die Auslegung konkreter Texte und auch um Persönlichkeitsbeschreibungen biblischer Gestalten. Die Psychologie läßt sich in der Bibelwissenschaft aber auch noch ganz anders einsetzen, nämlich zur Bearbeitung historischer Probleme; es gibt einige Versuche, mit sozialpsychologischen Konzepten solche Probleme anzugehen, und auf diese Versuche wollen wir jetzt, zum Abschluß unserer Beschäftigung mit psychologischer Bibelauslegung, einen Blick werfen.

Zunächst sollen zwei Arbeiten von J. G. Gager vorgestellt werden: Das Ende der Zeit und die Entstehung von Gemeinschaften, in: W. A. Meeks (Hrsg.), Zur Soziologie des Urchristentums, München 1979, 88–130; Some Notes on Paul's Conversion, in: New Testament Studies 27 (1980/81), 697–704.

In der zuerst genannten Arbeit versucht Gager, das Motiv der urchristlichen Mission zu klären; in der zweiten Arbeit bemüht er sich darum, verständlich zu machen, warum Paulus nach seiner Bekehrung mit solcher Leidenschaft, wie sie vor allem der Galaterbrief ausweist, den von ihm ehemals beschrittenen jüdischen Heilsweg bekämpfte. In beiden Fällen benutzt er die kognitive Dissonanztheorie (vgl. zu dieser Theorie oben, 5.2).

Gemäß der kognitiven Dissonanztheorie gibt es – erinnern wir uns – verschiedene Techniken zur Reduzierung von Dissonanz. Auch Bekehrungseifer gehört dazu. Ihm liegt (vereinfacht gesagt) folgende Logik zugrunde: Wenn immer mehr Menschen davon überzeugt werden können, daß das eigene Glaubenssystem richtig ist, muß es doch wohl richtig sein. Auf den Plan tritt ein erhöhter Bekehrungseifer immer dann, wenn das eigene Glaubenssystem ins Wanken geraten ist, d. h. zugleich für wahr gehalten und bezweifelt wird, wenn also bezüglich des eigenen Glaubenssystems eine kognitive Dissonanz vorliegt. Gager meint, genau diese Situation im frühen Christentum nachweisen zu können. Zwei entscheidende Fakten in der frühen Geschichte der christlichen Bewegung brachten seiner Meinung nach diese in die Situation kognitiver Dissonanz: der Tod Jesu und das Nichtkommen des Reiches. Der Missionseifer des frühen Christentums erklärt sich zu einem guten Teil daraus, daß durch ihn die auf diese Weise entstandene Dissonanz reduziert wurde.

In seinem Aufsatz über die Bekehrung des Paulus arbeitet Gager mit dem Phänomen der postdecision dissonance. Diese Form von Dissonanz tritt auf, nachdem man sich (in einer Wahlsituation) für eine von zwei annähernd gleich attraktiven Alternativen entschieden hat. Die gewählte Alternative erscheint von nun an attraktiver als die abgelehnte. Dissonante Informationen hierzu (also solche, die die verworfene Alternative in günstigem Licht darstellen) werden nicht mehr gesucht bzw. abgewertet, wenn sie das Individuum erreichen. – Bezogen auf die Bekehrung des Paulus meint Gager nun, daß dieser durch seine Polemik gegen den jüdischen Heilsweg Dissonanz reduzierte: er schwächte die Attraktivität und Evidenz der verworfenen Alternative ab.

Bei der sachlichen Auseinandersetzung mit Gager, die sicherlich nötig ist, sollte sich der Theologe vor einer Haltung hüten, die von Angst bestimmt ist: eine psychologische Erklärung kann nämlich niemals die theologische Dimension von menschlichen Handlungen »auflösen«. Wenn man missionarische Tätigkeit daraufhin untersucht, welche Funktion sie im psychischen Gefüge des Missionars selbst bzw. im sozialen Gefüge der missionarisch tätigen Gruppe erfüllt, hat man sie nicht »wegerklärt«; daß missionarische Tätigkeit von den entsprechend Tätigen als göttlicher Auftrag interpretiert wird, läßt sich psychologisch weder falsifizieren noch verifizieren. Bei jeder Glaubensüberzeugung ist es ja so, daß sie der psychologischen Untersuchung einerseits zugänglich und andererseits entzogen ist: Die Entstehung einer Glaubensüberzeugung, ihr Inhalt und ihre Funktion im psychischen Gefüge des Glaubenden lassen sich psychologisch untersuchen, aber die Psychologie kann keine Aussage darüber machen, ob diese Glaubensüberzeugung wahr oder falsch ist, ob sie stimmt oder nicht stimmt.

Verlassen wir nun Gager und wenden wir uns zwei Arbeiten zu, in denen die Interaktionen zwischen Paulus und der Gemeinde von Korinth mit Konzepten der Gruppendynamik untersucht werden. Die erste Arbeit ist ein Buch von A. Schreiber mit dem Titel: Die Gemeinde in Korinth. Versuch einer gruppendynamischen Betrachtung der Entwicklung der Gemeinde von Korinth auf der Basis des ersten Korintherbriefes (Münster 1977). Die zweite Arbeit ist ein Aufsatz von M. Widmann, der leider an einer sehr entlegenen Stelle erschienen ist: Die vier Phasen des Konflikts zwischen Paulus und den Korinthern. Eine Rekonstruktion der Korrespondenz, insbesondere des Thesenbriefs der Korinther und des Antwortbriefs des Paulus, in: O. Bayer/ G.-U. Wanzeck (Hrsg.), Festgabe für F. Lang zum 65. Geburtstag, Tübingen 1978, 799–833 (maschinenschriftlich). Beide Arbeiten sind von großem forschungsgeschichtlichen Wert; sie bieten einen völlig neuen Zugang zu den Korintherbriefen. Die Prozesse, die in Korinth abliefen (und vor allem die spannungsreichen Beziehungen zwischen Paulus und der Gemeinde), werden erklärt mit Gesetzmäßigkeiten, die die heutige Gruppenforschung zutage gefördert hat.

Da die Ansätze von Schreiber und Widmann einander sehr ähnlich sind, reicht es, wenn wir uns einen von ihnen näher ansehen; es soll der von Widmann sein. – Nach Widmann lief in Korinth ein Gruppenprozeß des Mündigwerdens ab, in dem Paulus begriff, daß die Korinther eigenständige Partner sind, in dem der Apostel autoritäre Züge in seiner Haltung zurücknahm und der Gemeinde eigenständige Meinungen zugestand. Widmann teilt die Beziehung zwischen Paulus und Korinth in vier Phasen ein: 1) Beginn der Auflehnung gegen den Leiter; 2) Verschärfung durch offene Ablehnung; 3) Partnerschaftliche Auseinandersetzung; 4) Versöhnung. Er bezieht sich auf ein in der Forschung herausgearbeitetes Modell der Gruppenentwicklung, und es gelingt ihm, dieses Modell in etwas modifizierter Form in Korinth nachzuweisen.

Obwohl die Ergebnisse, zu denen Widmann gelangt, im großen und ganzen richtig sein dürften, ist dennoch eine schwerwiegende Anfrage an sein Vorgehen zu stellen. Er sieht den Prozeß des Mündigwerdens in Korinth in einem sehr viel aufgesplitterteren Briefwechsel dokumentiert, als es der heutige Stand der Forschung zu den literarkritischen Fragen der Korintherbriefe zuläßt, er konstruiert eine Vielzahl von Briefen, die hin und her gingen. Die Frage ist deshalb, ob sich Widmann nicht – jedenfalls ein Stück weit – den korinthischen Briefwechsel seinen gruppentheoretischen Entscheidungen gemäß zurechtlegt.

Die letzte Arbeit, die in diesem Abschnitt vorgestellt werden soll, ist meine eigene sozialpsychologische Studie zu Paulus (W. Rebell, Gehorsam und Unabhängigkeit, a.a.O.). Hier wird eine Reihe von sozialpsychologischen Konzepten herangezogen, um das soziale Beziehungsfeld des Paulus zu untersuchen, um konflikthafte Beziehungskonstellationen aufzudecken und Einsichten in die Interaktionen des Paulus mit seinen Bezugsgruppen und Bezugspersonen zu gewinnen. Es wird u. a. gearbeitet mit der kognitiven Balancetheorie, der kognitiven Dissonanztheorie und den Theorien Watzlawicks zur Kommunikation und Interaktion. Die Einsichten, die eine stringente Anwendung sozialpsychologischer Konzepte in der Paulus-Exegese erbringen kann, seien an einem Beispiel demonstriert:

Wo es zwischen Paulus und seinen Gemeinden Probleme gab, sind nach dem Urteil des Paulus die Gründe dafür immer auf seiten der Gemeinde zu suchen. (Und der heutige Leser der Paulus-Briefe ist geneigt, sich diesem Urteil des Paulus ohne weiteres anzuschließen: auch ihm stellen sich die Gemeinden als »ungehorsam« und »unreif« dar.) Aber der Sachverhalt ist viel komplizierter. So läßt sich zeigen, daß ein Teil der Beziehungsschwierigkeiten zwischen dem Apostel und seinen Gemeinden darin wurzelte, daß Paulus seine Gemeinden »doppelband«, d. h. ihnen zwei verschiedene, einander widersprechende Botschaften übermittelte: seid selbständig/bleibt unter meiner Leitung. (Vgl. zur Doppelbindung oben, 7.3.6). Die Gemeinden hätten sich also oftmals gar nicht, wie es die paulinischen Briefe als selbstverständlich voraussetzen, prinzipiell für den richtigen Weg, nämlich Paulus gehorsam zu sein, entscheiden können. Sie hatten gar nicht die Möglichkeit, sich richtig zu verhalten. Es waren Widersprüche in Paulus selber, zwei miteinander unvereinbare Wünsche, die die Gemeinden in ein Dilemma verstrickten. Ein gewisses Idealbild, das auch die kritische Forschung oftmals von Paulus hat, wird damit nachdrücklich erschüttert.

Aber es geht in dieser Paulus-Studie keineswegs primär darum, herkömmliche Paulus-Bilder anzugreifen und zu zerstören. Daß Paulus

Einzigartiges zu sagen hat, das unser Leben entscheidend verändern und bestimmen kann, soll durch die hier gewählte Vorgehensweise nicht bestritten oder relativiert werden. Das Gegenteil ist der Fall: Wir können viel mehr von Paulus empfangen, wenn wir in ein unverkrampftes Gespräch mit ihm eintreten, in dem *auch er* sich als einer von uns erweist, in dem er zu einem Wesen aus Fleisch und Blut wird; und zu diesem unverkrampften Gespräch möchte diese Studie beitragen.

12. Psychologie der Predigt

Einer der großen Praktischen Theologen unserer Tage, R. Bohren, bekennt in seiner Predigtlehre, ein begeisterter Prediger zu sein. Manchen Pfarrern wird es ähnlich gehen: sie predigen leidenschaftlich gern. Aber viele andere dürften sich in dem Bekenntnis Bohrens kaum wiederfinden: Für sie ist Predigen eine Tätigkeit, der man sich zwar nicht widerwillig, aber keinesfalls mit Verve unterzieht; dazu sind die Anstrengungen, die mit dem Predigen zusammenhängen, zu groß.

Was hat nun der Pfarrer (bzw. der kirchliche Mitarbeiter, der im Predigtdienst steht) von der Psychologie zu erwarten, wenn er sie daraufhin befragt, ob sie ihm bei der Predigttätigkeit behilflich sein kann? Er darf mit einer Reihe ganz konkreter und praktischer Ratschläge rechnen, die ihm seine homiletischen Bemühungen wesentlich erleichtern können. Neben solchen eher technischen Ratschlägen liegen ferner psychologische Einsichten vor, die etwas tiefer gehen und möglicherweise unbequem sind; sie beziehen sich auf homiletisches Fehlverhalten, das in der Person des Predigers und in seinen Kommunikationsgewohnheiten begründet liegt. Der Gewinn, der sich einstellt, wenn man sich diesen Einsichten nicht verschließt, ist beträchtlich und geht über das hinaus, was die bloß technischen Ratschläge erbringen können.

Und noch ein weiterer Punkt sei hier, in den Vorbemerkungen, angesprochen. Man ist meist der Meinung, daß es den Pfarrern von der Natur her mitgegeben ist, ob sie gute oder schlechte Prediger sind: der eine kann eben predigen, der andere nicht. Solche Fixierungen lassen sich aus psychologischer Sicht nicht halten; denn im Predigtverhalten sind markante psychologische Variablen auszumachen, die durchaus veränderbar sind. Jeder kann deshalb lernen, besser zu predigen. Und dazu wollen die folgenden Ausführungen eine Hilfe sein.

12.1 Die Persönlichkeit des Predigers

Immer wieder wird in Arbeiten zur Homiletik darauf hingewiesen, daß beim Predigen die Persönlichkeit des Predigers eine wichtige Rolle spielt. So heißt es bei H. Albrecht: »*Nichts hat so viel Einfluß auf meine*

Predigt wie meine Persönlichkeit.« (Predigen, Stuttgart 1985, 31.) Ihren klassischen Ausdruck hat diese Ansicht in der großen, tiefenpsychologisch orientierten Homiletik vom O. Haendler gefunden, wo programmatisch von der »Unmöglichkeit der Ausschaltung des Subjekts« gesprochen wird. Haendler meint, daß derjenige Prediger, der glaubt, unter Ausscheidung alles Subjektiven ganz zu einem Werkzeug in Gottes Hand werden zu können, einem Irrtum verfallen ist; auch in ihm wirken subjektive Kräfte, allerdings unkontrolliert. (Die Predigt. Tiefenpsychologische Grundlagen und Grundfragen, Berlin, 3. Aufl. 1960, 46 ff.)

Der Satz »Nichts hat so viel Einfluß auf meine Predigt wie meine Persönlichkeit« soll allerdings in unserem Kontext zunächst einmal nicht so tiefschürfend wie bei Haendler verstanden werden. Er gilt auch in dem Sinne, daß jede Predigt von offen zutage liegenden Persönlichkeitsvariablen abhängig ist, die von niemandem in Frage gestellt werden. Vor allem ist hier eine spezielle Form von Schüchternheit zu nennen, nämlich »Sprechangst«. Viele Vikare und junge Pfarrer leiden unter ihr, und sie macht ihnen das Predigen zur Qual. Zwar ist es so, daß sich Sprechangst mit der Zeit durch die ständige Übung auflöst, aber das soll uns nicht daran hindern, dem Anfänger einen konkreten Ratschlag zu geben, wie er der Sprechangst beikommen kann. Wir greifen dabei auf die Verhaltenstherapie zurück (vgl. zur Verhaltenstherapie oben, 7.3.5) und ziehen die dort entwickelte Technik der Systematischen Desensibilisierung heran, eine Form der Verhaltensmodifikation, bei der man sich im Zustand körperlicher Entspannung angsterzeugenden Stimuli aussetzt, die schrittweise gesteigert werden.

Der unter Sprechangst leidende Prediger hat sich, wenn er sich der Systematischen Desensibilisierung unterziehen will, zunächst einmal zu entspannen. Er sollte eine bequeme Sitz- oder Liegehaltung einnehmen, sich einer Meditation hingeben oder Musik hören. Ist er in einem entspannten Zustand, sollte er an das schwächste Item einer zuvor festgelegten Reihe von sich steigernden angsterzeugenden Situationen denken, die mit dem Predigen zusammenhängen. Eine solche Reihe könnte etwa so aussehen:

1. Am Sonntagmorgen den Talar anziehen;
2. Auf die Kanzel treten;
3. Die Predigt halten.

Die Reihe sollte freilich sehr viel differenzierter sein und aus zehn bis zwölf Punkten bestehen. Wenn der Prediger irgendeine Spannung erlebt, während er sich eines der Items vorstellt, sollte er die Übung abbrechen, sich erneut entspannen, um dann einen weiteren Versuch zu wagen. Auf diese Weise wird es mit der Zeit gelingen, bei der gedanklichen Vorstellung, eine Predigt zu halten, keine Angst mehr zu empfinden. Untersuchungen haben gezeigt, daß die so eingeübte Angstlosigkeit ohne weiteres auf die Realsituation übertragen wird.

Ist eine Persönlichkeitsvariable wie Sprechangst psychologisch relativ leicht veränderbar, so geht es im folgenden um einen komplizierteren Sachverhalt, der nicht einfach technisch-manipulativ angegangen werden kann. Eine Predigt hängt auch insofern von der Persönlichkeit des Predigers ab, als diese stets die Grenze ist, über die hinaus die Predigt in ihrer Aussagekraft nicht gehen kann: Man kann nicht über das hinaus predigen, was man selber ist. Auf den Punkt gebracht, könnte man (unter Aufnahme der Terminologie von Eph 4, 22–24) sagen: Der »alte Mensch« kann nicht über den »neuen« sprechen. Man muß selber von den Erfahrungen des »Neuseins in Christus« herkommen, wenn man seine Hörer herausfordern will, sich auf solche Erfahrungen einzulassen. Der Prediger muß sich mit seiner ganzen Existenz der Sprengkraft des Evangeliums aussetzen, wenn seine Predigt vom lebendigmachenden Geist des Evangeliums durchzogen sein soll. Falls er mit einer nur fassadenhaft aufgesetzten Frömmigkeit daherkommt, die nicht mit den Tiefenstrukturen seiner Person in Harmonie ist, wird er bei seinen Predigthörern zwar möglicherweise kognitive Zustimmung erreichen, aber sie niemals im emotional-unbewußten Bereich in Bewegung versetzen können.

12.2 Psychologische Aspekte bei der Predigtvorbereitung

Der im letzten Abschnitt herausgearbeitete Gedanke, daß die Persönlichkeit des Predigers aus dem Predigtgeschehen nicht herausdividiert werden kann, sondern die Wirkung des Gesagten entscheidend mitbestimmt, führt dazu, für die Predigtvorbereitung eine Art von Meta-Reflexion zu empfehlen. Der biblische Text sollte nicht nur unter objektiven Gesichtspunkten auf seine kerygmatische Funktion hin untersucht werden, sondern er sollte systematisch auch mit der eigenen Person ins Gespräch gebracht werden, z. B. unter folgenden Fragestellungen: Was zieht mich am Text an? Was stößt mich ab? Wo deckt der Text wunde Punkte bei mir auf? Wo will ich etwas am Text nicht wahrhaben? Wo projiziere ich etwas in ihn hinein?

Solche und ähnliche Fragen sind freilich nicht ungefährlich. Sie können dazu verleiten, in eine Nabelschau hineinzugeraten, bei welcher der Text als objektive Größe, die er ja auch ist, völlig ins Abseits gerät und nur das empfindende Ich dominiert. Ein erschreckendes Beispiel einer solchen Nabelschau sei hier einmal vorgeführt:

»Um offen zu sein: Mich spricht der biblische Text [Lk 18,9–14] nicht an, fürs erste nicht ... Ich habe mich wohl noch längst nicht gelöst von dem, was mich vorhin beschäftigte, bedrängte. Ich bin offenbar zu weit oben, im Kopf, in der unbewußten Abwehr, in meinem alltäglichen Wunsch- und Selbstbehauptungs-Ich, auf objektivierender Distanz, verschlossen für erlebnisorientiertes, seinshaftes, dialogisches und handlungsorientiertes Sicheinlassen. Ich setze mich mit gekreuzten Beinen in meditativer Haltung auf eine Decke und lege ohne gezielte Überlegung eine nächstliegende religiöse Schallplatte (Cäcilienmesse von Gounod) auf, anscheinend um mein Erleben, mein religiöses Erleben anzuregen, um der verkopften leistungs- und zweckbetonten Einstellung entgegen zu wirken. Ich sitze nicht lange, obwohl oder gerade weil mich die Schallplatte anspricht. Ich halte es mitten am Vormittag bei der durchsichtigen Klarheit der nahen Berge und des warmen Föhns in winterlicher Jahreszeit nicht zu lange in der meditativen Ruhestellung aus. Gedanken, Gefühle und Impulse zum Text wecken zugleich mein motorisches Bedürfnis. Ich muß aufstehen und die ersten Gedanken niederschreiben ... Gehöre ich nach dem Text (Lk 18,9) auch zu jenen, ›die sich selber zutrauten, gerecht zu sein, und die übrigen verachteten‹? Momentan fühle ich mich recht ausgeglichen und wohl in meiner Haut, ohne schmerzliche Verspannung, zumal seit ich vor wenigen Wochen an einem primärtherapeutischen Training teilnahm, meine eigene Geburt durchlebte und dabei Urschmerz freisetzen konnte. Auch spüre ich zur Zeit keine Beeinträchtigung meiner Selbstwertgefühle. Ich erlebe mich rundum in Ordnung und kann auch andere in Ordnung sein lassen. Bin ich von daher schon gerecht? Heißt für mich gerecht sein: im Hier und Jetzt richtig sein, für mich richtig oder in Ordnung, mit mir identisch, ohne körperliche Verspannung, im Leib, im Gefühl, in einer freundlichen Lebensgrundstimmung, in einem positiven Kindheits-Ich-Zustand sein?« (A. Heimler, in: Y. Spiegel [Hrsg.], Doppeldeutlich. Tiefendimensionen biblischer Texte, München 1978, 179f.)

Das in diesem Beispiel zu findende selbstgefällige Kreisen um sich selber ist nicht jene nüchterne Meta-Reflexion, die hier gemeint ist. Immer wieder erlebt man, und so auch in diesem Beispiel, daß eine an sich richtige psychologische Einsicht (hier: bei der Predigtvorbereitung die Subjektivität ins Spiel bringen) leicht pervertiert werden kann, wenn man das Augenmaß verliert. Psychologie darf nicht dazu führen, das Leben durch und durch zu psychologisieren, alles zu hinterfragen und alle Sachverhalte nur noch auf Meta-Ebenen zu verhandeln.

Gehen wir nun zu einem völlig anderen psychologischen Aspekt bei der Predigtvorbereitung über. Gemeint ist ein Gesichtspunkt, auf den als erster M. Josuttis aufmerksam gemacht hat: Die Abfassung einer Predigt ist ein kreativer Akt und kann mit jenen Gesetzen erklärt werden, welche die Psychologie der Kreativität für die schöpferische Leistung des Menschen ermittelt hat. (Über den Predigteinfall, in: Evangelische Theologie 30 [1970], 627–642.)

Gut und übersichtlich zusammengestellt sind die Ergebnisse der Kreativitätsforschung bei E. Landau, Psychologie der Kreativität, München – Basel, 3. Aufl. 1974. Die Verfasserin unterscheidet vier Phasen des kreativen Prozesses: Vorbereitungs-, Inkubations-, Illuminations- und Verifikationsphase. »Die Vorbereitungsphase umfaßt die Wahrnehmung eines Problems und die Ansammlung der Informationen, die das Problem betreffen. Die Inkubationsphase ist eine Wartezeit, in der unbewußt nach einer Lösung gesucht wird. In der Illuminationsphase erfolgt die plötzliche Einsicht in die Lösung. Verifikation und Überprüfung dieser Lösung finden in der vierten Phase statt.« (Ebd., 61.)

Wenn man auf dieses Phasen-Schema des kreativen Prozesses schaut, stellt man fest, daß Kreativität nicht nur »Inspiration« ist, die »von selbst« über einen kommt. In der ersten und vierten Phase sind vom Individuum Aktivität und Fleiß gefordert. Nicht derjenige Mensch ist kreativ, der passiv auf Einfälle wartet, sondern derjenige, der höchst aktiv das gestellte Problem immer wieder umkreist. Erst durch diese Aktivität der bewußten Kräfte des Menschen können offenbar seine unbewußten Kräfte dazu angeregt werden, sich ebenfalls des gestellten Problems anzunehmen: Es findet nunmehr der Übergang in die zweite Phase statt, in der man sozusagen mit dem Problem schwanger geht. Diese Phase ist sehr beschwerlich, da man nicht weiß, ob man etwas Rechtes zustande bringen wird. Aber wenn man mit seinen bewußten Kräften bis an die Grenzen des Möglichen gegangen ist, darf man darauf vertrauen, daß nunmehr das Unbewußte das Seine tut, und irgendwann taucht eine plötzliche Einsicht auf. Nun ist wiederum das Bewußtsein gefordert. Es muß diese Einsicht auf seine Brauchbarkeit hin überprüfen und ggf. den kreativen Prozeß noch einmal von vorn einleiten.

Kreativität ist also – jedenfalls ein Stück weit – eine Sache des Fleißes und damit lernbar und trainierbar. Jeder Prediger muß hier seine eigenen Techniken entwickeln. Er wird kaum ohne eine Kartei auskommen, in die alle möglichen Einfälle aufgenommen werden, die er irgendwann einmal in Predigten gebrauchen könnte. Auch einschlägige Zeitungsnotizen u. ä. könnten gesammelt werden. Der Prediger muß ferner sensibel sein für seinen eigenen Rhythmus. Wann gilt es, Faulheit zu überwinden und weiterzuarbeiten, wann ist die Zeit gekommen, jene schöpferische Pause einzulegen, in der das Unbewußte das Ruder ergreifen soll? Jeder muß diese Frage für sich selber beantworten. Aber jeder darf davon ausgehen, daß dieses eigentümliche Zusammenspiel von bewußten und unbewußten Kräften auch *bei ihm* funktioniert, und sich deshalb mit großer Gelassenheit an die Predigtvorbereitung begeben.

12.3 Predigt und Lernpsychologie

In der letzten Zeit hat es beachtliche Anstrengungen gegeben, von Forschungsergebnissen der Lernpsychologie her Predigtschemata auszuarbeiten, die das Predigen effektiver werden lassen. Ausgangspunkt dieser Überlegungen ist die Erkenntnis, daß vieles von dem, was der Prediger sagt, wirkungslos verpufft, weil es ungeschickt aufbereitet ist und dargeboten wird, weil es nicht auf die Zuhörer zugeschnitten ist, weil es sich nicht an ihren Erlebnis- und Lernmöglichkeiten ausrichtet.

Die Anstrengungen um eine lernpsychologisch richtige Struktur der Predigt sind grundsätzlich zu begrüßen. Dennoch sind auch einige kritische Fragen an dieses neue Predigt-Paradigma zu richten. Lassen wir zunächst den Praktischen Theologen C. Möller zu Wort kommen. Für ihn sind Gottesdienste »Stunden des Ausatmens und Aufatmens, weil sie nicht durch Aktionsprogramme, Lernprozesse oder kreative Aufgaben verzweckt sind, sondern die Gemeinde zu Füßen von Jesu Wort ausruhen und von dem Leistungsstreß der Woche aufatmen lassen.« (Seelsorglich predigen, Göttingen 1983, 165.) – Diese Polemik gegen lernpsychologisch orientiertes Predigen wiegt schwer; Gottesdienst ist in der Tat kein Curriculum, sondern eine Feier der Gemeinde.

Damit sind wir bei der zweiten Anfrage an das neue Predigt-Paradigma. In der Predigt geht es nicht nur darum, immer Neues zu erfahren und möglichst effektiv zu erlernen, sondern es geht zentral auch um Vergewisserung in dem, was man schon weiß. Die fundamentalen Glaubenswahrheiten müssen immer wieder ausgesprochen werden, und dazu braucht man keine Lernpsychologie. Soziologisch läßt sich zeigen, daß symbolische Sinnwelten, d. h. geistig durchstrukturierte Lebenswelten des Menschen, der ständigen Erneuerung durch die

Kraft des gesprochenen Wortes bedürfen; die Definition der Wirklichkeit, in der man sich befindet, muß immer wieder neu ausgesprochen werden. Ein vergleichbarer Vorgang ist die kultische Wiederholung der Schöpfung in mythischen Weltauffassungen; ihr liegt die Vorstellung zugrunde, daß die Welt sich abnutzt, wenn sie nicht regelmäßig erneuert wird. Genauso verschleißt unter der Hand auch der Glaube, wenn er nicht in seinen zentralen Wahrheiten immer wieder zur Sprache gebracht wird.

Und noch eine dritte kritische Frage an die lernpsychologische Predigt gibt es. Die Befürworter dieser Art zu predigen gehen davon aus, daß eine geordnete, nach psychologischen Erkenntnissen optimierte Struktur der Predigt auch tatsächlich ihre Wirksamkeit verbessert. Das aber ist gar nicht so sicher. Viele Predigten mit großer Überzeugungswirksamkeit würden einer Überprüfung auf die lernpsychologische Effizienz ihres Aufbaus hin kaum standhalten; sie beziehen ihre Kraft nicht aus ihrer Struktur, sondern aus der Persönlichkeit des Predigers, genauer gesagt: aus dem Enthusiasmus, mit dem er bei der Sache ist. Psychologische Untersuchungen haben eindeutig nachgewiesen, daß Enthusiasmus in Vorträgen eine wichtige überzeugungswirksame Variable ist. Und angeführt werden muß in diesem Zusammenhang noch ein weiteres psychologisches Untersuchungsergebnis: Bei einem Vortrag wurde eine gewisse Desorganisation dadurch hergestellt, daß einzelne Abschnitte miteinander vertauscht wurden; auf die Verständlichkeit des Vortrags hatte dieser Eingriff kaum einen Einfluß.

Wenn sich nun soviel Kritisches gegen das lernpsychologische Predigt-Paradigma zusammentragen läßt, sollte man dann auf diese Art der Predigt nicht lieber ganz verzichten? Keineswegs. Es soll nur davor gewarnt werden, in ihr ein Wundermittel zu sehen. Jeder Prediger muß die Vorteile und die Gefahren lernpsychologischen Predigens selber gegeneinander abwägen und hier seinen eigenen Weg suchen.

Nach diesen Vorbemerkungen können wir nunmehr dazu übergehen, das neue Predigt-Paradigma als solches vorzustellen. Es handelt sich in unserem Zusammenhang verständlicherweise nur um eine Kurzdarstellung. Umfassend informieren kann man sich bei H. Arens, Die Predigt als Lernprozeß, München 1972. Wenn man nach Beispielen ausgeführter lerntheoretisch aufgebauter Predigten sucht, kann man neben Arens auch das bereits erwähnte Buch von H. Albrecht heranziehen.

Das lernpsychologische Aufbaumodell der Predigt sieht fünf Stufen vor:

1. Motivation
2. Problemdarstellung
3. Versuch und Irrtum
4. Lösungsangebot
5. Lösungsverstärkung

1. Motivation. Es geht in dieser Phase darum, die Hörer dort abzuholen, wo sie stehen. Nicht die Darstellung eines Problems darf der erste Schritt einer Predigt sein; es wäre auch falsch, den Hörern gleich in den ersten Sätzen etwas beibringen zu wollen, sondern zunächst müssen sie auf das Kommende vorbereitet werden. Es gilt, bei Ihnen eine Fragehaltung oder Suchbewegung zu wecken. Der Prediger könnte ein eigenes Erlebnis erzählen, das zum Thema hinführt, er könnte auch mit einer Bildbetrachtung oder dem Hinweis auf aktuelle Ereignisse beginnen. Neben der Einstimmung auf die Sache darf das Bemühen um eine gute Beziehung zu den Hörern nicht vernachlässigt werden; ihr Vertrauen muß gewonnen werden, dann wird es der Prediger leichter haben, ihnen seine Botschaft zu vermitteln.

2. Problemdarstellung. Die bereits in der Motivationsphase angedeuteten Linien, die zum Thema hinführen, werden jetzt dicker ausgezogen. Fragen, die im Raum stehen, werden ausgesprochen, die Kernfrage wird herausgeschält. Gut ist es, wenn die Hörer spüren, daß der Prediger selber mitbetroffen ist, daß die aufgeworfenen Fragen auch ihn beschäftigen. Aus der Vertrauenshaltung heraus, die in der Motivationsphase aufgebaut worden ist, suchen die Hörer jetzt (gedanklich) mit dem Prediger zusammen nach Lösungen, was seinerseits die Beziehung zwischen beiden Seiten weiter verbessert. Methodisch könnte man so vorgehen, daß man die Problemstellung aus den Erlebnissen oder Ereignissen entwickelt, die bereits in der ersten Phase der Predigt zur Motivation herangezogen worden sind.

3. Versuch und Irrtum. Die gemeinsame Suche nach Lösungen, die in der Phase der Problemstellung begonnen hat, wird nun vertieft. Wenn man diese Suche zu kurz gestaltet und auf die Problemdarstellung sehr rasch die Lösung folgen läßt, werden viele Hörer abgehängt; sie möchten über das Problem noch ein wenig nachdenken. Alle Alternativlösungsmöglichkeiten sollten durchgespielt, alle Seitenwege abgeschritten werden. Scheinlösungen sind auf ihren trügerischen Charakter hin zu durchleuchten, die richtige Lösung wird vorbereitet. Der Prediger könnte bei dieser Gelegenheit in einen fiktiven Dialog mit einem Gegenspieler eintreten, dessen Fragen beantwortet werden – ein rhetorischer Kunstgriff, von dem Paulus oft Gebrauch gemacht hat

(Stilmittel der Diatribe; vgl. z. B. Röm 3,1 ff). Die Aufmerksamkeit der Zuhörer wird dadurch schlagartig gesteigert, kommt es doch bei einer gleichbleibenden Art der Darbietung leicht zu Ermüdungserscheinungen. Rhetorisch sehr effektiv ist es, Argumentationsfiguren, die eine Scheinlösung als solche entlarven sollen, nicht ganz zu vollenden und den Hörern selbst die letzte Schlußfolgerung zu überlassen; auf diese Weise werden sie noch tiefer in den Prozeß des Mitdenkens verstrickt.

4. Lösungsangebot. Zur Beantwortung der aufgeworfenen Fragen wird nun, nach der Abwehr von Scheinlösungen, das Problemlösungspotential des Glaubens aufgeboten. Jetzt ist der Augenblick gekommen, auf den Bibeltext zurückzugreifen, der am Anfang der Predigt verlesen worden ist; oder besser noch: *erst jetzt* sollte der Text überhaupt eingeführt werden, wo die Spannung des Gedankengangs ihren Höhepunkt erreicht hat. Waren bisher stärker die rhetorischen und psychologischen Fähigkeiten des Predigers gefordert, so muß er sich nun auch als Theologe beweisen: er muß die Relevanz der biblischen Botschaft für heutige Probleme herausarbeiten. Dabei darf er sich nicht dazu hinreißen lassen, die Antworten des Glaubens als billige Patentlösungen anzupreisen; das wirkt naiv und peinlich. Wenn es dem Prediger gelingt, ein wenig von der heilenden Gnade Gottes aufleuchten zu lassen, die alle menschliche Zerrissenheit überwindet, und wenn es ihm zusätzlich gelingt, diese Botschaft auf die Problemkonstellation hin zulaufen zu lassen, um die es geht, hat er bereits vielen Hörern eine wirkliche Orientierungshilfe gegeben.

5. Lösungsverstärkung. In dieser Phase der Predigt soll das in Stufe 4 aufgezeigte Lösungsangebot in die konkrete Lebenspraxis der Hörer übersetzt werden. Nicht in allgemeinen Aussagen darf die Predigt enden, kein pauschaler Appell darf am Schluß stehen. Ein Lernprozeß ist nur dann erfolgreich, wenn er Umstrukturierungen in der Lebenspraxis der Hörer hervorruft, und zu diesen Umstrukturierungen sollten nun konkrete Anleitungen gegeben werden. Nicht mehr um neue Informationen geht es – die würden den begonnenen Lernprozeß empfindlich stören –, sondern um ein Resümee aus dem bisher Gesagten, um eine Einladung, die angebotenen Chancen auch wirklich im Alltag zu ergreifen.

Soviel zum lernpsychologischen Predigtschema. Die Wirkungen, die es zeitigen soll, können weiter verstärkt werden durch eine Beteiligung der Hörer an der Predigtvorbereitung und an der Predigt selbst sowie durch ein Predigtnachgespräch. Die Beteiligung der Hörer an der Predigtvorbereitung könnte so aussehen, daß der Pfarrer regelmäßig offene Diskussionsrunden veranstaltet, in denen der Bibeltext des nächsten Gottesdienstes der Gruppe mitgeteilt wird und spontane Einfälle zum Text gesammelt werden. Daß Zuhörer, die auf diese Weise einen Beitrag zur Predigt geleistet haben, sich später mit ihr viel stärker identifizieren, liegt auf der Hand. Und auch der Pfarrer selber profitiert von einer solchen Gruppenarbeit. Gewiß, die schöpferische Arbeit der Predigtvorbereitung kann ihm niemand abnehmen, aber aus einem Gruppengespräch können ihm Impulse zuwachsen, die die Ausarbeitungszeit der Predigt bedeutend abkürzen. Außerdem entgeht der Pfarrer so eher der Gefahr, über die Köpfe hinwegzupredigen und Fragen zu beantworten, die niemand gestellt hat.

Kommunikative Beteiligung von Hörern an der Predigt selbst könnte so aussehen, daß ein aktuelles Ereignis, auf das der Prediger Bezug nehmen möchte, eine kurze Begebenheit o. ä. nicht von ihm selber, sondern von einem Hörer berichtet wird.

Diejenige Form der aktiven Beteiligung der Hörer am Predigtgeschehen, die lernpsychologisch wohl am effektivsten sein dürfte, ist das Predigtnachgespräch. Es sollte nicht nur der kritischen Auseinandersetzung mit der Predigt dienen, sondern auch dazu, gemeinsam nach weiteren Umsetzungsmöglichkeiten des Gesagten in die konkrete Lebenspraxis zu suchen; das Predigtnachgespräch knüpft damit unmittelbar an die Predigtphase der Lösungsverstärkung an und setzt sie fort. In sozialpsychologischer Sicht dient das Predigtnachgespräch dazu, Einstellungsänderungen, die die Predigt hervorgerufen hat, abzusichern, und zwar in zweifacher Weise: Zum einen legt man sich in diesem Gespräch häufig öffentlich fest, man bekräftigt vor den anderen, daß man etwas als richtig erkannt hat und von nun an praktizieren will. Eine in dieser Weise publik gemachte Meinung wird weniger leicht wieder preisgegeben als eine Meinung, die man nur für sich behält. Ferner wird das Individuum in seiner Meinung sozial unterstützt, man bestätigt sich im Predigtnachgespräch gegenseitig in dem als richtig Erkannten – ein Vorgang, der einstellungspsychologisch von großem Wert ist. (Vgl. zur Psychologie der Einstellungsänderung oben, 5.4.3.)

12.4 Kommunikationsstörungen zwischen Prediger und Hörern

In Predigtnachgesprächen oder in Einzelgesprächen mit Gemeindegliedern stellt der Prediger häufig fest, daß seine Botschaft offenbar nicht angekommen ist, daß man etwas völlig anderes aus ihr herausgehört hat, als er sagen wollte. Gemeint ist hier nicht der Fall, daß man am Prediger *Anstoß* genommen hat, daß man mit dem, was er sagte, emotional nicht mitgehen konnte; auf diesen Fall werden wir weiter unten zu sprechen kommen. Gemeint ist vielmehr, daß der Predigthörer durchaus zufrieden mit der Predigt und dem Prediger war, aber daß er eine *andere Predigt* gehört hat, als der Prediger meint, gehalten zu haben. Wer diesen Sachverhalt als eine Kommunikationsstörung wertet, verkennt den Charakter des Rezeptionsprozesses. Rezeption ist nämlich kein passiver, sondern ein höchst aktiver, um nicht zu sagen schöpferischer Vorgang. Bevor wir uns den eigentlichen Kommunikationsstörungen zwischen Prediger und Hörern zuwenden, wollen wir auf diesen Sachverhalt ein wenig näher eingehen. Anleihen können wir dabei in der Literaturwissenschaft machen.

Bis vor einiger Zeit ist in der Literaturwissenschaft der Leser stark vernachlässigt worden. Das literarische Kunstwerk als solches stand im Mittelpunkt des Interesses, es wurde als Entität aufgefaßt, die sich selber genügt, als statische Größe. Interpretation war in diesem Modell die (möglichst exakte) Erschließung einer dem Text inhärenten Bedeutung. Inzwischen hat es in der Literaturwissenschaft einen Paradigmawechsel gegeben. Die ergozentrische, das Werk in den Mittelpunkt stellende, Betrachtungsweise hat an Bedeutung verloren zugunsten einer Betrachtungsweise, die der Semiotik verpflichtet ist und dem Leser eine aktive Rolle im Rezeptionsprozeß zuerkennt. Kurz zusammengefaßt sagt das neue Paradigma, daß Bedeutungen von Texten überhaupt erst im Lesevorgang erzeugt werden. Was der Text in die Interaktion mit dem Leser einbringt, ist also nicht als statische Vorgabe, sondern als virtuelle Qualität zu begreifen; erst im Zusammenwirken von Text und Leser entsteht das literarische Kunstwerk.

Genauso ist es auch bei der Predigt. Erst im Zusammenwirken von Prediger *und Hörern* entsteht eine Predigt. Ein Hörer kann gar nicht anders, als aus der Vorgabe, die der Prediger leistet, seine eigene Predigt zu konstruieren. Das geschieht z. T. durch das Auffüllen von Leer- oder Unbestimmtheitsstellen, die jeder Text, aber auch jede Predigt bietet. Wenn z. B. in der Predigt als Bibeltext ein Gleichnis verlesen wird, baut sich jeder Hörer unwillkürlich eine Vorstellung von den handelnden Personen auf; in das Handlungsgefüge des Textes werden sofort eigene Erfahrungen projiziert, die mit den semiotischen Strukturen des Textes zu interagieren beginnen, und so hört jeder bereits den *biblischen Text* anders, geschweige denn die Predigt.

Braucht sich der Prediger um diese Angelegenheit nicht weiter zu kümmern, weil er auf sie keinen Einfluß hat, so gehen wir nun zu

Interaktionssachverhalten über, bei denen er als Person voll zur Disposition steht: zu Kommunikationsstörungen, für die er verantwortlich ist. Dabei stützen wir uns auf Predigtanalysen von H.-C. Piper, die in ihrer Schärfe frappierend sind. Weit davon entfernt, allgemeine und unverbindliche Wahrheiten zu bieten, zwingen sie den Prediger, der sich auf sie einläßt, erbarmungslos auf den Prüfstand.

Lassen wir Piper zunächst mit drei Beispielen selbst zu Wort kommen: »In einer Predigt über das Wort Jesu: ›In der Welt habt ihr Angst, aber seid getrost, ich habe die Welt überwunden‹ (Joh. 16), sagt der Prediger: ›Angst ist das Sich-Abwenden von Jesus und seinem Sieg und der Versuch, die Welt selber zu bewältigen. Das Ganze ist ein fundamentaler, schuldhafter und schicksalsschwerer Irrtum. Glauben ist nämlich das Gegenteil von Angst.‹ In einer Predigt über das ›Große Abendmahl‹ (Matth. 22) beschreibt der Prediger diejenigen, die der Einladung nicht folgen: ›Wir fliegen zum Mond, wir legen uns krumm, um uns endlich mal Luft zu machen. Genuß mit oder ohne Reue, je nachdem; Sex oder Duft der weiten Welt‹; und er bringt Beispiele bis hin zu unerhörter Umweltverschmutzung. In einer Predigt über die bittende Witwe (Luk. 18) geht der Prediger auf das Problem ein, daß Gott oft anscheinend nicht sofort hilft, sondern lange auf sich warten läßt. Dieser Eindruck sei für uns immer wieder Anlaß zum Zweifel. Und dann stellt er die Frage: ›Halten wir diese zweifelhafte Situation durch? Machen wir nicht vorschnell mit Gott Schluß, wenn er nicht unsere Wünsche erfüllt? Jemand hat einmal gesagt: Wir können Gott nicht als Feuerwehr benutzen, die Brände, die wir selbst gelegt haben, zu löschen.‹ Wie lautete das Echo der Hörer auf diese Predigten? Die Hörer der ersten Predigt berichteten übereinstimmend, daß die Predigt sie teils deprimiert, teils aggressiv gemacht habe. Sie hatten das Gefühl, daß ihnen die Angst verboten wurde und daß ihnen ihr Glaube abgesprochen werden sollte, wenn sie dennoch Angst hätten. Der Prediger war von dieser Reaktion betroffen. Es wurde ihm dann aber bei weiterem Nachdenken klar, daß er sich seine eigenen Ängste nicht eingestehen konnte. Er versuchte sie zu verdrängen. Zu diesem Zweck hatte er auch – ohne sich dessen bewußt zu sein – die Predigt über diesen Text verfaßt. Wie er sich selbst verbot, Angst zu haben, so verurteilte er dies auch bei seinen Hörern, die das mit ihrem Gefühl sehr genau registrierten und dementsprechend reagierten. Die Hörer der zweiten Predigt empfanden sich – entgegen der ausgesprochenen Absicht des Predigers – samt und sonders als ausgeladen. Sie waren niedergeschlagen und fühlten sich schuldig. Die Schwelle zum Festsaal war für sie unüberwindlich hoch geworden. Der Prediger war zunächst ratlos, wie es zu einer solchen Reaktion der Hörer hatte kommen können. Ihm ging dann aber auf, daß er in seinem privaten Bereich die größten Schwierigkeiten hatte, Feste zu feiern. Er konnte weder zu einem Fest einladen noch auch sich einladen lassen. Und er ahnte, daß zwischen dieser persönlichen Problematik und seiner Predigt ein Zusammenhang bestand. Der Prediger des dritten Beispiels wollte seine Hörer zum Beten ermutigen. Tatsächlich jedoch hatte er – wie er jetzt erfuhr – mehr ent- als ermutigt. Die Hörer blieben mit Schuldgefühlen zurück. Auch dieser Prediger begann über sich selber nachzudenken, und er erkannte, wie er seine eigenen Probleme, die er mit dem Beten hatte, verdrängte. Seine Schuldgefühle übertrug er auf seine Hörer.« (Religiöse Kommunikation. Predigtanalysen, in: Die Psychologie des 20. Jahrhunderts. Bd.XV [hrsg. von G. Condrau], Zürich 1979, 406–413, hier: 407f.)

Ausführlicher als in diesem Enzyklopädie-Beitrag hat sich Piper in einer Monographie zu unserem Thema geäußert (Predigtanalysen. Kommunikation und Kommunikationsstörungen in der Predigt, Göttingen – Wien 1976). Er führt hier sechzehn Predigtanalysen an, und immer wieder zeigt sich, daß gerade das, was der Prediger vor der Gemeinde verbergen wollte, sein eigener Konflikt, bei den Hörern voll durchschlug und emotionale Betroffenheit auslöste. Nicht (oder nicht nur) das wurde gehört, was der Prediger bewußt sagen wollte, sondern auch und vor allem das, was es in seiner Existenz an Problemen gibt. Diese Probleme lassen sich nicht verbannen und bestimmen unterschwellig den Tenor der Predigt. Der Prediger sollte die Hörer nicht unterschätzen: Sie haben meist ein ausgesprochenes Gespür für Konflikte und Probleme, für die Signale, die auf Verdrängtes und Unbewältigtes schließen lassen. Ein Prediger hat also kaum eine Chance, seinen Hörern etwas vorzuspielen. Und gerade das möchte er oft. So wie man im Alltagsverhalten den anderen ein bestimmtes Ich-Ideal präsentieren will, so soll den Predigthörern eine Botschaft vermittelt werden, die von dem gereinigt ist, was dem Prediger selbst Probleme bereitet. Aber so wie im Alltagsverhalten der Schatten des Menschen sich in jede Interaktion einmischt und für den Interaktionspartner genauso real und greifbar ist wie das Ich-Ideal, ist es auch in der Predigt: der Schatten predigt sozusagen mit.

Welche Konsequenz zieht Piper nun aus diesen Erkenntnissen? Lassen wir ihn noch einmal zu Wort kommen: »Nicht etwa schon die Tatsache, daß der Prediger Konflikte hat, ist mit Notwendigkeit ein Störfaktor in der Predigt. Im Gegenteil: Er darf davon ausgehen, daß seine Hörer nicht so sehr viel anders sind als er, daß sie mit ähnlichen

Problemen vor ihm sitzen und auf den Predigttext mit ähnlichen Empfindungen reagieren wie er auch. Es kommt vielmehr alles darauf an, wie er mit seinen eigenen Spannungen und Konflikten umgeht. Verdrängt er Emotionen, die er doch – ob er will oder nicht – in seinen Hörern wachgerufen hat, so müssen diese den Eindruck bekommen: Wir werden im Stich gelassen. Kann er jedoch mit seinen Emotionen umgehen, kommuniziert er mit seinem ›Schatten‹, erkennt er seine eigenen Ambivalenzen, dann wird ihm auch die Kommunikation mit einzelnen (durch das Gespräch) wie mit Gruppen (etwa durch die Predigt) gelingen.« (Ebd., 134.)

Wenn man nach Gründen für Kommunikationsstörungen zwischen Prediger und Hörern sucht, hat man neben Persönlichkeitskonflikten des Predigers auch situative Faktoren in Anschlag zu bringen. Wie eine Predigt beim Hörer ankommt, ob sie gelingt oder scheitert, welche Wirkungen sie überhaupt zeitigt, hängt in hohem Maße auch von Randbedingungen ab wie z. B. Zusammensetzung der Hörerschaft oder Größe des Gottesdienstraumes. Ein eindrucksvolles Beispiel für die Bedeutung solch situativer Faktoren berichtet M. von Kriegstein (Predigt als Gespräch, Stuttgart 1979, 52 ff). Der Autor hielt nacheinander in drei verschiedenen Gemeinden (in Bremen, Göttingen und Frankfurt) dieselbe Predigt und berichtet, daß sie jeweils völlig verschieden aufgenommen wurde. In Bremen stieß er auf ein sehr positives Echo, in Göttingen dagegen auf ein überwiegend negatives; die Reaktion der Hörer in der anschließenden Aussprache zeigte deutliche Zeichen von Angst. In Frankfurt war das unmittelbare Echo zunächst Sprachlosigkeit, und das, obwohl die Gemeinde in Diskussionen geübt war. Dann kam es aber doch noch zu Reaktionen, und zwar zu sehr differenzierten. Das Sprachvermögen des Predigers wurde als positiv beurteilt, die Predigt als solche eher negativ, mit Bemerkungen wie diesen: »Das ist mir zu glatt.« »Wo sind Sie selbst in dieser Predigt? Sie machen sich unangreifbar.«

Bei einer späteren Reflexion der ganzen Angelegenheit ging M. von Kriegstein auf, daß die Situationen in den drei Gemeinden völlig unterschiedlich waren: »In *Bremen* fand der Gottesdienst in einem riesigen Seitenschiff des Doms statt. Hier wurde mein Empfinden als Sprecher durch eine phantastische Übertragungsanlage stark gesteigert. Die Größe und der Hall des Raumes erforderten eine langsame und akzentuierte Sprechweise, und ich erinnere mich, daß ich gegen Ende der Predigt das deutliche Gefühl hatte: ›Schade, gleich ist es vorbei; meinetwegen dürfte die Predigt gern noch länger sein; das war gut heute, du hast die Kirche irgendwie gefüllt.‹ In *Göttingen* war die Kirche derartig voll, daß ich beim Eingangsspruch und der Lesung nur knapp einen Meter vor den dicht gedrängt sitzenden Gottesdienstbesuchern stand, mich dadurch sehr bedrängt fühlte und infolgedessen sofort beim ersten Satz versprach. Obendrein schluckte die Fülle in Verbindung mit einer Verstärkeranlage, die mir das Wort vom Mund wegnahm, jeden Hall im Raum, was zu einer erhöhten Redegeschwindigkeit (ca. sieben Minuten schneller als in Bremen) mit entsprechend vielen Versprechern führte und meine Unsicherheit verstärkte. Nach *Frankfurt* war ich etwas lustlos gefahren, nicht wegen der Gemeinde, sondern aus einem Gefühl des ›schon wieder‹ heraus, und ich erlebte mich selbst in einem unwirtlichen Kellerraum, der aushilfsweise als Kirche diente, als Routinier.« (Ebd., 60f.)

Auf die Predigthörer in den drei Gemeinden gewirkt hat M. von Kriegstein offenbar nicht nur durch das, was er gesagt hat, sondern auch dadurch, wie er die jeweilige Situation empfunden hat. Aus dieser Schlüsselerfahrung zieht er die Konsequenz, daß man als Prediger nicht nur den Redetext, sondern auch sein (durch die jeweilige Situation bestimmtes) Gefühl beachten und kontrollieren muß.

Diese Schlußfolgerung hat etwas für sich. Kommunikationsstörungen treten meist dann auf, wenn man blind ist für die konstellierenden Faktoren der Kommunikation; in dem Maße jedoch, in dem diese Faktoren einem durchschaubar werden, ist es möglich, in sie einzugreifen. So wäre es M. von Kriegstein beispielsweise in Göttingen besser ergangen, wenn er nicht sofort mit der Predigt begonnen, sondern einige lockere Bemerkungen über die Raumsituation vorausgeschickt hätte. Die Atmosphäre wäre sofort entspannt gewesen, und die Predigt wäre möglicherweise entscheidend anders aufgenommen worden.

12.5 Das Predigtgeschehen im Lichte der Transaktionsanalyse

Im vorliegenden Buch ist bei der Behandlung der verschiedenen Formen der Psychotherapie auch auf die Transaktionsanalyse eingegangen worden, die als eine *interpersonelle Therapie* bezeichnet wurde, da sie sich anstatt auf das Individuum auf zwischenmenschliche Beziehungen konzentriert (vgl. oben, 7.3.6). Es liegt nahe, einen solchen Ansatz auch zur Analyse und Korrektur der Beziehungen zu verwenden, die zwischen Prediger und Predigthörern bestehen, es liegt nahe, mit ihm homiletisches Fehlverhalten aufzudecken und zu therapieren. Wenn man sich in der homiletischen Literatur umsieht, ob die Transaktionsanalyse bereits in dieser Weise verwendet worden ist, stößt man auf zwei Titel. Der eine Titel ist ein Beitrag in einem Sammelband: M. Schnatmann/W. Born, Transaktionsanalyse und appellative Verkündigung, in: F. Kamphaus/R. Zerfaß (Hrsg.), Ethische Predigt und Alltagsverhalten, München – Mainz 1977, 129-137. Dieser Aufsatz ist sehr knapp gehalten, und seine Funktion ist vor allem heuristischer Art: er stößt an, weiter über die Sache nachzudenken. Der zweite Titel ist eine vor kurzem in der DDR angefertigte Dissertation: W. Engemann, Die Verkündigung als transaktionales Ereignis zwischen Prediger und Hörer. Eine Studie zur Anwendbarkeit der Transaktionsanalyse auf homiletische Fragehinsichten, Rostock 1984 (maschinenschriftlich). In dieser Arbeit ist in umfassender Weise die Transaktionsanalyse ins Gespräch mit der Homiletik gebracht worden, wobei sich überraschende Einsichten ergeben. Um einem größeren Leserkreis zugänglich zu werden, sollte die Arbeit unbedingt als Buch veröffentlicht werden; unser kurzes Eingehen auf Engemann kann der Fülle an Aspekten, die sein Ansatz bietet, keinesfalls gerecht werden, mag aber immerhin dazu dienen, dem interessierten Homileten einiges aus dieser schlecht greifbaren Arbeit zu erschließen. Doch bevor wir uns Engemann zuwenden, sei erst noch ein Blick auf den zuerst genannten Titel geworfen.

In unserer obigen Besprechung der Transaktionsanalyse haben wir u. a. auf die verschiedenen Ich-Zustände hingewiesen. Schnatmann/Born zeigen nun, wie diese Ich-Zustände den Prediger beeinflussen. Ist er z. B. unter einem strengen, strafenden Eltern-Ich großgeworden, wird er – falls diese Prägung nicht aufgearbeitet worden ist – seinen Zuhörern möglicherweise ebenfalls vom strengen Eltern-Ich her begegnen und sie bevormunden, auch wenn er die rationale Absicht hat, ihre Selbständigkeit zu fördern. Das Kind-Ich des Predigers könnte in der Weise auf den Plan treten, daß es Beifall und Zuwendung erheischen will und daher den Hörern Dinge nicht zu sagen wagt, die eigentlich gesagt werden müßten.

Kompliziert wird es, wenn Kind-Ich und Eltern-Ich des Predigers miteinander in Streit geraten. So ist es beispielsweise möglich, daß sich sein Kind-Ich gegen den Bibeltext auflehnt, über den zu predigen ist, während das strafende Eltern-Ich darauf besteht, die Weisungen des Textes exakt zu befolgen. Wenn der Prediger mit diesem inneren Konflikt auf die Kanzel tritt und der Konflikt ihm selber unbewußt ist, wird er seine Hörer irritieren; hat er sich diesen Konflikt aber bewußtgemacht und bringt er ihn zur Sprache, bietet er seinen Hörern Identifikationsmöglichkeiten: vielleicht ist der Konflikt des Predigers auch ihr Konflikt, und wenn die Stimmen der verschiedenen Ich-Zustände kontrolliert miteinander ins Gespräch gebracht werden, wird das, was einem unbewußt Not macht, der Reflexion zugänglich und damit einer Lösung nähergeführt.

Damit ist ein entscheidendes Stichwort gefallen: bewußtmachen. Für Schnatmann/Born ist Bewußtmachung oder »Selbsterforschung« ein wichtiger Akt bei der Predigtvorbereitung, und sie bieten dem Prediger einen Katalog konkreter Fragen an, mit dem er diese Selbsterforschung betreiben kann: »Welche Gefühle und Regungen bewegen mich im Augenblick, welche kommen in meinen Lebenssituationen immer wieder auf? Wenn sie aus dem Eltern-Ich oder Kindheits-Ich kommen, wie kann ich aus meinem Erwachsenen-Ich zu ihnen reflektieren und kritisch in Verbindung treten? Wie gehe ich mit mir selber um? Was erlaube oder was verbiete ich mir? Was vornehmlich motiviert mich zu meinem Dienst? Welche Gefühle und Regungen sind dabei im Spiel? Wie stehe ich zu meiner vor mir liegenden Predigt-Aufgabe? ... Wie sind meine Empfindungen gegenüber meinen Hörern? Welche Gemeindeglieder habe ich innerlich vor Augen, bei welchem Thema welche? ... In welchen Ichzuständen werden sie sich vornehmlich befinden und was erwarten sie sich von mir?« (Ebd., 133 f.)

Gehen wir nun zu der Arbeit von Engemann über. Hier wird konsequent Ernst damit gemacht, daß die Predigt den Gesetzmäßigkeiten der Kommunikation unterworfen ist. In einer Predigt ist nicht nur Gottes Wort »unterwegs«; unterwegs ist auch der Prediger. Was wir oben bereits betont haben (vgl. 12.1), unterstreicht auch Engemann: Die Subjektivität des Predigers muß akzeptiert werden, sie ist aus dem Predigtgeschehen nicht herauszudividieren. Und in das Predigtgeschehen gehen natürlich auch die Hörer ein, auch sie sind »unterwegs« – sie suchen dies oder jenes in der Predigt, sie sind geneigt, sich zu ärgern oder zu freuen, sie achten vielleicht auf Schwachstellen, um den Prediger im Predigtnachgespräch in die Falle locken zu können. Im Predigtgeschehen »spielt sich« also eine Menge ab, und es ist nur folgerichtig, dieses Geschehen systematisch als »Spiel« im Sinne der Transaktionsanalyse zu untersuchen, als Spiel, das eine Fülle von Varianten aufweist.

Beschäftigen wir uns zunächst mit dem »Spielpartner« Prediger. Er kann aus verschiedenen Ich-Zuständen heraus predigen. So begann z. B. ein Prediger, der vom autoritativen, maßgebenden Eltern-Ich bestimmt ist, seine Predigt so: »Geistliche Armut ist eine Not. Es geht nicht an, diese Tatsache hurtig fromm zu verharmlosen ... Es ist uns gerade auch hier nicht erlaubt, sauer süß zu nennen.« Dieser Prediger macht von Anfang an deutlich, daß er keinen Protest duldet. In seinen weiteren Ausführungen wird dann erkennbar, daß er sozusagen nichts zu verschenken hat. Wenn etwas den Hörern zukommen soll, dann nur per Verfügung.

Das Eltern-Ich kann aber auch anders geartet sein als autoritativ und maßgebend, es kann auch »nährenden« Charakter haben. Ein Prediger, der von einem solchen Eltern-Ich bestimmt ist, möchte jeden satt machen, der ihn in seiner Autorität anerkennt. Störend wirken auf ihn Hörer, die sein »Predigtbrot« nicht nötig haben oder zumindest nicht von ihm alleine satt werden wollen.

Ferner kann das Eltern-Ich des Predigers mahnend und strafend sein, und damit sind die Akzente in der Predigt wiederum anders gesetzt.

Das Erwachsenen-Ich des Predigers kann »objektiv« sein und produziert dann eine sehr rational angelegte Predigt, es kann aber auch »autonom« sein, d. h. dem Ideal der Selbstbestimmung verpflichtet; eine Predigt aus diesem Ich-Zustand heraus will auch den Hörer in die Lage versetzen, einen klaren Überblick über die Lebenszusammenhänge und ein eigenes Urteil zu haben.

Die Kind-Ich-Zustände können nach Engemann »frei«, »angepaßt, gebrochen« und »rebellisch« sein. Gehen wir hier nur auf den dritten Zustand ein; er ist geprägt von Trotz, Provokation und Resignation. So begann ein Prediger, bei dem das rebellische Kind-Ich dominierte, eine Predigt mit den Worten: »Herzliches Beileid, ihr geistlichen Armen, denn ihr habt in unserer Gesellschaft nichts zu melden . . .«

Nach diesen teilweise entlarvenden Analysen bietet Engemann einen Abschnitt mit der Überschrift: »Die integrierte Persönlichkeit und die ausgewogene Predigt«. Er stellt hier zunächst einmal fest, daß nicht die einzelnen Ich-Zustände selbst Schwierigkeiten in der Predigt hervorrufen, sondern ihre Verselbständigung. Alle drei (Haupt-)Ich-Zustände, also Kind-Ich, Eltern-Ich und Erwachsenen-Ich, sollten – unter der Aufsicht des Erwachsenen-Ichs – einen Beitrag zur Predigt leisten, erst dadurch wird sie lebendig und ausgewogen. Engemann führt eine solche »Musterpredigt« an und zeigt, wie die verschiedenen Ich-Zustände einander ergänzen und den Gedankenverlauf geschickt vorantreiben. Man spürt, daß hinter dieser Predigt eine ausbalancierte Persönlichkeit steht.

Natürlich lassen sich nicht nur beim Prediger, sondern auch beim Predigthörer verschiedene Ich-Zustände herausarbeiten, und auch diese Analysen nimmt Engemann vor. Auf sie wollen wir allerdings nicht näher eingehen, nur ein besonders markantes Beispiel sei angeführt: Ein Hörer, der vorwiegend vom strafenden Eltern-Ich geprägt ist, wird versuchen, beim Hören die Distanz zum Prediger zu erweitern. Er stellt immer wieder fest, daß sein Prediger noch weit vom wahren Glauben entfernt ist. Dabei wünscht er sich aber insgeheim, daß es beim Prediger auf keinen Fall zu einer Änderung im theologischen Denken kommt, denn das würde er als Bedrohung empfinden: Er könnte dann seine eigene Position, also aus dem strafenden Eltern-Ich heraus zu denken und zu handeln, nicht weiter durchhalten; er müßte etwas aufgeben, was mit ihm verwachsen ist wie eine Haut.

Man kann sich vorstellen, welche komplizierten Konfigurationen sich einstellen, wenn in der Predigt die Ich-Zustände von Prediger und Hörern aufeinandertreffen, welche Kämpfe ausgetragen werden, welche »Spiele« gespielt werden. Dieses Interaktionsgeschehen kann man sich nicht bunt und komplex genug vorstellen. Und auch die detaillierten Analysen Engemanns vermögen dieses Gewirr nicht vollständig zu erhellen und werfen mehr Fragen auf, als sie Antworten liefern.

Machen wir uns die Dynamik solcher Interaktionsprozesse an einem Beispiel klar. Ein Prediger, bei dem das strafende Eltern-Ich dominiert, ist häufig ein Mensch mit Hingabescheu. Er möchte, daß seine Hörer auf Distanz bleiben. Seine Predigt legt er so an, daß er sich dem Hörer, den er als Bedrohung empfindet, nicht hingeben muß, sondern ihm gegenüber autark bleibt. Der Hörer empfindet nun seinerseits eine solche Predigt als Bedrohung. Er bekommt instinktiv die latenten Aggressionen mit, die der Prediger hat, und fühlt sich als unschuldiges Opfer. Die göttlichen Mahnungen, die ihn vom Prediger her erreichen, sind kontaminiert mit aggressiven Impulsen des Predigers selbst, und das spürt der Hörer und setzt sich prompt zur Wehr. Da er nun im Gegensatz zum Prediger das »Predigtspiel« nicht in einer längeren Reflexion vorbereiten konnte, also keine durchdachte Gegenposition aufzubauen vermochte, reagiert er mit seinem rebellischen Kind-Ich. Damit geht er den kürzesten und zweifellos einfachsten Weg des Widerstandes.

Das war nur *ein* Beispiel für verheerende Prediger-Hörer-Interaktionsmuster; noch viele andere ließen sich nennen. Engemann kommt das Verdienst zu, für solche Interaktionsmuster ein scharf geschliffenes Analyse-Instrumentarium bereitgestellt zu haben; und man kann nur hoffen, daß es in der Homiletik auch genutzt wird. Und zwar nicht nur zur Analyse, sondern auch zur *Therapie* homiletischen Fehlverhaltens. Glücklicherweise ist der Weg von der Analyse zur Therapie nicht weit; in der Psychoanalyse und auch sonst in der Psychotherapie hat bereits die Erkenntnis bisher unbewußter Funktionszusammenhänge einen therapeutischen Effekt, und so ist es auch hier: Wird die Dynamik von Beziehungskonstellationen transaktionsanalytisch durchsichtig gemacht (was allerdings für die Betreffenden ein schmerzhafter Vorgang ist), ist die Hauptarbeit getan. Freilich sollte man es nicht versäumen, neue Verhaltensweisen aktiv einzuüben, in ständiger Meta-Reflexion mit den Interaktionspartnern. Eine gute Gelegenheit, diese Meta-Reflexion anzustellen, ist das Predigtnachgespräch; allerdings darf man nicht vergessen, daß es hier auch immer um *die Sache* gehen sollte, nicht nur um Beziehungen.

Bibliographie

Die hier vorgelegte Bibliographie soll den Leser in die Lage versetzen, zu jenen Themen, die ihm bei der Lektüre des Buches wichtig geworden sind, seine Kenntnisse zu vertiefen. Die Bibliographie ist deshalb systematisch angeordnet, d. h. sie folgt dem Aufbau des Buches und besteht dementsprechend aus zwölf Rubriken. Daß aus der Fülle der jeweils zur Verfügung stehenden Literatur immer nur ein Bruchteil ausgewählt werden konnte, dürfte selbstverständlich sein. Der Schwerpunkt liegt auf allgemeinverständlichen Arbeiten, dennoch wurde auch der eine oder andere fachwissenschaftlich anspruchsvolle Titel aufgenommen. Die Abkürzungen der theologischen Buchreihen richten sich nach dem Abkürzungsverzeichnis der Theologischen Realenzyklopädie (TRE), zusammengestellt von S. Schwertner, Berlin – New York 1976. Bei den psychologischen Titeln wurde auf die Angabe von Buchreihen verzichtet, weil solche Informationen für den Nichtfachmann kaum Aussagewert haben und das Literaturverzeichnis unnötig aufgebläht hätten.

1. Psychologie als Wissenschaft

Anastasi, A.: Angewandte Psychologie, Weinheim – Basel ²1976

Ash, M. G./Geuter, U. (Hrsg.): Geschichte der deutschen Psychologie im 20. Jahrhundert. Ein Überblick, Opladen 1985

Doucet, F.: Forschungssobjekt Seele. Eine Geschichte der Psychologie, München ²1971

Eckardt, G. (Hrsg.): Zur Geschichte der Psychologie, Berlin 1979

Egger, J./Eisenhardt, U./Innerhofer, P. (Hrsg.): Angewandte Psychologie. Praxisfelder einer Wissenschaft, Wien 1986

Jäger, R./Schweizer, H. (Hrsg.): Praxis der Psychologie. Ein Überblick über Perspektiven und Realität beruflicher Tätigkeit von Psychologen, Weinheim – Basel 1975

Krech, D./Crutchfield, R. S. u. a.: Grundlagen der Psychologie. Bd.1, Weinheim – Basel 1985

Lewin, M.: Psychologische Forschung im Umriß, Berlin u. a. 1986

Lück, H. E./Miller, R./Rechtien, W. (Hrsg.): Geschichte der Psychologie. Ein Handbuch in Schlüsselbegriffen, München – Wien – Baltimore 1984

McKeachie, W. J./Doyle, C. L./Moffett, M. M.: Psychology, Reading (Mass.) u. a.³1976
Michaelis, W./Stephan, E. (Hrsg.): Ausbildungsreform Psychologie, Göttingen – Toronto – Zürich 1984
Michaelis, W.: Psychologieausbildung im Wandel, München 1986
Nolting, H.-P./Paulus, P.: Psychologie lernen. Eine Einführung und Anleitung, Weinheim – Basel 1985
Pongratz, L. J.: Problemgeschichte der Psychologie, Bern – München 1967
Schneewind, K. A. (Hrsg.): Wissenschaftstheoretische Grundlagen der Psychologie, München – Basel 1977
Schultz, D.: A History of Modern Psychology, New York – San Francisco – London ²1975
Selg, H./Bauer, W.: Forschungsmethoden der Psychologie. Eine Einführung, Stuttgart ³1976
Stephan, E. (Hrsg.): Ausbildung und Weiterbildung in Psychologie. Stand der Diskussion und Zukunftsperspektiven, Weinheim – Basel 1980
Wehner, E. G.: Einführung in die empirische Psychologie, Stuttgart 1980
Wilhelm, H./Schumann, C.: Studienführer Psychologie, München ³1984
Wottawa, H.: Psychologische Methodenlehre, München 1977
Zillmer, H.: Psychologen im Beruf, Weinheim – Basel 1980

2. Allgemeine Psychologie

Arbinger, R.: Gedächtnis, Darmstadt 1984
Atkinson, J. W.: Einführung in die Motivationsforschung, Stuttgart 1975
Baddeley, A.: So denkt der Mensch. Unser Gedächtnis und wie es funktioniert, München 1986
Bergius, R.: Psychologie des Lernens. Einführung in die moderne Forschung, Stuttgart ²1972
Bottenberg, E. H.: Emotionspsychologie. Ein Beitrag zur empirischen Dimensionierung emotionaler Vorgänge, München 1972
Brander, S./Kompa, A./Peltzer, U.: Denken und Problemlösen. Einführung in die kognitive Psychologie, Opladen 1985
Eckensberger, L. H./Lantermann, E.-D. (Hrsg.): Emotion und Reflexivität, München – Wien – Baltimore 1985
Flechtner, H.-J.: Biologie des Lernens, Stuttgart 1976
Gibson, J. J.: Die Sinne und der Prozeß der Wahrnehmung, Bern – Stuttgart – Wien 1973
Gibson, J. J.: Wahrnehmung und Umwelt. Der ökologische Ansatz in der visuellen Wahrnehmung, München – Wien – Baltimore 1982
Haseloff, O. W./Jorswieck, E.: Psychologie des Lernens. Methoden, Ergebnisse, Anwendungen, Berlin 1970
Hergenhahn, B. R.: An Introduction to Theories of Learning, Englewood Cliffs (N. J.) 1976

Kebeck, G.: Emotion und Vergessen. Aspekte einer Neuorientierung psychologischer Gedächtnisforschung, Münster 1982

Manis, M.: Lernen und Denken. Eine Darstellung kognitiver Prozesse, Zürich u. a. 1974

Metzger, W.: Gesetze des Sehens, Frankfurt/M. [3]1975

Müller, K. E.: Einführung in die Allgemeine Psychologie, Stuttgart [3]1972

Norman, D. A.: Aufmerksamkeit und Gedächtnis. Eine Einführung in die menschliche Informationsverarbeitung, Weinheim – Basel 1973

Schmidt-Atzert, L.: Emotionspsychologie, Stuttgart 1981

Schneider, K./Schmalt, H.-D.: Motivation, Stuttgart 1981

Schönpflug, W. und U.: Psychologie. Allgemeine Psychologie und ihre Verzweigungen in die Entwicklungs-, Persönlichkeits- und Sozialpsychologie. Ein Lehrbuch für das Grundstudium, München – Wien – Baltimore 1983

Sinz, R.: Lernen und Gedächtnis, Stuttgart [3]1980

Stachowiak, H.: Denken und Erkennen im kybernetischen Modell, Wien – New York [2]1975

Strube, G.: Assoziation. Der Prozeß des Erinnerns und die Struktur des Gedächtnisses, Berlin u. a. 1984

Vester, F.: Denken, Lernen, Vergessen. Was geht in unserem Kopf vor, wie lernt das Gehirn, und warum läßt es uns im Stich?, Stuttgart 1975

Weiner, B.: Theorien der Motivation, Stuttgart 1976

Wellhöfer, P. R.: Grundstudium Allgemeine Psychologie, Stuttgart 1981

Wittling, W.: Einführung in die Psychologie der Wahrnehmung, Hamburg 1976

3. Entwicklungspsychologie

Bäumler, F.: Grundfragen der modernen Entwicklungspsychologie, Bad Heilbrunn 1974

Bernard, H. W.: Human Development in Western Culture, Boston u. a. [5]1978

Bower, T.: Die Wahrnehmungswelt des Kindes, Stuttgart 1978

Gipper, H. (Hrsg.): Kinder unterwegs zur Sprache. Zum Prozeß der Spracherlernung in den ersten drei Lebensjahren – mit 50 Sprachdiagrammen zur Veranschaulichung, Düsseldorf 1985

Graber, G. H. (Hrsg.): Pränatale Psychologie. Die Erforschung vorgeburtlicher Wahrnehmungen und Empfindungen, München 1974

Kay, W.: Die moralische Entwicklung des Kindes. Entwicklungspsychologische Untersuchungen zur Bildung der Moralvorstellungen in Kindheit und Jugend, Düsseldorf 1975

Keil, W./Brosius, H.-B.: Explizite und implizite Informationsverarbeitung im Kindesalter, Münster 1985

Klauer, K. J.: Intelligenztraining im Kindesalter. Ergebnisse, Theorien und Methoden der Forschung, Weinheim – Basel [2]1975

Kleber, E. W.: Abriß der Entwicklungspsychologie. Eine kurze Einführung für Pädagogikstudenten und Erzieher, Weinheim – Basel 1974

Lehr, U. (Hrsg.): Altern – Tatsachen und Perspektiven. Ergebnisse interdisziplinärer gerontologischer Forschung, Bonn 1983

Lehr, U.: Psychologie des Alterns, Heidelberg [5]1984

Montada, L. (Hrsg.): Brennpunkte der Entwicklungspsychologie, Stuttgart 1979

Mussen, P.: Einführung in die Entwicklungspsychologie, München [7]1981

Nash, J.: Developmental Psychology. A Psychobiological Approach, Englewood Cliffs (N. J.) [2]1978

Neubauer, W. F.: Selbstkonzept und Identität im Kindes- und Jugendalter, München 1976

Oerter, R.: Moderne Entwicklungspsychologie, Donauwörth [20]1984

Oerter, R./Montada, L. u. a.: Entwicklungspsychologie. Ein Lehrbuch, München – Wien – Baltimore 1982

Piaget, J.: Der Aufbau der Wirklichkeit beim Kinde, Stuttgart 1974

Piaget, J.: Meine Theorie der geistigen Entwicklung, Frankfurt/M. 1983

Stirnimann, F.: Psychologie des neugeborenen Kindes, München [2]1973

Völzing, P.-L.: Kinder argumentieren. Die Ontogenese argumentativer Fähigkeiten, Paderborn u. a. 1982

4. Persönlichkeitspsychologie

Allport, G. W.: Gestalt und Wachstum in der Persönlichkeit, Meisenheim am Glan [3]1970

Amelang, M./Bartussek, D.: Differentielle Psychologie und Persönlichkeitsforschung, Stuttgart 1981

Block, N./Dworkin, G. (Hrsg.): The IQ Controversy, London 1977

Brengelmann, J. C./David, H.P. (Hrsg.): Perspektiven der Persönlichkeitsforschung, München 1978

Cattell, R. B.: Die empirische Erforschung der Persönlichkeit, Weinheim – Basel [2]1978

Correll, W.: Persönlichkeitspsychologie. Eine Einführung in die Persönlichkeitssysteme von Freud bis Skinner, Donauwörth 1976

Guilford, J. P.: Persönlichkeit. Logik, Methodik und Ergebnisse ihrer quantitativen Erforschung, Weinheim – Berlin – Basel [5]1971

Hall, C. S. u. a.: Introduction to Theories of Personality, New York u. a. 1985

Hau, T. F.: Psychoanalytische Perspektiven der Persönlichkeit. Grundzüge einer psychoanalytischen Persönlichkeits- und Krankheitslehre, Stuttgart 1979

Haubl, R./Molt, W./Weidenfeller, G./Wimmer, P.: Struktur und Dynamik der Person. Einführung in die Persönlichkeitspsychologie, Opladen 1986

Herrmann, T.: Persönlichkeitsmerkmale. Bestimmung und Verwendung in der psychologischen Wissenschaft, Stuttgart 1973

Herrmann, T./Lautermann, E.-D. (Hrsg.): Persönlichkeitspsychologie. Ein Handbuch in Schlüsselbegriffen, München – Wien – Baltimore 1985

Hoffmann, S. O.: Charakter und Neurose. Ansätze zu einer psychoanalytischen Charakterologie, Frankfurt/M. 1979

Hofstätter, P. R.: Persönlichkeitsforschung, Stuttgart [2]1977
Mischel, W.: Introduction to Personality, New York [3]1981
Mogel, H.: Persönlichkeitspsychologie. Ein Grundriß, Stuttgart 1985
Rohracher, H.: Charakterkunde, München - Berlin - Wien [13]1975
Rotter, J. B./Hochreich, D. J.: Persönlichkeit. Theorien - Messung - Forschung, Berlin - Heidelberg - New York 1979
Schmid, R. (Hrsg.): Intelligenzforschung und pädagogische Praxis, München - Wien - Baltimore 1978
Seibt, F.: Psychoanalytische Charakterlehre. Die Ansätze der Persönlichkeitstheorien, München - Basel 1977
Thomae, H.: Persönlichkeit. Eine dynamische Interpretation, Bonn [5]1973

5. *Sozialpsychologie*

Antons, K.: Praxis der Gruppendynamik. Übungen und Techniken, Göttingen - Toronto - Zürich [3]1975
Argyle, M./Henderson, M.: Die Anatomie menschlicher Beziehungen. Spielregeln des Zusammenlebens, Paderborn 1986
Bergler, R.: Vorurteile - erkennen, verstehen, korrigieren, Köln 1976
Bierhoff, H. W.: Personenwahrnehmung. Vom ersten Eindruck zur sozialen Interaktion, Berlin u. a. 1986
Brandstätter, H.: Sozialpsychologie. Psychologie sozialer Erfahrung, Stuttgart 1983
Brocher, T.: Das Ich und die Anderen in Familie und Gesellschaft, Stuttgart [5]1971
Crott, H.: Soziale Interaktion und Gruppenprozesse, Stuttgart 1979
Frey, D./Greif, S. (Hrsg.): Sozialpsychologie. Ein Handbuch in Schlüsselbegriffen, München - Wien - Baltimore 1983
Fritz, J.: Gruppendynamik und Jugendarbeit, München [2]1974
Herkner, W. (Hrsg.): Experimente zur Sozialpsychologie, Bern - Stuttgart - Wien 1981
Hespos, M.: Gruppendynamische Grundkenntnisse. Basisinformationen zu verschiedenen Ansätzen und Beschreibungsformen des sozialen Lernens, Darmstadt 1982
Hormuth, S. E.: Sozialpsychologie der Einstellungsänderung, Königstein/Ts. 1979
Irle, M.: Lehrbuch der Sozialpsychologie, Göttingen - Toronto - Zürich 1975
Irle, M. (Hrsg.): Texte aus der experimentellen Sozialpsychologie, Neuwied - Darmstadt [2]1973
Jahnke, J.: Interpersonale Wahrnehmung, Stuttgart 1975
Leavitt, H. J.: Grundlagen der Führungspsychologie. Individuum - Gruppe - Organisation, München 1974
Lück, H. E.: Prosoziales Verhalten. Empirische Untersuchungen zur Hilfeleistung, Köln 1975
Luft, J.: Einführung in die Gruppendynamik, Stuttgart 1971
Marrow, A. J.: Kurt Lewin - Leben und Werk, Stuttgart 1977

McDavid, J. W./Harari, H.: Social Psychology. Individuals, Groups, Societies, New York u. a. [2]1969

Mueller, E. F./Thomas, A.: Einführung in die Sozialpsychologie, Göttingen – Toronto – Zürich 1974

Neuberger, O./Conradi, W./Maier, W.: Individuelles Handeln und sozialer Einfluß. Einführung in die Sozialpsychologie, Opladen 1985

Rocheblave-Spenlé, A.-M.: Psychologie des Konflikts, Freiburg i. Br. 1973

Schäfer, B./Six, B.: Sozialpsychologie des Vorurteils, Stuttgart 1978

Schmidt, H. D./Brunner, E. J./Schmidt-Mummendey, A.: Soziale Einstellungen, München 1975

Schulz von Thun, F.: Miteinander reden: Störungen und Klärungen. Psychologie der zwischenmenschlichen Kommunikation, Reinbek bei Hamburg 1986 (Nachdruck)

Watzlawick, P./Beavin, J. H./Jackson, D. D.: Menschliche Kommunikation. Formen, Störungen, Paradoxien, Bern – Stuttgart – Wien [6]1982

6. Pädagogische Psychologie

Gage, N. L./Berliner, D. C.: Pädagogische Psychologie, München – Weinheim [4]1986

Huber, G. L./Krapp, A./Mandl, H. (Hrsg.): Pädagogische Psychologie als Grundlage pädagogischen Handelns, München – Weinheim 1984

Weidenmann, B./Krapp, A. u. a. (Hrsg.): Pädagogische Psychologie. Ein Lehrbuch, München – Weinheim 1986

Weinert, F. E. u. a. (Hrsg.): Funk–Kolleg Pädagogische Psychologie (2 Bde.), Frankfurt/M. 1974

7. Klinische Psychologie

Beck, R.: Familientherapie. Modelle zur Veränderung familialer Beziehungsmuster, Bad Heilbrunn 1985

Beese, F.: Was ist Psychotherapie? Ein Leitfaden für Laien zur Information über ambulante und stationäre Psychotherapie, Göttingen [2]1980

Corsini, R. J.: Handbuch der Psychotherapie (2 Bde.), Weinheim – Basel 1983

Davison, G. C./Neale, J. M.: Klinische Psychologie. Ein Lehrbuch, München – Wien – Baltimore [2]1984

Eichmann, K./Mayer, I.: Kursbuch Psychotherapie, München – Frankfurt/M. 1985

Erdmann, Z.-M.: Psychodrama, Düsseldorf – Köln 1975

Feiereis, H./Thilo, H.-J.: Basiswissen Psychotherapie. Kleines Repetitorium der wichtigsten Grundbegriffe tiefenpsychologisch orientierter Psychotherapie, Göttingen 1980

Frankl, V. E.: Psychotherapie für den Laien. Rundfunkvorträge über Seelenheilkunde, Freiburg i. Br. [4]1973

Harper, R. A.: Die neuen Psychotherapien, Salzburg 1979
Heiss, R.: Allgemeine Tiefenpsychologie. Methoden, Probleme und Ergebnisse, München o. J.
Mahoney, M. J.: Kognitive Verhaltenstherapie. Neue Entwicklungen und Integrationsschritte, München 1977
Mertens, W. (Hrsg.): Psychoanalyse. Ein Handbuch in Schlüsselbegriffen, München – Wien – Baltimore 1983
Orme, J. E.: Einführung in die klinische und abnormale Psychologie, Köln 1975
Petermann, F./Schmook, C. (Hrsg.): Forschungsfragen der Klinischen Psychologie, Bern – Stuttgart – Wien 1977
Pokorny, R. R.: Grundzüge der Tiefenpsychologie. Freud – Adler – Jung, München [2]1977
Rachman, S.: Wirkungen der Psychotherapie, Darmstadt 1974
Reinecker, H.: Selbstkontrolle. Verhaltenstheoretische und kognitive Grundlagen, Techniken und Therapiemethoden, Salzburg 1978
Ruitenbeek, H. M.: Die neuen Gruppentherapien, Stuttgart 1970
Schraml, W. J.: Abriß der Klinischen Psychologie, Stuttgart [2]1972
Schraml, W. J.: Einführung in die Tiefenpsychologie für Pädagogen und Sozialpädagogen, Stuttgart [2]1969
Seidmann, P.: Tiefenpsychologie. Ursprung und Geschichte, Stuttgart 1982
Seifert, T./Waiblinger, A. (Hrsg.): Therapie und Selbsterfahrung. Einblick in die wichtigsten Methoden, Stuttgart 1986
Tausch, R. und A.-M.: Gesprächspsychotherapie. Einfühlsame hilfreiche Gruppen- und Einzelgespräche in Psychotherapie und alltäglichem Leben, Göttingen – Toronto – Zürich [7]1979
Wyss, D.: Die tiefenpsychologischen Schulen von den Anfängen bis zur Gegenwart. Entwicklung, Probleme, Krisen, Göttingen [5]1977
Zielke, M. (Hrsg.): Diagnostik in der Psychotherapie, Stuttgart 1982

8. Religionspsychologie

Allport, G. W.: The Individual and His Religion. A Psychological Interpretation, New York – London 1960
Batson, C. D./Ventis, W. L.: The Religious Experience. A Social-Psychological Perspective, New York – Oxford 1982
Brown, L. B. (Hrsg.): Advances in the Psychology of Religion, Oxford u. a. 1985
Faber, H.: Religionspsychologie, Gütersloh 1973
Gennrich, A.: Einige Entwicklungstendenzen der Religionspsychologie und Pastoralpsychologie im deutschen Sprachraum (1914–1980), in: ARPS 15 (1982), 248–266
Gennrich, A.: Religionspsychologie und Pastoralpsychologie. Eine Verhältnisbestimmung, in: ARPS 13 (1978), 123–135
Girgensohn, K.: Der seelische Aufbau des religiösen Erlebens. Eine religionspsychologische Untersuchung auf experimenteller Grundlage, Gütersloh [2]1930

Gruehn, W.: Die Frömmigkeit der Gegenwart. Grundtatsachen der empirischen Psychologie, Münster 1956

Hark, H.: Religiöse Neurosen. Ursachen und Heilung, Stuttgart 1984

Hole, G.: Der Glaube bei Depressiven. Religionspsychopathologische und klinisch-statistische Untersuchung, Stuttgart 1977

James, W.: Die Vielfalt religiöser Erfahrung. Eine Studie über die menschliche Natur, Olten 1979

Källstad, T.: Die Religionspsychologie als theologische Disziplin, in: WzM 30 (1978), 179–193

Klünker, W.-U.: Psychologische Analyse und theologische Wahrheit. Die religionspsychologische Methode Georg Wobbermins (GTA 33), Göttingen 1985

Lüssi, P.: Atheismus und Neurose. Das Phänomen GL→N. Eine Untersuchung im Bereiche der Tiefenpsychologie über die (Mit-)Verursachung neurotischer Krankheitszustände durch religiöse Glaubenslosigkeit, Göttingen 1979

Mann, U.: Einführung in die Religionspsychologie, Darmstadt 1973

Müller-Pozzi, H.: Psychologie des Glaubens. Versuch einer Verhältnisbestimmung von Theologie und Psychologie (GT.P 18), München – Mainz 1975

Nase, E./Scharfenberg, J. (Hrsg.): Psychoanalyse und Religion (WdF 275), Darmstadt 1977

Parisius-Schmincke, P.: Ansätze zur Religionspsychologie, in: VF 28 (1983), Heft 2, 2–24

Rudin, J. (Hrsg.): Neurose und Religion. Krankheitsbilder und ihre Problematik, Olten – Freiburg i. Br. 1964

Schneider, K.: Zur Einführung in die Religionspsychopathologie, Tübingen 1928

Scholl, N.: Kleine Psychoanalyse christlicher Glaubenspraxis, München 1980

Schütz, R.: Psychoanalyse und christliche Glaubenspraxis. Eine Begegnung mit der Tiefenpsychologie, Stuttgart [2]1971

Schweitzer, F.: Religion und Entwicklung. Bemerkungen zur kognitiv-strukturellen Religionspsychologie, in: WzM 37 (1985), 316–325

Sundén, H.: Die Religion und die Rollen. Eine psychologische Untersuchung der Frömmigkeit, Berlin 1966

Trillhaas, W.: Die innere Welt. Religionspsychologie, München [2]1953

Vergote, A.: Religionspsychologie, Olten – Freiburg i. Br. 1970

Weitbrecht, H. J.: Beiträge zur Religionspsychopathologie. Insbesondere zur Psychopathologie der Bekehrung, Heidelberg 1948

9. Pastoralpsychologie

Besier, G.: Seelsorge und Klinische Psychologie. Defizite in Theorie und Praxis der Pastoralpsychologie, Göttingen 1980

Brandhorst, H.-H.: Seelsorge und Ethik – Hinweise auf einen neuen Trend in der nordamerikanischen Pastoralpsychologie, in: ZEE 28 (1984), 84–87

Eliason, L. V.: A Critique of Approaches to Integrating Psychology and Theology within Selected Evangelical Seminaries, Boston University 1983

Faber, H./Schoot, E. van der: Praktikum des seelsorgerlichen Gesprächs, Göttingen [6]1980
Guhr, E.: Personale Beratung. Voraussetzung und Methode, Göttingen 1981
Haendler, O.: Tiefenpsychologie, Theologie und Seelsorge. Ausgewählte Aufsätze, Göttingen 1971
Hoch, D.: Offenbarungstheologie und Tiefenpsychologie in der neueren Seelsorge (TEH 195), München 1977
Jentsch, W.: Der Seelsorger. Beraten – Bezeugen – Befreien. Grundzüge biblischer Seelsorge, Moers [2]1983
Kratz, W.: Zehn Jahre Pastoralpsychologie aus der Sicht einer Landeskirche, in: WzM 32 (1980), 458–461
Kriegstein, M. von: Gesprächspsychotherapie in der Seelsorge. Grundkurs nichtdirektiver Gesprächsführung in Schule und Gemeinde, Stuttgart 1977
Kroeger, M.: Themenzentrierte Seelsorge. Über die Kombination Klientzentrierter und Themenzentrierter Arbeit nach Carl R. Rogers und Ruth C. Cohn in Theologie und schulischer Gruppenarbeit, Stuttgart [3]1983
Lemke, H.: Theologie und Praxis annehmender Seelsorge, Stuttgart 1978
Lemke, H.: Verkündigung in der annehmenden Seelsorge. Religiöse Erfahrung durch Begegnung, Stuttgart 1981
Lückel, K.: Begegnung mit Sterbenden. »Gestaltseelsorge« in der Begleitung sterbender Menschen (GT.P 36), München – Mainz 1981
Maymann, U.: Die religiöse Welt psychisch Kranker. Ein Beitrag zur Krankenseelsorge, Freiburg – Basel – Wien 1984
Piper, H.-C.: Kommunizieren lernen in Seelsorge und Predigt. Ein pastoraltheologisches Modell (APTh 18), Göttingen 1981
Riess, R. (Hrsg.): Perspektiven der Pastoralpsychologie, Göttingen 1974
Rossow, W.: Klientenzentrierte Gesprächsführung im Trauergespräch, in: WzM 32 (1980), 270–280
Scharfenberg, J.: Die biblische Tradition im seelsorgerlichen Gespräch. Ein Beitrag zur praktisch-theologischen Theoriebildung, in: EvTh 38 (1978), 125–136
Scharfenberg, J.: Einführung in die Pastoralpsychologie, Göttingen 1985
Scharfenberg, J. (Hrsg.): Freiheit und Methode. Wege christlicher Einzelseelsorge (Sehen – Verstehen – Helfen 1), Wien u. a. 1979
Scharfenberg, J.: Seelsorge als Gespräch. Zur Theorie und Praxis der seelsorgerlichen Gesprächsführung, Göttingen [3]1980
Stollberg, D.: Seelsorge durch die Gruppe. Praktische Einführung in die gruppendynamisch-therapeutische Arbeitsweise, Göttingen [3]1975
Stollberg, D.: Therapeutische Seelsorge. Die amerikanische Seelsorgebewegung. Darstellung und Kritik, München 1970
Thilo, H.-J.: Beratende Seelsorge. Tiefenpsychologische Methodik dargestellt am Kasualgespräch, Göttingen [3]1986

10. Sozialpsychologie im kirchlichen Bereich

Adams, K. A.: Möglichkeiten der Werteerfahrung. Gewissensbildung und die Methode der Gruppendynamik (EHS.T 183), Frankfurt/M. – Bern 1982

Dahm, K.-W.: Beruf: Pfarrer. Empirische Aspekte zur Funktion von Kirche und Religion in unserer Gesellschaft, München [2]1972

Dahm, K.-W.: Gruppendynamik, in: TRE 14, 289–294

Gassmann, L.: Gruppendynamik. Hintergründe und Beurteilung, Neuhausen/ Stuttgart 1984

Hartmann, G.: Gruppendynamik und Bibel, in: WzM 32 (1980), 477–482

Hofmann, H.-K.: Psychonautik – Stop. Kritik an der »Gruppendynamik« in Kirche und Gemeinde, Wuppertal [3]1977

Rebell, W.: Gehorsam und Unabhängigkeit. Eine sozialpsychologische Studie zu Paulus, München 1986

Scharfenberg, J. (Hrsg.): Glaube und Gruppe. Probleme der Gruppendynamik in einem religiösen Kontext (Sehen – Verstehen – Helfen 5), Wien u. a. 1980

Scharrer, J./Schlösser, F.: Gemeinde lebt von Kontakten. Leitlinien und Aufgabengebiete einer christlichen Gemeinde (Offene Gemeinde 32), Limburg 1978

Steinkamp, H.: Die vermarktete Religion. Gruppendynamik zwischen Psycho-Markt und Neuer Religiosität, in: WzM 32 (1980), 442–452

Stollberg, D.: Gruppendynamik und Gemeinde, in: WPKG 62 (1973), 519–526

Trautwein, D.: Lernprozeß Gottesdienst. Ein Arbeitsbuch unter besonderer Berücksichtigung der »Gottesdienste in neuer Gestalt«, Gelnhausen – Berlin – München 1972

Vogt, T.: Bibelarbeit. Grundlegung und Praxismodelle einer biblisch orientierten Erwachsenenbildung, Stuttgart 1985

11. Psychologische Bibelauslegung

Drewermann, E.: Tiefenpsychologie und Exegese. Bd.1: Die Wahrheit der Formen. Traum, Mythos, Märchen, Sage und Legende, Olten – Freiburg i. Br. 1984

Drewermann, E.: Tiefenpsychologie und Exegese. Bd.II: Die Wahrheit der Werke und der Worte. Wunder, Vision, Weissagung, Apokalypse, Geschichte, Gleichnis, Olten – Freiburg i. Br. 1985

Gager, J. G.: Das Ende der Zeit und die Entstehung von Gemeinschaften, in: W. A. Meeks (Hrsg.): Zur Soziologie des Urchristentums (TB 62), München 1979, 88–130

Gager, J. G.: Some Notes on Paul's Conversion, in: NTS 27 (1980/81), 697–704

Goldbrunner, J.: Die Nachtmeerfahrt des Jona. Tiefenpsychologische Erwägungen zu Jona und seinem Fisch, in: BiKi 27 (1972), 68–70

Kassel, M.: Abrahams »Opferung des Sohnes« als Glaubens- und Lebenskrise. Probleme und Erfahrungen menschlicher Existenz in Gn 22, 1–19, in: Diak. 7 (1976), 234–249

Krinetzki, L.: Die erotische Psychologie des Hohen Liedes, in: ThQ 150 (1970), 404–416

Künkel, F.: Die Schöpfung geht weiter. Eine psychologische Untersuchung des Matthäus-Evangeliums, Konstanz 1957

Metelmann, V.: Der Jakobskampf am Jabbok. Ein Beitrag zum Problem psychoanalytischer Interpretation biblischer Texte, in: WzM 26 (1974), 69–82

Meves, C.: Die Bibel antwortet uns in Bildern. Tiefenpsychologische Textdeutungen im Hinblick auf Lebensfragen heute, Freiburg i. Br. 1973

Niederwimmer, K.: Jesus, Göttingen 1968

Riess, R.: Psychologische Erwägungen zur Perikope von der Versuchung Jesu, in: WzM 22 (1970), 275–281

Schreiber, A.: Die Gemeinde in Korinth. Versuch einer gruppendynamischen Betrachtung der Entwicklung der Gemeinde von Korinth auf der Basis des ersten Korintherbriefes (NTA 12), München 1977

Spiegel, Y. (Hrsg.): Doppeldeutlich. Tiefendimensionen biblischer Texte, München 1978

Spiegel, Y. (Hrsg.): Psychoanalytische Interpretationen biblischer Texte, München 1972

Theißen, G.: Psychologische Aspekte paulinischer Theologie (FRLANT 131), Göttingen 1983

Tolbert, M. A.: The Prodigal Son: An Essay in Literary Criticism from a Psychoanalytic Perspective, in: Semeia 9 (1977), 1–20

Wehr, G.: Wege zu religiöser Erfahrung. Analytische Psychologie im Dienste der Bibelauslegung (Impulse der Forschung 13), Darmstadt 1974

Widmann, M.: Die vier Phasen des Konflikts zwischen Paulus und den Korinthern. Eine Rekonstruktion der Korrespondenz, insbesondere des Thesenbriefs der Korinther und des Antwortbriefs des Paulus, in: O. Bayer/G.-U. Wanzeck (Hrsg.), Festgabe für F. Lang zum 65. Geburtstag, Tübingen 1978, 799–833 (maschinenschriftlich)

Wolff, H.: Jesus der Mann. Die Gestalt Jesu in tiefenpsychologischer Sicht, Stuttgart [8]1985

12. Psychologie der Predigt

Albrecht, H.: Predigen. Anregungen zur geistlichen Praxis, Stuttgart 1985

Arens, H./Richardt, F./Schulte, J.: Kreativität und Predigtarbeit. Vielseitiger denken, einfallsreicher predigen, München [4]1982

Arens, H.: Die Predigt als Lernprozeß, München 1972

Düsterfeld, P./Kaufmann, H. B. (Hrsg.): Didaktik der Predigt. Materialien zur homiletischen Ausbildung und Fortbildung, Münster 1975

Engemann, W.: Die Verkündigung als transaktionales Ereignis zwischen Prediger und Hörer. Eine Studie zur Anwendbarkeit der Transaktionsanalyse auf homiletische Fragehinsichten, Rostock 1984 (maschinenschriftlich)

Haendler, O.: Die Predigt. Tiefenpsychologische Grundlagen und Grundfragen, Berlin ^{3}1960

Heue, R./Lindner, R.: Predigen lernen (Studienreihe für Verkündigung und Gemeindeaufbau 7), Gladbeck 1980

Josuttis, M.: Über den Predigteinfall, in: EvTh 30 (1970), 627–642

Kriegstein, M. von: Predigt als Gespräch. Pastoralpsychologische und didaktische Reflexion von Predigten und Gesprächsgottesdiensten, Stuttgart 1979

Piper, H.-C.: Predigtanalysen. Kommunikation und Kommunikationsstörungen in der Predigt, Göttingen – Wien 1976

Schnatmann, M./Born, W.: Transaktionsanalyse und appellative Verkündigung, in: F. Kamphaus/R. Zerfaß (Hrsg.): Ethische Predigt und Alltagsverhalten (GT.P 25), München – Mainz 1977, 129–137

Schneider, H.-D.: Unter welchen Voraussetzungen kann Verkündigung Einstellungen ändern? Sozialpsychologische Überlegungen über die Wirkung der Predigt, in: PTh 58 (1969), 246–257

Sachregister

Personenregister

Walter Rebell

Gehorsam und Unabhängigkeit

Eine sozialpsychologische Studie zu Paulus
180 Seiten, kartoniert. ISBN 3-459-01635-3

Unter den neueren Ansätzen einer psychologisch orientierten Exegese ist das Paulusbuch des Diplompsychologen und des Professors für Neues Testament W. Rebell ein erfreulich nüchterner Beitrag. Durch die im Untertitel angekündigte Beschränkung auf sozial-psychologische Aspekte ist dem Leser von vornherein klar, daß er keine »Totaldeutung« von Leben und Werk des Paulus erwarten darf. Vielmehr geht es um drei Beziehungsfelder des Paulus - um seine Beziehung zu den Jerusalemer Autoritäten, zu seinen Mitarbeitern und seinen Gemeinden -, die jeweils mit Hilfe theoretischer Konzepte der Sozialpsychologie erhellt werden.
Das Buch ist anregend geschrieben. Argumente und Belege werden offengelegt. Psychologische Fachkenntnisse werden didaktisch sehr geschickt für Laien dargestellt. Ein Glossar erläutert die verwandten neuen Fachtermini und Theorien. Jeder Leser, der, etwa als Pfarrer oder Lehrer, mit Gruppen umgeht, sie zu beeinflussen versucht und von ihnen beeinflußt wird, wird viele seiner alltäglichen Probleme bei Paulus wiedererkennen. Paulus wird dadurch »menschlicher«. Aber auch die psychologische Exegese ist in diesem lesenswerten Buch »menschlicher« geworden: Sie verzichtet ebenso auf Enthüllungs- wie auf Offenbarungspathos. Sie dient wie jede historisch-kritische Exegese dazu, Texte aus ihrem Lebenszusammenhang heraus verständlich zu machen. Gerade deshalb kann das Buch dazu beitragen, Möglichkeiten und Grenzen psychologischer Exegese zu klären.

Gerd Theißen (Theol. Literaturzeitung)